【臺灣現當代作家
研究資料彙編】42

黃春明

國立台灣文學館
出版

部長序

　　文學既是社會縮影也是靈魂核心，累積研究論述及文獻史料，不僅可厚實文學發展根基，觀照當代人文的思想脈絡，更能指引未來的社會發展。臺灣文學歷經數百年的綿延與沉澱，蓄積豐沛的能量，也呈現生氣盎然的多元創作面貌。近一甲子的臺灣現當代文學發展，就是華文世界人文心靈最溫暖的寫照。

　　緣此，國立臺灣文學館自 2010 年啟動《臺灣現當代作家研究資料彙編》，鉅細靡遺進行珍貴的文學史料蒐集研究，意義深遠。這項計畫歷時三年多，由文學館結合學界、出版社、作家一同參與，組成陣容浩大的編輯群與顧問團隊，梳理臺灣文學長河裡的各方涓流，共匯集 50 位臺灣現當代重要作家的生平、年表與作品評論資料，選錄其代表性的評論文章，彙編成冊，完整呈現作家的人文映記、文學成就及相關研究，成果豐碩。

　　由於內容浩瀚、需多所佐證，本套叢書共分三階段陸續出版，先是 2011 年推出以臺灣新文學之父賴和為首的 15 位作家研究資料彙編，接著於 2012 年完成張我軍、潘人木等 12 位作家的研究資料彙編；及至 2013 年 12 月，適逢國立臺灣文學館十周年館慶之際，更纂輯了姜貴、張秀亞、陳秀喜、艾雯、王鼎鈞、洛夫、余光中、羅門、商禽、瘂弦、司馬中原、林文月、鄭愁予、陳冠學、黃春明、白先勇、白萩、陳若曦、郭松棻、七等生、王文興、王禎和、楊牧共 23 位作家的研究資料，皇皇巨著，為臺灣文學之巍巍巨觀留下具里程碑的文字見證。這套選粹體現了臺灣文學研究總體成果中，極為優質的論述著作，有助於臺灣文學發展的擴展化與深刻化，質量兼具。在此，特別對參與編輯、撰寫、諮詢的文學界朋友們表達謝意，也向全世界愛好文學的讀者，推介此一深具人文啟發且實用的臺灣現當代文學工具書，彼此激勵，為更美好的臺灣人文環境共同努力。

文化部部長　龍應台

館長序

　　所有一切有關文學的討論，最終都得回歸到創作主體（作家）及其創作文本（作品）。文本以文字書寫，刊載在媒體上（報紙、雜誌、網站等），或以印刷方式形成紙本圖書；從接受端來看，當然以後者為要，原因是經過編輯過程，作者或其代理人以最佳的方式選編，常會考慮讀者的接受狀況，亦以美術方式集中呈現，其形貌也必然會有可觀者。

　　從研究的角度來看，它正是核心文獻。研究生在寫論文的時候，每在緒論中以一節篇幅作「文獻探討」，一般都只探討研究文獻，仍在周邊，而非核心。所以作家之研究資料，包括他這個人和他所寫的作品，如何鉅細靡遺彙編一處，是研究最基礎的工作；其次才是他作品的活動場域以及別人如何看待他的相關資料。前者指的是發表他作品的報刊及其他再傳播的方式或媒介，後者指的是有關作家及其作品的訪問、報導、著作目錄、年表、文評、書評、專論、綜述、專書、選編等，有系統蒐輯、編目，擇其要者結集，從中發現作家及其作品被接受的狀況，清理其發展，這其實是文學經典化真正的過程；也必須在這種情況下，作家研究才有可能進一步開展。

　　針對個別作家所進行的資料工作隨時都在發生，但那是屬於個人的事，做得好或不好，關鍵在他的資料能力；將一群有資料能力的學者組織起來，通過某種有效的制度性運作，想必能完成有關作家研究資料彙編的人文工程，可以全面展示某個歷史時期有關作家研究的集體成就，這是國立臺灣文學館從 2010 年啟動「臺灣現當代

作家研究資料彙編」（50 冊）的一些基本想法，和另外兩個大計畫：「臺灣文學史長編」（33 冊）、「臺灣古典作家精選集」（38 冊），相互呼應，期能將臺灣文學的豐富性展示出來，將「臺灣文學」這個學科挖深識廣；作為文化部的附屬機構，我們在國家文化建設的整體工程中，在「文學」作為一個公共事務的理念之下，我們紮紮實實做了有利文化發展的事，這是我們所能提供給社會大眾的另類服務，也是我們朝向臺灣文學研究中心理想前進的努力。

　　我們在四年間分三批出版的這 50 本臺灣現當代作家研究資料彙編，從賴和（1894～1943）到楊牧（1940～），從割臺之際出生、活躍於日據下的作家，到日據之末出生、活躍於戰後臺灣文壇的作家；當然也包含 1949 年左右離開大陸，而在臺灣文壇發光發熱的作家。他們只是臺灣作家的一小部分，由承辦單位組成的專業顧問群多次會商議決；這個計畫，我們希望能夠在精細檢討之後，持續推動下去。

　　顧問群基本上是臺灣文學史專業的組合，每位作家重要評論文章選刊及研究綜述的撰寫者，都是對於該作家有長期研究的專家。這是學界人力的大動員，承辦本計畫的臺灣文學發展基金會長期致力臺灣文學史料的蒐輯整理，具有強大的學術及社會力量，本計畫能夠順利推動且如期完成，必須感謝他們組成的編輯團隊，以及眾多參與其事的學界朋友。

國立臺灣文學館館長　李瑞騰

編序

◎封德屏

緣起

　　1995 年 10 月 25 日，在臺灣師範大學教育大樓的 201 室，一場以「面對臺灣文學」為題的座談會，在座諸位學者分別就臺灣文學的定義、發展、研究，以及文學史的寫法等，提出宏文高論，而時任國家圖書館編纂張錦郎的「臺灣文學需要什麼樣的工具書」，輕鬆幽默的言詞，鞭辟入裡的思維，更贏得在座者的共鳴。

　　張先生以一個圖書館工作人員自謙，認真專業地為臺灣這幾十年來究竟出版了多少有關臺灣文學的工具書，做地毯式的調查和多方面的訪問。同時條理分明地針對研究者、學生，列出了十項工具書的類型，哪些是現在亟需的，哪些是現在就可以做的，哪些是未來一步一步累積可以達成的，分別做了專業的建議及討論。

　　當時的文建會二處科長游淑靜，參與了整個座談會，會後她劍及履及的開始了文學工具書的委託工作，從 1996 年的《臺灣文學年鑑》起始，一年一本的編下去，一直到現在，保存延續了臺灣文學發展的基本樣貌。接著是《中華民國作家作品目錄》的新編，《臺灣文壇大事紀要》的續編，補助國家圖書館「當代文學史料影像全文系統」的建置，這些工具書、資料庫的接續完成，至少在當時對臺灣文學的研究，做到一些輔助的功能。

　　2003 年 10 月，籌備多年的「台灣文學館」正式開幕運轉。同年五月《文訊》改隸「財團法人台灣文學發展基金會」，為了發揮更大的動能，開

始更積極、更有效率地將過去累積至今持續在做的文學史料整理出來，讓豐厚的文藝資源與更多人共享。

於是再次的請教張錦郎先生，張先生認為文學書目、作家作品目錄、文學年鑑、文學辭典皆已完成或正在進行，現在重點應該放在有關「臺灣現當代作家評論資料目錄」的編輯工作上。

很幸運的，這個計畫的發想得到當時臺灣文學館林瑞明館長的支持，於是緊鑼密鼓的展開一切準備工作：籌組編輯團隊、召開顧問會議、擬定工作手冊、撰寫計畫書等等。

張錦郎先生花了許多時間編訂工作手冊，每一位作家的評論資料目錄分為：

（一）生平資料：可分作者自述，旁人論述及訪談，文學獎的紀錄。

（二）作品評論資料：可分作品綜論，單行本作品評論，其他作品（包括單篇作品）評論，與其他作家比較等。

此外，對重要評論加以摘要解說，譬如專書、專輯、學術會議論文集或學位論文等，凡臺灣以外地區之報刊及出版社，於書名或報刊後加註，如中國大陸、香港、新加坡等。此外，資料蒐集範圍除臺灣外，也兼及中國大陸、香港、新加坡、日本、韓國及歐美等地資料，除利用國內蒐集管道外，同時委託當地學者或研究者，擔任資料蒐集工作。

清楚記得，時任顧問的學者專家們，都十分高興這個專案的啟動，但確定收錄哪些作家名單時，也有不同的思考及看法。經過充分的討論後，終於取得基本的共識：除以一般的「文學成就」為觀察及考量作家的標準外，並以研究的迫切性與資料獲得之難易度為綜合考量。譬如說，在第一階段時，作家的選擇除文學成就外，先考量迫切性及研究性，迫切性是指已故又是日治時期臺籍作家為優先，研究性是指作品已出土或已譯成中文為優先。若是作品不少而評論少，或作品評論皆少，可暫時不考慮。此外，還要稍微顧及文類的均衡等等。基本的共識達成後，顧問群共同挑選出 310 位作家，從鄭坤五、賴和、陳虛谷以降，一直到吳錦發、陳黎、蘇

偉貞，共分三個階段進行。

　　張錦郎先生修訂的編輯體例，從事學術研究的顧問們，一方面讚嘆「此目錄必然能成為類似文獻工作的範例」，但又深恐「費力耗時，恐拖延了結案時間」，要如何克服「有限時間，高度理想」的編輯方式，對工作團隊確實是一大挑戰。於是顧問們群策群力，除了每人依研究領域、研究專長認領部分作家外（可交叉認領），每個顧問亦推薦或召集研究生襄助，以期能在教學研究工作外，為此目錄盡一份心力。

　　「臺灣現當代作家評論資料目錄」專案計畫，自 2004 年 4 月開始，至 2009 年 10 月結束，分三個階段歷時五年六個月，共發現、搜尋、記錄了十餘萬筆作家評論資料。共經歷了三位專職研究助理，近三十位兼任研究助理。這些研究助理從開始熟悉體例，到學習如何尋找資料，是一條漫長卻實用的學習過程。

接續

　　「臺灣現當代作家評論資料目錄」的專案完成，當代重要作家的研究，更可以在這個基礎上，開出亮麗的花朵。於是就有了「臺灣現當代作家研究資料彙編暨資料庫建置計畫」的誕生。為了便於查詢與應用，資料庫的完成勢在必行，而除了資料庫的建置外，這個計畫再從 310 位作家中精選 50 位，每人彙編一本研究資料，內容有作家圖片集，包括生平重要影像、文學活動照片、手稿及文物，小傳、作品目錄及提要、文學年表。另外每本書分別聘請一位最適當的學者或研究者負責編選，除了負責撰寫八千至一萬字的作家研究綜述外，再從龐雜的評論資料中挑選具有代表性的評論文章，平均 12～14 萬字，最後再附該作家的評論資料目錄，以期完整呈現該作家的生平、創作、研究概況，其歷史地位與影響。

　　由於經費及時間因素，除了資料庫的建置，資料彙編方面，50 位作家分三個階段完成。第一階段出版了 15 位作家，第二階段出版了 12 位作家，此次第三階段則出版了 23 位作家資料彙編。雖然已有過前兩階段的實

務經驗，但相較於前兩階段，此次幾乎多出版將近一倍的數量，使工作小組在編輯過程中，仍然面臨了相當大的困難與挑戰。

　　首先，必須掌握每位編選者進度這件事，就是極大的挑戰。於是編輯小組在等待編選者閱讀選文的同時，開始蒐集整理作家生平照片、手稿，重編作家年表，重寫作家小傳，尋找作家出版品的正確版本、版次，重新撰寫提要。這是一個極其複雜的工程。還好有認真負責的雅嫻、建婷、欣怡，以及編輯老手秀卿幫忙，讓整個專案延續了一貫的品質及進度。

　　在智慧權威、老練成熟的學者專家面前，這些初生之犢的年輕助理展現了大無畏的精神，施展了編輯教戰手冊中的第一招——緊迫盯人。看他們如此生吞活剝地貫徹我所傳授的編輯要法，心裡確實七上八下，但礙於工作繁雜，實在無法事必躬親，也只好讓他們各顯身手了。

　　縱使這些新手使出了全部力氣，無奈工作的難度指數仍然偏高，雖有前兩階段的經驗，但面對不同的編選者，不同的編選風格，進度仍然不很順利，再加上此次同時進行 23 位作家的編纂作業，在與各編選者及各冊傳主往來聯繫的過程中，更是有許多龐雜而繁瑣的細節。此時就得靠意志力及精神鼓舞了。我對著年輕的同仁曉以大義，告訴他們正在光榮地參與一個重要的文學工程，絕對不可輕言放棄。

成果

　　雖然過程是如此艱辛，如此一言難盡，可是終究看到豐美的成果。每位編選者雖然忙碌，但面對自己負責的作家資料彙編，卻是一貫地認真堅持。他們每人必須面對上千或數百筆作家評論資料，挑選重要或關鍵性的評論文章，全面閱讀，然後依照編選原則，挑選評論文章。助理們此時不僅提供老師們所需要的支援，統計字數，最重要的是得找到各篇選文作者，取得同意轉載的授權。在第一階段進度流程初估時，我們錯估了此項工作的難度，因為許多評論文章，發表至今已有數十年的光景，部分作者行蹤難查，還得輾轉透過出版社、學校、服務單位，尋得蛛絲馬跡，再鍥

而不捨地追蹤。有了第一階段的血淚教訓，第二階段關於授權方面，我們更是如臨深淵、如履薄冰，希望不要重蹈覆轍，第三階段也遵循前兩階段的經驗，在面對授權作業時更是戰戰兢兢，不敢懈怠。

　　除了挑選評論文章煞費苦心外，每個作家生平重要照片，我們也是採高標準的方式去蒐集，過世作家家屬、友人、研究者或是當初出版著作的出版社，都是我們徵詢的對象。認真誠懇而禮貌的態度，讓我們獲得許多從未出土的資料及照片，也贏得了許多珍貴的友誼。許多作家都協助提供照片手稿等相關資料，如王鼎鈞、洛夫、余光中、羅門、瘂弦、司馬中原、林文月、鄭愁予、黃春明及其子黃國珍、白先勇及與其合作多年的攝影師許培鴻、白萩及其夫人、陳若曦、七等生、王文興、楊牧及其夫人夏盈盈。已不在世的作家，其家屬及友人在編輯過程中，也給予我們許多協助及鼓勵，如姜貴的長子王爲鐮、張秀亞的女兒于德蘭、艾雯的女兒朱恬恬、陳秀喜的女兒張瑛瑛、商禽的女兒羅珊珊、陳冠學的後輩友人陳文銓與郭漢辰、郭松棻的夫人李渝、王禎和的夫人林碧燕，藉由這個機會，與他們一起回憶、欣賞他們親人或父祖、前輩，可敬可愛的文學人生。此外，還有張默、岩上、閻純德、李高雄、丘彥明、朱雙一、吳姍姍、鄭穎、舊香居書店吳雅慧等作家及研究者，熱心地幫忙我們尋找難以聯繫的授權者，辨識因年代久遠而難以記錄年代、地點、事件的作家照片，釐清文學年表資料及作家作品的版本問題，我們從他們身上學習到更多史料研究可貴的精神及經驗。

　　但如何在規定的時間內，完成第三階段 23 本資料彙編的編輯出版工作，對工作小組來說，確實是一大考驗。每一冊的主編老師，都是目前國內現當代台灣文學教學及研究的重要人物，因此每位主編都十分忙碌。有鑑於前兩階段的經驗，以及現有工作小組的人力，決定分批完稿，每個人負責 2～4 本，三位組長的責任額甚至超過 4～5 本。每一本的責任編輯，必須在這一年多的時間內，與他們所負責資料彙編的主角——傳主及主編老師，共生共榮。從作家作品的收集及整理開始，必須要掌握該作家一生

作品的每一次的出版，以及盡量收集不同的版本；整理作家年表，除了作家、研究者已撰述好的年表外，也必須再從訪談、自傳、評論目錄，從作品出版等線索，再做比對及增刪。再來就是緊盯每位把「研究綜述」放在所有進度最後一關的主編們，每隔一段時間提醒他們，或順便把新增的評論目錄寄給他們（每隔一段時間就有新的相關論文或學位論文出現），讓他們隨時與他們所主編的這本書，產生聯想，希望有助於「研究綜述」撰寫的進度。

以上的工作說起來，好像並不十分困難，身為總策劃的我起初心裡也十分篤定的認為，事情儘管艱困，最後還是應該順利完成。然而，這句雲淡風輕的話，聽在此次身歷其境參與工作的同仁耳中，一定會恨得牙癢癢的。「夜長夢多」這個形容詞拿來形容這件工作，真是太恰當也沒有了。因為整個工作期程超過一年，在這段漫長的歲月中，因等待、因其他人力無法抗拒的因素，衍伸出來的問題，層出不窮，更有許多是始料未及的。譬如，每本書的的選文，主編老師本來已經選好了，也經過授權了，為了抓緊時間，負責編輯的助理們甚至連順序、頁碼都排好了，就等主編老師的大作了，這時主編突然發現有新的文章、新的資料產生：再增加兩三篇選文吧！為了達到更好更完備的目標，工作小組當然全力以赴，聯絡，授權，打字，校對，重編順序等等工作，再度展開。

此次第三階段共需完成 23 位作家研究資料彙編，年齡層較上兩個階段已年輕許多，因此到最後的疑難雜症，還有連主編或研究者都不太清楚的部分，譬如年表中的某一件事、某一個年代、某一篇文章、某一個得獎記錄，作家本人絕對是一個最好的諮詢對象，於是幾乎我們每本書都找到了作家本人，對解決某些問題來說，這是一個好的線索，但既然看了，關心了，參與了，就可能有不同的看法，選文、年表、照片，甚至是我們整本書的體例。於是又是一場翻天覆地的大更動，對整本書的品質來說，應該是好的，但對經過一年多琢磨、修改已近入完稿階段的編輯團隊來說，這不啻是一大挑戰。

　　1990 年開始，各地縣市文化中心（文化局），對在地作家作品集的整理出版，以及台灣文學館成立後對日治時期作家以迄當代重要作家全集的編纂，對臺灣文學之作家研究，也有了很好的促進作用。如《楊逵全集》、《林亨泰全集》、《鍾肇政全集》、《張文環全集》、《呂赫若日記》、《張秀亞全集》、《葉石濤全集》、《龍瑛宗全集》、《葉笛全集》、《鍾理和全集》、《錦連全集》、《楊雲萍全集》、《鍾鐵民全集》等，如雨後春筍般持續展開。

　　經過近二十年的努力，臺灣文學的研究與出版，也到了可以驗收或檢討成果的階段。這個說法，當然不是要停下腳步，而是可以從「臺灣現當代作家評論資料目錄」所呈現的 310 位作家、10 萬筆資料中去檢視。檢視的標的，除了從作家作品的質量、時代意義及代表性去衡量外，也可以從作家的世代、性別、文類中，去挖掘還有待開墾及努力之處。因此在這樣的堅實基礎上，這套「臺灣現當代作家研究資料彙編」，每位編選者除了概述作家的研究面向外，均有些觀察與建議。希望就已然的研究成果中，去發現不足與缺憾，研究者可以在這些不足與缺憾之處下功夫，而盡量避免在相同議題上重複。當然這都需要經過一段時間去發現、去彌補、去重建，因此，有關臺灣文學研究的調查與研究，就格外顯得重要了。

期待

　　感謝臺灣文學館持續支持推動這兩個專案的進行。「臺灣現當代作家評論資料目錄」的完成，呈現的是臺灣文學研究的總體成果；「臺灣現當代作家研究資料彙編」套書的出版，則是呈現成果中最精華最優質的一面，同時對未來的研究面向與路徑，做最好的建議。我們可以很清楚的體會，這是一條綿長優美的臺灣文學接力賽，我們十分榮幸能參與其中，我們更珍惜在傳承接力的過程，與我們相遇的每一個人，每一件讓我們真心感動的事。我們更期待這個接力賽，能有更多人加入。誠如張恆豪所說「從高音獨唱到多元交響」，這是每一個人所期待的。

編輯體例

一、本書編選之目的，爲呈現黃春明生平、著作及研究成果，以作爲臺灣
　　文學相關研究、教學之參考資料。

二、全書共五輯，各輯內容及體例說明如下：

　　輯一：圖片集。選刊作家各個時期的生活或參與文學活動的照片、著
　　　　　作書影、手稿（包括創作、日記、書信）、文物。

　　輯二：生平及作品，包括三部分：

　　　　　1.小傳：主要內容包括作家本名、重要筆名，生卒年月日，籍
　　　　　　貫，及創作風格、文學成就等。

　　　　　2.作品目錄及提要：依照作品文類（論述、詩、散文、小說、
　　　　　　劇本、報導文學、傳記、日記、書信、兒童文學、合集）及
　　　　　　出版順序，並撰寫提要。不收錄作家翻譯或編選之作品。

　　　　　3.文學年表：考訂作家生平所進行的文學創作、文學活動相關
　　　　　　之記要，依年月順序繫之。

　　輯三：研究綜述。綜論作家作品研究的概況，並展現研究成果與價值
　　　　　的論文。

　　輯四：重要文章選刊。選收國內外具代表性的相關研究論文及報導。

　　輯五：研究評論資料目錄。收錄至 2013 年 6 月底止，有關研究、論述
　　　　　臺灣現當代作家生平和作品評論文獻。語文以中文爲主，兼及
　　　　　日文和英文資料。所收文獻資料，以臺灣出版爲主，酌收中國
　　　　　大陸、香港、日本和歐美國家的出版品。內容包含三部分：

　　　　　1.「作家生平、作品評論專書與學位論文」下分爲專書與學位
　　　　　　論文。

　　　　　2.「作家生平資料篇目」下分爲「自述」、「他述」、「訪談」、
　　　　　　「年表」、「其他」。

　　　　　3.「作品評論篇目」下分爲「綜論」、「分論」、「作品評論目
　　　　　　錄、索引」、「其他」。

目次

輯一◎圖片集

影像◎手稿◎文物

1958年6月3日，就讀於屏東師範學校時的黃春明。（黃春明提供）

1965年1月9日，黃春明訪問當時的臺灣省議會議長謝東閔（左），攝於中廣宜蘭電臺。（黃春明提供）

1965年，任職於中廣宜蘭電臺時的黃春明。（黃春明提供）

1968年，黃春明與尉天驄（左）合影。（黃春明提供）

1969年6月，黃春明與長子黃國珍合影於臺北寧夏路寓所後院。（黃春明提供）

約1970年代，任職於廣告公司時的黃春明，攝於臺北。（黃春明提供）

1972年，與文友出遊，攝於基隆。（黃春明提供）

1974年4月，與文友合影於林海音宅。前排左二起：黃春明、林懷民、隱地；後排左起：
林海音、何凡、余光中、范我存、殷張蘭熙、簡靜惠、張系國。（文訊文藝資料中心）

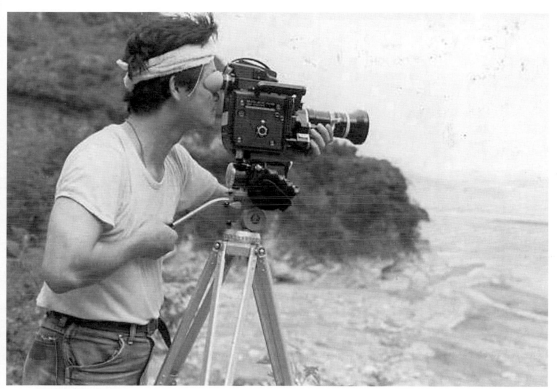

1974年，黃春明拍攝「芬芳寶島」系列紀錄片時的工作身影。（黃春明提供）

1978年，任職於愛迪達公司時的黃春明。（黃春明提供）

1981年8月2日，出席自立晚報於南鯤鯓代天府舉辦的「第三屆鹽分地帶文藝營」。
前排左起：許建崑、林瑞明、黃春明、楊逵。（楊逵文物數位博物館提供）

1985年，黃春明夫婦與尉天驄一家合影。前排：尉任之；後排左起：尉天驄、孫
桂芝、林美音、黃春明。（黃春明提供）

1986年，招待來訪的日本友人。（黃春明提供）

1989年2月2日，黃春明與白先勇（左），於尉天驄寓所小聚。（黃春明提供）

1991年，黃春明夫婦與父親黃長清，攝於士林寓所。（黃春明提供）

1995年5月26日，編導的兒童舞臺劇《小李子不是大騙子》公演，與文友合影於國家戲劇院。左起：何凡、林海音、黃春明。（黃春明提供）

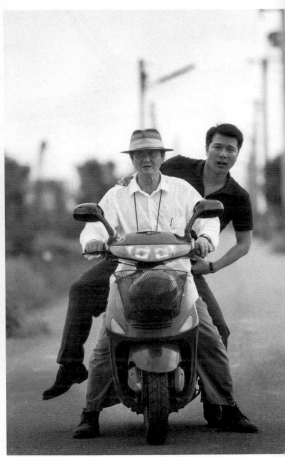

1998年8月15日，黃春明獲頒第二屆國家文化藝術基金會文藝獎，圖為得獎者專題演講。（黃春明提供）

1999年，黃春明於宜蘭接受蔡詩萍（後）專訪。（陳建仲拍攝）

1999年6月11日，黃春明夫婦與文友遊訪雲南。左起：林美音、聶華苓、黃春明。（李渝提供）

1999年11月11日，與文友合影。左起：賴汝、錦連、黃春明。（國立臺灣文學館提供）

2004年8月，黃春明（前排左四）帶領「黃大魚兒童劇團」赴日本長野縣飯田市鼎公民館，與「HITOMOZA人形劇團」合作演出人偶劇《整形外科醫院》。（梁竣瓘提供）

2004年11月3日,應邀赴法國波爾多,出席摩拉書店舉辦的「法文版譯書發表會暨作家座談會」。左起:朱天文、黃春明、楊牧、李昂。(黃春明提供)

2004年12月18日,黃春明(左)帶領黃大魚兒童劇團於國立臺灣文學館演出《戰士,乾杯!》讀劇版。(文訊文藝資料中心)

2005年5月1日，黃春明（左三）創辦《九彎十八拐》雙月刊，於宜蘭
演藝廳咖啡館舉辦創刊發表會。（黃春明提供）

2005年夏，陪同日本長野縣飯田市偶戲節實行委員會人員參訪宜蘭，攝於宜蘭縣立文化中心。左起：黃春明、松崎行代、梁竣瓘、酒井隆夫、文化中心主任。（梁竣瓘提供）

2006年8月，應邀赴日本長野縣飯田市天龍峽夏期大學演講「文化の中に心がある」。（梁竣瓘提供）

2007年4月，應邀出席新加坡教育部推廣華文學習委員會華文寫作推廣組舉辦的「文學論壇」講座。（黃春明提供）

2006年10月14日，獲頒第13屆東元獎社會服務獎，與頒獎人李遠哲（左）於臺灣中油大樓合影。（文訊文藝資料中心）

2007年4月29日，黃春明夫婦與孫子合影於自宅。（黃春明提供）

2008年5月1日，黃春明（前排右四）擔任美國加州大學聖塔芭芭拉校區
駐校作家，與研究生們合影。（黃春明提供）

2008年6月14日，獲佛光大學頒授榮譽文學博士學位。左起：林美音、
黃春明、翁政義。（佛光大學提供／周俊雄攝影）

2009年，與文友合影於臺北明星咖啡廳。前排左起：林美音、黃春
明、聶華苓、季季；後排左起：陳安琪、林懷民、殷允芃、李渝、王
曉藍、蔣勳。（王曉藍提供）

2009年7月19日，由聯合文學出版社上辦的「文學大師黃春明——《黃春明作品集》新書發表會」於臺北晶華酒店舉行。左起：李李、尉大驄、黃春明、張寶琴。（文訊文藝資料中心）

2010年3月19日，應邀出席鄭福田文教基金會與臺北教育大學臺文所共同舉辦的「文化臺灣卓越講座」。左起：向陽、黃春明、邱慧珠。（鄭福田文教基金會提供）

2010年8月10日，應邀出席趨勢教育基金會舉辦的「2010向大師致敬——來一碗什錦黃春麵」系列活動「文學茶會」，與孫子合影於臺北中山堂。（黃春明提供）

2011年12月15日，應邀出席印刻出版公司主辦的「尉天驄《回首我們的時代》新書發表會」，與文友合影於臺北明星咖啡館。左起：黃銘昌、尉天驄、鄭樹森、奚淞、黃春明、林瑞明、李瑞騰、陳芳明、林美音。（文訊文藝資料中心）

2013年9月19日，黃春明舉辦「小悅聽文學」講座，與小朋友分享自身的
悅聽經驗，攝於百果樹紅磚屋。（黃春明提供）

一九七〇、七、一九

寄遠景兄出版社

黃春明

說個玩笑：

莎喲娜啦就是「再見」
的意思用心。莎喲娜啦、再
見，就是「再見又再見、
所以「莎喲娜啦、再見」
今又再版。

在新春才……又見棕櫚、又
見棕櫚……再出版。此一点
……現提供貴社參致。

1974年，黃春明手跡，
向遠景出版公司談述關
於《莎喲娜啦·再見》
再版的隨想。（文訊文
藝資料中心）

1984年5月8日，黃春明
油畫《自畫像》。（黃
春明提供）

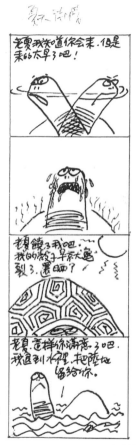

1989年1月3日，黃春明手繪漫畫《王善壽與牛進》。（黃春明提供）

龜山島
每當蘭陽的孩子搭火車出外
當他從車窗望著你時
總是分不清空氣中的哀愁
到底是你的、或是他的

龜山島
蘭陽的孩子在外鄉的日子
多夢是他失眠的原因
他夢見濁水溪
他夢見濁水溪
他夢見風颱波蜜拉、貝絲
他夢見你、龜山島
外地的醫生教他數羊
一隻羊、兩隻羊、三隻羊
四隻濁水溪、五隻颱風
六隻龜山島

「龜山島
每當蘭陽的孩子搭火車回來
當他從車窗望見你時
總是分不清空氣中的喜悅
到底是你的、或是他的

黃春明
一九九一、二、八

1991年，黃春明《龜山島》手稿。（黃春明提供）

1995年11月30日，黃春明撕畫《菅芒花》。（黃春明提供）

1993年8月3日，黃春明《我是貓也‧後記》手稿。
（黃春明提供）

菅芒花　黃春明

每一年的這一天，菅芒花
總是不會忘記要去宜蘭打掃天空

白天
菅芒花站在水邊
把天空掃得藍藍的
菅芒花翹上腳山巔
把天空掃得高高的
然後把這掃得
藍又高的的天空
取個名字叫做

秋天

夜晚
菅芒花站在水邊
把星星擦得亮亮的
菅芒花翹上腳山巔
把星星擦得遠遠的
然後把這擦得
亮亮又遠的星星
取個名字叫做

星空

老農夫
把掃過天空
擦過星星的菅芒花
編成一把一把的掃把
帶到城裡叫賣
當園觀的婦女表示懷疑
老農夫就叫抬頭看看
天空

一九九五、十一、三十

1995年11月30日，黃春明《菅芒花》手稿。（黃春明提供）

1997年6月11日，黃春明撕畫《來去宜蘭》。（黃春明提供）

2005年9月19日，黃春明撕畫《沒有時刻的月臺》。（黃春明提供）

2009年5月，黃春明手繪漫畫〈貓頭鷹與老烏鴉〉。（黃春明提供）

輯二◎生平及作品

小傳◎作品◎年表

小傳

黃春明（1935～）

　　黃春明，男，筆名春鈴、黃春鳴、邱文祺、春回、春二蟲、黃大魚等，籍貫臺灣宜蘭，1935 年 2 月 13 日生。

　　屏東師範學院畢業。曾任小學教員、中國廣播公司宜蘭電臺記者、編輯、節目主持人，一度從事餐飲業，先後任聯通、正豐、國華、清華等廣告公司企畫，愛迪達公司行銷企畫等，也任教於中國文化大學廣告系、藝術學院戲劇系、中央大學、淡江大學、東華大學、世新大學、臺灣藝術大學、加州大學聖塔芭芭拉分校、佛光大學，擔任蘭陽戲劇團藝術總監，編劇製作兒童電視節目及紀錄片，近年來致力於社區營造。1994 年創設黃大魚兒童劇團，2005 年創辦《九彎十八拐》雙月刊。現任黃大魚兒童劇團團長、吉祥巷工作室負責人、《九彎十八拐》雙月刊編輯兼發行人。曾獲臺灣文學獎、吳三連獎文學獎、國家文藝獎、時報文學獎、中國文藝協會文藝獎章、全球華文文學星雲獎貢獻獎、總統文化獎。

　　黃春明的創作文類以小說為主，兼及散文、詩與兒童文學。1956 年於救國團《青年通訊》發表〈清道夫的小孩〉為其創作起點。黃春明的小說大致分為四期：1.投稿聯副的現代主義色彩時期；2.《文學季刊》描寫小人物時期；3.投射民族意識與批判資本主義時期；4.描寫鄉土家園中老人群像時期。葛浩文曾說：「黃春明寫的是臺灣那裡的家園，那裡的風俗習慣，那裡的不平，那裡的美，和那裡的人──主要是寫人」。他的小說藉由描繪不

同世代的人物角色，寫出這些小人物在卑微情境中所映現出人性善良與忍耐的特質，爲了實現情義倫理，本能地與命運抗衡，卻在現代文明建立的價值觀中成爲被犧牲的一群，如〈兒子的大玩偶〉、〈鑼〉、〈看海的日子〉；同時也體現臺灣從農業社會轉型步入現代化的文明社會過程中，對於古樸傳統的懷念、現代化發展的利益兩者之間感到深深的矛盾與無奈，如《放生》。

短篇小說〈小琪的那一頂帽子〉、〈蘋果的滋味〉、〈兒子的大玩偶〉曾被改編爲三段式電影《兒子的大玩偶》，〈看海的日子〉、〈兩個油漆匠〉等小說亦改編爲電影，1986 年由他編劇的電影《莎喲娜啦・再見》更引人矚目。除小說創作外，黃春明尚有散文與兒童文學等相關作品，散文方面，早期以描寫童年鄉村爲主要內容，展現了親切的人物與動人的故事，如《等待一朵花的名字》；晚期作品則直接地對社會文化現象提出議論，如《九彎十八拐》、《大便老師》，相較於小說，散文作品更明顯地呈現了黃春明的內在關懷。兒童文學方面則包含童詩、繪本、撕畫、童話劇本創作，如《我是貓也》、《短鼻象》。

黃春明基於自身對鄉土的關懷以及現代社會中價值淪喪的憂心，近年來致力於宜蘭鄉土的社區營造運動，成立「吉祥巷工作室」，並在 2005 年成立了宜蘭地方性的文學雜誌《九彎十八拐》推廣鄉土意識與文學的結合；另一方面致力於兒童劇團的編導，成立「黃大魚兒童劇團」；積極推動文化活動，志在傳承臺灣的集體文化記憶，延續了黃春明在小說中一貫的關懷，試圖喚醒人們被物欲淹沒的心靈，拯救即將消解的傳統價值。

作品目錄及提要

【散文】

等待一朵花的名字

臺北：皇冠出版社
1989 年 7 月，25 開，177 頁
皇冠叢書第 1650 種

本書彙集作者 1967～1988 年間的散文作品，分「隨想」、「鄉土組曲」二部，描寫童年時期生活在鄉村的故事、作者對文化語言的看法，並娓娓道來宜蘭的民謠所蘊含的社會風貌和生活。全書收錄〈相像〉、〈往事只能回味〉、〈屋頂上的番茄樹〉等 25 篇。正文前有黃春明〈自序〉。

王善壽與牛進（一）

臺北：皇冠出版社
1990 年 3 月，新 25 開，143 頁
皇冠叢書第 1750 種・黃春明文學漫畫

本書結合散文與作者自繪的四格漫畫，表達作者對於存在主義、文明、生態等面向的思考與關懷。全書收錄〈王善壽考〉、〈鬼月夜訪客〉、〈存在主義曾經來過臺北〉等十篇。正文前有黃春明〈序——王善壽與牛進有話要說〉。

【小說】

兒子的大玩偶

臺北：仙人掌出版社
1969 年 10 月，40 開，184 頁
仙人掌文庫 28

臺北：水牛出版社
1987 年，32 開，210 頁
創作選集 106

仙人掌出版社 1969　水牛出版社 1987

短篇小說集。本書爲黃春明第一部小說集。全書收錄〈魚〉、〈溺死一隻老貓〉、〈看海的日子〉、〈青番公的故事〉、〈癬〉、〈兒子的大玩偶〉共六篇。正文前有〈關於黃春明〉，正文後附錄黃春明〈不是後記的後記〉。

遠景出版公司 1974　　遠景出版公司 1976

鑼
臺北：遠景出版公司
1974 年 3 月，32 開，194 頁
遠景叢刊 1

臺北：遠景出版公司
1976 年 6 月，32 開，194 頁
遠景叢刊 1

短篇小說集。本書描寫土地上的小人物的悲歡離合，雖遭逢現代物質文明的逼迫，卻因來自人性的光輝而有救贖的可能。全書收錄〈甘庚伯的黃昏〉、〈阿屘與警察〉、〈兒子的大玩偶〉、〈兩個油漆匠〉、〈鑼〉共五篇。正文前有黃春明〈自序〉。
1976 年 8 版正文前新增〈給憨欽仔的一封信──再版序〉。

遠景出版公司 1974　　遠景出版公司 1977

文遊社 1979

莎喲娜啦・再見
臺北：遠景出版公司
1974 年 3 月，32 開，220 頁
遠景叢刊 2

臺北：遠景出版公司
1977 年 11 月，32 開，190 頁
遠景叢刊 2

東京：文遊社
1979 年 9 月，32 開，220 頁
アジアの現代文学第 1 卷
さよなら・再見
田中宏、福田桂二譯

短篇小說集。全書收錄〈青番公的故事〉、〈蘋果的滋味〉、〈看海的日子〉、〈莎喲娜啦・再見〉共四篇。正文前有黃春明〈自序〉，黃春明將曾被改名的小說正名爲〈男人與小刀〉，附於序中。
1977 年 12 版新增〈好幾千個人的眼睛呵！──再版序〉。

1979　文遊社日文版，刪去〈青番公的故事〉。正文前有黃春明〈日本語訳への序〉，正文後附錄田中宏〈あとがき〉。

小寡婦
臺北：遠景出版公司
1975 年 2 月，32 開，213 頁
遠景叢刊 11

短篇小說集。全書收錄〈魚〉、〈溺死一隻老貓〉、〈癬〉、〈小琪的那一頂帽子〉、〈小寡婦〉共五篇。正文前有林海音〈這箇「自暴自棄」的黃春明〉。

我愛瑪莉
臺北：遠景出版公司
1979 年 3 月，32 開，200 頁
遠景叢刊 115

短篇小說集。本書內容討論臺灣與外來強勢文化之間的位階關係，由小說人物對於外國人（美國和日本）的反應，也可顯出黃春明的民族意識。全書收錄〈我愛瑪莉〉、〈蘋果的滋味〉、〈莎喲娜啦·再見〉共三篇。正文前有齊益壽〈一把辛酸淚——《我愛瑪莉》序〉，正文後附錄〈一個作者的卑鄙心靈——六十七年元月十六日應政大西語系邀請演講〉。

The Drowning of an Old Cat and Other Stories／Howard Goldblatt 譯
Bloomington, U.S.A：Indiana University Press
1980 年，新 25 開，271 頁
Chinese Literature in Translation

短篇小說集。全書收錄"The Fish"（魚）、"The Drowning of an Old Cat"（溺死一隻老貓）、"His Son's Big Doll"（兒子的大玩偶）、"The Gong"（鑼）、"Ringworms"（癬）、"The Taste of Apples"（蘋果的滋味）、"The Two Signpainters"（兩個油漆匠）、"Sayonara·Tsai-chien"（莎喲娜啦·再見）共 8 篇。正文前有 "Translator Preface"、"Introduction"，正文後附錄 "Bibliographic Note"。

The Taste of Apples／Howard Goldblatt 譯
New York, U.S.A：Columbia University
2001 年，18 開，251 頁
Modern Chinese Literature from Taiwan

本書為 *The Drowning of an Old Cat and Other Stories* 更名出版，新增"Xiaoqi's Cap"。全書收錄"The Fish"、"The Drowing of an Old Cat"、"His Son's Big Doll"、"The Gong"、"Ring worms"、"The Taste of Apples"、"Xiaoqi's Cap"、"The Two Sign Painters"、"Sayonara/Zaijian"共 9 篇。正文前有"Translator's Note"、"Preface"，正文後附錄"Bibliographic Note"。

我愛瑪莉
北京：中國友誼出版公司
1985 年 5 月，11.5x19 公分，168 頁

短篇小說集。全書收錄〈我愛瑪莉〉、〈魚〉、〈溺死一隻老貓〉、〈青番公的故事〉、〈兩個油漆匠〉共五篇。

瞎子阿木──黃春明選集／葛浩文編選
香港：文藝風出版社
1988 年 10 月，25 開，325 頁

短篇小說集。全書收錄〈青番公的故事〉、〈溺死一隻老貓〉、〈看海的日子〉、〈癬〉、〈兒子的大玩偶〉、〈魚〉、〈鑼〉、〈兩個油漆匠〉、〈蘋果的滋味〉、〈莎喲娜啦·再見〉、〈現此時先生〉、〈瞎子阿木〉、〈打蒼蠅〉共 13 篇。正文前有葛浩文〈序〉，正文後附錄葛浩文〈黃春明的鄉土小說〉、〈黃春明小傳〉。

黃春明電影小說集──兩個油漆匠
臺北：皇冠出版社
1989 年 12 月，25 開，297 頁
皇冠叢書第 1698 種

短篇小說集。本書收錄曾改編成電影的作品。全書收錄〈兩個油漆匠〉、〈兒子的大玩偶〉、〈小琪的那一頂帽子〉、〈蘋果的滋味〉、〈看海的日子〉、〈我愛瑪莉〉、〈莎喲娜啦·再見〉共七篇。正文前有電影劇照、黃春明〈前言〉。

莎喲娜啦‧再見

武漢：長江文藝出版社
1993 年 10 月，32 開，260 頁
臺灣當代著名作家代表作大系

短篇小說集。全書收錄〈青番公的故事〉、〈看海的日子〉、〈兒子的大玩偶〉、〈鑼〉、〈莎喲娜啦‧再見〉、〈我愛瑪莉〉共 6 篇。正文前有計蕾〈序〉、〈黃春明小傳〉。

兒子的大玩偶／耀亭編

北京：時事出版社
1996 年 7 月，32 開，351 頁
臺灣小說名家代表作叢書

短篇小說集。全書收錄〈「城仔」落車〉、〈青番公的故事〉、〈鑼〉、〈溺死一隻老貓〉、〈我愛瑪莉〉、〈兒子的大玩偶〉、〈小寡婦〉、〈蘋果的滋味〉、〈看海的日子〉共 9 篇。正文前有古繼堂〈總序〉，正文後附錄〈黃春明寫作年表〉。

放生

臺北：聯合文學出版社
1999 年 10 月，25 開，249 頁
聯合文叢 174

短篇小說集。本書集結作者 1986 至 1999 年小說作品，記錄、探索並關懷高齡化農村社會的老人處境，透露對美好鄉土理想漸去的遺憾。全書收錄〈現此時先生〉、〈瞎子阿木〉、〈打蒼蠅〉、〈放生〉、〈九根手指頭的故事〉、〈死去活來〉、〈銀鬚上的春天〉、〈呷鬼的來了〉、〈最後一隻鳳鳥〉、〈售票口〉共十篇。正文前有李瑞騰〈序〉、黃春明〈自序〉，正文後附錄蔡詩萍、王妙如〈空氣中的哀愁〉。

Sayonara—Auf Wiedersehen／Charlotte Dunsing、Barbara Kauderer 譯

Bochum, Germany：Ruhr-Universität
1999 年，25 開，280 頁

短篇小說集。全書收錄"Krätze"（癬）、"Ich liebe Mary"（我愛瑪莉）、"Der Geschmack der Äpfel"（蘋果的滋味）、"Nu rein

Harlekin"（兒子的大玩偶）、"Die Geschichte des alten Qingfan"（青番公的故事）、"Xiaoqais Mütze"（小琪的那一頂帽子）、"Der Tag,an demsieaufs Meer schaute"（看海的日子）、"Sayonara——Auf Wiedersehen!"（莎喲娜啦‧再見）共八篇。正文前有 Wolf Baus"Vorwort"（前言）。

Le Gong／Emmanuelle Péchnart、Anne Wu 譯
Paris, France：Actes Sud
2001 年，11.5x21 公分，128 頁

短篇小說。本書為〈鑼〉的法譯本，講述憨欽仔賴以維生的打鑼工作被現代三輪車擴音器取代，為求溫飽只好跟著羅漢腳們以幫別人出殯維生，終於又接到公所委託宣告納稅期限，卻因為說辭過於誇張而被公所的人制止。故事以幽默帶點悲憫的口吻，描寫臺灣轉型中社會裡可笑的、愚昧卑微的小人物，對自身命運的思索。

看海的日子
北京：解放軍文藝（崑崙）出版社
2001 年 4 月，32 開，259 頁
中國經典鄉土小說六家

短篇小說集。全書收錄〈鑼〉、〈青番公的故事〉、〈甘庚伯的黃昏〉、〈蘋果的滋味〉、〈溺死一隻老貓〉、〈兩個油漆匠〉、〈售票口〉、〈呷鬼的來了〉、〈放生〉、〈最後一隻鳳鳥〉、〈看海的日子〉共 11 篇。正文前有尉天驄〈讀陳映真、黃春明、王禎和鄉土小說的隨想（代序）〉，正文後附錄曾慶瑞〈文變染乎世情，興廢繫於時序〉。

黃春明小說選
香港：明報月刊出版社
2009 年 3 月，25 開，375 頁
世界當代華文文學精讀文庫 10

短篇小說集。全書收錄〈有一隻懷錶〉、〈巨人的眼淚〉、〈沒有時刻的月臺〉、〈銀鬚上的春天〉、〈售票口〉、〈看海的日子〉、〈魚〉、〈兒子的大玩偶〉、〈戰士，乾杯！〉、〈「城仔」

落車〉、〈青番公的故事〉、〈鑼〉、〈甘庚伯的黃昏〉、〈蘋果的滋味〉、〈死去活來〉共
15 篇。正文前有〈黃春明簡歷〉、潘耀明，原甸〈眾手合推的文化巨石〉、尉天驄
〈黃春明的鄉土世界〉，正文後附錄〈黃春明創作年表〉。

【兒童文學】

皇冠文化 1993　　　Gulf Stream2006

我是貓也

臺北：皇冠文化出版公司
1993 年 5 月，21x29.5 公分，34 頁
小皇冠叢書第 11 種・黃春明童話 1

Nantes, France：Gulf Stream
2006 年 9 月，22.2x28.2 公分，40 頁
Bleu pastel
Je suis un chat, un vrai !
Angel Pino、Isabelle Rabit 譯

本書描寫一隻被富有人家寵愛的黑貓，
被遺棄至偏遠村莊，因不願意抓老鼠而
被嘲笑為不具貓的資格，最後黑貓抓到
了鼠干而證明自己是真正的貓。正文後
附錄黃春明〈後記〉。

皇冠文化 1993　　　Gulf Stream2006

短鼻象

臺北：皇冠文化出版公司
1993 年 5 月，21x29.5 公分，34 頁
小皇冠叢書第 12 種・黃春明童話 2

Nantes, France：Gulf Stream
2006 年 9 月，22.2x28.2 公分，40 頁
Bleu pastel
Le elephant a La petit trompe
Elia Lange 譯

本書描述被小孩嘲笑的短鼻象，嘗試了
各種讓鼻子變長的方式，經歷了懷疑自
己與徬徨的過程，最後因為勇敢幫助撲
滅森林的野火，鼻子變長了也重拾自
信。正文後附錄黃春明〈後記〉。

小駝背

臺北：皇冠文化出版公司
1993 年 5 月， 21x29.5 公分，34 頁
小皇冠叢書第 13 種・黃春明童話 3

本書描述被人欺負的小駝背，在夢裡遇見親切的駝背鎮鎮
民，最後永遠的留在駝背鎮裡。正文後附錄黃春明〈後記〉、
黃春明〈仰望著〉。

皇冠文化 1993　　　　Gulf Stream2006

愛吃糖的皇帝

臺北：皇冠文化出版公司
1993 年 5 月，21x29.5 公分，34 頁
小皇冠叢書第 14 種・黃春明童話 4

Nantes, France：Gulf Stream
2006 年 11 月， 22.2x28.2 公分，39 頁
Bleu pastel
L'empereur qui n'aimait que les douceurs
Elia Lange 譯

本書改編屈原典故，將忠言比喻為鹽，
讒言比喻為糖，皇帝聽信小人的話只願
吃糖而不願吃鹽，並因屈原直諫而流放
屈原。這故事說明了端午節的由來，並
警惕小朋友要少吃糖多吃健康的食物。

皇冠文化 1993　　　　Gulf Stream2006

小麻雀・稻草人

臺北：皇冠文化出版公司
1993 年 5 月， 21x29.5 公分，34 頁
小皇冠叢書第 15 種・黃春明童話 5

Nantes, France：Gulf Stream
2006 年 11 月，22.2x28.2 公分，40 頁
Bleu pastel
Le secret des bonshommes de paille
Elia Lange 譯

本書描述農家製作稻草人的過程中，小
孩子為稻草人繪上五官，稻草人因此有
了生命，還與麻雀成為好朋友。故事解
說農村擺放稻草人於稻田的習俗，呈現
秋收前熱鬧的農村景象。

毛毛有話

臺北：皇冠文化出版公司
1993 年 7 月，25 開，218 頁
皇冠叢書第 2239 種

本書以新生兒毛毛的視角描述自己自出生到周歲的生活，藉由一個未滿周歲孩童的眼光，對家庭、社會、國家提出批評，反應現代扭曲的價值觀。

臺灣麥克 1995

格林文化 1998

河北教育出版社 2002

兒子的大玩偶／郝廣才改編；楊翠玉繪圖

臺北：臺灣麥克公司
1995 年 11 月，菊 8 開，32 頁
大師名作繪本 40

臺北：格林文化
1998 年，菊 8 開，32 頁

石家莊：河北教育出版社
2002 年 12 月，16 開，30 頁

本書描寫坤樹為了生計替電影院宣傳，裝扮成小丑臉龐的廣告人，孩子卻認不得未上妝的父親臉龐而嚎啕大哭，坤樹只好拿起粉塊，在臉上塗抹起來。故事表現人生的無奈與荒謬，更透露了社會底層小人物對命運的抵抗。

銀鬚上的春天／許俊雅策畫導讀；梁正居繪圖

臺北：遠流出版公司
2005 年 7 月，25 開，61 頁
臺灣小說・青春讀本 5

短篇小說。故事描述貌似土地公的銀鬚老人，忍受孩童玩弄他的鬚髮，只為享受片刻的天倫之樂；另一位老人榮伯每日固定至土地公廟上香，因被稱長的越來越像土地公而感到高興；藉老人與孩童的互動描寫鄉野中的傳奇故事與自然倫理，文中附有臺灣傳統農村的插圖。正文前有許俊雅〈總序〉，正文後附錄〈黃春明創作大事紀〉、吳梅瑛〈被「放生」的老人〉。

【合集】

黃春明小說集
臺北：皇冠出版社
1985 年 8 月，25 開

共三冊；短篇小說集。除重新編彙黃春明過去已出版作品外，亦收錄發表過卻未集結成書的小說，三冊以發表年次排序分為 1962～1968 年、1969～1972 年、1973～1983 年三個時期，並以黃春明的油畫作品做為封面。各冊正文前有平鑫濤〈出版序〉、黃春明〈胡序〉。

青番公的故事
臺北：皇冠文化出版公司
1985 年 8 月，25 開，299 頁
皇冠叢書第 1160 種

短篇小說集。本書集結作者 1962～1968 年作品。全書收錄〈「城仔」落車〉、〈小巴哈〉、〈北門街〉、〈玩火〉、〈兩萬年的歷史〉、〈把瓶子升上去〉、〈借個火〉、〈照鏡子〉、〈青番公的故事〉、〈溺死一隻老貓〉、〈看海的日子〉、〈癬〉、〈阿屘與警察〉、〈魚〉、〈兒子的大玩偶〉共 15 篇。

鑼
臺北：皇冠文化出版公司
1985 年 8 月，25 開，246 頁
皇冠叢書第 1161 種

短篇小說集。本書集結作者 1969～1972 年作品。全書收錄〈鑼〉、〈甘庚伯的黃昏〉、〈蘋果的滋味〉、〈鮮紅蝦——「下消樂仔」這個掌故〉、〈小琪的那一頂帽子〉共五篇。

莎喲娜啦‧再見
臺北：皇冠文化出版公司
1985 年 8 月，25 開，309 頁
皇冠叢書第 1162 種

短篇小說集。本書集結作者 1973～1983 年作品。全書收錄〈莎喲娜啦‧再見〉、〈小寡婦〉、〈我愛瑪莉〉、〈大餅〉共四篇。正文後附錄〈附錄／清道伕的孩子〉，為作者最早於報刊發表之小說。

黃春明典藏作品集
臺北：皇冠文化出版公司
2000 年 2 月，25 開

共四冊；第 1～3 冊為小說集，第 4 冊為散文集。各冊正文前有黃春明〈總序〉，正
文後附錄〈黃春明創作年表〉。

莎喲娜啦‧再見
臺北：皇冠文化出版公司
2000 年 2 月，25 開，280 頁
皇冠叢書第 2994 種

短篇小說集。全書收錄〈莎喲娜啦‧再見〉、〈鑼〉、〈溺死一
隻老貓〉、〈魚〉、〈癬〉、〈北門街〉、〈城仔落車〉、〈小巴哈〉、
〈大餅〉、〈阿屘與警察〉共十篇。

兒子的大玩偶
臺北：皇冠文化出版公司
2000 年 2 月，25 開，263 頁
皇冠叢書第 2995 種

短篇小說集。全書收錄〈兒子的大玩偶〉、〈蘋果的滋味〉、
〈小琪的那一頂帽子〉、〈我愛瑪莉〉、〈甘庚伯的黃昏〉、〈玩
火〉、〈兩萬年的歷史〉、〈鮮紅蝦——『下消樂仔』這個掌
故〉、〈把瓶子升上去〉、〈清道伕的孩子〉共十篇。

看海的日子
臺北：皇冠文化出版公司
2000 年 2 月，25 開，296 頁
皇冠叢書第 2996 種

短篇小說集。全書收錄〈看海的日子〉、〈青番公的故事〉、
〈兩個油漆匠〉、〈小寡婦〉、〈借個火〉、〈照鏡子〉共六篇。

等待一朵花的名字

臺北：皇冠文化出版公司
2000 年 2 月，25 開，208 頁
皇冠叢書第 2997 種

本書收錄散文集《等待一朵花的名字》。

黃春明作品集

臺北：聯合文學出版社
2009 年 5 月，25 開

共 14 冊；第 1～5 冊爲小說集，第 6～8 冊爲散文集，第 9～14 冊爲兒童文學。本
合集爲目前黃春明小說、散文最完整的結集出版，收錄過去曾發表卻未出版的小
說、散見於報章雜誌的諸多散文，可看出黃春明人文思考與行動之歷程。各冊正文
前有黃春明〈總序——聽者有意〉。

黃春明作品集 1 · 看海的日子

臺北：聯合文學出版社
2009 年 5 月，25 開，285 頁
聯合文叢 440

短篇小說集。全書收錄〈看海的日子〉、〈青番公的故事〉、
〈兩個油漆匠〉、〈小寡婦〉、〈借個火〉、〈照鏡子〉共六篇。

黃春明作品集 2 · 兒子的大玩偶

臺北：聯合文學出版社
2009 年 5 月，25 開，261 頁
聯合文叢 441

短篇小說集。全書收錄〈兒子的大玩偶〉、〈蘋果的滋味〉、
〈小琪的那頂帽子〉、〈我愛瑪莉〉、〈甘庚伯的黃昏〉、〈玩
火〉、〈兩萬年的歷史〉、〈鮮紅蝦——「下消樂仔」這個掌
故〉、〈把瓶子升上去〉、〈清道伕的孩子〉共十篇。

黃春明作品集 3．莎喲娜啦．再見
臺北：聯合文學出版社
2009 年 5 月，25 開，275 頁
聯合文叢 442

短篇小說集。全書收錄〈莎喲娜啦．再見〉、〈鑼〉、〈溺死一
隻老貓〉、〈魚〉、〈癬〉、〈北門街〉、〈小巴哈〉、〈城仔落車〉、
〈大餅〉、〈阿屘與警察〉共十篇。

黃春明作品集 4．放生
臺北：聯合文學出版社
2009 年 5 月，25 開，259 頁
聯合文叢 443

本書收錄中短篇小說集《放生》。

黃春明作品集 5．沒有時刻的月臺
臺北：聯合文學出版社
2009 年 5 月，25 開，195 頁
聯合文叢 444

短篇小說集。本書爲作者早期具現代主義特色未結集小說以
及 2002～2008 年的作品。全書分「中短篇小說」、「最短篇小
說」二輯，收錄〈男人與小刀〉、〈跟著腳走〉、〈請勿與司機
談話〉、〈他媽——的，悲哀！〉、〈沒有頭的胡蜂〉、〈眾神，
聽著！〉、〈金絲雀的哀歌變奏曲〉、〈沒有時刻的月臺〉、〈有
一隻懷錶〉、〈胖姑姑〉、〈龍目井〉、〈葡萄成熟時〉、〈買觀
音〉、〈迷路〉、〈聽眾〉、〈小羊與我〉、〈棉花棒．紫藥水〉、
〈挑戰名言〉、〈靈魂招領〉、〈許願家族〉共 20 篇。

黃春明作品集 6．等待一朵花的名字
臺北：聯合文學出版社
2009 年 5 月，25 開，205 頁
聯合文叢 445

本書收錄散文集《等待一朵花的名字》。新增〈恆春一號〉、
〈夜市〉、〈一票〉、〈解嚴〉、〈地震〉共五篇。

黃春明作品集 7 · 九彎十八拐
臺北：聯合文學出版社
2009 年 5 月，25 開，186 頁
聯合文叢 449

本書收錄曾在報刊發表的雜文，針對社會文化現象提出自己的見解，針貶農業社會轉變爲工商業社會後價值觀的劇變，幽默的語氣中同時透露對過往的懷念與對現實的批判。全書收錄〈金豆〉、〈心裡的桃花源〉、〈落幕後的漣漪〉、〈感官與文學〉等 49 篇。

黃春明作品集 8 · 大便老師
臺北：聯合文學出版社
2009 年 5 月，25 開，227 頁
聯合文叢 450

本書呈現出黃春明創作理念，生命感悟，並傳達出對於土地上萬事萬物的深厚感情。全書收錄〈我遇見我了〉、〈在舞臺上咳嗽的老人〉、〈陶淵明先生，請坐〉、〈再見，小駝背〉等36 篇。

黃春明作品集 9 · 毛毛有話
臺北：聯合文學出版社
2010 年 5 月，25 開，194 頁
聯合文叢 482

本書收錄兒童文學《毛毛有話》。

黃春明作品集 10 · 我是貓也
臺北：聯合文學出版社
2011 年 3 月，21x28 公分，35 頁
聯合文叢 561

本書收錄童話繪本《我是貓也》。

黃春明作品集 11‧短鼻象

臺北：聯合文學出版社
2011 年 3 月，21x28 公分，35 頁
聯合文叢 562

本書收錄童話繪本《短鼻象》。

黃春明作品集 12‧小駝背

臺北：聯合文學出版社
2011 年 3 月，21x28 公分，35 頁
聯合文叢 563

本書收錄童話繪本《小駝背》。

黃春明作品集 13‧愛吃糖的皇帝

臺北：聯合文學出版社
2011 年 3 月，21x28 公分，35 頁
聯合文叢 564

本書收錄童話繪本《愛吃糖的皇帝》。

黃春明作品集 14‧小麻雀‧稻草人

臺北：聯合文學出版社
2011 年 3 月，21x28 公分，35 頁
聯合文叢 565

本書收錄童話繪本《小麻雀‧稻草人》。

文學年表

1935 年　　2 月　　13 日，生於宜蘭羅東浮崙仔（今宜蘭縣羅東鎮）。為家中五個小孩中的長子。

1943 年　　本年　　母親因霍亂驟逝，由祖母扶養成人。

1947 年　　本年　　初中期間受到國文老師王賢春啓蒙，閱讀《帝俄時期的安東契科夫》、《沈從文的短篇小說》與巴金作品，對文學產生興趣。

1950 年　　9 月　　就讀羅東高中，高一時因破壞學校布告欄被退學，後讀頭城中學高中部，亦被退學。

　　　　　本年　　二度退學後於臺北保安街一家電器行當學徒，半工半讀。

1953 年　　本年　　考取臺灣省立臺北師範學校（現臺北教育大學），後被退學，轉至臺灣省立臺南師範學校（現臺南大學），後再度被退學，轉至臺灣省立屏東師範學校（現屏東師範大學）。

1956 年　　12 月　　20 日，就讀屏東師範學校期間，以「春鈴」為筆名，發表第一篇小說〈清道伕的孩子〉於救國團《青年通訊》第 63 期。

1957 年　　本年　　以「黃春鳴」為筆名，發表〈小巴哈〉於《臺灣新生報》南部版。

1958 年　　本年　　畢業於屏東師範學校。任教於宜蘭廣興國小。

1961 年　　本年　　辭去廣興國小教職。

1962 年　　3 月　　20 日，發表短篇小說〈城仔落車〉於《聯合報》副刊，主編林海音一字不改刊出，並鼓勵其持續創作，開啓黃春明創作的第一個高峰期。

　　　　　　　　　30 日，發表短篇小說〈北門街〉於《聯合報》副刊。

　　　　　5 月　21 日，發表短篇小說〈玩火〉於《聯合報》副刊。

　　　　　本年　於宜蘭通信兵學校服役兩年。

1963 年　2 月　26 日，發表短篇小說〈胖姑姑〉於《聯合報》副刊。

　　　　　3 月　15 日，發表短篇小說〈兩萬年的歷史〉於《聯合報》副刊。

　　　　　　　　　27 日，發表短篇小說〈把瓶子升上去〉於《聯合報》副刊。

　　　　　4 月　13 日，發表短篇小說〈請勿與司機談話〉於《聯合報》副刊。

　　　　　　　　　29 日，發表短篇小說〈借個火〉於《聯合報》副刊。

　　　　　　　　　因主編林海音離開聯合副刊，暫停創作。

　　　　　5 月　9 日，發表短篇小說〈麗的結婚消息〉於《聯合報》副刊。

　　　　　本年　退伍後考取並服務於中廣宜蘭電臺，擔任記者、編輯，在電臺認識林美音，與其共同製作「街頭巷尾」。獨自製作「雞鳴早春天」等節目，開啟把廣播現場從棚內帶到棚外採訪收音的風氣。

1965 年　7 月　發表短篇小說〈男人與小刀〉於《幼獅文藝》第 139 期。

　　　　　12 月　27 日，發表〈日光之下〉於《徵信新聞報》。

1966 年　4 月　遷居臺北，任職於聯通廣告公司。

　　　　　6 月　與林美音結婚。

　　　　　10 月　加入《文學季刊》，發表〈跟著腳走〉於《文學季刊》創刊號。

　　　　　　　　　發表短篇小說〈照鏡子〉於《臺灣文藝》第 13 期。

1967 年　1 月　發表短篇小說〈沒有頭的胡蜂〉於《文學季刊》第 2 期。

　　　　　4 月　發表短篇小說〈青番公的故事〉、劇本〈神、人、鬼〉於《文學季刊》第 3 期。

　　　　　　　　　發表〈他媽——的，悲哀！〉（原〈日光之下〉）於《臺灣文藝》第 15 期。

	7 月	發表短篇小說〈溺死一隻老貓〉於《文學季刊》第 4 期。
	8 月	3 日，長子黃國珍出生。
	11 月	發表〈相像〉、短篇小說〈看海的日子〉於《文學季刊》第 5期。
	12 月	發表〈看陳耀圻的電影作品有感〉於《幼獅文藝》第 168期。
	本年	先後任職於正豐廣告公司（臺灣第一家廣告公司）、國華廣告公司、清華廣告公司。
		短篇小說〈男人與小刀〉獲《臺灣文藝》雜誌社主辦的第二屆臺灣文學獎佳作。
1968 年	2 月	發表短篇小說〈兒子的大玩偶〉於《文學季刊》第 6 期。
		發表短篇小說〈魚〉於《中國時報》「人間」副刊。
		發表短篇小說〈阿屘與警察〉於《仙人掌雜誌》。
		以「邱文祺」為筆名，發表短篇小說〈癬〉於《草原雜誌》第 2 期。
	本年	辭去廣告公司職務，從事餐飲業。
1969 年	7 月	發表短篇小說〈鑼〉於《文學季刊》第 9 期。
	10 月	第一本短篇小說集《兒子的大玩偶》由臺北仙人掌出版社出版。
	本年	停止餐飲業工作，擔任臺灣第一家超級市場「西門超市」市場企畫。
1970 年	本年	重回國華廣告公司擔任廣告文案。
1971 年	1 月	發表短篇小說〈兩個油漆匠〉於《文學雙月刊》第 1 期。
	10 月	16 日，次子黃國峻出生。
	12 月	發表短篇小說〈甘庚伯的黃昏〉於《現代文學》第 45 期。
1972 年	12 月	28～31 日，短篇小說〈蘋果的滋味〉連載於《中國時報》「人間」副刊。

本年　經由林蒼生介紹，認識統一公司總經理高清愿，在統一公司
　　　支持下策畫中視「貝貝劇場──哈哈樂園」90 集，擔任編劇
　　　一職，首次引進日本杖頭木偶，編劇《小瓜呆歷險記》節
　　　目，塑造了家喻戶曉的「小瓜呆」、「八噸將軍」等角色。

本年　開始拍攝國和傳播與中視新聞部合作的紀錄片「芬芳寶島」
　　　系列。以自行拍攝《大甲媽祖回娘家》造成轟動，接著推出
　　　《北港牛墟》、《淡水暮色》、《白鷺鷥──我們的朋友》、《咚
　　　咚響的龍船場》、《恆春一遊》等作品至 1974 年止。後因理念
　　　不合而離開拍攝團隊。

1973 年　2 月　發表短篇小說〈莎喲娜啦・再見〉於《中國時報》「人間」副
　　　　　　　刊。

　　　　8 月　發表短篇小說〈莎喲娜啦・再見〉於《文季季刊》第 1 期。
　　　　　　　短篇小說〈魚〉入選國民中學國文課本。

1974 年　1 月　發表短篇小說〈鮮紅蝦──「下消樂仔」這個掌故〉於《中
　　　　　　　外文學》第 2 卷第 8 期。

　　　　3 月　短篇小說集《鑼》、《莎喲娜啦・再見》由臺北遠景出版公司
　　　　　　　出版，兩書當時再版超過 50 版，為遠景出版公司打響名號。

　　　　5 月　1 日，發表〈往事只能回味〉於《中國時報》「人間」副刊。

　　　　6 月　8 日，發表〈屋頂上的番茄樹〉於《中國時報》「人間」副
　　　　　　　刊。

　　　　8 月　發表〈好幾千人的眼睛〉於《中國時報》「人間」副刊。

　　　10 月　13 日，發表〈給憨欽仔的一封信〉於《中國時報》「人間」
　　　　　　　副刊。

1975 年　1 月　1 日，發表短篇小說〈小琪的那一頂帽子〉於《中外文學》
　　　　　　　第 3 卷第 8 期。

　　　　2 月　短篇小說集《小寡婦》由臺北遠景出版公司出版。

1976 年　2 月　應美國國務院、亞洲協會、愛荷華大學寫作班之邀，赴美訪

　　　　　　　　　　　　問一年。

　　　　　　4 月　21～24 日，〈民謠札記〉（一～四）連載於《中國時報》「人間」副刊。

1977 年　　9 月　20～27 日，發表短篇小說〈我愛瑪莉〉於《中國時報》「人間」副刊。

　　　　　　本年　擔任《我們的動物園》一書的企畫編輯，該書由梁正居攝影；鍾琴撰文。該書以攝影記錄圓山動物園，爲臺灣首次以「企畫編輯」模式出版的書籍。

1978 年　　2 月　發表〈一個作者的卑鄙心靈〉於《夏潮》第 23 期。

　　　　　　本年　任職愛迪達公司至 1982 年。負責統籌商品行銷企畫，最高職位爲創意總監。

1979 年　　3 月　短篇小說集《我愛瑪莉》由臺北遠景出版公司出版。

　　　　　　9 月　短篇小說集《莎喲娜啦・再見》日文版さよなら・再見由東京文遊社出版。（田中宏、福田杜二合譯）

1980 年　　11 月　20 日，短篇小說〈莎喲娜啦・再見〉獲第三屆吳三連文學獎小說獎，應邀出席於臺北國賓大飯店舉辦的頒獎典禮。

　　　　　　本年　短篇小說集 *The Drowning of an Old Cat and Other Stories* 由 Bloomington Indiana University Press 出版。

1981 年　　11 月　應邀至東京川崎市市立勞動會館參加第三世界文化會議，發表專題演講。

1983 年　　6 月　發表短篇小說〈大餅〉於《文季雙月刊》第 2 期。

　　　　　　本年　短篇小說〈兒子的大玩偶〉、〈小琪的那一頂帽子〉、〈蘋果的滋味〉改編爲三段式電影《兒子的大玩偶》，由吳念真編劇；侯孝賢、曾壯祥、萬仁分任導演。本片受保守人士密告，險遭電檢處逕行刪減，稱爲「削蘋果事件」。

　　　　　　　　　短篇小說〈看海的日子〉改編成同名電影，由王童導演；黃春明編劇；陸小芬主演。

1984 年	8 月	電影《兒子的大玩偶》（日譯「坊やの人形」）在東京下北澤試映。
	本年	短篇小說〈我愛瑪莉〉改編爲同名電影，由柯一正導演；小野編劇。
		短篇小說〈兩個油漆匠〉改編爲同名電影，由虞戡平導演；吳念真編劇。
		任王禎和小說《嫁妝一牛車》電影編劇。
	5 月	短篇小說集《我愛瑪莉》由北京中國友誼出版公司出版。
	8 月	「黃春明小說集」：《青番公的故事》、《鑼》、《莎喲娜啦・再見》由臺北皇冠出版公司出版。
	9 月	發表〈愕然的瞬間〉於《皇冠》第 379 期。
1986 年	3 月	4 日，發表短篇小說〈現此時先生〉於《聯合報》副刊。
		17 日，發表短篇小說〈瞎子阿木〉於《聯合報》副刊。
	4 月	7 日，於皇家藝文中心召開記者會，控訴大林出版社長期以來逕行出版《兒子的大玩偶》，並宣布採取法律途徑保護自己的著作權。
		20 日，發表短篇小說〈打蒼蠅〉於《聯合報》副刊。
		發表〈從「子曰」到「報紙說」〉於《皇冠》第 386 期。
	本年	〈莎喲娜啦・再見〉改編爲同名電影，由黃春明親自編劇；葉金勝導演。
1987 年	6 月	應邀於日本沖繩大學以「臺湾から見た沖縄と日本の関係」爲題演講。
	9 月	12～15 日，短篇小說〈放生〉連載於《聯合報》副刊。
		22 日，發表〈等待一朵花的名字〉於《聯合報》副刊。
	12 月	9 日，發表〈琉球的印象〉於《聯合報》副刊。
1988 年	5 月	11 日，發表〈我愛你〉於《中國時報》「人間」副刊。
	6 月	3 日，發表〈小三字經，老三字經〉於《中國時報》「人間」

　　　　　　　　副刊。

　　　　7 月　　8〜9 日，〈戰士，乾杯！〉連載於《中國時報》「人間」副
　　　　　　　　刊，本文 1994 年 8 月改編爲劇本，發表於《聯合文學》第
　　　　　　　　118 期、2005 年 1 月 19 日改編爲新詩，發表於《自由時報》
　　　　　　　　副刊。

　　　　10 月　　葛浩文（Howard Goldblatt）編《瞎子阿木──黃春明選集》
　　　　　　　　由香港文藝風出版社出版。

1989 年　　7 月　　《等待一朵花的名字》由臺北皇冠文化出版公司出版。

　　　　11 月　　12 日，發表〈夜市〉於《中國時報》「人間」副刊。

　　　　12 月　　15 日，發表〈地震〉於《中國時報》「人間」副刊。
　　　　　　　　短篇小說集《黃春明電影小說集》由臺北皇冠文化出版公司
　　　　　　　　出版。

　　　　本年　　任文化大學廣告系特聘教師。

1990 年　　3 月　　5 日，發表〈名正〉於《中國時報》「人間」副刊。
　　　　　　　　《黃春明文學漫畫・王善壽與牛進（　）》由臺北皇冠文化出
　　　　　　　　版公司出版。

　　　　1 月　　10 日，發表〈一票〉於《中國時報》「人間」副刊。

　　　　2 月　　17 日，發表〈解嚴〉於《中國時報》「人間」副刊。

　　　　9 月　　16 日，發表〈王禎和的笑臉〉於《中國時報》「人間」副
　　　　　　　　刊。

　　　　11 月　　兒童文學《毛毛有話》連載於《皇冠》第 441 期至 473 期，
　　　　　　　　至 1993 年 7 月止。

　　　　12 月　　1 日，發表〈城鄉的兩張地圖〉於《中國時報》「人間」副
　　　　　　　　刊。

1991 年　　1 月　　2 日，發表詩作「大地之歌」：〈蘭陽搖籃曲〉、〈龜山島〉於
　　　　　　　　《中國時報》「人間」副刊。

　　　　　　　　6 日，發表〈回到墾荒的原點上〉於《中國時報》「人間」副

刊「回顧鄉土文學論戰專輯」。

13 日，發表詩作〈買鹽〉、〈尋找一顆星的小孩〉於《中國時報》「人間」副刊。

24 日，發表〈城鄉筆記──恆春 1 號〉於《中國時報》「人間」副刊。

3 月　29 日，發表詩作〈夢蝶記〉於《中國時報》「人間」副刊。

1992 年　2 月　25 日，發表詩作〈掉落滿地的秒針〉於《中國時報》「人間」副刊。

3 月　11 日，發表詩作〈尋魂啟事〉於《中國時報》「人間」副刊。

本年　擔任宜蘭縣「本土語言實驗教材」編審委員會召集人，主編語言教材《本土語言篇實驗教材──河洛語教學手冊、錄音帶》、《本土語言──河洛語系注音符號簡介》，由宜蘭縣政府出版，錄音教材由林美音錄製。

1993 年　2 月　15 日，發表〈幫你看電影〉於《中國時報》「人間」副刊。

3 月　26 日，發表〈老鷹不老〉於《中國時報》「人間」副刊；於臺北尊嚴畫廊展出油畫作品《轉換空間》。

5 月　12～18 日，「黃春明童話──新書發表會・撕畫展」於臺北皇冠藝文中心畫廊展出。

發表〈童話書可以給孩子什麼？〉於《皇冠》第 471 期。

「黃春明撕畫童話」：《我是貓也》、《短鼻象》、《小駝背》、《愛吃糖的皇帝》、《小麻雀・稻草人》由臺北皇冠文化出版公司出版。

7 月　5 日，《毛毛有話》由皇冠文化出版公司出版。

12 日，於臺北皇冠藝文中心舉行《毛毛有話》新書發表會。

9 月　7 日，編導的兒童舞臺劇《稻草人和小麻雀》，由國立臺灣藝術教育館鞋子兒童實驗劇團演出。

10 月	小說集《莎喲娜啦‧再見》由武漢長江文藝出版社出版。
12 月	10 日，發表「詩三首」：〈因為我是小孩〉、〈熱帶魚和蝴蝶〉、〈我的願望〉於《中國時報》「人間」副刊。
本年	成立「吉祥巷工作室」，致力於宜蘭社區之規畫，進行「宜蘭縣通俗博物誌圖鑑」、「調查舊地名」的田野採訪紀錄。 擔任國立藝術學院戲劇系兼任教師。

1994 年	1 月	3 日，發表組詩「童詩小集（一）」：〈說一聲早〉、〈我每天都在開畫展〉、〈釣魚〉於《中國時報》「人間」副刊。
		5 日，發表組詩「童詩小集（二）」：〈澆水〉、〈我的木偶呆呆〉於《中國時報》「人間」副刊。
		6 日，發表〈羅東來的文學青年〉於《中國時報》「人間」副刊。
		13 日，發表組詩「童詩小集（三）」：〈新皮鞋〉、〈我和爸爸去林間賞鳥〉、〈放風箏真有趣〉於《中國時報》「人間」副刊。
	2 月	2 日，發表組詩「童詩小集（四）」：〈我家的爸爸〉、〈我家的媽媽〉、〈我家的爺爺〉、〈我家的奶奶〉、〈我〉於《中國時報》「人間」副刊。
		發表〈高速公路變奏曲〉於《皇冠》第 480 期。
	5 月	19 日，發表〈流浪者之歌〉於《中國時報》「人間」副刊。
	8 月	發表劇本〈戰士，乾杯！〉於《聯合文學》第 118 期。
	9 月	26 日，發表詩作「童詩二首」：〈停電〉、〈我是風〉於《中國時報》「人間」副刊。
	本年	於臺北市創立「黃人魚兒童劇團」，擔任負責人、團長、總編導。和頂呱呱企業合作設立「頂呱呱黃春明兒童劇場」，推出「週末劇場」表演兒童故事、演出創團戲《土龍愛吃餅》。兒童舞臺劇《稻草人和小麻雀》全國巡迴演出。

1995 年　　1 月　　發表〈從宜蘭來的文學青年〉於《中國時報》「人間」副刊。

　　　　　　2 月　　宜蘭縣政府主辦的「歡樂宜蘭年」除夕團圓活動揭開序幕，
　　　　　　　　　　活動由黃春明構想出發，並由黃春明設計的《趕年獸》劇碼
　　　　　　　　　　開場。

　　　　　　　　　　發表〈姑婆葉的日子〉、〈新娘的花冠〉於《皇冠》第 492
　　　　　　　　　　期。

　　　　　　3 月　　4 日，發表〈SOS，請救救小孩子吧！〉於《中國時報》「人
　　　　　　　　　　間」副刊。

　　　　　　　　　　11 日，發表〈先做一個好讀者〉於《中國時報》「人間」副
　　　　　　　　　　刊。

　　　　　　　　　　18 日，發表〈不感動的不寫〉於《中國時報》「人間」副
　　　　　　　　　　刊。

　　　　　　　　　　19 日，發表〈這一股衝動還在〉於《中國時報》「人間」副
　　　　　　　　　　刊。

　　　　　　　　　　25～26 日，〈羅東味〉連載於《中國時報》「人間」副刊。

　　　　　　4 月　　發表〈陀螺不再轉了〉、〈在狗屎拔梓仔樹上〉於《皇冠》第
　　　　　　　　　　494 期。

　　　　　　　　　　兒童舞臺劇《掛鈴噹》，由黃大魚兒童劇團於北臺灣巡迴演出
　　　　　　　　　　至 5 月。

　　　　　　5 月　　27 日，編導的兒童舞臺劇《小李子不是大騙子》，由鞋子兒
　　　　　　　　　　童實驗劇團於國家戲劇院演出。

　　　　　　　　　　發表〈又見山茼蒿〉於《皇冠》第 495 期。

　　　　　　6 月　　發表〈只問耕耘，不問收穫〉於《皇冠》第 496 期。

　　　　　　8 月　　發表〈茉瓜的話〉於《皇冠》第 498 期。

　　　　　　9 月　　發表〈匏仔殼〉於《皇冠》第 499 期。

　　　　　　10 月　　29 日，擔任宜蘭縣語言競賽河洛話比賽評審。

　　　　　　　　　　發表〈呷柚仔放蝦米〉於《皇冠》第 500 期。

發表〈我們到底做錯了什麼〉於《仰山會訊》第 3 期。

《小麻雀‧稻草人》日譯版（《すずめとかかし》）刊載於日文兒童雜誌《おおきなポケット》1995 年 10 月號。

11 月　發表〈枸杞燉豬肚〉於《皇冠》第 501 期。

兒童文學《兒子的大玩偶》，由臺北格林文化出版公司出版，郝廣才改編；楊翠玉繪圖。

12 月　6 日，發表詩作〈菅芒花〉於《中國時報》「人間」副刊。

發表〈人豬哥，草也豬哥？〉於《皇冠》第 502 期。

本年　為「世界愛滋日」拍攝紀錄片《紅絲帶的故事——戰鬥十九》，與張艾嘉、虞戡平、嚴浩、蔡明亮四位導演合作拍攝，義助愛滋病宣導防範。

1996 年　3 月　發表〈好彩頭〉於《皇冠》第 505 期。

4 月　7～26 日，編導的大型兒童歌舞劇《新桃花源記》，由黃大魚兒童劇團、省立交響樂團合作，分別於宜蘭、基隆、新竹、高雄、南投演出。

發表〈粿仔葉〉於《皇冠》第 506 期。

6 月　29 日，應邀擔任臺灣省兒童文學協會承辦、靜宜大學中文系協辦「兒童文學夏令營」講師。

7 月　短篇小說集《兒子的人玩偶》由北京時事出版社出版。

8 月　5 日，應邀擔任中國文藝協會於中國文藝協會道藩廳舉辦之「小說寫作研究班」講師。

本年　編撰《水稻文化活動——共享豐收喜悅》由臺北北投農會出版。

承辦「宜蘭縣社區總體營造——理念宣導」，參與宜蘭縣梅花社區、天送埤社區總體營造之規畫。

以傳承興建茅仔厝技藝為訴求，辦理第一屆「茅仔厝研習營」，為期四天。

1997 年　10 月　19 日，應邀出席由臺灣社會學研究會、人間出版社、夏潮聯
合會主辦的「回顧與再思──鄉土文學論戰廿年」討論會，
擔任「七十年代臺灣文學論爭的回憶」引言人。

11 月　9 日，出席「第 19 屆聯合文學小說新人獎」頒獎典禮，親自
頒發獎項給兒子黃國峻。

26 日，於宜蘭監獄以「自我成長不是增高機，真正的無限成
長是在於心」爲題，對兩百餘名受刑人演講。

12 月　24 日，出席由文建會主辦「臺灣現代小說史研討會」之「小
說家的挑戰」座談會，擔任與談人。

本年　創作撕畫《來去宜蘭》、《宜蘭有禮系列──金棗有晴、日日
有魚、鴨子呱呱叫》。

辦理第二屆「茅仔厝研習營」。

承辦宜蘭縣政府「讓舊地名重見天日」系列立碑與立傳活
動。

1998 年　5 月　21 日，發表短篇小說〈九根手指頭的故事〉於《中國時報》
「人間」副刊。

6 月　26 日，發表短篇小說〈死去活來〉於《聯合報》副刊。

7 月　7 日，開始主持超級電視臺調查報導節目《生命‧告白》，首
集主題爲「再生人──牢籠之歌」。

13 日，發表短篇小說〈銀鬚上的春天〉於《聯合報》副刊。

8 月　15 日，獲頒第二屆國家文化藝術基金會文藝獎文學類。

發表〈寂寞的豐收〉於《康健雜誌》第 11 期。

9 月　22 日，發表〈王老師，我得獎了〉於《聯合報》副刊。

應邀至澎湖監獄「鼎灣寫作班」演講。

10 月　8 日，發表詩作〈濁水溪〉於《聯合報》副刊。

8～10 日，短篇小說〈呷鬼的來了〉連載於《聯合報》副
刊。

25 日，短篇小說〈瞎子阿木〉由民視改編拍攝為「臺灣文學作家劇場」系列單元劇，由沈怡導演；蘇春美編劇；李炳輝、王美雪主演。

29～31 日，出席北京中國作家協會、全國臺聯、中國人民大學華人文化研究所共同主辦的「黃春明作品研討會」。

11 月　18 日，出席成功大學光復校區成功湖舉辦的「來自美麗的鄉土——駐校作家黃春明記者會」，展開於成功大學為期五日的駐校作家活動，包括座談會：「童話的邀約」、「憤怒的魚」、「創作的永恆生命」；演講：「小說寫作面面觀」、「一個不良少年的成長與文學」、「創意真有趣」；參訪：「社區營造活動參訪——楠西鹿陶洋（江家古厝文化促進會）」、「嘉南平原與蘭陽平原的交會——拜訪赤崁文史工作室」等活動。

28 日，發表〈多叫人難堪〉於《中國時報》「人間」副刊。

12 月　25 日，出席臺大法學院與日本社會文學會所舉辦的「近代日本與臺灣研討會」。

本年　兒童文學《兒子的大玩偶》韓文版，由臺北格林文化公司出版，楊翠玉繪圖。

編撰《粒粒皆辛苦——臺灣舊農業的背影》，由羅東鎮農會出版。

策畫《十個舊地名的故事》，由宜蘭縣政府出版，李賴主編。

1999 年　2 月　5 日，短篇小說集《兒子的大玩偶》獲選為行政院文建會委託、《聯合報》副刊評選的 30 部「臺灣文學經典三十」之一。

3 月　2 日，擔任中央大學駐校作家一個學期，開設「小說與社會」課程，由康來新與李瑞騰協同教學。

18 日，發表〈用腳讀地理——我的小說札記與隨想〉於《聯合報》副刊。

4 月　4～20 日，編導兒童劇《愛吃糖的皇帝》與省立交響樂團合作，臺灣省第七屆音樂藝術季中於宜蘭、新莊、埔里、臺中、彰化、高雄等地巡迴演出。

發表短篇小說〈最後一隻鳳鳥〉於《聯合文學》第 174 期。

6 月　11～12 日，短篇小說〈售票口〉連載於《聯合報》副刊。

8 月　4 日，發表〈和蕭蕭一起玩現代詩〉於《自由時報》副刊。

28 日，〈陶淵明先生，請坐〉連載於《中國時報》「人間」副刊，至 9 月 3 日止。

31 日，應邀出席文建會主辦「臺灣知名作家大陸訪問團」，前往南昌、上海等地參訪，與大陸文學界、新聞出版界座談交流。

10 月　5～10 日，兒童舞臺劇《小李子不是大騙子》於國家戲劇院演出，由統一企業贊助。

6 日，發表〈老人寫真集〉於《聯合報》副刊。

短篇小說集《放生》由臺北聯合文學出版社出版。

12 月　17 日，應邀出席《中國時報》與時報育樂公司主辦的「面對大師——迎接千禧年文學講座」，以「近四十年臺灣文化與社會變遷」為題演講。

應邀出席由信義文教基金會、臺大公管系學會、自由時報主辦「關懷人文、美化人生」講座，以「憨猴搬石頭——臺灣目前漁農村社區特徵」為題於臺灣大學演講。

本年　短篇小說〈兒子的大玩偶〉獲香港《亞洲周刊》「二十世紀中文小說一百強」。

發表詩作〈一位在加護病房的老人〉、〈一個老人的中秋記憶〉於《自由時報》副刊。

於淡江大學開設「兒童文學」課程。

擔任公共電視臺形象大使，推廣戲劇節目。

短篇小說集《莎呦娜啦‧再見》德文版 *Sayonara——Auf Wiedersehen* 由德國 Ruhr-Universität 出版。（Charlotte Dunsing、Barbara Kauderer 合譯）

2000 年　2 月　15～17 日，黃大魚兒童劇團於 921 震災災區南投縣東光國小、至誠國小，嘉義縣大吉國中、民和國中義演《新桃花源記》。

「黃春明典藏作品集」：《莎喲娜啦‧再見》、《兒子的大玩偶》、《看海的日子》、《等待一朵花的名字》由臺北皇冠文化出版公司出版。

3 月　29 日，發表〈文化生活不等於藝術活動〉於《民生報》「文化與藝術版」。

4 月　14 日，應邀出席陽明大學愛滋病研究所、希望工作坊舉辦的「面對愛滋，文學界的反應」座談會，並放映五年前拍攝之電影《紅絲帶的故事——戰鬥十九》。

兒童舞臺劇《稻草人與小麻雀》由蘭陽舞蹈團於宜蘭羅東展演廳演出。

5 月　30 日，發表〈一個不良少年的成長與文學〉於《中央日報》第 25 版。

6 月　1 日，發表〈路邊拾珍〉於《樂覽》第 12 期。

7 月　1 日，發表〈蘇桐先生，您好〉於《樂覽》第 13 期。

24 日，發表〈大便老師〉於《聯合報》副刊。

8 月　1 日，發表〈茱園〉於《樂覽》第 14 期。

7 日，發表〈大地上的三炷香〉於《聯合報》副刊。

28 日，發表詩作〈一則無聊得要死的故事〉於《聯合報》副刊。

9 月　1 日，製作指導宜蘭縣復興國中少年劇團於宜蘭演藝廳演出戲劇《稻草人與小麻雀》；發表〈學習〉於《樂覽》第 15

期。

5 日，發表詩作〈清風無罪——此致家裡的嘮叨菩薩〉於《聯合報》副刊。

17 日，發表〈現代哪吒〉於《聯合報》副刊。

29 日，發表〈寫作有時也不那麼寂寞〉於《中國時報》「人間」副刊。

10 月　1 日，發表〈菅芒花〉於《樂覽》第 16 期。

11 日，發表詩作〈記得昨日〉、〈想呻吟〉、〈我好寂寞〉於《聯合報》副刊。

11 月　1 日，發表詩作〈那一個小孩站在那裡唱歌〉、〈黑夜〉於《聯合報》副刊；發表〈新娘的花冠〉於《樂覽》第 17 期。

10 日，發表詩作〈詩人把詩寫在大地上〉於《臺灣日報》副刊。

19 日，發表〈吃齋唸佛的老奶奶〉於《聯合報》副刊。

12 月　29 日，發表詩作〈與屍共舞〉於《聯合報》副刊。

本年　短篇小說集《放生》獲 2000 年圖書出版金鼎獎「推薦優良圖書團體獎」；第 23 屆時報文學獎推薦獎；《聯合報》「讀書人 1999 最佳書獎文學類」；《中央日報》「中央閱讀 1999 年十大好書榜」。

出席由《遠見》雜誌主辦「從科技、管理、人文重塑臺灣」座談會。

擔任佛光大學駐校作家。

2001 年　1 月　1 日，發表〈知識分子你能為周邊做些什麼事情〉於《聯合報》第 3 版。

23 日，發表詩作〈酒九矣〉、〈一條絕句〉於《中國時報》「人間」副刊。

2 月　10 日，發表詩作〈一場淫雨霏霏〉於《中國時報》「人間」

副刊。

15 日，發表詩作〈那一位老人需要博愛座〉於《中國時報》「人間」副刊。

28 日，發表詩作〈九彎十八拐〉於《中國時報》「人間」副刊。

3 月　12～13 日，參與中國作家協會、九州出版社共同舉辦《黃春明作品集》出版座談會「新世紀再讀黃春明」，並發表主題演講，與會者有林美音、尉天驄、陳映真。

13 日，發表〈小說不是坐下來就能寫〉於《中國時報》第 21 版。

30 日，發表詩作〈水蓮〉於《中國時報》「人間」副刊。

《黃春明作品集》由北京九州出版社出版。

4 月　7 日，發表詩作〈人造春天〉於《中國時報》「人間」副刊。

短篇小說集《看海的日子》由北京解放軍文藝（崑崙）出版社出版。

5 月　7 日，發表詩作〈孤獨〉於《聯合報》副刊。

6 月　2 日，發表詩作〈帶父親回家〉於《聯合報》副刊。

4 日，《我的名字叫蓮花》於臺視播出，為「臺灣第一劇場——黃春明系列」第一單元，之後陸續播出改編自小說〈放生〉、〈死去活來〉的同名電視劇，黃春明編劇；李作楠導演。

8 月　2 日，發表詩作〈月夜的喜劇——外一首〉於《聯合報》副刊。

30 日，發表詩作〈逢石記〉於《聯合報》副刊。

指導輔訓宜蘭縣復興國中少年劇團，於宜蘭、羅東、臺東等地巡迴演出兒童戲劇《稻草人與小麻雀》至 10 月。

9 月　1 日，擔任東華大學創作與英語文學研究所駐校作家，為期

一年。

10 月　2 日，應邀出席於宜蘭文化局演講廳舉辦之「作家的心靈之路」座談會，與高行健對談。

本年　任蘭陽戲劇團藝術總監。

短篇小說集《蘋果的滋味》英文版 *The Taste of Apples* 由美國哥倫比亞大學出版。（葛浩文翻譯）

《鑼》法文版 *Le Gong* 由巴黎 Actes Sud 出版。（Emmanuelle Péchnart、Anne Wu 合譯）

2002 年　1 月　10 日，發表最短篇小說〈買觀音〉於《聯合報》副刊。

11 日，發表最短篇小說〈迷路〉於《聯合報》副刊。

12 日，發表最短篇小說〈聽眾〉於《聯合報》副刊。

19 日，發表最短篇小說〈小羊與我〉於《聯合報》副刊。

20 日，發表最短篇小說〈棉花棒‧紫藥水〉於《聯合報》副刊。

24 日，發表最短篇小說〈挑戰名言〉於《聯合報》副刊。

27 日，發表最短篇小說〈靈魂招領〉於《聯合報》副刊。

2 月　3 日，自編自導的第一齣歌仔戲《杜子春》，由蘭陽戲劇團於宜蘭縣演藝廳演出。

6～7 日，短篇小說〈金絲雀的哀歌變奏曲〉連載於《聯合報》副刊。

20 日，發表短篇小說〈許願家族〉於《聯合報》副刊。

《蘋果的滋味》英文版 *The Taste of Apples* 入選「洛杉磯時報：2001 年度好書」。

5 月　1 日，製作指導舞臺劇《我不要當國王了》，並輔訓宜蘭縣復興高中少年劇團演出，至 11 月 23 日。

4 日，獲頒中國文藝協會榮譽文藝獎文學類。

4～11 日，發表短篇小說〈眾神，聽著！〉於《聯合報》副

刊。

7月　16 日，編撰短篇小說集《眾神的停車位》，由臺北遠流出版
公司出版。

22 日，發表詩作〈油菜花田〉於《聯合報》副刊。

30 日，發表詩作〈進香〉於《聯合報》副刊。

10月　12 日，應邀出席於臺東文化局演藝廳舉辦的「文字與影像的
對話」座談會，與林正盛、柯淑卿對談。

30 日，發表詩作〈殺風景〉於《聯合報》副刊。

11月　8 日，應邀出席佛光人文社會學院文學所主辦「2002 年兩岸
報導（告）文學的發展與未來研討會」。

25～29 日，擔任政治大學駐校作家，出席政治大學舉辦之講
座、黃春明作品展，並指導蘭陽戲劇團於政治人學藝文中心
大禮堂演出兒童舞臺劇《杜子春》。

本年　「黃大魚兒童劇團」由臺北遷回宜蘭。

2003 年　2月　11 日，應邀出席《中國時報》「人間」副刊舉辦「索因卡 VS.
臺灣作家」座談會，與渥雷・索因卡、陳映真進行對談，主
持人鄭樹森。

14 日，編導歌仔戲《愛吃糖的皇帝》，由蘭陽戲劇團於宜蘭
縣演藝廳演出。

5月　31 日，發表詩作〈番茄〉、〈蘇花公路〉、〈影子與我〉於《中
國時報》「人間」副刊。

6月　18 日，發表劇本〈外科整型〉於《中國時報》「人間」副
刊。

23 日，赴總統府以「本土語言教育的商榷」為題演講。

24 日，發表詩作〈向日葵〉、〈鳳凰花〉、〈玉蘭花〉於《聯合
報》副刊。

29 日，發表〈我知道你還在家裡〉於《聯合報》副刊。

11 月　21 日，發表〈對歌仔戲的展望〉於《自由時報》副刊。

編導歌仔戲《愛吃糖的皇帝》、《新白蛇傳 I——恩情、愛情》，由蘭陽戲劇團於宜蘭縣演藝廳演出。

12 月　6 日，編導的兒童舞臺劇《杜子春》，由蘭陽戲劇團於國光劇團演藝中心演出。

26～27 日，應金門縣政府之邀，以「小說裡外的生活情境」為題，與李昂對談。

2004 年　1 月　19 日，發表詩作〈天回天〉於《聯合報》副刊。

21～22 日，詩作〈人間詩選——童詩組曲〉連載於《中國時報》「人間」副刊。

2 月　21 日，發表詩作〈一群小星星的祕密〉、〈姑婆芋（姑婆葉）〉、〈兩耳草（糯米草）〉、〈雞冠花〉於《中國時報》「人間」副刊。

22 日，發表詩作〈臭頭香（雷公草）〉、〈酢醬草〉、〈白花婆婆針（魔鬼針）〉、〈含羞草〉於《中國時報》「人間」副刊。

28 日，發表〈我遇見我了〉於《中國時報·浮世繪》。

3 月　17 日，發表詩作「人間詩選」:〈夜幕〉、〈冷氣團〉於《中國時報》「人間」副刊。

22 日，應邀出席第 24 屆巴黎書展，同行者有黃凡、朱天文、陳黎、李昂等人。

4 月　8 日，發表〈e 人掃墓記〉於《中國時報》「浮世繪」。

6 月　20 日，發表詩作〈國峻不回家吃飯〉於《聯合報》副刊。

7 月　11 日，參與宜蘭童玩節，由黃大魚兒童劇團與日本 HITOMOZA 人形劇團合作，於宜蘭縣演藝廳演出大型現代人偶劇《外科整形》。

8 月　6～7 日，赴日參與長野縣「飯田市偶劇節」，由黃大魚兒童劇團與日本 HITOMOZA 人形劇團合作，於飯田市鼎文化中

心演出人偶劇《外科整型》。

11月　2～4 日，應邀出席法國波爾多蒙田第三大學舉行的「臺灣文學國際研討會：研究現況及海外的接受」。

2005年　1月　19日，發表詩作〈戰士乾杯！〉於《自由時報》副刊。

24 日，以「春二蟲」為筆名發表短篇小說〈龍目井〉於《自由時報》副刊。

2月　2日，發表詩作〈一把老剪刀〉於《自由時報》副刊。

21日，發表詩作〈飄飄而落〉於《自由時報》副刊。

3月　9 日，以「春二蟲」為筆名發表短篇小說〈即興演出——那邊這邊〉於《自由時報》副刊。

21日，發表詩作〈圓與直的對話〉於《自由時報》副刊。

4月　24 日，發表「九彎十八拐」專欄文章〈打一個比方〉於《自由時報》副刊。

發表〈多元創作面向思考〉於《明道文藝》第349 期。

5月　1 日，創辦《九彎十八拐》雙月刊，擔任發行人與總編輯。於宜蘭市演藝廳咖啡館舉辦「《九彎十八拐》創刊發表會」。

8 日，發表「九彎十八拐」專欄文章〈穿鴨裙的老農夫〉於《自由時報》副刊。

15 日，應邀出席臺積電文教基金會及《聯合報》副刊於臺北故事館舉辦的「作家朗誦會」，朗誦作品〈死去活來〉。

16 日，發表詩作〈敬春天〉於《自由時報》副刊。

22 日，發表「九彎十八拐」專欄文章〈低級感官〉於《自由時報》副刊。

6月　1 日，發表詩作〈五月〉於《自由時報》副刊。

5 日，發表「九彎十八拐」專欄文章〈擬似環境〉於《自由時報》副刊。

19 日，發表「九彎十八拐」專欄文章〈吞食動詞的怪獸〉於

《自由時報》副刊。

27 日，發表「九彎十八拐」專欄文章〈記憶裡的紙條——懷念沈登恩〉於《自由時報》副刊。

7 月　3 日，發表「九彎十八拐」專欄文章〈沉默的玫瑰花〉於《自由時報》副刊。

16 日，編導的兒童劇《小駝背》，由黃大魚兒童劇團於宜蘭縣文藝廳演出。

17 日，發表「九彎十八拐」專欄文章〈你猜！〉於《自由時報》副刊。

31 日，發表「九彎十八拐」專欄文章〈照鏡子〉於《自由時報》副刊。

兒童文學《黃春明——銀鬚上的春天》由臺北遠流出版公司出版。

8 月　14 日，發表「九彎十八拐」專欄文章〈人鼠之間〉於《自由時報》副刊。

28 日，發表「九彎十八拐」專欄文章〈失傳的細節〉於《自由時報》副刊。

9 月　1 日，以「黃大魚」為筆名發表〈再見，小駝背〉於《九彎十八拐》第 3 期。

11 日，發表「九彎十八拐」專欄文章〈詞彙膠囊的見證〉於《自由時報》副刊。

19 日，發表短篇小說〈沒有時刻的月臺〉於《自由時報》副刊；應邀出席聯經出版公司與上海新聞出版局、上海市作家協會合辦的「上海書展・雙城作家對談——『我的寫作與生活』」座談會。

25 日，發表「九彎十八拐」專欄文章〈時時刻刻〉於《自由時報》副刊。

10月　9日，發表「九彎十八拐」專欄文章〈銘謝賜炮〉於《自由時報》副刊。

23日，發表〈臃腫的年代〉於《自由時報》副刊。

11月　6日，發表「九彎十八拐」專欄文章〈廢話產業〉於《自由時報》副刊。

24日，發表「九彎十八拐」專欄文章〈多元社會二分法〉於《自由時報》副刊。

28日，應邀擔任世新大學駐校作家，以「一個不良少年的成長與文學的關係」、「黃春明小說的時代背景」、「小說中的對話語言」為題演講，至12月20日止。

12月　8日，發表〈玻璃家庭〉於《自由時報》副刊。

25日，兒童文學《黃春明——銀鬚上的春天》獲《聯合報》主辦「讀書人最佳書獎」最佳童書讀物類。

本年　發表詩作〈飄飄而落〉、〈五月〉於《自由時報》副刊。

編導歌仔戲《新白蛇傳II　一人情・世情》，由蘭陽戲劇團於宜蘭演藝廳演出。

2006年　1月　5日，發表「九彎十八拐」專欄文章〈立什麼樣的人的傳？〉於《自由時報》副刊。

19日，發表「九彎十八拐」專欄文章〈輕言之前〉於《自由時報》副刊。

2月　9日，發表「九彎十八拐」專欄文章〈去臺東〉於《自由時報》副刊。

22日，發表詩作〈春天——外一首〉於《聯合報》副刊。

23日，發表「九彎十八拐」專欄文章〈塞怕了沒？〉於《自由時報》副刊。

25日，發表詩作〈原來如此〉於《聯合報》副刊。

27日，以「黃回」為筆名，發表〈大腸的味道真美〉於《自

由時報》副刊。

3月　9日，發表「九彎十八拐」專欄文章〈點心的尊嚴〉於《自由時報》副刊。

23日，發表「九彎十八拐」專欄文章〈一朵花的背後〉於《自由時報》副刊。

4月　6日，發表「九彎十八拐」專欄文章〈鄉愁商品化〉於《自由時報》副刊。

20日，發表「九彎十八拐」專欄文章〈討厭與討厭的距離〉於《自由時報》副刊。

5月　4日，發表「九彎十八拐」專欄文章〈愛心是非題〉於《自由時報》副刊。

18日，發表「九彎十八拐」專欄文章〈再見吧！母親節〉於《自由時報》副刊。

19～20日，慶祝《九彎十八拐》週年，於宜蘭高中、羅東高中舉辦第一屆「悅聽文學」活動，由雜誌社成員、作家朗讀文學作品。「悅聽文學」成為《九彎十八拐》每年慣例舉辦活動。

6月　1日，發表「九彎十八拐」專欄文章〈幽他一默〉於《自由時報》副刊。

15日，發表「九彎十八拐」專欄文章〈金豆〉於《自由時報》副刊。

21日，發表〈深沉的歎息——致楊儒門〉於《自由時報》副刊。

29日，發表「九彎十八拐」專欄文章〈生命，怎麼教育？〉於《自由時報》副刊。

7月　13日，發表「九彎十八拐」專欄文章〈寵壞自己的暴發戶〉於《自由時報》副刊。

27 日，發表「九彎十八拐」專欄文章〈眉刷刷眉〉於《自由時報》副刊。

8 月　10 日，發表「九彎十八拐」專欄文章〈一隻便祕的老鼠〉於《自由時報》副刊。

24 日，發表「九彎十八拐」專欄文章〈高臺多悲風──來一場消暑的戲〉於《自由時報》副刊。

8 月　應日本長野縣飯田市天龍峽夏期大學之邀，以「文化の中に心がある」為題演講。

9 月　1 日，發表〈走入老照片的舊時空〉於《九彎十八拐》第 9 期。

7 日，發表「九彎十八拐」專欄文章〈飯桌上的對話〉於《自由時報》副刊。

21 日，發表「九彎十八拐」專欄文章〈心裡的桃花源〉於《自由時報》副刊。

兒童文學《我是貓也》法文版 Je Suis un Chat un Vrai ! 由南特市 Gulf Stream 出版。（Angel Pino、Isabelle Rabit 合譯）

《短鼻象》法文版 Le elephant a La petit trompe 由南特市 Gulf Stream 出版。（Elia Lange 翻譯）

10 月　12 日，發表「九彎十八拐」專欄文章〈落幕後的漣漪〉於《自由時報》副刊。

13 日，「黃大魚文化藝術基金會」獲頒仰山文教基金會主辦「第 7 屆噶瑪蘭獎」。

14 日，「黃大魚文化藝術基金會」獲頒「第 13 屆東元獎人文類社會服務獎」。

26 日，發表「九彎十八拐」專欄文章〈臉上的風景〉於《自由時報》副刊。

11 月　3 日，應邀出席花蓮縣文化局、吳景聰文化藝術基金會合辦

的「第一屆太平洋詩歌節」，與林明珠對談。

兒童文學《愛吃糖的皇帝》法文版 L'empereur qui n'aimait que les douceurs 由南特市 Gulf Stream 出版。（Elia Lange 翻譯）

兒童文學《稻草人和小麻雀》法文版 Le secret des bonshommes de paille 由南特市 Gulf Stream 出版。（Elia Lange 翻譯）

	12 月	1 日，出席由香港作家聯會於香港北角新都會大酒樓所舉辦的文學座談會。
2007 年	1 月	發表劇本〈稻草人和小麻雀〉於《聯合文學》第 267 期。
	2 月	應邀擔任臺灣藝術大學駐校作家暨講座教授。
	3 月	1 日，發表〈油彩之外〉於《九彎十八拐》第 12 期。
	4 月	1 日，發表〈黃春明說好菜〉於《聯合晚報》第 5 版。
		16 日，於臺灣藝術大學以「故事與創意——敘事形式的藝術」為題演講。
	5 月	1 日，擔任臺灣藝術大學駐校作家，舉辦專題演講：「臺灣社會與臺灣文化」、「文學與人生」、「口述史綜述」、「如何透過教學認識文學」、「文學與閱讀」、「文學與設計」等十場，至 6 月 5 日。
		19 日，《九彎十八拐》於宜蘭高中、羅東高中舉辦第二屆「悅聽文學」活動。
		發表詩作〈魚和愚〉、〈我是風〉於《聯合文學》第 271 期。
		應邀至彰化師範大學理學院演講「創意文化產業」。
	6 月	20 日，發表兒童文學〈巨人的眼淚〉於《聯合報》副刊。
	8 月	應聘擔任雲林縣文化局主辦「雲林文學營」講師，教授散文。
	10 月	5 日，應邀出席「臺北文學季」於明星咖啡館舉辦的開幕活動。

11 月　1 日，發表〈宜蘭人典藏的一幅名畫〉、詩作〈車禍〉於《九彎十八拐》第 16 期。

2～4 日，應邀出席第二屆太平洋詩歌節「圓桌詩會：海洋・音樂・愛」活動，與簡媜、郭強生對談。

18 日，於國立臺灣文學館以「青春的大玩偶——探索小說家黃春明」為題，與臺南一中、臺南女中近 500 名學生分享與對談。

21 日，應邀於臺灣藝術大學以「閱讀與人生」為題進行三場演講，至 12 月 24 日。

本年　擔任佛光大學文學系兼任教授。

2008 年　1 月　1 日，應大紐約區海外臺灣人筆會之邀，參與臺灣人筆會第五屆年會，於北澤西 Saddle Brook Hotel 以「從看海的日子到放生——非人性化社會中的良知」為題演講，並於晚會以「文學創作——心靈的歷程」為題演講。

7 日，受邀於司法部演講「方言中罵詈的語言分析」。

2 月　5 日，應大紐約區海外臺灣人筆會邀請，於紐澤西佳壇臺語教會以「臺灣人文大地震」為題演講。

3 月　7～9 日，指導兒童舞臺劇《稻草人與小麻雀》，由黃大魚兒童劇團於國家戲劇院演出。

4 月　赴美國加州大學聖塔芭芭拉分校，出席「重返現代：白先勇、現代文學與現代主義國際研討會」，並擔任文學講座駐校作家兩個月。

5 月　1 日，發表〈一朵白色的康乃馨〉、〈在舞臺上咳嗽的老人〉於《九彎十八拐》第 19 期「母親節特刊」。

2 日，與白先勇於加州大學聖塔芭芭拉分校舉辦座談會。

31 日，出席中正大學舉辦的「2008 年第三屆經典人物——黃春明跨領域座談會暨國際學術研討會」，以「小說、地方與影

像」為題演講，會中由黃大魚兒童劇團演出《小李子不是大騙子》。

6月　11～14 日，佛光大學舉辦「黃春明週」系列活動，包含黃春明書畫展、電影欣賞活動、黃大魚兒童劇團演出《小李子不是大騙子》、黃春明作品朗誦會、改編電影座談會。

14 日，獲頒佛光大學榮譽文學博士學位；發表短篇小說〈有一隻懷錶〉於《印刻文學生活誌》第 58 期。

15 日，《九彎十八拐》於宜蘭文化局演講廳舉辦第三屆「悅聽文學」活動。

7月　1日，發表〈感官與文學〉於《九彎十八拐》第 20 期。

9月　1日，發表〈偶戲偶感〉於《九彎十八拐》第 21 期。

發表〈謝謝白髮老館長〉於《圖書館讓我說》第 1 期。

11月　7日，發表詩作〈賀太平洋詩歌節〉於《中國時報》E4 版。

7～9 日，應邀出席「第三屆太平洋詩歌節」，擔任「大人詩話‧小孩撕畫」、「撕畫牆下，撕散文成詩」活動主持人，另參與「圓桌詩會：城市／塵世之光」座談活動。

23 日，出席中華民國兒童文學學會主辦「資深作家黃春明‧鄭清文童話研討會」，並於會中演講「從小兒科談兒童文學」。

12月　1 日，應邀擔任佛光大學「人文講座」主持人，至 2010 年 7 月 31 日止。

3 日，獲頒佛光大學「人文講座」證書，於頒獎典禮上以「一個不良少年的成長與文學」為題演講。

2009 年　1月　1日，發表〈走！我們消費去〉於《九彎十八拐》第 23 期。

2月　6日，發表〈但是已經很完美了〉於《聯合報》副刊。

3月　1日，發表〈同舟不共濟〉於《九彎十八拐》第 24 期。

2 日，應香港浸會大學之邀，出席國際作家工作坊駐校作家

活動的歡迎茶會。

6 日，出席香港浸會大學主辦之座談會「鄉土・都市・文學」，擔任主講人，主持人為黃子平、林幸謙。

10 日、17 日，擔任香港浸會大學「學生小說創作坊」導師，教導學員小說創作方法。

15 日，出席香港浸會大學國際作家工作坊主辦、康樂及文化事務署香港公共圖書館協辦的講座「小說與人生」，擔任主講者，主持人為鍾玲。

20 日，擔任香港浸會大學國際作家工作坊「黃春明小說與電影講座」主講人。

26 日，發表詩作〈那一夜，太平洋詩歌節〉於《聯合報》副刊。

27 日，出席香港浸會大學國際作家工作坊講座「香港文學的過去與未來」，與談人有洛夫、小思、葉輝。

28 日，出席香港浸會大學舉辦「獅子山詩歌朗誦會」，朗誦詩作〈我是風〉、〈菅芒花〉、〈回鄉下探病〉、〈冷氣團〉、〈握手〉，與會者有洛夫等人。

短篇小說集《黃春明小說選》由香港明報月刊出版社出版。

4 月　11 日，應邀出席思沙龍於臺北市金華街月涵堂舉辦的「你可能不知道的臺灣 II」系列講座，以「清貧，卑微，掙扎著長大——臺灣的城鄉成長」為題演講。

15 日，應邀於佛光大學以「生活教育與創意」為題演講。

5 月　1 日，發表〈聽者有意〉（黃春明作品集總序）、以「黃大魚」為筆名發表兒童文學〈貓頭鷹和老烏鴉〉於《九彎十八拐》第 25 期。

27 日，出席聯合文學出版社於晶華酒店舉辦「黃春明作品集」新書發表會。

「黃春明作品集」:《看海的日子》、《兒子的大玩偶》、《莎喲娜啦‧再見》、《放生》、《沒有時刻的月臺》、《等待一朵花的名字》、《九彎十八拐》、《大便老師》由臺北聯合文學出版社出版。

7 月　1 日,發表〈一隻往生的烏龜〉與詩作〈九彎十八拐〉於《九彎十八拐》第 26 期。

9 月　1 日,發表〈莫拉克雜感〉、以「春二蟲」為筆名發表〈〈殺人者〉導讀〉(海明威著)於《九彎十八拐》第 27 期。

擔任發行人的《九彎十八拐》雙月刊入圍第 33 屆金鼎獎「最佳編輯獎」。

10 月　23～24 日,《九彎十八拐》於宜蘭高中舉辦第四屆「悅聽文學」活動。

11 月　1 日,發表〈陽春不白雪〉於《九彎十八拐》第 28 期。

6 日,應邀出席第四屆太平洋詩歌節「太平洋詩歌之夜」活動。

2010 年　1 月　1 日,發表〈不要冤枉所謂的壞學生〉於《九彎十八拐》第 29 期。

8 日,應邀出席清華大學主辦的「憂國憂民——俠者:唐文標」之「啟蒙者:詩人的唐文標」講座。

27 日,獲行政院第 29 屆文化獎,於臺泥大樓士敏廳舉行頒獎典禮,同屆獲獎者有書法家張光賓、版畫家廖修平。

3 月　19 日,應邀出席鄭福田文教基金會及國立臺北教育大學臺灣文化研究所主辦的「文化臺灣卓越講座」,演講「寫作九彎十八拐」。

4 月　8～10 日,編導兒童劇《小李子不是大騙子》由黃大魚兒童劇團於高屏地區,東港國中、林邊國中、佳多國小、新園國中、屏東藝術館演出。

5 月　「黃春明作品集」：《毛毛有話》由臺北聯合文學出版社出版。

6 月　4～5 日，《九彎十八拐》於宜蘭高中、羅東高中舉辦第五屆「悅聽文學」活動。

8 月　10～15 日，應邀出席趨勢教育基金會舉辦的「2010 向大師致敬——黃春明」系列活動，包括專題演講、作品展、兒童劇演出、文學研討會暨座談會等。

31 日，發表〈在龍眼樹上哭泣的小孩〉於《聯合報》副刊。

11 月　1 日，發表〈鄭和與空心菜〉於《九彎十八拐》第 34 期。

4～6 日，應邀出席「第 11 屆海外華文女作家協會」，講題「臺灣的文化生態介紹」。

2011 年　1 月　20 日，應宜蘭文化中心邀請展出「春光明媚藝文展——今年蘭陽第一季·黃春明」，展出油畫、撕畫、兒童劇海報、書桌、寫作用品、著作和手稿等，至 3 月 30 日止。

3 月　1 日，發表〈6000 個稻草人〉於《九彎十八拐》第 36 期；修改黃國峻原著，發表兒童文學〈無言歌〉於《九彎十八拐》第 36 期。

「黃春明作品集」：《我是貓也》、《短鼻象》、《小駝背》、《愛吃糖的皇帝》、《小麻雀·稻草人》由臺北聯合文學出版社出版。

5 月　1 日，發表〈我們要孩子，不要核子〉於《九彎十八拐》第 37 期。

24 日，應邀出席文訊雜誌社與趨勢教育基金會、國家圖書館、國立臺灣文學館、成大文學院合辦的「百年小說研討會」臺南場，於國立臺灣文學館以「臺語文書寫與教育的商榷」為題演講。

27 日，《九彎十八拐》於宜蘭高中、羅東高中與佛光山蘭陽

別院舉辦第六屆「悅聽文學」活動。

7 月　1 日，發表〈「可恥」事件〉於《九彎十八拐》第 38 期。

9 月　1 日，發表〈口業不可造〉、〈石羅漢日記之發想〉於《九彎十八拐》第 39 期。

10 月　赴美國舉辦巡迴講座，於舊金山、洛杉磯、聖地牙哥、休士頓、亞特蘭大、北卡羅萊納、新澤西、紐約等地演講。

11 月　1 日，發表〈青青河畔夢〉於《九彎十八拐》第 40 期。

2013 年省略

2012 年　1 月　1 日，發表〈誰才真正的愛臺灣〉於《九彎十八拐》第 41 期。

3 月　1 日，發表〈綠色閱讀〉、以「春二蟲」為筆名發表〈貓頭鷹vs.鷹頭貓〉於《九彎十八拐》第 42 期。

5 月　1 日，發表〈一則小小的故事〉於《九彎十八拐》第 43 期。

6 月　1〜2 日，《九彎十八拐》於宜蘭高中、羅東高中與佛光山蘭陽別院舉辦第七屆「悅聽文學」活動。

9 月　1 日，發表〈哀神木〉、詩作〈兩棵小樹的夢想〉於《九彎十八拐》第 45 期。

18 日，於宜蘭火車站對面，改建原「舊米穀檢查所宜蘭出張所」，開設百果樹紅磚屋咖啡屋，並規畫為藝文空間，於晚間舉辦藝文沙龍，週末舉辦親子劇場。

11 月　1 日，發表〈百果樹〉、以「春鳴」為筆名發表詩作〈姑婆葉〉、〈雞冠花〉於《九彎十八拐》第 46 期。

11 日，應新加坡國家藝術理事會之邀，出席「新加坡作家節」活動，以「『源』來如此」為題進行演講。

12 月　24 日，應臺北醫藥大學之邀，與張錯、尉天驄以「臺灣文化生態危機與出路」為題進行對談。

2013 年　1 月　1 日，發表〈歡樂宜蘭年〉、〈蘭陽文學的喜事〉於《九彎十八拐》第 47 期。

2 月　3 日，出席由聯合線上於臺北國際世貿中心舉辦之「說故事的人：《黃春明作品集》電子書發表會」。

3 月　1 日，發表〈心燈〉、〈舉例與比喻〉於《九彎十八拐》第 48 期。

7 日，出席宜蘭縣環保聯盟反核誓師活動。

4 月　10 日，應邀至淡江大學以「創業人生與實現自我」為題演講。

20 日，因應「世界書香日」，出席趨勢科技與國家圖書館共同舉辦的「書香大遊行」活動。

5 月　1 日，發表〈媽媽，請您再打我一次〉於《九彎十八拐》第 49 期。

2 日，應邀至靜宜大學以「臺灣文學的未來展望」為題演講。

7 日，應邀至亞洲大學以「一個不良少年的成長與文學」為題演講。

8 月　2 日，應邀出席宜蘭大學改名十周年慶並致詞。

9 日，於聯合文學出版社主辦的 2013 全國巡迴文藝營，以「生活與創作」為題演講。

12 月　1 日，獲第二屆全球華文文學星雲獎貢獻獎，於臺北國際會議中心舉行頒獎典禮。

參考資料：

・劉春城，《黃春明前傳》，臺北：錦德圖書事業公司，1985 年 1 月。

・梁竣瓘，《黃春明及其作品研究——文學、社會和歷史的交互考察》，2000 年 5 月。

・肖成，《大地之子：黃春明的小說世界》，北京：作家出版社，2006 年 7 月。

· 黃春明主編，《九彎十八拐》，宜蘭：黃大魚兒童劇團，2005 年 5 月創刊。

· 張瓊文，《黃春明與臺灣鄉土文學運動》，政治大學中等學校教師在職進修專班，2005
年。

· 呂禮全，《黃春明小說中的「鄉土」書寫》，佛光大學文學系碩士論文，2009 年。

· 閱讀華文臺北──華文文學資訊平臺。

· 當代文學史料知識加值系統。

輯三◎
研究綜述

黃春明研究評述

◎梁竣瓘

一、前言

　　文學與社會發展有著千絲萬縷的關係，兩者之間並非只有「文學反映社會」這樣單向的模式；文學作品對讀者產生影響，以及作品流傳所形成的文學現象等，則是文學轉而影響社會的具體呈現。文學作品往往受肯定於映照社會狀況的一面，而文學評論則是提升文學作品社會影響力的推手。一般而言，評論乃於作品刊登後才出現，然而，隨著作品的積累，改編與再創作，以及作家成就受肯定等因素，都會刺激評論文章再產出，再肩負起延續作品生命的重責。我們在寫作年齡超過半世紀的作家黃春明身上，不僅看到作品反映臺灣社會的一面，更看到其人其文的評論文章數量的遞邅，以及評論深廣的演變，而這些變化與作品的出版、改編，乃至文學事件的發生等，都有著極密切的關係。

　　和一般以寫作為職志的作家不同，黃春明喜多方嘗試的個性，以及多樣的工作經驗，使得他的作品可以從不同的角度切入，讓讀者得到不同的閱讀感受。他曾經是小學教師、電臺記者、電臺主持人、電視節目主持人、廣告公司職員、知名鞋廠的創意總監、紀錄片導演、電影劇本編劇、兒童劇團編導、雜誌總編、語言教材總編、社區總體營造主持人……，這些工作經驗或多或少融入其作品之中，更直接影響了對他作品評論的走向。作家其人其文的評論，往往是環繞著作品及作品形成的歷程開展，黃春明的評論亦如此。然而由於其特殊的文化工作經驗，以及累積數十年的

成就，使得其評論史很難只建立在作品史之上。因此，本文擬從作品的出版和文學事件這兩個角度切入，討論爲數可觀的黃春明作品評論。

二、黃春明作品評論簡史

2000 年筆者曾就黃春明小說的寫作風格分成四個時期並加以定名，分別是：第一期（1956～1963 年）「萌芽——輕薄短小的人生切片」；第二期（1966～1971 年）的「回歸——鄉間小人物列傳」；第三期（1971 年～1983 年 4 月）「激撞——跨國企業入侵下的臺灣人」；以及第四期（1983 年 5 月～2000 年）「省思——老者安之？」。然而，評論文章因受制於作品出版，必須重新加以分期，與寫作風格的畫分不同。黃春明作品評論應從出版史來畫分：第一期（1967 年～1974 年 2 月）「發跡——仙人掌時期」；第二期（1974 年 3 月～1982 年）「暢銷——遠景與大林時期」；第三期（1983～1986 年）「改編——新電影與皇冠時期」；第四期（1986～2011 年）「總結——聯合文學時期」。以下將就所分的四期加以論述。

（一）第一期（1967 年～1974 年 2 月）「發跡——仙人掌時期」

黃春明的第一篇作品是就讀屏東師範期間以「春鈴」爲筆名，在《救國團青年通訊》第 63 期發表的〈清道伕的孩子〉，時間爲 1956 年；而黃春明作品評論最早的一篇文章（若排除文學選集的簡介）[1]當是陳一山發表於《幼獅文藝》的〈評介〈溺死一隻老貓〉〉，時間爲 1967 年 10 月，從作品發表到接受評點竟整整相差 11 年。評論文章數量明顯增加則更要遲至 1969 年以後，這一年仙人掌出版社出版了黃春明第一本小說集《兒子的大玩偶》，雖然書肆反應平平，但已有評論家開始注意到黃春明及其小說，他們主要是與黃春明當時同爲《文學季刊》季刊的成員如：何欣、姚一葦、尉天驄等人。眾所皆知，黃春明的創作並非一開始就走向後來受人肯定的路子，而是於《文學季刊》發表作品的階段，在〈青番公的故事〉與

---

[1]此選集爲鍾肇政編，《本省籍作家作品選集 5》（臺北：文壇社，1965 年 10 月）。

〈溺死一隻老貓〉兩篇作品受到姚一葦及尉天驄的肯定以後，黃春明才找到了屬於自己的路，擺脫了對現代主義的迷思。此後，更多文評家加入黃春明作品評論的行列。

（二）第二期（1974 年 3 月～1982 年）「暢銷——遠景時期」

　　1970 年代遠景出版了一系列鄉土文學小說，包括了陳映真、王禎和、黃春明、七等生等人的小說集。1974 年 3 月遠景以黃春明的作品打頭陣，遠景一口氣出版了兩本，分別是《鑼》和《莎喲娜啦‧再見》，兩本集子的作品泰半是發表在「文季時期」。二書很快再版，顯示市場的反映不錯，遠景打鐵趁熱，隔年 1975 年又出版了《小寡婦》，1979 年出版《我愛瑪莉》。小說集的推出，自然引來報章雜誌的介紹，如果該作品在品質上有一定的水準，學者專家參與討論的空間就更大，若再加上暢銷的因素，那麼引發熱烈討論的可能性也就相對增加。照這個邏輯分析，則《書評書目》（1974 年 7 月）及《文藝》月刊（1975 年 4 月）分別在黃春明小說集推出不久之後，製作了「黃春明專輯」，乃順理成章之事。這兩份雜誌找來多位學者專家針對黃春明及其作品寫評，並且皆以遠景版的《鑼》和《莎喲娜啦‧再見》為討論的範疇，這當中有學院派的評論家王安祈、何欣，心理學家吳靜吉，以及同為作家的林懷民等十人，各自發表對黃春明及其作品的解讀。

　　當然，除了這兩個具有指標性意義的專輯外，其他報刊中還有一些評論，數量也在十篇上下，這當中比較值得一提的是，《小寡婦》在 1975 年出版，但和前幾次新書出版不同的是，這本小說有了負面的評價，分別是艾知申在《書評書目》發表的〈懷念那聲鑼——看黃春明著《小寡婦》〉及李師鄭在《大華晚報》發表〈為黃春明歎息——評《小寡婦》〉，對黃春明的轉變提出批評。而稍後的《我愛瑪莉》亦有類似的命運，該書雖有齊益壽在《書評書目》發表也是該書的序文〈一把辛酸淚——試評《我愛瑪莉》〉為其背書，但文評家彭瑞金卻以〈我不愛瑪莉——試論黃春明的變調〉一文強烈批評這篇作品與〈莎喲娜啦‧再見〉，因過於強調民眾的反

抗之聲，而忽略了文學應有的藝術性[2]。儘管《小寡婦》和《我愛瑪莉》出現負面評價，黃春明新作出版後立即有所反應，說明他在文壇受矚目的程度。

在這個階段另一個引發熱烈討論的起火點，則是〈魚〉一文選入國中國文課本一事。1975 年臺大外文系教授齊邦媛主導國立編譯館國中國文課本的編選，參與者還有吳宏一教授，他們將臺灣本地作家的作品收編入教科書中，欲改變僵化的文學教材，在眾多的現代文學作家中，黃春明的作品雀屏中選。〈魚〉收入國中教材，有人贊成亦有人反對，持反對意見的鄭耀以悚動標題〈丟掉那條〈魚〉——黃春明作品怎可選爲國中教材〉批判〈魚〉不應該被選入，隨後便有筱玉在《大學雜誌》發表〈不要亂丟〈魚〉〉作爲回應，更有編選人吳宏一以〈析論黃春明的〈魚〉〉一文捍衛。

黃春明在 1977 年發表〈我愛瑪莉〉後，一直要到 1983 年才有小說新作，這段期間，文壇對黃春明作品的討論並未減少，相反的還有增加的趨勢，此間最值得注意的是 1978 年 10 月《臺灣文藝》製作了「黃春明作品研究專輯」，其中樂蘅軍以〈從黃春明小說藝術論其作品的浪漫精神〉對黃春明的作品做一綜觀性的評論，並採取和一般文評家不同的角度，把大家忽略的黃春明小說的藝術性做一平反。在這之後還有黃武忠就黃春明小說中的方言問題提出說明，他在論證與比較中，肯定黃春明的方言使用，並指出：「這些方言在黃春明的小說中，不但不是障礙，卻反而增加了他作品語言的鮮活性。」[3] 文評家慢慢朝深而廣的方向前進，與一般短論式的書評或評論有所區隔。

---

[2] 彭瑞金〈我不愛瑪莉——試論黃春明的變調〉批評黃春明寫作風格的改變：「黃春明所以樂於重複『莎』的模式，可以諒解的是，這一切完全是出自一顆年輕的而熱情的心感應現在時空的深深悸動，也的確反映了這個時代需要醒來對抗外力壓迫的特質，但文學的本質並不適宜做這麼激情式的行動化。我寧可認可早期黃春明對社會道德探索的努力，也不願看到黃春明打著文學的小旗幟汩沒在吶喊聲中。」《泥土的香味》（臺北：東大圖書公司，1980 年 4 月）

[3] 黃武忠，〈小說的方言使用——兼談楊青矗〈工廠人〉、王禎和〈嫁妝一牛車〉、黃春明〈莎喲娜啦‧再見〉用語之比較〉，《書評書目》第 72 期，1979 年 4 月，頁 56。

（三）第三期（1983～1986 年）「改編——新電影與皇冠時期」

　　1990 年代黃春明在回顧自己的文學創作時說到：「1970 年代的臺灣，小說沒地位了，大眾化（不等於庸俗化）的傳統，一些學者專家否定了。所以我就轉而去拍電視的紀錄片影集『芬芳寶島』。1980 年代我去參與電影的工作。」[4]這段時間，黃春明不僅投入劇本的改編工作，他自己的小說則有六篇改編成電影，分別是：〈兒子的大玩偶〉、〈小琪的那一頂帽子〉、〈蘋果的滋味〉改編成為三段式的電影《兒子的大玩偶》，以及《看海的日子》、《莎喲娜啦·再見》和《兩個油漆匠》等。黃春明在對文學環境感到無力之際，搭上臺灣新電影的浪潮，促使評論界再次熱烈討論他的作品。每一部改編成電影的作品都有影評人專文討論，包括了焦雄屏和張昌彥，前者綜合討論了三段式的《兒子的大玩偶》及《莎喲娜啦·再見》，後者則對三段式的《兒》片個別論述。影評人外更有作家加入討論，像是臺灣文壇人老葉石濤的〈從〈兒子的人玩偶〉談起〉，以及 1970 年代現代詩論戰中的要角唐文標，對〈看海的日子〉發表了意見，還有季季、馬森、王曉波、謝鵬雄等人也為文評論。更讓影評人及記者熱烈討論的是《兒子的大坑偶》在新電影浪潮中的開創性價值，和因該片內容遭到中影內部自行修剪事件所引發的批評聲音，評論家如詹宏志〈削蘋果事件——國產電影的新起點〉及捍衛新電影有功的記者楊士琪都對內情有所披露。

　　其次在這個階段的另一個討論焦點，則來自於劉春城先生為黃春明所作的傳記，這本題名為《愛土地的人——黃春明前傳》，先是在《新書月刊》發表，而後結集成書，在出版之後，不但有王德威的評論〈傳記、傳奇、議論：評劉春城《黃春明前傳》〉對這本書進行解讀，更有作者自剖書寫的策略〈我為什麼和怎麼寫《黃春明前傳》〉，以及一場由李瑞騰主持，提名為「為當代作家立傳《愛土地的人——黃春明前傳》討論會」討論此

---

[4]黃春明〈羅東來的文學青年〉收錄於楊澤編，《從四〇年代到九〇年——兩岸三邊華文小說研討會論文集》（時報文化出版事業，1994 年 11 月 25 日初版）。

書。這些對該傳記出版做出的反應，不僅顯示該書受重視的程度，也間接
肯定傳主的文學地位。

（四）第四期（1986～2009 年）「總結──聯合文學時期」。

　　1980 年代後期黃春明開始關注老人題材，也在報刊上零星發表作品，
創作量在這個時期減少了許多，而黃春明的作品研究在此時慢慢走向總結
性的討論。1994 年宜蘭舉辦了一場「文學的交響──『黃春明文學與宜蘭
風土』座談會」，不僅邀請黃春明本人，更請來多位學者專家暢談黃春明
的作品。同年《聯合文學》第 10 卷第 10 期製作黃春明專輯。此外，李瑞
騰聚焦黃春明作品的老人形象，寫就〈老者安之？──黃春明小說中的老
人處境〉一文，綜論老人在黃春明小說中的形象，是較早將老人在黃春明
小說中的意義提出討論的學者。至於高天生〈開創鄉土文學新紀元的黃春
明〉，以及李漢偉〈臺灣小說的「窮困之悲」模式探索──試以黃春明作品
為例〉等亦以綜觀的角度討論黃春明的小說。值得一提的是，臺灣文學的
地位，隨著在學院課程的導入與臺文系所的設置漸受重視，年輕一代亦投
入研究行列，1998 年淡江大學中文系研究生徐秀慧以《黃春明小說研究》
取得碩士學位後，中文所與臺文所的學生陸續跟進，十多年間已有近三十
本論文討論黃春明。在此之前，黃春明在學院的研究，主要出現在外文
系，第一本是 1977 年由輔仁大學德語研究所卓惠美撰寫的《臺灣鄉土文學
作家──黃春明》，第二本則是 1995 年陳嘉煥的《自我與面具──黃春明
小說的比較文學研究（Self and Mask: A Comparative approach to Hwang
Ch'un-ming's Fictional World）》。1990 年代後期，臺灣文學在中文學界的
解禁後，越來越多年輕學者參與，而關注黃春明作品的人也越來越多。

　　1998 年 9 月黃春明獲選為第二屆國家文藝獎文學類得主，結果公布
後，一連串的採訪隨之而來，同年 10 月底在北京舉辦的「黃春明作品研討
會」不僅由兩岸多位學者為文參與研討，該研討會可謂黃春明得獎後的慶
功會。此時，聯合文學出版社趁黃春明熱，於 1999 年推出黃春明回歸鄉土
的新作，睽違 16 年的作品集《放生》，該書收錄黃春明 1986 年以來發表

的小說作品。《放生》出版後囊括了該年度《聯合報》、《中央日報》年度好書的殊榮，更有多位文評家對該書發表評論，如時為淡江大學中文系教授施淑，在《聯合報》讀書人版發表〈艱難的敘述〉、成大中文系副教授施懿琳在《中國時報》開卷版的書評〈放生〉，以及作家楊照發表的〈每一滴眼淚中都帶著嘴角的微笑──讀黃春明的小說集《放生》〉等。此書讓評論界重新檢視黃春明對老人形象的描寫，大都認為黃春明筆下一個個活生生的老人，道出了老人們的心聲，與臺灣社會潛在的社會問題。黃春明也意外地成為老人的代言者。

　　爾後兩岸還有兩場以黃春明為主體的討論會，分別是 2001 年在北京舉辦的討論會，及 2008 年中正大學舉辦「黃春明跨領域」國際學術研討會。2001 年北京九洲出版社一口氣出版三本黃春明小說集，並在這年春天舉辦新書發表會暨作品研討會，邀請黃春明及兩岸學者參與討論。中正大學舉辦「黃春明跨領域」國際學術研討會，更將黃春明的研究推向跨越文本的研究新領域，學者專家們討論黃春明過去較少論及的電影文本、圖文作品、兒童文學等等，並有日本學者田中宏回顧黃春明《莎喲娜啦·再見》在日文譯本成書的因緣，以及用比較文學的角度討論黃春明及他國作家的作品。這場研討會和過去集中於小說文本的解讀，有很大的不同，可說為黃春明研究提出了一個新方向。

三、黃春明評論精選

　　2009 年是黃春明創作史上的第 53 年，累積的學位論文有 25 本，研究專著 1 本，傳記 1 本，單篇論述更超過 900 篇次，在如此龐大評論篇章中選編，已非易事，加上為了希望全面性觀照，需從各類型中挑選，制約因素多，遺珠必然也多。本書以評論文章的內容和方法為編選原則，希望呈現黃春明研究的方方面面。如同前揭黃春明的作品風格可分四個時期，因此選文盡可能涵蓋各時期的作品評論。

　　劇作家姚一葦除了以具體行動肯定黃春明，促使他走出自己的寫作路

線之外，更在〈論黃春明的〈兒子的大玩偶〉〉的講稿中，細膩地分析這篇作品。他從作品的藝術構築角度，細究小說的藝術性價值，像是現實主義創作手法、敘事觀點，以及對話呈現人物性格的技巧，並運用「面與面具」（"Mask and Face"）的理論，剖析扮小丑的坤樹自我的隱去與重新面對自我的困窘。姚一葦先生以文本細讀的方式援引面具理論討論〈兒子的大玩偶〉，無獨有偶，臺大外文系蔡源煌先生也以面具說探討黃春明小說多篇作品中人物表、意的衝突，所謂「表」就是面具是一種「反自我」（"anti-self"），而「意」則是個人的「自我」。在〈小人物的面具──試論黃春明小說中的表意衝突〉一文中，蔡源煌說：

> 黃春明的人物大多面臨著現實生活的撞擊，生活在新、舊社會、現實與希望的夾縫裡，因之，心理上的衝突與鬱結也特別微妙。在人物刻繪上，黃春明充分把握了表意差距的衝突。[5]

蔡文更點出黃春明賦與小人物的面具，加深了他們「為生命尊嚴而掙扎的衝突張力」。

中央研究院院士林毓生在〈黃春明的小說在思想上的意義〉一文，同樣討論了黃春明多篇小說，並肯定〈青番公的故事〉、〈看海的日子〉、〈兒子的大玩偶〉、〈小琪的那一頂帽子〉等作品：

> 春明在〈青番公的故事〉、〈看海的日子〉、〈兒子的大玩偶〉與〈小琪的那一頂帽子〉中所展示的世界是一個極不公平的世界。然而，在這個世界中被剝削、被踐踏的人卻不知從哪裡得到那樣充沛的力量，自靈魂深處播散著愛、憐憫、堅忍、寬容、與犧牲的精神。這種精神給予這些從世俗觀點被認為是「小人物」的人們的生活以莊嚴之感，並肯定了

---

[5]引自蔡源煌，《寂寞的結》（臺北：聯經出版公司，1978 年 8 月），頁 56。

人的生命是由勇毅、自尊、希望、憐憫、與愛而得其偉大。[6]

　　林文對〈蘋果的滋味〉、〈莎喲娜啦‧再見〉、〈小寡婦〉及〈我愛瑪莉〉的寫作筆法有些批評，認為降低了作品的嚴肅性與強度。事實上，批評界對黃春明描寫城市知識分子頗有微辭，大多指諷刺太露。1988 年呂正惠〈黃春明的困境──鄉下人到城市以後怎麼辦？〉一文較全面性地討論黃春明的作品，並肯定其作品的成就，認為：「〈蘋果的滋味〉和〈莎喲娜啦‧再見〉無疑要勝過〈小寡婦〉和〈我愛瑪莉〉，也要勝過陳映真的『華盛頓大樓』系列」。[7]然而也憂心黃春明因為「氣不過」罵出來的寫法帶來的弊害，他認為黃春明應該關注「鄉下人進城以後」在城市的生活，而買辦經濟的大論述，應該由長篇小說來容納。

　　宏觀式的論說還有馬森〈在社會變遷中小人物的悲喜劇──黃春明的《溺死一隻老貓及其他》〉一文，除了和大多數的文評家一樣，指出黃春明作品的小人物多處於社會變動之際的邊緣人物外，更將〈溺死一隻老貓〉對比魯迅的〈孔乙己〉；將〈鑼〉對比於〈阿Q正傳〉，可說傳承五四文風，但又走出自己的道路，他說：「他不像魯迅那般憤世嫉俗，雖然同樣寫無法適應社會的邊緣人，黃春明卻表現了更多的同情和較少的不屑。」[8]此外，該文特別指出黃春明的文學技巧受益於現代西方文學，並借用意識流的「內在獨白」的手法表現人物的內心世界，雖然沒有擴大開展，但提出不同於將黃春明歸為現實主義作家的觀點，有其特殊意義。事實上，黃春明早期的小說的確充滿現代主義的彩色，但談論者少之又少。

　　黃春明作品的出版在 1970 年代後期達到高峰，爾後黃春明轉往電視與電影界發揮所長，創作量驟減，1985 年雖然皇冠取得版權，重新出版黃春明小說，但由於作品多是舊作，因此小說的相關的評論轉向小說改編成電

---

[6]引自《思想與人物》（臺北：聯經出版公司，2001 年，　頁 388）。
[7]引自呂正惠，《小說與社會》（臺北：聯經出版公司，1988 年 5 月）頁 9。
[8]引自馬森，《燦爛的星空：現當代小說的主潮》（臺北：聯經出版公司，1997 年 11 月）頁 158。

影的比較，但仍有文評家試圖用不同的角度探討黃春明小說的價值，其中，中央大學李瑞騰教授從廣告這個產業做爲切入點，以〈黃春明小說中的「廣告」分析〉一文分析黃春明〈兒子的大玩偶〉、〈鑼〉、〈兩個油漆匠〉及〈小寡婦〉四篇小說置入的廣告模式，並指出黃春明小說「見證了臺灣廣告形態的變遷」。這種論述的方式，不同於以往援引文學理論的討論，而是從臺灣的廣告產業入手，具體地討論黃春明作品如何反映臺灣的社會變遷。

1994 年皇冠出版了黃春明 5 部撕畫童話，有關黃春明的童話作品，以及黃春明的教育理念等，也成爲評論家的新材料，彭樹君〈童話黃春明〉一文則評介了黃春明的圖書創作。關於黃春明運用不同的媒介，如兒童劇、童話、說故事等方式傳達其兒童教育理念，雖有兩本碩士論文談童話，但評論家談得少，這是比較可惜的。

1999 年出版的《放生》，讓黃春明的文學地位再度受肯定。除了小說集《放生》不斷被討論外，運用後殖民理論、國族主義討論黃春明小說的作品也不少。1999 年紐西蘭 Massey 大學語言研究學院 Rosemary Haddon 教授〈拉皮條與順從——黃春明小說中被出賣的身體〉一文，從國族主義的角度，剖析黃春明〈看海的日子〉、〈莎喲娜啦‧再見〉、〈兒子的大玩偶〉、〈小寡婦〉等四篇小說中被出賣身體與國家地位未定的臺灣之間的象徵關係，文中認爲：「這樣的身體本身是一種轉喻，象徵著在歷史上持續被佔據、剝奪與孤立，也就是被出賣的國家。這個象徵本身相當有洞見的提醒我們臺灣現在所處的困境以及現代性所帶給它的嚴重衝擊。」[9]1990 年代後，臺灣文學研究更臻成熟，理論的援引使得作品的論述更加深刻，黃春明作品的討論也漸漸脫離過去人物刻畫與捍衛人性尊嚴的論述模式。2008 年清大助理教授陳建忠的〈神秘經驗的啓示與鄉土倫理的復歸——論黃春明小說中的人間、神鬼和自然〉一文，以鄉土倫理學做理論基

---

[9]引自《文化、認同、社會變遷：戰後五十年臺灣文學國際學術研討會論文集》（臺北：行政院文建會，2000 年 6 月），頁 454。

礎，探討黃春明在 1998 年以後創作的〈銀鬚上的春天〉、〈呷鬼的來了〉、〈眾神，聽著！〉等三篇作品的意義，指出黃春明這三篇以神秘經驗所演繹的作品，具有引領被現代化異化的現代人回歸過去「天人合一」的鄉土倫理的企圖。彰化師範大學助理教授徐秀慧於 1998 年即以詹明信「說故事的人」的論點帶入黃春明研究，並取得碩士學位，1998 年後半黃春明又創作了帶有神秘色彩的三篇小說，於是她於 2009 年將黃春明後來的三篇作品納入討論，寫就〈第三世界鄉土故事的天方夜譚——形影孤單、漸行漸遠的說書人黃春明〉一文，點出黃春明說故事人的性格與他經由各種形式傳承人類集體記憶的努力。事實上，年近八旬的黃春明，雖然創作量減少，但他在故鄉宜蘭的百果樹紅磚屋裡用自己的聲音，向民眾說故事；更策畫讓更多的文化人到他的故鄉說他們的故事，這不僅是「說故事的人」的具體實踐，更是引領「說故事」風潮的舉措。

　　像黃春明這樣經常以故鄉為榮的作家也許不少，但樂於當大家的導遊帶朋友遊歷自己故鄉的作家恐怕不多。黃春明和宜蘭幾乎可畫上等號，雖然他曾一度離鄉到臺北打拼，但 50 歲以後停留在宜蘭的時間比臺北多更多，文評家們也看出宜蘭對黃春明產生的化學作用。林海音是發掘黃春明寫作才能的重要人物，她不僅邀請黃春明到家裡聚會，更為文寫她認識的黃春明，〈宜蘭街上一少年〉一文除了強調黃春明的宜蘭性格外，更敘說當年黃春明投稿的經過，並推崇黃春明的多才。另一位相交近五十年的文友，政大教授尉天驄，以貼近黃春明的發言位置近身觀察，除了作品的解讀外，更把黃春明和其他作家的互動做連結，〈寂寞的打鑼人——黃春明的鄉土歷程〉一文即是這種有別於一般從文字進行評論的文章，文中亦論述宜蘭與黃春明作品的關係，他說：

> 黃春明筆下的宜蘭，就廣義而言，指的是臺灣東北部的蘭陽平原；這裡除了那一大片土地和大海外，更包括了宜蘭、羅東、蘇澳、頭城幾個主要的市鎮。那不僅是一個開發得較晚的移民社會，而且一直保持著小農

社會的秩序和情調；那就是經由辛苦的開拓和長期的互相依賴所建立起來的人與人、人與土地之間的相生相養關係。關於這一點，從早期的〈青番公的故事〉、〈魚〉到〈放生〉、〈呷鬼的來了〉，都一直流露出來。由是而使得他們之間這種類似於血肉相連的關係，一直保持著和諧與平衡。[10]

尉文更在世界文學、中國現代文學、臺灣文學的脈絡下討論黃春明各階段的作品，並藉此凸顯黃春明作品的特殊性。

四、結語

黃春明研究累積至今成果豐碩，幾可成為一門「黃學」，文本研究隨著各種理論的引進而更加多元，然而，對於像黃春明這樣用身體實踐理想的文化人來說，只有文本的研究顯然還有不足之處。1970 年代初黃春明製作的電視兒童劇「貝貝劇場——哈哈樂園」，稍後的 1974 年他背起攝影機全臺走透透拍攝一系列具開創意義的紀錄片「芬芳寶島」等，都鮮少有人討論，事實上，作家這些文化工作經驗必然影響其文學創作，若能綜合而觀之，必能呈現更豐富的黃春明。而黃春明在故鄉宜蘭投入的文化重建工作，包括鄉土語言教育、社區環境再造、植物辭書編纂，乃至引起文壇注意的文學雜誌《九彎十八拐》的發行等等也少有人論及。此外，黃春明作品的海外流傳，也少有人關注，事實上，黃春明作為臺灣文學外譯的重要作家，作品譯介到美國、日本、韓國、法國、德國等國家，他的作品在國外究竟產生什麼樣的影響，至今也未見相關完整的論文，特別是黃春明幼年短暫接受日本教育，青壯年時期因廣告公司的工作，與日本往來頻繁，1970 年代與日本偶戲專家合作以杖頭偶戲製作兒童節目，更經常與沖繩的文化界交流，2004 年再度與日本合作製作兒童劇，並多次受邀至日本演

---

[10]引自尉天驄，《回首我們的時代》（臺北：印刻出版公司，2011 年 11 月），頁 202～203。

講，可謂與日本關係密切，但可惜的是這些經歷的探討也付諸闕如。多才的黃春明在繪畫上的成就，以及兒童劇、歌仔戲的編導才能等等，也都有待跨領域的研究者參與，希望「黃學」能在這部研究資料彙編出版後，更加蓬勃發展。

輯四◎
重要評論文章選刊

論黃春明的〈兒子的大玩偶〉

◎姚一葦[*]

一

當我們走在街上，看著過往的行人。他們這樣地來去匆匆。如果我們冷靜一點站在旁邊想一想的話，那麼我們就會發現這些過往的行人，他們一定是在做些什麼，或者說他們是在想些什麼，他們有什麼樣的歡樂和悲傷，他們有什麼的期待還是痛苦；也就是說，他們一定有一個屬於他們自己的故事。一個小說家就像一個神一樣，他不但看清了這些人的外表，同時也透視到他們的內心裡面；不但了解他們的思想，還了解他們的情感、他們的願望、他們的苦惱，以及他們的歡樂和悲傷。而且小說家能夠真誠的把他們表現出來。於是就給我們展現出一個小小的世界。而在這個小小的世界裡面，有血有肉、有歡樂、有悲傷、有笑容、也有淚影。這個小小的世界，就是我們每天所接觸的世界，只是我們忽視了它，我們從沒注意到它而已。

二

現在我們就從這個基礎上，來看黃春明的〈兒子的大玩偶〉。

這篇小說的動作，是自主角坤樹——一個 sandwichman，或是說廣告人——所表現的一天的生活；其實嚴格的說，沒有一天，只從午後到晚

---

[*]姚一葦（1922～1997），戲劇家、散文家、評論家。江西南昌人。發表文章時爲中國文化學院藝術研究所戲劇組主任。

上，也可說是大半天的生活。這是作者在坤樹的一生當中，所選擇出來的一個小小片段。如果要問作者爲何要採取坤樹的這一小片段呢？因爲這正是坤樹一生中的一個轉變部分，或者說是坤樹生活中轉變的一剎那。這裡也許大家會認爲坤樹的生活太平凡了，太渺小了；但是我們要知道，即使最平凡的生活，最渺小的人生，也有轉變的時候，也有轉變的一剎那。而且話得說回來，這是我們在看坤樹；我們覺得坤樹是太平凡，所以這種事情、這個轉變當然也就太平凡了，太渺小了。然而，如果我們回到坤樹的本位上來，就坤樹來講可能並不平凡，在他的一生中，這不能不說是相當重大的轉變。這一點，希臘人在兩千多年前就懂得了。不管在戲劇，或敘事詩，所表現的正是人生的轉變的部分。「轉變」在希臘叫做"Peripety"，英文譯做"reversal of situation"「境遇的轉變」（請參看鄙人譯註之《詩學箋註》）。事實上，我們今日的小說亦不外乎如此，所表現的往往是一個人的「境遇的轉變」的一剎那。現在作者在此所選擇的正是坤樹的人生中轉變的部分。所以我們可以這樣說：這篇小說的動作所呈現的係「自午後，坤樹揹著廣告牌，走在烈日下開始，到他的回家喝茶吃飯，到他和妻子的彆扭的和解，到他的職業的改變，到他的晚上回來，再化妝爲止」的一系列發展。這一系列的發展過程，換句話說，係坤樹人生中的一個切面（Slice of life）。

　　但是上面所講的動作的發展，係屬於現在進行的事件。事實上，這個現在進行的事件，只是小說動作的一面；甚至於可以說是外在的一面或有形的一面，係屬於「身體的動作」（"physical action"）。然而這篇小說並非止於這一面上，還有心靈的一面，屬於心靈的動作（mental action）的一面。要了解所謂「心靈的動作」，必須自我們自身的經驗中來把握。我們知道，當一個人在街上行走也好，或者說一個人在公共汽車上，一隻手握住把桿也好，那個時候的心靈，絕不會是一片空白的；他一定在想著什麼，有意的、無意的在想著什麼，即使不要想，也還是在想些什麼。這是任何人都有的經驗。人的腦筋甚至在睡覺的時候，也不會是空白的；也就

是說，任何時候，人的腦子總是在活動著的。當一個人他自己不覺得他在思，而他是在思，那麼這種現象被稱爲"stream of consciousness"，亦即意識的流動。事實上，這只是一種心理現象，一個心理學的名詞而已。現在我們就自這一心理活動的基礎上來看坤樹。

這個走在烈日下的坤樹，當然，他的腦筋不會是一片空白，他同樣產生了意識的流動。這種意識的流動，一般現象係流轉於現在、過去與未來之間。所謂「未來」，多半是指願望，如我想要什麼，我將要做什麼之類。說得更明一點，亦即此種流轉係由現在的某一個情境引起，而觸發過去的聯想，和引發對未來的願望。也就是說這種意識的流動，是流轉於現在進行的事件、過去的記憶與未來的願望之間。了解了這一點，現在看坤樹的意識的流動是怎麼樣的一個方式。這個作者自己有所說明：

> ……寂寞與孤獨自然而然地叫他去做腦子裡的活動；對於未來的很少去想像，縱使有的話，也是幾天以後的現實問題。除此之外，大半都是過去的回憶，以及以現在的想法去批判。

這個就是作者對坤樹走在烈日下的，以及以後的心靈活動的說明。於是作者一方面展示他的現在進行的事件，另一方面使我們倒轉到他的過去的經驗裡去。現在把倒轉的部分分成三個段落來看：

第一個段落，乃指坤樹在回家吃飯之前的心靈活動。這種心靈的活動，不外乎下面的幾項：這一種廣告的方式是他自己建議老闆的，由於他的這個建議，他因此找到了職業。同時讓我們了解，他由於找到這份廣告人的工作，使他保有了他的兒子阿龍。而另一方面，他的這份工作，使他遭受到很大的屈辱，人家都認爲他人不像人，鬼不像鬼，這一點使他很是難堪。還有他開始幹這個活的時候，受到很多人的注視，因爲一般人都一味想知道這個化了妝的人的後面是什麼？就是想找出他的本來面目，當然，這些干涉與好奇，給他帶來很大的內心的痛苦。此外也揭開了最近的

一些事，他昨天晚上和他的妻子鬥了一場閒氣，使得他今天在街上多走了好幾個鐘頭，他沒有回去吃早飯，也沒有回去喝茶，中飯也延遲了很久沒回去等等。這些都是過去的事件，而這些過去的事件，是我們從他的心靈的流動中所看到的，這是第一個段落。

第二個段落，是吃過中飯，跟妻子和解之後，再走出街上時，所產生的心靈的活動，此時所浮現的如性的需求係屬於一種願望的形式，再下來就是他來到農會米倉的時候，引發起他的兒時的記憶，使他想到他在那個地方打過麻雀。然而在這個段落中，最重要的心靈的活動則係凝聚在阿龍的身上。他終於有了阿龍，他表示出他內心的喜悅，引起他許多的聯想：從出生到報戶口，以及他被他的妻子喻爲阿龍的大玩具娃娃，以及由中學生的放學而引起將來讓阿龍上學受教育之類的願望等等。其中也屬入他經過工廠，工人散工時引發他從前到工廠求職的情形的聯想。這些均屬於第二個段落。

第三個段落，他的記憶的出現，是當天晚上他坐在電影院裡，這一部分是屬於最新的記憶。他的工作獲得了改變，換了一個新的環境，當然他的內心有一種喜悅，使他的聯想就集中到他有了新的職業之後，他曾瞞著妻子，想使她驚喜一下。

綜上所述，我們不難知道這篇小說表現爲：一方面是現在進行的事件，另一方面是過去的倒轉，過去記憶的出現的二重手法；換一句話說，亦即包含著他的身體的活動，以及他心靈的活動的揉合的形式。這一種揉合的形式，在今天的小說與電影之中，是司空見慣的東西。但是，我要指出來的是，我們今天的小說和電影中所表現的，往往是一種混雜的形式或一種顛倒錯亂的形式。因爲我們人的記憶，往往不一定是依著順序出現的。一般言之，最嚴重的與最恐懼的往往最先浮現，而形成顛倒錯亂。幾乎我們所見到的都是如此。可是黃春明的處理方式，卻不是顛倒錯亂的。可以說是脈絡分明的一類。下面我想將他在表現方法上的幾個特殊的地方指出來：

　　首先，如前所述，坤樹的記憶出現過三段：午後的烈日下，中飯之後，和晚上。這三個段落是界域分明的。

　　其次，就每一個段落來講，我們還發現他過去記憶的出現，是順著時間的發展的順序進行的，即不是完全的話，也是相當的依順著這一條時間的脈絡進行。譬如，第一段他先從找職業開始，而後遭到種種批評，依循著時間的順序一點點揭開，由先而後，層次分明，而非顛倒錯亂的形式。如果我們追問：這一順序發展或這一界線分明的形式究竟有什麼意義呢？這當然是不很容易答覆的問題。或者我們可以說，黃春明所處理的坤樹所採取的是正常的心理狀態，一種正常的心理發展；甚至於，有一點過分的正常的形式。關於這個問題，我只是提出來研究，至於在現實的世界上是否真的有像黃春明所表現的形式，那是另外的一個問題。

三、

　　這篇小說作者所採取的是第三人稱的手法，亦即全知全能的敘事觀點。作者的地位有如一個神，他無所不知，無所不在。此點正是大家所熟知的，不必細說。我這裡所要提出來討論的，是黃春明在表現的方式上面，有沒有什麼特殊的地方。

　　文學的表現方式，實際上只有兩種。一種方式我們稱之為「敘述」，亦即事件之紀錄。當然，敘述的時候包含了作者自己的描寫以及說明在內。另一種方式我們稱之為「呈現」（"presentation"）。所謂「呈現」乃指直接的表現，有如戲劇中所表現的。戲劇幾乎完全沒有敘述，也就是說，讓事件直接在舞臺上呈現出來，而不是作者的紀錄與解說。在一般的小說中，這二種手法，敘述與呈現係交互應用，有時敘述，有時呈現。當然，有的人敘述的分量多，呈現的分量就相對的減少；反之，有的人喜愛用直接的表達，作者不做解說。譬如海明威就是比較喜歡採取直接表達的一位作家。現在我們來看這篇小說。這篇小說係混合使用「敘述」與「呈現」兩種表現方式。作者有許多的敘述，第一段就是純粹的敘述，完全是作者

自己所做的說明。同時也有呈現，讓角色自動地把自己表現出來，那些對白的部分當然屬於「呈現」；不過此間的「呈現」不僅包括現在進行事件的呈現，也包含他記憶的呈現（他的記憶有時採取直接現示的方式）。綜上所述，大體言之，均是一般小說的表現方式，沒有什麼特殊的地方。

　　但是，這篇小說也有一個比較特殊的地方，那就是括弧內所表現的東西。我看這篇小說時，對括弧部分做了頗為仔細的研究。現在讓我們來看看，有些話為什麼要加上括號？這個括號當然不是隨便加上的，一定有它的特別意義。我現在假定括號內的東西是坤樹的思想的直接呈現，有若戲劇中獨白的性質。因為作者本身對這個有所暗示。請看我上面引過的一句話：

　　「……除此之外，大半都是過去的回憶，以及以現在的想法去批判。」

　　在這裡我要請大家特別注意「以現在的想法去批判」這句話，因為括號內的文字正是坤樹對過去的記憶，拿現在的觀點去分析，去批判。

　　例如，當坤樹回憶起求得這份職業的經過時，出現了好幾段有括號的文字。

　　「那麼你說的服裝呢？」
　　（與其說我的話打動了他，倒不如說是我那副可憐相令人同情吧。）
　　「只要你答應，別的都包在我身上。」
　　（為這件活兒他媽的！我把生平最興奮的情緒都付給了它。）
　　「你總算找到工作了。」
　　（他媽的，阿珠還為這活兒喜極而泣呢。）
　　「阿珠，小孩子不要打掉了。」
　　（為這事情哭泣倒是很應該的。阿珠不能不算是一個很堅強的女人吧。我第一次看到她那麼軟弱而嚎啕的大哭起來。我知道她太高興了。）

　　我們當不難明白，括號內的文字正是坤樹對過去的記憶以現在眼光去批判；或者我們可以這樣說：前者是過去的事件的呈現，而後者（括號內的）是現在的思想的呈現。雖然都屬坤樹的心靈活動，但是有區別的。

　　又如大伯仔的那一段：

> 「大伯仔……」
>
> （早就不該叫他大伯仔了。大伯仔，屄大伯仔哩！）
>
> …………
>
> 「怎麼？那是我應該的？我應該的？我，我也沒有多餘的米，我的米都是零星買的，怎麼？這和你的鳥活何干？你少廢話！你！」
>
> （廢話？誰廢話？真氣人。大伯仔，大伯仔又怎麼樣？娘哩！）
>
> 「那你就不要管！不要管不要管不要管——。」
>
> （呵呵，逼得我差點發瘋。）
>
> 「畜生！好好！你這個畜生！你竟敢忤逆我，你敢忤逆我。從今以後我不是你坤樹的大伯！切斷！」
>
> 「切斷就切斷。我有你這樣的大伯仔反而會餓死。」
>
> （應得好，怎麼去想出這樣的話來。……）

　　括號內的文字的用意是十分鮮明的，正是對於當時的情境的一種批評。

　　再如坤樹回憶起和阿珠吵架的一段，用了好些個括號，這兒我隨便拈出幾句：

> …………
>
> 「我就這樣大聲！」
>
> （嘖！太過分了。但是一肚子氣怎麼辦？我又累得很，阿珠真笨，怎麼不替我想想，還向我頂嘴。）

　　「你真的要這樣逼人嗎？」

　　「逼人就逼人！」

　　（該死，阿珠？我是無心的。）

　　括號內的文字的用意是十分明顯的，無需我加以說明。

　　像這樣的例證還很多，為了節省時間，不再一一列舉。總之：黃春明
所採用的括號，一定有他的用意。這一用意，正是作者暗示給我們的，對
過去的事件的一種批評，一種反應。現在請問大家，人生是不是如此？我
想是的。當我們回憶起過去的事件的時候，常常會對過去的事情表示一點
意見。這些對過去的意見，正是黃春明採用括號來表示的東西。這篇小說
的括號大部分都合乎這個原則的；但是，不幸的是也有例外，這些例外我
要留到後面來談。

　　作者採取這一表現方法的目的，係用來顯露坤樹心中的痛苦、矛盾，
以及他的期待、願望等心理活動。作者讓這一複雜、微妙的心理活動與現
在進行的事件巧妙地相關，而形成揉合的形式，才使我們看到一個活的坤
樹，一個活生生的坤樹。我們不但看到他的外在的行為，我們還透視到他
的內心，透視到他心靈的深處。換句話說，我們不但聞到他的汗臭味，還
聽到他心靈的悸動。所以作者所表現出來的坤樹，不是一個蹩腳的匠人所
畫出來的一個只具外表的軀殼。

四

　　現在我們要進一步來研究，我們從這一系列的動作，包括外在的行
為，以及內在的心靈活動的這一系列的動作究竟傳達出什麼來？我們要答
覆這個問題，我們得先從動作的轉化部分開始，此一轉化絕非僅止於他的
職業的轉變的表面意義上，事實上作者所表現的遠為深邃。那就是「坤樹
為了保有他的孩子阿龍，他不惜忍受屈辱和痛苦，而發展的結果，使他失
去了他本來的面目，成為他的孩子的玩偶」。我們進一步追求的是這一發

展的架構給我們帶來什麼樣的人生意義呢？下面我分幾個層次來討論。

第一，我們說這篇小說是寫實的。不僅是外在的寫實，而且包含著內心的真實；換句話說，就是這個小說的基礎是取自真實的人生。前面我已說過，坤樹是真實的人，是一個有血有肉的人，而且他的存在屬於一定的時空，這個時空是被限定了的，不可能更早，也不可能更遲，呼之欲出。當然，也就具有現實的意義。那麼我們從這個基礎上來看。這篇小說中所表現的主角，不惜把自己變成小丑，不惜出賣他自己，來保有他的孩子，可是當有一天，他回到他本來面目的時候，他不為他的孩子所認識，也就是說他辛苦所換來的，只是一種失落、一種迷失，或者說是一種錯誤。那麼這就是對於真實人生的嘲弄，對現實生活的一種揶揄；正是現實人生中的「貧賤夫妻百事哀」的寫照。

或許有人提出來，這種事情太不普遍了，像這樣一個廣告人的故事，缺少現實人生的普遍意義。為了說明這一點，我們來回憶一下歐‧亨利（O'Henry）的〈耶誕節的禮物〉這篇小說。這篇小說所表現的；丈夫賣掉他的一隻錶，去換取一把頭梳給他太太；而他太太剪掉她的頭髮，去買一條錶鏈送給她的先生。如果我們認為這種事情太巧了，豈非一樣的不普遍嗎？我們要知道不是事件的本身普遍不普遍，而是，這件事情之所以發生的「理」是不是普遍？如果從這個「理」字來看，那真是普遍，因為這些可憐的人類，往往是事與願違，動輒得咎。這不正是作者提出來的對於現實生活，對現實人生的一種嘲弄、一種控訴嗎？

第二，上面我們所觸及的還只是它的一個層面，如果我們再進一步來看，這裡復包含著人生的另一個問題。這個問題可以歸納為兩個字，那就是 Mask and Face，「面具與面」的問題。關於這個問題在西洋方面，就我所知道的，如義大利的戲劇家契阿芮里（Luigi Chiarelli）、皮藍得簍（Luigi Pirandello），可以說都曾表現得淋漓盡致。這裡我們不談戲劇問題，也不引經據典，專就這篇小說來談。

當一個人一生下來，他就必須開始接觸社會，於是他就無意的、或是

有意的被戴上面具。這些面具，有的是自己戴上去的，也有的是別人給戴
上去的。不妨請大家冷靜地來觀察一下，不管是你，不管是我，那一個人
沒有戴上面具？事實上人人都被戴上了各種面具，包括你和我在內。可是
當面具被戴了上去之後，一個人往往就迷失在他所戴的面具之內，往往他
就不知道誰是他的真正自我？他就忘掉了誰是他的本來面目？誰是他的面
具？不僅他對他自己是如此，就他對他親近的人來說更是如此。因為那些
跟他親近的人們，所接觸到他的只是他的某一部分。於是把他的面具當作
他的本來面目，於是就形成了形形色色的面具世界。如果一個人被戴上面
具之後，他渾渾噩噩過著一生，不去思考這些問題，那當然他就不會觸及
到這個問題上來，那當然他也就不會發生痛苦。如果有一天，我們要尋找
我們的自我，要尋求真實；或者當有一天我們要解開自己的面具，或是別
人要脫下我們的面具的時候，那麼痛苦就會跟著而來。這一點，不妨研究
一下皮藍得簍的戲劇，他筆下的人物經常在尋找真實，但是真實卻沒法找
到，而顯示出這些人物的心靈震顫與痛苦。

　　現在就從這基礎上來看這篇小說，無疑的坤樹是一個戴上面具的人。
此種面具係屬職業的面具；但是我們不能不說職業面具也是面具；所不同
的是，一般所戴的面具是無形的，坤樹戴上的則是有形的面具。而且這個
面具不單是形象化了，而且還是被誇張了的，被怪誕化了的。這正是小說
家的筆法。如果再進一步來看，坤樹的這個面具的意義是什麼？那我們就
必須研究一下坤樹的面具是怎麼戴上去的。或許有人認為他是主動戴上去
的，是他自己要求老闆這樣做的。但是這只是他的一面，而事實上，只要
稍微深入一點來看，我們就會發現他並非主動戴上去的，而是被動戴上去
的，是生活的壓力才使他不得不戴上這樣的一個面具。當他戴上這面具之
後，由於這面具中所含的怪誕和它的非世俗的成分，又由於這面具來得突
然和不習慣，那當然就給他帶來許多的困擾。正因為這一面具一下子不會
為世俗所接納，於是引起大伯仔對他的指責，引起過路人要尋找真實，要
看看面具裡面的究竟是什麼。我們不難了解，當他初帶上這個面具時的苦

惱，雖然從他的外表看不出，因爲他是沒有表情的，可是我們覺察得出他心靈的顫抖。然而面具是個很奇怪的一樣東西，開始的時候，是大家對它的不習慣，對它的陌生，甚至於對它的震驚；久了以後，就會開始習慣它，也就會對他冷淡，而甚至遺忘。所以後來坤樹走在街上，很少人再注意他了。這就是面具的基本性質，也就是面具的習慣性。當然這中間最容易習慣，最容易接納的是幼兒，因爲他沒有先入爲主的觀念。然而當有一天，他要找回他的真實，找回他那失落的自我，換句話說，他要揭開這個面具，他就要面臨一種窘境。

　　這一篇小說就是表現人生的這一種窘境，一種無可奈何之境。等到我們一旦要找回自我的時候，我們所面臨的痛苦，可能比我們剛戴上面具的時候還厲害。面具與面的關係就是如此的微妙，如此的複雜。因此作者通過這個故事，提示出人生的一個真正的問題，而且是一個普遍性的問題。自表面來看這只是一個很特殊的事件，但在特殊的事件中蘊有一般。因此我認爲一篇小說不怕它的題材是多麼狹窄，人物是多麼卑微，事件是多麼微不足道，問題是它對人生究竟揭露了什麼？它提示了什麼樣的人生意義？這才是重要的問題。

　　第三，現在再進一步來分析這一篇小說的普遍性係建立在什麼樣的基礎上。關於這個問題，我們得搬出亞里斯多德來，在他的《詩學》的第九章，有這樣幾句話：「歷史家所描述者，爲已發生之事。而詩人所描述者爲可能發生之事。故詩比歷史更哲學與更莊重，蓋詩人所陳述者，無寧爲具普遍性質者。」這裡所謂的普遍性質的意思，就是說他可能發生，可能在這世界中的任何一個地方發生。亞里斯多德說得非常明白：「自吾人所述，當可知詩人所描述者，不是已發生之事，而是一種可能發生之事，亦即一種蓋然的和必然的可能性。」也就是說這一可能性係建立在動作發展的邏輯上面，或者說要合於邏輯。所謂合於邏輯亦即合於蓋然的因果關係或必然的因果關係。但是有一點必須聲明的；所謂「合於邏輯」與前提的真假無關，因爲在小說中前提可以爲真，亦可以爲假。例如卡夫卡的〈蛻

變〉，他可以假設一個人，在一夜之間變成了一條蟲，這個前提當然為假。我們要研究的不是它的前提的真假，而是它的發展是否合於邏輯，亦即是否合於蓋然的因果關係或是必然的因果關係。

　　為了使大家容易了解，我想進一步來說明因果關係的問題。買了獎券就有中獎的機會。這就是蓋然性。蓋然性有大小，如果你的小說描寫一個人買了一張獎券剛好中了第一特獎，其蓋然性可能只有幾十萬分之一，或一百萬分之一，但你不能說它不合理，因為它合於蓋然的因果關係。其次我們來談必然的因果關係。假設我跟一個比我強而有力的人打架，我的技術不如他，我的力氣不如他，我的體力也不如他，這一架打起來必然是他贏的。這就是必然的因果關係。所以蓋然與必然，在小說中是從行為中來區分的；由一定的因，造成一定的果。這就叫做合於邏輯。但是人世間的事情並非都是如此，還有一種情況，譬如剛才所舉的打架的例子，他雖身強力壯，我是打不過他的，萬一就在這個時候，他突然腹痛如絞，我一拳就把他打倒了。所以世界上還有一種情形，既不是蓋然的，又不是必然的；這種情形亞里斯多德管它叫做「機會」（"chance"）。寫小說一定要避免這樣的情形，亞里斯多德再三的說，絕對不能建立在這種無蓋然性的機會上。就剛才上面所說的例來看，我們兩人打架，對方突然肚子痛，但是肚子痛和打架的條件無關，是外來的因素，是不可限定的外來的因素。現在從這個角度來看有些人的小說或戲劇，等他們寫到後來結束不了的時候，只好讓他們的主角走出大門被一部汽車撞死。雖然乾脆，但卻要不得。因此一個事件的發展只容許兩種可能性：一種是蓋然的可能，一種是必然的可能。那些純「機會」的事件是要盡可能避免的。

　　但是如果一篇小說純粹是建立在蓋然的因果關係上面的話，會發生什麼樣的結果呢？照前面所舉的例，你如描寫一個人的發財，他今天中了愛國獎券，明天又中了馬票，我們雖然不能說它不合理，但是它的蓋然性太小了，它的一般性便顯得缺乏。所以一篇好的小說還得有必然的因素在。唯有自必然的因果關係上面，才顯露出一般性，因為必然的因素才是事物

之理。我們並不排除蓋然的事件，喜劇主要是建立在蓋然的事件上面，但是我們認爲蓋然中含有必然的因素，或必然中含有蓋然的因素，才能特殊中見一般，或一般中見特殊，才能成爲一篇好的小說。

　　現在自這個基礎上，我們來看黃春明的小說。且看這個事件的轉變部分究竟是必然的？還是蓋然的？當戴上面具的坤樹變成小丑之後，他的兒子阿龍所接觸到的只是他的面具，因爲他一早就出門，回來時小孩已睡覺。我們想想一個幼兒所接觸到的他的父親，實際上只是他的面具，而非他的本來面目。他便必然地把面具當作了他父親的本來面目。這個發展完全是屬於必然的因素。由於此一發展的必然的因素在，所以他含有人生的普遍意義。當一個人，被戴上面具，特別是被動的戴上面具之後往往是脫不下來，他會逐漸地迷失在他的面具裡面，最後叫人分辨不出誰是真的誰是假的。如果有一天，他覺醒過來，他要找回真正的自我，他要拋掉他的面具，那麼這個會使許多人不習慣，就像他開始戴上面具的時候一樣，會帶給他很大的痛苦。這就是人生的一種窘境，一種無可奈何的窘境，這也就是作者對人生的一種嘲弄，人往往迷失在他自己所做的幽裡面，我們這些可憐的人往往就是如此。

　　第四，我們除了上面所討論的幾個層次之外，我現在發現還有一角度，那就是從親子關係上面來研究這個問題。如果將前面所說的這篇小說的動作放在親子的關係上來衡量的話，我們來看作者有些什麼樣的暗示。當坤樹不惜一切的屈辱、痛苦來幹這個活，爲的是保有他的兒子阿龍，而最後呢？成爲他兒子的大玩偶。現在從親子的關係上來看的話會得出什麼樣的意義？這使我想起了叔本華。叔本華認爲我們的意志，個人的意志是受到一種盲目、原始、本能的意志的支配。換句話說，就是所謂生殖的意志。那也就是說：人除了求自己的生存之外，同時還求種族的延續；個人總有一天會毀滅，所以要生產第二代，新的一代。照他的說法第二代是父親的意志，或者說父親的性格，與母親的智慧的結合，是二個生命的延續。因此，從這個基礎上來看性的問題，在叔本華看來，無論是戀愛、結

婚，實際上只是爲了達成盲目的意志（blind will）的目的。那些美麗的名稱，像純潔的愛情、婚姻的神聖之類只不過是一種僞裝而已，只不過做爲執行 blind will 的一個工具而已。我不是說黃春明一定是受了叔本華的影響，但是，如就這篇小說言，我們再推究下去的話，又不能不說有某些地方和叔本華的理論有相當的近似。

關於這個問題，我現在提出來和大家研究。自一個幼小的孩子言，這個孩子對父母親只有本能的需求，譬如說吃的本能，中國有句老話：「有奶便是娘」。那麼這個時候親子間的關係是單向的，只有父母如何來好好照顧孩子，這跟其他的動物是一樣的，像貓、狗，任何動物都曉得如何來照顧牠的第二代。但是，人類究竟不是動物，所以當他長大以後，他開始接受教育。教育可激發起人的理性，或者說教育使一個人明瞭一個人的責任，一個人的意義。於是人類就建立起家庭的觀念來，建立起人類的文明。當然這個問題就不是只止於叔本華的觀念上；當然也就不會得出像叔本華那樣悲觀的結論。

五

通常寫作的人，速度有快慢。大體來講作家有兩類：一類是精工製造，經之營之，當然寫作的速度很慢；另外一類是快速的文思洶湧，一氣呵成，正是所謂倚馬可待的一類。我想黃春明是屬於後一類。前類的作家，有時候琢磨得過分了，使人覺得有做作的痕跡。後一類的作家，有時候就會有粗疏的毛病。我不是在此指責黃春明，我想這是許多人都不能避免的。就這篇小說言，我想提出一些問題來，我不敢說我的看法就是對的，只是想提出來和大家討論。

第一：關於括弧裡的文字的性質，我曾指出那是主角坤樹的思想的直接呈現，特別是以現在的想法來對過去事件的一種批評，我們曾檢討過前面的幾個例子，大部如此。但是有時候，作者可能忘了，就越出了這個範圍。現在我提出幾段來看：

（幹這活兒的第二天晚上；阿珠說他白天就來過好幾趟了。那時正在卸妝，他一進門就嚷了起來。）

（……他離開時還暴跳地罵了一大堆話。隔日，……）

（在洗澡的時候，差點說出來，……）

這些括號內的文字都屬事件的敘述，都不符合上面的原則，似乎沒有必要用括號來表示。此外還有兩處括號內的文字，我認為更值得斟酌：

（我得另做打算吧。）

（這孩子這樣喜歡我。）

這既不屬於對過去事件的批評，且與前後文無太多的關聯，似乎是多餘的。

第二：在文字的運用上，我發現有一些地方是值得斟酌的，例如下面一段：

（真莫名其妙！注意我幹什麼？怎麼不多看看廣告牌？那一陣子，人們對我的興趣真大，我是他們的謎。他媽的，現在他們知道我是坤樹仔，謎底一揭穿就不理了。這干我什麼？廣告不是經常在變換嗎？那些冷酷和好奇的眼睛，還亮著哪！）

我現在要提出來討論的是本段的最後一句「那些冷酷和好奇的眼睛，還亮著哪！」這句話語意欠明確，與上面的話不銜接，甚至矛盾。

又如：

這和他以前提防看倉庫的那位老頭子一樣。他為他這動作感到好笑。那位老頭，早在他在這裡來打麻雀的時候就死掉了。……

　　既說他以前提防著那看倉庫的老頭，又說早在他在這裡來打麻雀的時候就死掉了，在語意上前後矛盾。

　　又如：

　　……阿珠覺得她好像把坤樹踏三輪車以後的生活計畫都說了出來，而不顧慮有欠恩情於對方的利益……

　　這後面的一句雖然意思明白，卻很彆扭。

　　又如：

　　哈哈，你們快來看，廣告的笑了，廣告的眼睛和嘴巴說這樣這樣地歪著哪！

　　這後面的一句似乎也有些彆扭。像這樣的例子還有，為了節省時間，我不再舉了。

　　第三：關於這篇小說的結束部分，作者是這樣處理的：

　　「我，」因為抑制著什麼的原因，坤樹的話有點顫然地：「我要阿龍，認出我……」

　　我得說如果這篇小說是我寫的，我一定不說：「我要阿龍，認出我……」，我要改為：「你，你，你，你不要管。」因為這是坤樹在極端痛苦心情下迸出來的一句話；當一個人在痛苦的心情下是不作解釋的。如果一個人在高度痛苦的心情下還能和人講道理，世界上便沒有爭吵這回事了。當然我懂得黃春明的意思是在對讀者解釋，唯恐別人看不懂，其實我想這也是多餘的，因為在這個世界上看得懂的人還是很多的，就一個作家而言，大可不必顧忌這些，對嗎？

——周方圓　筆記

——選自姚一葦《欣賞與批評》
臺北：聯經出版公司，1989 年 7 月

小人物的面具
試論黃春明小說中的表意衝突

◎蔡源煌*

　　黃春明的小說是當代中國文學的一個熱門題目。《書評書目》（第 15 期，1974 年 7 月）和《文藝月刊》（1975 年 3 月號）都曾刊出專號討論；他的〈魚〉也被選爲國中教材。然而，一般人提到黃春明就聯想到鄉土作家這個歸類語，其實這個歸類語只是一種片面的命名。（波蘭裔英籍小說家康拉德 Conrad 就不滿意人家將他列爲海洋作家。）事實上一個作家最重要的關切在於如何表現他對人、事、物的理想價值觀——「透過熟悉的人物，傳達出他對這個世界的關心」，透視那些伺促於現實生活的人們如何掙扎，維持作爲「人」的尊嚴。所以究竟應該將他歸類爲那一種作家，倒是次要的問題。

　　黃春明的小說，大部分已蒐集在遠景出版公司的三個集子裡：《鑼》、《莎喲娜啦・再見》、《小寡婦》。[1]本文試圖探討黃春明在這三個集子裡表現得極爲傑出的一個母題：表與意（reality vs. appearance）的衝突以及它對於人物的行爲之影響。用技巧謀略的詞語來說，黃春明所運用的是一種「面具」；這個面具是黃春明筆下人物的防禦機械，是面臨危急威脅時自然而然所採取的一種姿態——一如昆蟲的保護色、擬態。換句話說，這個面具乃是個人因應特定環境因素而發展出來的一種人格或態度。

---

*發表文章時爲《中外文學》月刊主編，現爲臺灣大學外文系退休教授。

[1]未列入的作品除了早期的幾個短篇〈玩火〉、〈借個火〉、〈胖姑姑〉、〈把瓶子升上去〉、〈男人與小刀〉、〈照鏡子〉、〈他媽的悲哀〉，尚有 1969 年間發表於《文學季刊》的〈跟著腳走〉、〈沒有頭的胡蜂〉以及發表於《中外文學》（第 2 卷第 8 期，1974 年 1 月）的〈鮮紅蝦——下消樂仔〉（一篇未完成的作品）。

很有趣的是，英文的「人」（"person"），源自拉丁文 persona 一字，本義即
為面具。心理學家也許寧願稱之為 personage，而不用 mask 這個字。愛爾
蘭詩人葉慈（W. B. Yeats）在《一種靈視》（*A Vision*）一書的第一版，曾就
意志（will）與面具加以區分說：意志是個人的「自我」（"self;ego"）；面
具與意志恰巧相反，是「反自我」（"anti-self"），是個人內心渴望要表現的
外著形象。一個人通常有兩個面具：正確的與錯誤的，而意志可能會使人
選錯了他內心裡面真想要的面具。[2]一個角色礙於現實的需要，竟得擺出一
副有違他內心意願的表情，為的只是一個糊口的機會。表面上雖佯裝儼然
愜意狀，實則內心激盪煎熬不已。黃春明人物的心理衝突，也由於表意之
分歧而更富有戲劇性。正因如此，我們寧可相信黃春明的小說是帶有悲劇
情調的。

　　美國哲學家桑塔亞納（George Santayana）曾對面具的定義與其必要性
做了精闢的剖述：

> 面具是感情的外著表現，是心聲的回響；不容置疑地，它是可信的，
> 是慎密構想出來的，是至為崇高的。大凡與大氣接觸的生物都必須獲
> 致一具外殼，而外殼如果不屬於內心世界亦無可厚非，有些哲學家似
> 乎因為他所用的意象不能充分表現事物，或者言語不能表達情感而憤
> 懣。言語與形象正如外殼，與它們所掩護的實物同樣是大自然中的完
> 整部分，不過外殼總是比殼內隱藏的實物更顯眼。我並不是說實物只
> 是為了一個外表而存在，或者說臉龐只是為了面具而存在，或者說情
> 感的存在只為了詩和美德。自然中一事一物之存在……就生命本身而
> 言，都是同樣重要，不分軒輊的……[3]

---

[2] *Quote in Richard Ellmann*, Yeats: The Man and the Masks（New York: E. P. Dutton 1948），p.226.
[3] *Soliloquies in England and Later Soliloquies*（New York: Scribner's, 1922），pp.131-132.

　　借用戲劇的術語來說，人在社群活動中的各種行爲就像舞臺的表演，然而一項表演給予觀者的印象往往與表演者的本意有所出入。個人的行爲活動繫於兩種截然不同的現象：一個是他個人「想」要表現出來的形象，一個則是他「實際上」呈現出來的形象。[4]前者意指言語象徵或舉世共通的其他訊息，簡而言之，一個人「想」要呈現的外象必然是以社群同僚所共通的標準與媒介爲依歸的。後者則涉及一個較廣泛的行爲範疇：行爲者好比舞臺上的一個演員，他的實際表現或許基於某一個特殊的或局部共通的訊息，然而觀者——或社會中的同僚——便以各自的期盼來評判這個行爲表現，致使行爲者的本意以及行爲動作給予人的印象有所出入。職是之故，對於觀者而言，這種行爲表現就成了行爲者的一種面具：至少他所了解的意義與行爲者所要表達的意義並沒有一對一、二對二的絕對關聯。同時，行爲者一旦察覺這個差距，起初他難免也會感到驚訝，久而久之，就漸漸習慣於行爲表現和印象的誤差，甚至利用它來做爲一種保護性措施。他的行爲表現只要能奏收他所預期的保護功效，他自己也會覺得自豪；積習成癖，假冒的表現終成了人格之一部分。但是，誠如桑塔亞納所說的，在生命的範疇中，每一項措施的肇始，都是由於生命本身的需要：面具與真面孔同爲「自我」的呈現，無所謂孰輕孰重。

　　我們覺得不妨提出一個假設：自我的顯性大多是由外著世界的某些成規認取而來的；在塑造自我的時候，個人將他的意識投注於外著世界，往往會把外著世界的反光當作了自己的顏色。也就是說，決定個人外在行爲的因素不止他個人而已；一個人的外在行爲多半是受環境和他人引導的。因此，他的外在行爲也就成了名副其實的表演，而且他的外著行爲，既然受了環境因素或他人影響，可能就與自己內心的意向背道而馳。這種表意的懸殊構成小說的衝突；表意差距愈大，衝突的張力愈強烈。

　　黃春明的人物大多面臨著現實生活的撞擊，生活在新、舊社會、現實

---

[4]Erving Goffman, *The Presentation of Self in Everyday Life*（New York: Doubleday 1969）, p.2 ff.

與希望的夾縫裡，因之，心理上的衝突與鬱結也特別微妙。在人物刻繪上，黃春明充分把握了表意差距的衝突。本文中將討論〈鑼〉、〈兒子的大玩偶〉、〈溺死一隻老貓〉、〈看海的日子〉、〈小寡婦〉、〈莎喲娜啦·再見〉等篇作品，並指出緣附於「面具」這個設計以及行爲表現和印象之誤差而產生的表意衝突。

打鑼的憨欽仔，將近一年沒鑼打，三餐不繼，靠山地人施與的番薯果腹充飢。無計可施之餘，憨欽仔終於決定加入以臭頭爲首的羅漢腳群——一群成天守在棺材店對面的茄苳樹下，一俟有喪家來買棺材，就尾隨著去幫喪事討口飯吃的光棍。

進行之前，憨欽仔想：「他不但要贏，還要顧全自己的面子」（〈鑼〉，頁 109）。至少他認爲打鑼的要比吃死人飯的尊貴多了。於是，在唯一未賒欠過的一家雜貨店「騙」得了六個圓糕餅和熱茶吃得飽飽的，另外還賒了兩包黃殼子香煙，胸有成竹地朝茄苳樹出發。可是，一走到樹下看見那幾個無賴的那當兒，憨欽仔的心裡便起了一陣急遽的交戰：

> 他心裡一時覺得很失望，他想如果在這裡擠到一席之地，其中的一個不就是他自己？雖然他可以想像到他們的生活，但是眼前的情形，竟是這般傷他的自尊。他左思右想，又想出他們的好處，於是他掏出黃殼子的香煙上前向其中正抽著煙的臭頭借火。他有意的把黃殼子的煙幌著，那些坐在那裡欲睡不睡的羅漢腳，他們的眼睛都亮起來，被那一包黃殼子煙吸住了。他把火還給臭頭，接著向他們敬煙。眼看四五隻手一齊伸過來的憨欽仔，心裡被創痛著。

——《鑼》，頁 121～122

表意的衝突於此已奠下了先聲。眼前的情景傷了憨欽仔的自尊；然而，儘管他打心底瞧不起這群人，一想到他們的好處，想到往後的日子不必再光以蕃薯充飢，他妥協了。他的動作顯得有點誇張：黃殼子香煙拿在手上晃

著，儼然很闊氣的樣子。

　　八、九個羅漢腳在茄苳樹下等了幾天，未見人光顧棺材店，憨欽仔向他們提示道：只要用掃把在棺材上敲三下，隔日就有人來買棺材。爲了爭取臭頭一夥人的好感，他甚至自告奮勇（是一種姿態）跑過去棺材店，用掃把在棺材頭上敲了三下。作者描寫憨欽仔抱頭竄回樹下那一瞬間的心情說：

> 但是在大家還讚美不已的時候，他竟被淡淡的憂慮爬到心頭，令他慍慍難過。他後悔做剛才的事，他想如果真的明天有人買棺材的話，那個人可不是我殺了他⋯⋯。
>
> 他覺得自己正掉進黑黑的深淵似的，他想著，此刻對過去連自己都不以為怎麼的事情，竟令他懷念不已。
>
> ——《鑼》，頁 142

　　出於一股欲望（desire of recognition），心想博得臭頭一夥人的賞識，現在卻忐忑不安，良心深疚不已。突然之間，他覺得打鑼比這「唸棺材」的勾當可愛多了。那天晚上，他一直等到二更沒聽到雞啼才睡著，生怕明天有人來買棺材的是死於他的惡作劇。

　　憨欽仔的表意衝突在另一個插曲中，表現得尤其顯著。當仁壽向他催討債款時，憨欽仔實在沒錢還，仁壽又不放過他。仁壽揪著憨欽仔不放，拉拉扯扯；憨欽仔內心直想說那麼一句：「人肉鹹鹹的！你能怎麼樣？」可是嘴上卻窮呼仁壽叔公。（臉上被抓出了兩條痕，第二天回到茄苳樹下，捏造了一個故事說是藥房的猴了抓的。）回到棲身的防空洞時，積壓了滿肚子冤屈終於爆出來，決然淚下——這還是憨欽仔成年以來第一次掉眼淚呢！他心想：「真不該叫叔公、客兄公咧！什麼公？他愈想愈後悔」（〈鑼〉，頁 130）。

　　不久，臭頭等人開始孤立他，動輒出言相激，想逼走他。私下獨處的

時候，憨欽仔暗地咒罵他們是一群豬，可是當著他們的面，「有好幾次被他們的話激得真想跳起來臭罵他們一頓走了算。但是（憨欽仔）自己也莫名其妙地不知為什麼跳不起來，臭罵不出來。」（《鑼》，頁 176）直等到有一天公所的人來找他去打鑼催繳綜合所得稅與房捐稅，憨欽仔才逮住機會還以顏色。憨欽仔對臭頭等人：

> 他乾咳了幾聲，把那些目光反彈回去，然後轉過臉，掃他們一眼。想不到一直忍受他們，怕觸怒他們，迎合他們的氣焰還不算的他們，在現在他看來，卻像一攤死灰……。「怎麼？看！看不識？要嘛就看個飽。你們這些啃棺材板過一輩子的羅漢腳，我可和你們不同！」說著把兩邊袖子拉得高高的，兩根棍棒樣的胳臂在腰間，擺一個稻草人的架勢。
>
> ——〈鑼〉，頁 181

這一副稻草人的樣子委實滑稽。全篇故事當中，這還是憨欽仔的動作表意最接近的一次；可是樣子卻如此可笑，不免教人想起葉慈〈航向拜占庭〉（"Sailing to Byzantium"）一詩當中那個同樣鬧劇似的稻草人，只是個空洞而無實質的形狀，而且作者也沒有給憨欽仔踰越現實的機會。

　　前面筆者已指出：黃春明的人物生活在夾縫裡。憨欽仔的夾縫是新舊社會形制衝突的產物。好不容易來了一個打鑼的機會，甩落了臭頭一夥人的奚落，可是，為了加強打鑼的效果，他突然心想嚇唬百姓，讓他們趕緊繳稅。他卻不知道「官廳」這個名詞一如他的嚇唬詞一樣都是過時的。這又是一次表意差距的表現：一個生長在新舊夾縫裡、無知的人選錯的表現。所以當公所囑他不要再打了，他口裡還直說：「我打了，我打了，不但打了，而且還打得很出色」。

　　黃春明這一篇〈鑼〉可以說是典型的寫實作品。寫實作品的特徵不在於狄更斯的人道主義，也不在於托爾斯泰對俄國農奴的憐憫，而在於作者

對事態真相本身的關切：這種關切之徹底，雖不是出自於作者對事態真相（如果是醜陋的真相）的輕蔑，然而其表現露骨之處卻會（也應該會）令讀者誤以為作者存心蔑視之。人是社會動物：個人的自我與社會整體是息息相關的。所以寫實文學應當兼顧個人自我與社會整體，並試圖在個人自我與環境因素兩者之間求得平衡。換句話說，寫實文學中，現實世界是駕馭者。（與浪漫文學所強調的——個人的內在心靈支配外在世界——不同。）個人的意願與環境現實產生撞擊時，過度眷緬個人渴望就會阻礙個人直接介入現實當中。

〈鑼〉的結局便是如此。作者直截了當而坦誠的報導——完全是一個冷眼旁觀者的陳述——的確會使讀者懷疑作者對憨欽仔執的是何種態度？也許，正由於這個緣故，作者於《鑼》一書再版序中補上了〈給憨欽仔的一封信〉，以正讀者視聽。

面具的設計在〈兒子的大玩偶〉一篇運用得更為具體。一開始，作者就大費周章描繪了 Sandwichman 坤樹一身的打扮：

> 一團火球在頭頂上滾動著緊隨每一個人，逼得叫人不住發汗。一身從頭到腳都很怪異的，仿 19 世紀歐洲軍官模樣打扮的坤樹，實在難熬這種熱天。除了他的打扮令人注意之外，在這種大熱天，那樣厚厚的穿著也是特別引人的；反正這活兒就是要吸引人注意。
>
> 臉上的粉墨，叫汗水給沖得像一尊逐漸熔化的蠟像。塞在鼻孔的小鬍子，吸滿了汗水，逼得他不得不張著嘴巴呼吸。頭頂上圓筒高帽的羽毛，倒是顯得涼快地飄顫著。
>
> ——《鑼》，頁 34

這兩段的遣詞用字，心裡語意極為明顯。粉墨、蠟像、小鬍子塞在鼻孔、圓筒高帽均蘊藉化裝之意。坤樹這一身打扮成了一個大面具，自我的呈現完全為這個面具籠罩住了。於是它成了人們心目中坤樹的意象；「廣告

的」這個名字也成了他的代號。「逐漸熔化的蠟像」、「張著嘴巴呼吸」諸詞，不無其象徵蘊意：坤樹這一副大面具給予他肉體上、精神上的壓迫是不相上下的。然而，為了「多要幾個錢」，面具也只好戴了。

　　上面所引兩段著重外著形狀的描述，接著作者立刻指陳了坤樹心理上的反動說：

> 從幹這活兒開始的那一天，他就後悔得急著想另找一樣活兒幹。對這種活兒他愈想愈覺得可笑，如果別人不笑話他，他自己也要笑的；這種精神上的自虐，時時縈繞在腦際，尤其在他覺得受累的時候倒逞強的很。想另換一樣活兒吧。單單這般地想，也有一年多了。
>
> ——《鑼》，頁34

> 想，是坤樹唯一能打發時間的辦法，不然，從天亮到夜晚，小鎮所有的大街小巷，那得走上幾十趟，每天同樣的繞圈子，如此的時間，真是漫長得怕人。寂寞與孤獨自然而然地叫他去做腦子裡的活動；對於未來他很少去想像，縱使有的話，也是幾天以後的現實問題，除此之外，大半都是過去的回憶，以及以現在的想法去批判。
>
> ——《鑼》，頁37

儘管坤樹腦子裡的活動如此活躍，這一身打扮卻甩不去：Sandwichman 前後的廣告牌子，彷彿是〈看海的日子〉一篇所指出的半絕緣體。走在大街上，心情卻為寂寞孤獨的感覺所持據。上引第二段末了指出：對於未來很少去想，即使有，也許是幾天之後的現實問題。質言之，即使想了，還不只是為了一個糊口的問題？眼前都無以竟日，何以去想更遠的將來？本篇的悲劇情調於此可見。筆者認為構成悲劇的關鍵在於個人意志的抉擇。坤樹有的是充分的意志自由去選擇。可是落身的有限格式，卻教這個意志自由毫無用武之地。甩之不去，又別無選擇，這副面孔也就成了坤樹社會接

觸的定型標幟。坤樹走過國校旁邊的花街時，讀者從妓女口中聽到坤樹「那幅臉永遠都是那麼死板板的」。緊繃繃的臉裹住了內心裡面強烈的折騰。「他走遠了，還聽到那一個妓女又一句挑撥（逗？）的吆喝。在巷尾，他笑了。」笑也像前面所說的寂寞與孤獨時之活動，一種歇斯底里的表現，好不容易迸出一個笑容，焉得發洩心底淤結之一切牢騷？所以作者接下來立刻寫出了坤樹的一連串獨白：我要的，我要的——。這個笑，我想只有「雷大雨小」這個比喻差可比擬了。

後來戲院的經理要他放棄這副打扮，改踩三輪車做廣告。這個突如其來的改變卻在他心上掀起異樣的感受：他對本來想拋也拋不掉的活倒有點敬愛起來了。回家的途中，他隨便的將道具扛在肩上，反而引起路人的驚訝注視。他覺得好笑，「張大嘴巴沒有出聲的笑著」。

高夫曼（Erving Goffman）在《自我的呈現》一書中指出：一個人長久扮演某一種角色也會將錯就錯，以他所扮演的那個角色來淹沒他的本我（ego），主要的理由在於他並不十分想要打斷他以往的社會印象。[5] 19 世紀美國小說家梅爾維爾的一篇〈Benito Cereno〉描寫一艘西班牙奴隸船聖多明尼克號的黑奴叛變，船長貝尼多被黑奴首領巴博（Babo）囚禁在艙底。一艘美國船的船長狄雷諾（Delano）發現他們的時候，巴博就脅迫貝尼多假扮一個獨裁的船長，而巴博自己則扮演一個任勞任怨的忠僕。貝尼多被長期監禁，偶遇外人上船來，便恢復他假扮的角色，長此以往，終於造成了閉鎖的性格。真相大白獲救之後，貝尼多沒有勇氣接觸社會，隱居修道院而終其生。黃春明的坤樹固然不至於陷得如此嚴重，但是至少讀者已了解，坤樹的面具一旦卸下，心理上的激盪亦是不言而喻的，因為那個面具已經成了他的身分表徵。

本篇故事裡面作者一再提到坤樹的臉部表情，主要的例子有：

---

[5] Ibid., pp.17, 245.

這時阿珠突然想看看坤樹的正面。她想，也許在坤樹的臉上可以看到
什麼。

——《鑼》，頁 46

坐在阿珠的小梳粧臺前，從抽屜拿出粉塊，望著鏡子，塗抹他的臉望
著鏡子，淒然的留半邊臉苦笑，白茫茫的波濤在腦子裡翻騰。

——《鑼》，頁 38

在阿龍還沒有出生以前，街童的纏繞曾經引起他的氣惱。但是現在不
然了，對小孩他還會向他們做做鬼臉，這不但小孩子高興，無意中他
也得到了莫大的愉快。每次逗著阿龍笑的時候，都可以得到這種感
覺。

——《鑼》，頁 50

　　表意衝突的母題在本篇故事中之重要，從這裡也可窺見一斑。本篇收
場的高潮，仍然運用這一個母題，而使悲劇反諷的情調倍加強烈。坤樹的
兒子阿龍見了父親卸裝，認不出他來。任憑坤樹怎麼哄，扮鬼臉，都沒有
用！阿珠接過小孩後，坤樹的心突然沉下來。

他走到阿珠的小梳粧臺，坐下來，躊躇的打開抽屜取出粉塊，深深的
望著鏡子，慢慢的把臉塗抹起來。

——《鑼》，頁 61～62

他想讓兒子認出他來，只好恢復以往那一身怪異的打扮：他是「兒子的大
玩偶」。這種小丑的舉止，背後隱藏卻是多少辛酸！然而如此安排卻也同
時賦予坤樹無限高貴的尊嚴，坤樹的苦衷自然無法以言語形容。最後坤樹
的幾聲的斷音直呼「我——我」使悲劇反諷的張力達到了一個飽和點！

　　〈溺死一隻老貓〉在主題上與上述兩篇是一致的，描寫一個「溺死」
於新舊社會交接的夾縫裡的犧牲者——阿盛伯。清泉村由於地勢偏僻，交
通不便，對鎮上的人來說，總覺得是一個很遠的地方。這個窮鄉僻壤，也
遭受到新舊社會轉換的衝擊。村裡的人以能夠將女兒嫁到鎮上為榮：他們
「用很大的力氣」張揚女兒嫁到鎮上的事，「雖然聽者的耳膜被震得發
濁，他們還是覺得應該」。而鎮上的浮華與村裡的樸實不可同日而語。鎮
上離大都市雖然也有七、八十公里，但是因為交通之發達：

> 很多大都市的流行，街仔人還算跟得上。迷你裝也在此地的小妹的膝
> 蓋上 20 公分的地方展覽起來，阿哥哥的舞步也在此地年輕人的派對
> 裡活躍。年長的一輩也在流行一種怕死的運動，如早覺會之類的對身
> 體健康有幫助的。
>
> ——《小寡婦》，頁 18

因此，當街上的人發現清泉村的水塘，紛紛湧來游泳時，新社會的衝激也
開始波及村裡。

　　儘管村裡的人對鎮上的嚮往幾乎可以蔚成一股風氣，村子裡的幾位
「長老」一點也不為之所動。平時，村裡祖師廟拜拜的事都由他們策動。
（「其中以阿盛伯為主要的領導人物。」）除了祭拜的日子以外，這座紅瓦
屋頂長滿了苔鮮的祖師廟也成了他們的舊夢溫牀，冬暖夏涼：

> 幾個老人就聚集在廟裡的邊廂，冬天時把門帶上，每人提著小火籠子
> 烘暖，夏天就把門打開，涼風必定從邊廂經過，把象徵著此地的虔誠
> 的烏沉檀香的香火帶到天上去。他們大部分都是談論著過去。縱使是
> 返復的，他們還是不厭其煩的陶醉在早前與貧苦掙扎的日子……。
>
> ——《小寡婦》，頁 19～20

當街上的名流人士決定利用清泉村的龍目井（水塘）建游泳池時，對阿盛伯而言，就像一個晴天霹靂；故事的焦點自此也集中於阿盛伯為保衛清泉村「地理」的一場掙扎。

阿盛伯認為「清泉村所以人傑地靈，都是因為這口龍目井的關係」，所以在村民大會上，他據此力爭，甚至引起人懷疑「在背後是不是有人唆使（他）這樣做」。他侃侃而談，倒頗有煽動力，連他的同夥之一都問他說：「老傢伙，是不是祖師公找你附身做童乩？」

不例外地，作者在塑造阿盛伯這個角色的時候，也借重面具這個謀略。阿盛伯開始保衛村子的地理後，甚至阻撓工地施工；他的行為很顯然與他的本我有著很大懸殊，而形成一種宗教性人格──反自我：

> 一種信念寄附在阿盛的軀殼使之人格化了的，無形中別人也會感到阿盛伯似乎裹著一層什麼不可侵犯的東西。以往那些俗氣在他的身上脫落，且和一般人形成崇高的距離；這在熟習阿盛伯的人，或和他認真談過話的人都有這種感覺。……忠於一種信念，整個人就向神的階段昇華。阿盛伯大概就是這種情形，已經走到人和神混雜的使徒過程。
>
> ──《小寡婦》，頁34

一如黃春明的其他角色，阿盛也是生活在夾縫裡。他之所以成為一個悲劇角色，實則因為他不明白現實對於個人的駕馭何其跋扈；過於眷戀個人的執著，致而與現實世界格格不入。所以他的行動一旦被孤立，他的反自我──宗教性人格──也告消匿。最後終於無助而絕望地溺水自絕，訴諸死亡來了結這一場掙扎。

雖然〈溺死一隻老貓〉的結尾，游泳池在阿盛出殯當天關閉一天，但是只要從旁人的反應來看，就可以窺出他們對於阿盛之死是如何冷漠。當出殯行列經過游泳池時，游泳池「四周的鐵絲網還是關不住清泉村的小孩偷進去戲水的如銀鈴笑聲」。正因如此，阿盛之死亦益加淒然。

　　黃春明的小說中，反抗、掙扎最強烈的只有阿盛伯一個。其他的角色則不斷地在自己落身的格式中理性化委曲求全，試圖臻至自我與反自我的妥協。最凸出的例子，當推〈看海的日子〉中的白梅。

　　白梅 14 歲就被養父出賣，淪為妓女。平常她一直害怕單獨到外面走動；身為妓女，身上似乎裹住了一層「半絕緣體」。養父的冥忌日，白梅回養母家去；車上一個男人遞給她香煙，還口出下流話挖苦她。那個男人說：「你當然不會認識我，但是我認識你呀！真想念啊！嗯！來一支吧。」白梅不禁想著：為什麼在外面，這些人還不能把她當一般人看待。她想，她要是一個普通人的身分，這一下子很有理由給他一記耳光；但是話說回來，她要是一個普通女人，他就不會這般無禮了。

　　妓女的身分影響了她的社會接觸，身上裹了一層半絕緣體！這不就是妓女被迫戴上的一種形而上之面具嗎？回想她和鶯鶯在桃園賣笑的時候，有一回挨了鴇母一頓奚落之後，立刻又擺起職業性的笑容，在門口朝過路的男人挑逗。情緒轉變之快，鶯鶯都自歎弗如。鶯鶯可憐她，躲在門後掉眼淚；梅子走過去輕輕罵了一聲：「傻瓜」。這一聲傻瓜充分肯定了在火坑打滾的女子的職業性自我，強迫的自我。為了褪除這個自我，就需要一個反自我來平衡。

　　　突然，她竟想起需要一個孩子……，只有自己的孩子的目光，對她才
　　不會冷漠欺視。只有自己的孩子，才能讓她在這世上擁有一點什麼。
　　只有自己的孩子，才能將希望寄托。

　　　　　　　　　　　　　　　　　　　　——《莎喲娜啦・再見》，頁 110

這個願望說穿了就是要還她良家婦女本色，好生為人賢母。至少對她目前的本我來說，這正是葉慈所謂的反自我，是一種渴望。

　　回到坑底生母家時，梅子是算準了自己已經害喜來的，她打算在那裡把孩子生下來。現在她不僅給坑底帶來好運，也帶來智慧。回家後第一件

事便是鋸掉她大哥的爛腿，還他信心與新生。接著，政府土地放領的消息傳來，「整個坑底人都認爲梅子的回來是一個吉兆，山坡地放領的運氣就是梅子帶來的。同時梅子對家裡的負責和孝行，再加上對村人的熱誠，她在坑底很受敬重」。她並且教村子裡的人說：「我們每天有這麼多的蕃薯能分成三天或四天運出去的話，可能價錢提高一點。」這些情況與往昔的境遇一對照，就構成了一幅冷暖人間的畫面。而梅子之受敬重也說明了梅子的「勝利」。

梅子急欲抱著孩子去看海，其動機是極爲簡單明顯的。梅子才上了車，一個女人立即過來扶她讓坐給她。她長了這麼大第一次經驗到周遭的人之友善。反自我的實現也使經驗感受前後迥異：「*曾經一直使她與這廣大人群隔絕的那張裹住她的半絕緣體，已經不存在了，現在她所看到的世界，並不是透過令她窒息的牢籠的格窗了*」（《莎喲娜啦·再見》，頁 154～155）。

這種勝利與其說是挺著赤裸裸的自我去反抗現實而來的，不如說是自理性化的妥協──自我與反自我的制衡──而來的。當然這其中的過程亦非易事；本篇中一段文字，描寫梅子臨盆的悸痛，非常象徵性而哲學化，正是這個過程最好的註腳：

> 她像一頭馱著笨重荷物的象，就在她向前走一步就能勾到的地方，有一串香蕉，她肚子很餓，她向前走一步想勾到食物，但食物也跟著向前一步，她連續的追著這一串香蕉，而香蕉始終和她保持那一步的距離，後來她明白這是一套奸計，然而她更努力的追著，她想她的意志和傻勁必定會獲得同情吧。梅子努力著，已經變得那麼微弱，她還是不放棄希望。
>
> ──《莎喲娜啦·再見》頁 150

關於在火坑裡打滾的女人之職業性面具，在〈小寡婦〉一篇被加以擴

充——鬧劇似的。〈小寡婦〉在布局上節奏甚爲分明，對於人物風態的刻繪亦相當有趣。露茜酒吧老闆決定改弦易轍，開了一次股東會議。老闆特地請了他一位老同學來充當顧問，營業對象以來臺度假的越戰美軍爲主。全篇氣氛至爲生動，作者先在名字上，有意無意地開了一個大玩笑。故事中的幾個股東，除了馬善行之外，均只呼姓不冠名。而馬善行這個名字，本身就是一個幌子。一個留洋的學人，撇開正經事不幹，而扮起酒吧的顧問、經理；他的「行」實看不出有什麼善可言！再說「小寡婦」的命名，也相當滑稽。馬善行表示：小寡婦就是要外表看起來像座冰山，內心實則爲一座火山。小寡婦的假身分，只是一種面具，外表佯裝冷靜自持、假冒貞節都只是故做作。小寡婦酒吧業務實際上也變本加厲。早先馬善行建議廢去吧檯，置屏風，好讓尋芳的客人暗尋春色。可是，「小寡婦」營業不久，馬善行發現這個花招不得不改變，於是決定將隔間的屏風去掉，恢復吧檯。原來吧女們著清宮祕史宮女服飾，也得改了：小姐的衣服，布扣一律改爲拉鏈或是套扣，一拉就開，很方便。如此一來，連「小寡婦」改弦易轍之初衷也成了幌子，比之它的前身露茜酒吧，只是換湯不換藥。

以情節進展而言，〈小寡婦〉可分三個段落，第一階段是開業前馬善行給吧女們所做的職前訓練；第二階段是「小寡婦」的小姐們上場的際遇；第三階段則敘述菲菲與美國大兵比利的一段姻緣。表意衝突的母題配合著三個段落的情節進展，相當周密。

一開始馬善行給小姐們做職前訓練，馬善行煞有介事的樣子，實在叫吧女們無以置信幹她們這一行的竟然需要這麼大的學問，逗得小姐們嗤笑不已。

> 有的人的絲巾竟派上用場，從腋肢窩拽下，就照教導下來的動作，輕輕地把笑出來的眼淚醮掉。馬善行看到眼裡，樂得直叫著說：
> 「桂香做得真像。」
>
> ——《小寡婦》，118 頁

馬善行一心一意要將她們塑造成「理想的」吧女準型（prototype），一舉一動都得演得像是煞有介事。吧女們這麼放浪的笑，一得意忘形，真態畢露；馬善行看在眼裡，滿意在心裡，似乎在強調說：「對了！像這樣來著——。」這種表演的行為動機在在顯示了面具的措施與意圖。馬善行心目中的吧女，總之，就是要會演戲，狡點的，半推半就地。例如，他告訴小姐們不要老纏著客人討酒喝，而應該說「喝多了酒會令人糊塗而失貞節」等，欲擒故縱，引君入甕。他向小姐們解釋說：

> 你們從現在起，就要扮演最不合乎時代，最落伍的中國婦女的一種，
> 小——寡——婦。這種小寡婦的特性是，外表上看起來是一座冰山，
> 其實裡面是火山。你們都要記住，你們都是婚後不久，正在享受美滿
> 婚姻生活的時候，不幸死了丈夫的小婦人。……就是在說你們的身
> 世，當然是假的。但是要做得好，你們一定要認為是真的。這一點你
> 們能做得到的話，以後你們都會變成電影明星，演到悲傷的時候，不
> 用眼藥水，你們也會真正流出感人的眼淚來。
>
> ——《小寡婦》，頁 120

　　馬善行所揭示的演戲動機已極為明顯。他要吧女戴上最職業性的面具，所以他要她們扮演他精心導演編製的小寡婦。「外表上看起來是一座冰山，其實裡面是一座火山」這一句話，很強烈地暗示了表意差距的母題。而小寡婦的身世「當然是假的」——一切都像在演戲要演得可以亂真。甚至當馬善行請來的三個外國朋友來考驗她們時，她們「有的看《紅樓夢》，《西廂記》，有的愁思，都是故做狀」（頁 122～123）。

　　描寫吧女實際上場的際遇時，焦點擺在菲菲與比利的關係。菲菲攜了比利回到酒吧為小姐租的營業住所（公寓）時，比利已爛醉如泥躺在床上。菲菲緊偎在他身邊，心中撩起往日與一位美國大兵喬治的際遇。那一回菲菲本來想告假回去照顧自己正在發高燒的小孩，馬達母堅持她留下來

陪喬治。喬治卻狠狠地訓了她一頓，說像他那麼一表人材，那怕沒女人消受。菲菲心裡想，說的也是。這時候她心裡立刻將喬治和比利比較了一番。她想：喬治帥是帥，畢竟比不上比利。然而比利躺在牀上，睡得那麼安祥，連菲菲也意外的感到自己心裡一片寧靜──寧靜得「使菲菲覺得太清醒不安，有一點不知道做什麼好？」菲菲她自己也不知道為什麼對這個美國少年會懷有一種呵護的心理。從比利聯想到以前的喬治實在有點牽強造作：那一晚，菲菲為了自己兒子發燒，急於想告假回去看看他；經馬達母一說竟沒走成，反而陪著喬治睡覺去。作者只解釋說，菲菲這麼做，也許是由於「對美少年的一種寄盼，希望能得到一點什麼」。那晚對喬治的寄盼失望了，盼望的溫存沒得到。今晚這種寄盼又回來了。

　　談到這個寄盼，作者描寫說：

> 這麼一想，她真的要像馬經理說的那樣，揩揩油，消磨消磨他了。她覺得真的要為自己做一點娛樂而喜悅起來。大概要提高自己的一點什麼時，就必須對即將和自己達成一種關係的東西，或是一個人，把他奢侈化罷，她覺得單單讓比利，好好躺在床上休息還不夠，連忙去揉一條毛巾，是她自己用的毛巾，很細心的替熟睡的比利擦臉，把他的頭髮往後攏，擦他高高的額頭，順著眉毛的劍脈，左右梳擦，輕輕的抹他的鼻子，她越覺得比利的好看。

──《小寡婦》，頁 201

讀者細讀這一段文字，不難發現菲菲的細膩動作，流露出來的是自然而溫柔的關切，已經不像是她的初衷了。讀者不免懷疑，菲菲這樣做是否真在「揩油」？她用自己的毛巾為比利揩臉，愈端詳他，愈覺得好看。這一連串細膩動作的描寫，以菲菲的心理印象而結束，而菲菲的自然情慾也給勾勒出來，表意的衝突不言而喻。雖然她的初衷是在揩油，是在實現上回與喬治那一段「拖欠的寄盼」，實際上的動作卻流露出一種溫馨的真愛了。

　　菲菲與比利的關係之發展，作者仍以這個面具的母題來表現。第二天，同遊指南宮的時候，菲菲買了一只香火袋許了願，送給比利。「願我們的神，也能保佑你，」她說。吧女畢竟是女人，職業性的面具焉能掩飾真情的流露與情感的聯繫？

　　　她有點羞怯的拿出一個紅色的小香火說：「我這個願望就在這裡面了。要是肯接受這個東西，我會很高興。」

　　　　　　　　　　　　　　　　　　　　　　——《小寡婦》，頁 207

　　菲菲現在的一舉一動已完全褪去了職業性的姿態，換言之，表（面具）的虛飾已瓦解，而自我的真「意」也流露無遺。

　　另一方面，比利也感覺到這份情愫的溝通：

　　　從昨晚一直到現在，他始終說不出被一層溫暖的東西包圍著，想了想，不就是菲菲的體貼的安慰嗎？

　　　　　　　　　　　　　　　　　　　　　　——《小寡婦》，頁 207

所以比利說香火袋裡包的是菲菲的心。

　　比利再回來看菲菲時，已經歷過一場大災變。他的同伴都死於戰場，唯比利倖免，只斷了一臂。重逢的當晚，菲菲顧不得坐檯子，與比利叫了計程車直驅她的住處。不用說上回那種微妙的虛榮心，那種對美少年的寄盼已不復存在；取而代之的只是兩顆坦誠真摯的心靈的交會——男歡女愛了。就故事的發展而言，從馬善行教她們的那一套矯飾而至真誠的迸發，又再一次證明了黃春明小說人物的表意差距。

　　〈莎喲娜啦·再見〉一篇是黃春明運用表意差距母題最傑出的一個例證。故事一開始，敘述者就說：

想想這兩天來的行徑，竟為了幹兩件罪惡勾當，心裡還禁不住沾沾自
喜。

一件事，帶七個日本人去嫖我們的女同胞。

一件是，我在這七個日本人和一位中國的年輕人之間，搭了一座偽
橋，也就是說撒了天大的謊。

　　　　　　　　　　　　　——《莎喲娜啦·再見》，頁 157

敘述者一開始便擺明了姿態，對於自己撒的謊，與自己所搭的偽橋沾沾自
喜。他一點也不諱言他是戴了面具，而且對自己的面具以及它所收到的效
果相當自豪。

　　老闆一聲交代，令敘述者黃君不知所措。歷史的經驗，教他手心底就
厭惡日本人；最不可理喻的是，他竟然得陪這七個日本客戶去嫖自己的女
同胞。雖則內心裡面一萬個不願意，可是想到一家人等著他養，又沒有勇
氣一走了之。黃君也像黃春明的其他小說人物一樣，為了現實生活而不得
不戴上保護性的面具：

在我個人的意識中，根深蒂固的這般，是我無法拔除的。然而，現在
在「形式上」，不但不能仇視日本人，總經理還說要我帶他們到礁溪
溫泉，好好招待他們。

　　　　　　　　——《莎喲娜啦·再見》，頁 161；引號係筆者自加

「形式上」黃君必須如此做；他的「形式」是一種保護性的措施。接著，
他立刻將自己的立場與妓女的處境相提並論，而加以理性化：

以我所知道，那些女人沒有一個是自甘墮落的，她們都是環境所迫，
為整個家庭犧牲。我去幹拉皮條，叫（教？）她們怎麼向日本人敲竹
槓。

——《莎喲娜啦‧再見》，頁 163

他自己知道，這個面具已經成了一個報復性的面具，可是仍然於心不安，
盡力為自己安排下臺階。他探問同事的口風，問他們，要是這勾當落在他
們頭上幹不幹？他們都尚未正面表示以前，黃君就把握機會說：

> 「不會錯吧，沒人敢拒絕對不對？」面對他們有點僵化了的笑臉，我
> 第一次很清楚的意識到自己是多麼地狡猾。
> ——《莎喲娜啦‧再見》，頁 164～165

黃君陪著日本人，一路上談笑風生，連日本人都折服於他的精明。然而從
底下這一段文字，讀者不難發現黃君所面臨的心理困境：

> 他媽的，他媽的……，我心裡雖這樣叫罵，但臉上還是嘻嘻哈哈地做
> 樣子給他們看。我很清楚的意識到，我將近十年來，在商業社會的工
> 作場所，染上了自己一向看不起的習氣。然而這種由社會形態影響個
> 人的習氣，竟然和自然界生物，求生存的本能偽裝、保護色、警戒
> 色、模擬等等是一樣的。
> ——《莎喲娜啦‧再見》，頁 169

這裡所說的正是高夫曼教授指出來的：一個人「想」要呈現的行為表現與
他「實際上」呈現出來的外著行為之差距。心裡雖然竭力想把日本人數落
一番，可是臉上的表情卻背道而馳，莫名其妙地嘻皮笑臉。然後，他又理
性化說，這幾乎是商場上的一種定型反應（stock response）。由於表演與
印象的誤差，愈使這個面具牢不可褪：

> 我頓時覺得他們非常非常醜陋。但是我臉上的表情，一定還是那幅

（副？）笑容，不然他們不會那麼放浪。可怕的是，我臉上的那一幅
表情，已經不用下意識去裝出來。

——《莎喲娜啦・再見》，頁 173

這個面具，已成了目前他人格的一部分，甚至連他自己對它的評語都很曖
昧，蘊含著洋洋自得的感受：「要不是我有小丑那一套內外融而不為一的
功夫，我承受不了這種交戰的痛苦」（頁 189）。「內外融而不為一」一語
耐人尋味，內外融當指行為動機與驅迫而言，不為一則指行為表現與印象
的誤差而言。

　　翌日，回臺北車上，他們碰上一位從頭城上車來的臺大中文系四年級
學生。陳姓學生向他表示想去日本學中國文學，很想從日本人那裡知道一
些什麼。黃君心裡更是一陣莫名其妙的不滿，於是存心整一整這個青年
人。經過他的翻譯，日本人成了大學教授，而陳姓學生成了一個愛國青年
（黃君的化身）；一問一答全是由黃君自撰出來的，翻譯者的幌子成了他
的一個很奇妙的面具——不僅是道地的報復性面具，而且使黃君注入了自
我的人格，成了一隻雙面利刃，兩面開攻。

　　假陳姓學生之身分，黃君痛快地發抒了歷史經驗教他的意識，趁機撻
伐了這些曾經親歷日本軍閥侵華戰爭的人。反之，假日本人的口吻，他狠
狠地訓了這位學生的本末倒置、數典忘祖。黃君利用這個面具最凸出處
是：當這位學生坦白說沒去過故宮博物院，黃君先假日本教授口吻訓他一
頓，然後又安慰他說：「遇到像這樣關心中國的外國人，你應該騙他說你
到過故宮。如果你這麼說了，覺得不好意思的話，以後再跑去故宮看看不
就得了。」這裡雖然用了「騙」字，但這種掩飾就像黃春明人物的面具一
樣，是權宜之計，是有不得已之苦衷，是一種強迫行為。本篇小說中，面
具與表意誤差的運用，不但將敘述者黃君的人性勾勒得入木三分，而且也
給予作者極大的彈性，對事態提出他的價值評判，堪稱最成功的佳作。

　　表意衝突的母題，文學作品中屢見不鮮。黃春明的小說涉及這個母題

的尚有〈魚〉、〈小琪的那一頂帽子〉，本文中從略，因爲本文所謂的表意衝突是指建立在面具這個設計之上的——不論是實際上的裝腔作勢或是像葉慈所謂的反自我。質言之，是指建立在行爲表現與印象之差距上的衝突。黃春明所描寫的人多是「卑微的、委屈的、愚昧的」小人物，雖然他們也像白先勇筆下的人物一樣，被擺在一個新、舊時代的夾縫裡，但是他們絕不是「舊時王謝」。黃春明的人物不是曾歷經京華煙雲的人；他們只是一代一代活下去的小民。儘管面臨著現實的種種挫折，他們仍極力維持作爲一個人所應保有的最低限度之尊嚴，黃春明賦與他們的面具則加深了爲生命尊嚴而掙扎的衝突張力。

——1977 年 9 月《中華文化復興月刊》第 10 卷第 9 期

——選自蔡源煌《寂寞的結》

臺北：聯經出版公司，1978 年 8 月

從黃春明小說藝術論其作品的浪漫精神

◎樂蘅軍*

　　由於人類的生存越來越艱繁，現實問題越來越迫切，人們對表現人生的文學，早就不再採取無可無不可的態度，而明確地，並且幾乎一貫地要強調它的寫實性，以為非此不足為文學濟世的人用；假如讓文學作品任意馳離民生實情，悠遊於個人曖昧的想像中，那無寧是對文學的冒瀆，是作家良知的虛脫。尤其是在近代中國的遭遇下，感時憂國情懷支配了中國知識分子的意識形態，於是文學不但必須寫實，甚至應該是更具普泛性的社會寫實。事實上也是如此，只要稍具嚴肅感的作家，大多是注視著這個艱巨中的現實來寫作的，即使並不是以社會意識為主題的作品，至少也仍然以寫實的藝術來表現，期使作品盡量維繫在現實社會這一個大根幹上，而不致游離出自己的時代，我們要討論的黃春明作品大致也不出此例。但是另一方面，我們當然也知道，寫實，以及社會寫實，都只是文學表現的一端，自從近代理性主義啟蒙以來，寫實雖然幾乎籠蓋了一切文學的表現，但是究其實，文學並不是永遠，或全部受理性寫實指導的；因為文學究竟不同於人類其他的實際事務，文學所關心的，不止是已然的現實世界，並且是應然的或意想的內在世界。文學的義務，不是如永遠定點在地面的一隻紙鳶，只能在俯視現實的空間翱翔。文學的燭照，其實常常會穿越過芸芸眾生的街頭實景，刺透到現實的雲霧上端；在那裡，人物和景象不再規行矩步地符合實際寫真的尺度，因而也就從純粹現實性中解脫出來，獲得

*發表文章時為臺灣大學中國文學系教授，現為臺灣大學中國文學系退休教授。

更高的喻說性（或說是象徵性），可以在現實層之外自由深廣地透視人生，傳達內裡的幽微，這一種的文學表現，自然不是一味憑恃純粹客觀寫實所能盡其事的了。何況現代人生，因為建立在理性信仰上的一切舊有屏障動搖傾壞，新事物紛至沓來，促使人類再度真誠的自覺，因而體察到人類存在的矛盾紛擾中，那務使一切事物都要條理就範的理智，已經不能絕對安撫人們危殆的內心，也不足以描繪那些迷亂的景象，當然因此也就沒有必要，要求文學必須遵守理性的客觀精神循著寫實的窄徑寫作。換句話，如果一個作家更專注在人們內心對世界的反應，那麼，他可能需要非客觀寫實的寫作觀；也許荒唐無稽，也許誇誕扭曲，至少是，它和現實景象不能全部若合符節，而且也無需把他的故事情節拿到實際生活中一一加以實驗。對這樣的作家來說，最重大的工作，就不是努力使他所寫的每一細節都是寫真式的，或者即使有時筆法在寫真，而意趣所在，卻並不是在給社會事實或現實人物尋找出一個一般性的代表典型來，而無寧說，這種作家真正尋找的仍是他自己的語言，以此而寫他自己深感興味的故事和想像的人物——從這裡，我們又不妨進一步想到「作品是作家個性的發現」這樣的說法，是很可以接受和揣摩的，在這句話的提攝下，所謂客觀的人生寫實和社會寫實就受到了很大的限制。如果完全排除作家的氣稟個性，一部人生寫實或社會寫實的作品，將只是人生或社會現象和作者才能之間的交涉結果，而作者個人人格則不關其情，然而這是不可能的，這是永不可能出現的文學現象。縱使是智性強固情緒斂抑的作家，作者的個性還是會轉賦給作品，讓它藏臥在作品的內層；至於感性強烈，偏愛訴諸情緒和主觀的作家，作品真可說就是作家內在心理的與道德的人格的直接完成；在這種個人探索下，雖然作家對他的時代，他的社會，仍然關心，而且無法不血肉相連，可是這些關心和關聯只能從他的素材上表現若干，然而他終究不會以探討社會生活的意識來處理他的題材的。一個非以反映現實社會為旨趣的作家，假托現實題材和手法來表現他內心的意念，就好像舟楫藉水流航行一樣，二者之間只是所載之物和載浮之器用的關係，或者簡說

是體用的關係；而當現實的材料已轉化成像載浮舟楫的水流一樣的事物時，我們只看到那一片觸入眼簾的水，而忘掉了去觀看水上的舟，那我們對作品自然就會喪失方向感了。總之，主觀意識強烈的作家是大會說出「世界是我的表象」這種話來的，那麼我們就不能只看表象，而不從表象去認識內在的志意。而如此的一個作家，似乎只能用他的個人內在人格意念向他的存在負責任，並以這種存在和他的外界產生意義，至於從社會整體存在的問題上說話，或者單描寫人們外在生活的環境，可能就不具多大的意義了。

因此像這樣，一個文學的心靈是可以不蘄其必然寫實的。在某種角度下，黃春明的小說也便是從這非現實精神下著筆的。雖然黃春明小說自始至終植根於泥土家園的精神，逼真寫實的手法，以及另一方面對人們現存問題的關切描述，向來都被評論為是鄉土寫實的作家，和時代病癥的批判者；不過假如我們讀者對文學作品的要求，並不認定群體性生存意義必然重要過於個人性的話，那麼也就不妨來討論黃春明作品所涵具的個人氣質。其實只要我們放開一些理念的干擾，讀黃春明小說，自然會得到一個鮮明的感應，那就是作品中充滿了縱情於個人意想的浪漫精神。甚至作者有時為了讓他浪漫的心性恣意滿足，而不惜造成小說的不平衡，有時情節輕重不成比例，或者人物行為突然間變得誇大無理，而使讀者感覺唐突，乃至於在嚴苛的要求下，可能批評他是一個偽寫實者。不錯，讀黃春明小說，很給人一種現代新傳奇的味道，他的故事和人物在和現實人生來對照時，都膨脹到逸出了原有的實際格式，而作品中主觀意識支配之強烈，使情節往往像一個傳奇故事那樣有種虛構的完滿，看起來作者雖常讓理性的力量勝利，而事實只是借用理性莊嚴的袍服，來遮護那一顆不受現實羈束的、充滿感性的幻覺心靈而已。總之，黃春明在運用現實題材時，固然像一個寫實者那樣認真，可是他在現實景象之上浮現的異樣情調，卻是一種縱情自我和追求極致的浪漫精神。

這一種縱情和極致的浪漫精神，從最淺近的地方看來，首先可以提到

他的語言和敘事風格的夸示,譬如在〈兒子的大玩偶〉、〈看海的日子〉、〈鑼〉等篇對人物心理的描寫中,我們就常讀到感性濃厚、情緒滿溢的文字,使人深感作者被爭奇夸勝的浪漫心情所控馭,而不能有所抑制。讀者如果是讀慣了寫實的,或比較含蓄節制,富於古典意趣的作品,對這種夸豔的文字,多少會感到不耐的,然而黃春明幾乎慣用著這情感外揚的語言,把故事人物的內心,展露到最大的極限,所以他的人物永遠像浪漫舞臺上的獨白者。而且,不單是語言質量上的夸示,在敘述故事的篇幅和樣式上,也是時常採取迤邐蔓延的姿勢,以譬喻的詞說,是以騷賦體、或史詩體來寫小說的。而以鋪排的或詠歎的筆調寫短篇故事,當然是一種格局上的夸飾,因而是接近浪漫精神的。

譬如他的中短篇力作〈鑼〉,幾乎是一篇現代人的騷賦,完全用鋪寫夾雜著詠歎的筆調、不厭其詳地摩寫主人翁屢仆屢進的內心孤獨的追求,是一個近於史詩式的歷程。〈看海的日子〉對梅子的奮鬥是一程一程詠述出來的,也接近敘事詩,而不接近戲劇。〈溺死一隻老貓〉有強烈的動作,似乎是戲劇的,然而全篇要趣,還是在強調阿盛伯那一個新傳奇英雄的奮力過程,而不在衝突(或事件)的解決。〈兒子的大玩偶〉,一如〈溺死一隻老貓〉,雖然把故事精采的決定點,放在最後剎那間人物的衝刺行為,但是差不多占滿了全文的坤樹背廣告牌在街頭的踽踽漫遊,也仍然是一個屈原式的或尤里西斯式的靈魂的長期流浪。至於〈青番公的故事〉和〈甘庚伯的黃昏〉,作者在隨想式的敘事上,已經強調著它們真正的目的不是在傳說一個「故事」(雖然兩篇都各含有一個完整的人生事件),而是把他們放在那偉大無垠的土地背景上,將這兩個老人面對各自命運的心情,一層層地好整以暇地鋪敘和形容出來。當然,有時黃春明也用最經濟有效的戲劇的方式處理故事情節,然而即使在這樣的篇章中,作者仍舊不能全然忘情他的詠歎或鋪敘的調子,譬如〈兩個油漆匠〉,完全用戲劇表現法的對話來推展情節,而其中卻時而出現閒筆式的抒情詠歎,因為阿力和猴子在高架和陽臺頂上的長篇對話,大部分和情節本身沒有直

接關係，只是兩人心情的表白而已。而在短篇小說追求經濟效用的藝術觀下，一些不是負載了實際功用的文字當然是閒散文字，只有在帶著浪漫的心情下，才會寫出的。

再進一步看，黃春明小說中鋪敘的體式，其內在結構的情況。第一、它常常是與因果邏輯的敘事體不相涉的，黃春明很少在這一客觀條件的嚴謹控制下演述故事（依因果安排小說情節，可說是一個很通行的結構形態），而幾乎都是主體自由選擇式的敘事──這意思可分兩種情形說，一是小說情節的運轉，事件的呈現，完全是以角色自己選擇的行為為引導，而不受制於外界因果律的支配，〈鑼〉、〈溺死一隻老貓〉、〈看海的日子〉、〈阿屘與警察〉、〈兩個油漆匠〉，甚至〈莎喲娜啦‧再見〉，也都是以人物意志和意識為情節的動力，而不是被外界事件引導發展的。另一意思是，黃春明相當偏用一種敘事觀點和敘事格式，除了極少數例外，通常他都是通過小說中主角，以自由聯想或自由對話方式將故事的底細逐一表露出來（自由聯想是無聲的意識流動，自由對談是形之於聲的意識流動，譬如〈甘庚伯的黃昏〉，作者安排一個瘋啞和稚童為導具，讓甘庚伯把內在意識流動聲音化），〈青番公的故事〉、〈甘庚伯的黃昏〉、〈魚〉、〈小琪的那一頂帽子〉、〈兒子的大玩偶〉、〈兩個油漆匠〉、〈鑼〉，如果除掉了這些篇中的自由聯想，或自由對話，就根本找不到故事的脈絡，因為，作品的整個靈魂和整個主幹，也就在這些自由聯想與對話上面。而自由聯想和對話，無論如何都是相當鬆散的一個形式，除了暗示的作用以外，實在可以說並不是什麼情節；如果我們以佛斯特的「情節是因果事件」這一觀念來衡量的話，黃春明的作品大多是抒情描述，而沒有精嚴的情節結構的。

既然黃春明不重視因果情節結構，又不常用戲劇的客觀呈現法，而單強調角色本身的意識活動，視它為小說的內在動力，從這些特性看來，我們說作者所反映出來的實在便是一種不介意現實的態度，因為作者並不以現實為一個絕對的實在體，必要通過它的樣式來表現人生；他寧可選擇人

物，從某個人物的內心出發，讓這個人物自由地展現他生存的意志。於是我們現在可以做一個簡單的結論，就是：這一切顯示出作者黃春明有超出某種限制的傾向，強調說，就是要在一個最大的極限、或說更大的自由下來寫作，只有在這最大自由下寫作，作者在他的作品中才能完全表現生命的意義和價值。這使我們想到，如果文學不止於是技藝，而是近乎道的活動，那麼這活動的方式自然就不能不反映作者的內在精神結構和風格的。

　　因為作者傾向於在最大的自由心情下寫作，我們同時就可以看到黃春明極少把故事活動的空間拘圍在一個屋頂之下，甚至也不是從一個屋頂到另外一個屋頂下，像某一類型作家所為，譬如城市生活的寫實作家，他們有很稠密的人事需要處理，而又為經濟手法所規約，所以故事大多只能發生在屋頂下，或人工的風景裡，譬如近在咫尺的街頭、或公園樣的地方；但是黃春明則不然，他常將故事投放到一個頗大的視境，而且經常更是自然界的視境。當然在某一方面說黃春明還是具有相當現實感的，或者借廚川白村的話說，經過自然主義「修練時代」的新浪漫主義是具有現實感和科學觀察的，黃春明就是近似於這樣的「新浪漫主義者」，因此他在作品裡的自然景象的設境，究竟不會是遠離塵世杳冥幽僻的自然，黃春明的自然視境還是適宜人類居處的，譬如一望無垠的嫵媚田園、荒涼的山徑農家、海濱翻浪的漁港、野田無人的荒郊，總之它的空間很開闊，而設景很自然，好像是在這種比較廣大的空間之下，他的故事人物才保其本色的純一，不受過多因素干擾，而可以貫徹其天性生活。譬如老甘庚伯不怒不怨的心性，絕不是在逼窄的一個屋頂下所可獲得的，而老甘庚伯則幾乎是幕天席地生活著；他之自然地承受命運的惡劣，正好像那片種植花生的土地，也得忍受著雜草叢生的荒蕪一樣。因此當老甘庚伯走在夕陽暉照的大片田地上，帶著微笑和他的因為恐戰症而瘋啞了廿幾年的獨生兒子，從容談說的時候，那就並不令人有驚訝荒謬之感。在一望無垠的廣袤大地上，人類的一切行為都自然地被溶入那偉大的背景裡，而超脫了人類小我的感受，乃近於無悲無苦，至少是可以遣忘悲苦；而命運也自然地化去了它的

敵意，成爲人生之所當然。所以甘庚伯的命運和心情在小說的自然視境中，完全是內外相融、主客合爲一體的。（作者最後有極用心的意象描繪：「地平線被夕陽的著點熔了一個火亮的缺口……可是阿輝一跳上小徑想趕上他們的時候，筆直的小徑正巧對著落日，前面兩個黑影子的蠕動，卻一瞬間遁失在地平線上那火亮的缺口裡面去了。」）

當角色生活在自然視境的遼闊中，就比較可以保持心性的原始，而接近宇宙大地。青番公日夕親近田原，像一個守護使一樣遊息在一片海洋般廣大而沙沙作響的稻稞間，所以他可以和田地暗通訊息，熟悉自然的靈魂，因此才能在四周文明巨變下，仍舊保留著對田園古老而傳統的信念。甚至於被要求繼續這個神聖信念的孩子阿明竟因此而披上宗教性光彩：「火紅的陽光從活動的濕濕的車葉反映過後，阿明像被罩在燃燒著的火稻中，而不受損傷的宗教畫裡的人物」。作者透過自然視境似乎要啓示我們，人類對大地和田園所持執的宗教式崇敬感情，始可以使人類永恆地存在在它裡面。就是這樣，自然視境在黃春明的小說裡，提供了角色的生活場所，生存信念，並且莊嚴化了他們的存在。譬如短小之作〈魚〉，小孩阿蒼，經過長遠的辛苦終於爲老祖父買回來了一條鰹仔魚，卻掉在山路上，被卡車輾成了一張魚的圖案，因而跟老祖父有一場激烈的爭執，故事煞尾時，阿蒼嘶聲地喊：「我真的買魚回來了！」只聽夜晚的山谷，把這句話在大氣中遠遠地回響過來，彷彿那是個巨人在吶喊一般。作者竟用這樣浪漫的心情誇張了小孩阿蒼的精神性崇高，而其所以能致此妙用者，實在也唯有借著自然的廣大才能奏成其功的。

因此遼闊廣大的自然視境在黃春明作品中，並非是一個簡單的題材背景，它還是作品境界的著落處，並且是一個實質的具有力量的事物，是成爲一個元素存在於黃春明的作品裡的。自然視境以它本身的生動廣大，鼓勵了人們，使人從它那裡面吸取生命活力。譬如〈看海的日子〉中，當白梅從討海人阿榕那裡得到身孕以後，她很自然地回到她的老家坑底，一個幾乎保持著原始風味的農村，去養育她的新生子，去平撫她那長期做賣春

婦的羞辱和創痛，並且要贏取做人的尊嚴和信心；而坑底這表徵著相對於殘破文明的原始自然，以及和坑底地方一樣質樸渾沌的村人，幫助梅子得到了她所渴望的一切。雖然〈看海的日子〉實在寫得傳奇性了一點，可是這篇小說既然不是寫實之作，而只是一則彷彿鄉野傳奇樣的天真故事，姑妄聽之可也就不甚傷其大雅了。

　　對於在作品中投入自然視境，黃春明的興趣始終不減，但不一定都給予大篇幅的文字描述，有時是把它象徵爲一個簡潔的事物，譬如〈溺死一隻老貓〉中的老榕樹，以及一群前代遺老們所護戰的那一口龍目井。單說龍目井，它是一村人傑地靈風水之所繫，也是一口自然的天泉，神聖而不可侵犯。「大風颱那一年，不知誰丟一綑稻草在井裡，結果我們整村的大大小小都眼痛，幸虧那一次丟的是稻草，要是撒一把刺球子清泉人都死光了。」龍目井的不可犯就是清泉村純樸的象徵，也是聯繫人和自然共存關係的象徵，挖掉了龍目井，傷了清泉村的地理，就等於破壞了純樸自然的本身，也破壞了人生存的依賴；保護龍目井不受侵犯，就是保護自然的神聖不受侵犯。於是護井運動便非常複雜地象徵意義起來。就某一方面說，阿盛伯這一群當然是保護鄉土素樸文化和歷史的義勇軍，然而同時，比祖師廟的榕樹歲月還要長久的阿盛伯們，在鄉土之外，還代表著鄉土文化所植根的廣大深遠的自然與人類密不可分的關係。試看阿盛伯他們曾眼看著老榕樹在祖師廟上造成陰陽變化（蓋廟瓦半爲樹蔭籠蓋，日久生苔，而有紅綠之分界也），他們常年群聚在榕樹斑駁老蔭下的生活，已經有了在這兒的歷史和他們的掌故（譬如痔瘡石的故事）；當他們聽著熟透的榕樹子波答波答地落下來，而打著瞌睡時，阿盛伯們不但是這兒的居民，並且幾乎是和老榕樹這自然的景物融爲一體的存在。好像《山海經》裡，那些傳說的神話人物和四周山陵川谷合爲一體的構圖一樣，有著古老的自然趣味。因此他們所代表的身分，就不單是當年興建祖師廟的鄉土文化的先驅者和歷史傳統保護者，並且又是說明人不從自然的淳樸那裡背叛的歷史悠久的見證人。他們熱愛鄉里的感情固已是浪漫的，而他們依戀那悠久的自

然之心情，更是超於言說的那樣幽祕而深邃，所以阿盛伯在護井奮鬥中，獲得一種神祕而原始的勇氣和熱情。作者說他忠於一種信念，而走到人神混雜的使徒過程，這個所忠的信念，應該是透過鄉土之情而復遙繫於自然之中的。

　　不幸文明的侵蝕，自然一天天退遠，阿盛伯終於在「溺死一隻老貓」的嘲諷下，滅頂在他所反對的游泳池裡。當然，〈溺死一隻老貓〉未必是浪漫主義者的最後輓歌，不過作家黃春明確實逐漸地走向城市，而有〈蘋果的滋味〉、〈莎喲娜啦·再見〉、〈小寡婦〉等城市的諷刺之作，在這些篇裡，作者固然時而還流露出一個疲倦的浪漫主義者殘剩的感傷，可是那究竟已遠離了生活於自然背景下的天真爛漫的浪漫精神。但是話說回來，對作家黃春明而言，浪漫的心情既是天賦之質，這透過大自然而呈露給浪漫者心靈的召喚，是時起時伏的。當黃春明不再能像在青番公、老甘庚、阿盛伯、白梅、阿蒼這些單純的人物故事中大量沉浸於自然時，自然的景象就成為人物隱約尋求的事物，一種真正的鄉愁的影子；它們在作品中不一定很顯明重要，以彷彿是潛意識偶然的接觸，然而其實卻已經過作者加意的安排，也就是非常地賦予了象徵的意味。譬如〈小琪的那一頂帽子〉，為找職業所困的王武雄在自嘲的心情下，無奈地接受了推銷日本快鍋的工作而來到濱海小鎮，可是工作毫無進展，王武雄感到生活的荒謬無聊而可笑。在這時他每天黃昏跑到漁港船頭抽煙看落日，「奇怪的是，現在躺在床鋪上，單單想起抽煙看落日的情形，竟然像我離開了這個地方很遠，還隔了一段很久的時間似的，回味著那些經過記憶過濾後透澈的印象。」就在這心境下，王武雄開始回憶他剛來小鎮時認識一個美到令他吃驚而至於哀傷的小女孩小琪，這個小琪後來使王武雄遭受了一件最痛苦的經歷，但也使他在直接面對生活的殘破、痛苦、難堪中（作者用王武雄揭開小琪帽子而看到了「幾乎只剩頭蓋骨的東西」一幕來象徵），拋開了對人生多少有點置身於外的嘲笑的態度，而決心做一個天真的救世軍一樣的角色。這些情節在故事中當然有它實際的事件來演述，和漁港看落日並沒

有直接因果關聯，不過作者卻是由落日的景象帶引出故事的重大消息的。作者把王武雄這個角色放在觀賞落日的情景裡描寫他，而讓我們了解他是怎樣的一個人，（「林再發說我像詩人，看到落日還會讚美一番。」）而且，在人們爲現實生活所困頓之中，落日的自然景象，復甦了人內在的生活活力，但這當然也唯有內心懷著近於浪漫氣質的人才能夠有所領會（林再發「看落日時，則心裡還在掛慮著快鍋一隻都沒賣出去」）。羅曼羅蘭寫《約翰克利斯朵夫》有一次正心情苦悶時，又被一個木匠敲敲打打的工作聲所困擾，他忍無可忍地跑出去，跑到一大片綠草地上，在那草茵上浮雲下，他終於治療了他那像困獸一樣粗野的憤怒，而恢復了對世界的樂觀和友善。人們從自然那裡重獲生命的活力和悟解，本是一件極簡單極自然而且原始的事情。至於托爾斯泰在《安娜卡列尼娜》中，讓列文完全從大自然的田地上重新建立起人生存的信心，則是對自然啓示抱持著更大野心的。在一些偉大的懷著浪漫精神，來肯定人生理想之真實的作家作品中，自然永遠有它象徵的和實質的意義，而不至於僅僅是抒情之文。

在〈鑼〉裡面，憨欽仔，這幾乎是只由自然像對待蟲豸一般餵養著的流浪漢，他被更進一步地要生活在文明社會的慾望所折磨，因而有一次他受引誘去做了一件壞事，他照著風格所說，拿一支掃把敲打棺材店的空棺，希望招出某個人的死亡，然後幾天餓肚子的問題既可解決，而尤其是在那群羅漢腳的集團中，憨欽仔可以獲得一席尊嚴而光彩的地位，但是可憐憨欽仔內心本來就有的真正尊嚴，使他自我防衛的能力很脆弱，他渴求清白良知的道德心，和殺了人的犯罪感，做著殊死戰。在他寄身的黑沉沉的防空洞裡，憨欽仔煎熬著，等待著從一支煙囪做的透氣孔中，窺看浮過藍天的一顆銀星，因那就表示黎明的將來臨，而黎明之前沒有公雞啼，根據習俗信仰就不會有死亡的報導，這也就可以證明憨欽仔敲打棺材的舉動是無罪的。在昏沉的苦熬中，最後他終於看到了那顆銀星，被慎重地托在透氣孔裁剪的圓碟形的黎明透藍的天空上，憨欽仔幸福地對著它微笑。憨欽仔苦痛靈魂的得救，這樣神祕的經由自然天象昭示曉喻著。這樣看來，

即使生活得像憨欽仔如此襤褸卑微，破敗不堪的人，他的心卻在最重要的時刻裡仰望著自然的星辰，向祂呼救。人需要依靠著自然所寓示的意義，來鼓舞他的生存，這種想像而超遠的浪漫思想，應是黃春明所信的；雖然他在〈鑼〉裡的寫作主題，並不是在宣揚這個真理，可是對於他自己這樣苦心經營起來的攸關要旨的一幕場景中的象徵事物，作者對它（自然星辰）的根源意義，是首先要付出認同的，黃春明在這裡，至少認同了一個來自自然的星辰意象對他作品思想的重要性。

〈鑼〉裡面的藍天銀星，化自然視境為一個極精萃的象徵，好像已經不是單談它的自然景象而可以盡意的了，也好像該把它當文學的象徵符號來談，而不必談自然本身。然而我們也知道，自然在人類浪漫思想中的涵義，向來是頗多進展的，自然可以是浪漫者所單純喜愛的生活環境，然後成為詩人的仙鄉夢境；自然也可以是人們所採用的一個簡樸生存方式，然後成為人生命的本真；自然也可以謳歌為一切有生的來源，然後成為神祕的宇宙之天命，或人類靈魂尋求的終極——總之，當自然成為某一抽象事物時，它還是和「自然」的本意有根深蒂固的關係，而且和「自然」的更深層接筍。無論黃春明作品裡的自然視境是如何的廣幅，或僅僅是單一的景象，也無論是人物活動的空間，或涵具象徵意義的事物，「自然」對黃春明的作品是有意義的。因為它們並非如表面所見的只是鄉土故事後面的大布景，也絕不是寫實作家所作那樣，只是人物心理的襯景，或情節運用上的搭配道具，而是自造意境的實體存在。而黃春明對這自然本身和它所象喻的意義應是深感興趣的。因而雖然黃春明被稱為一個熱愛鄉土的作家，而非謳歌自然的作家，但是我們仍然要說，自然視境給予黃春明作品一種氣質，這個氣質是趨向於浪漫精神的。因為「自然」不是人事，沒有什麼既定的規範，在自然裡，人類精神允許自由的伸張，可以脫出現實的羈束，使人性向更崇高處解放；自然的深邃不測，富於神祕的暗示，鼓勵人從事玄想的創造；尤其是自然的偉大無窮，遠超於人類的有限性，而可誘導人類寄託高遠完善的理想，在這些喻義下，自然是浪漫的。具有反抗

現實的浪漫精神的作家，自然地常會撇開繁瑣糾纏的人事，而趨向於這種單純而偉大、廣闊而自由的自然中去活動，所以黃春明早期作品中人物有一大半都在自然的蔭罩下生活，即使不能在完全的自然中也必在一個較之屋頂下廣大得多的空間。這是作者尋求浪漫的自由創造精神的自動性選擇而然。更何況在他的作品中這些自然景象又常常是伴隨著鄉土的構圖出現，便又分外地散發出濃郁的緬懷鄉愁的浪漫之情了。

　　從文字質量和敘事風格的夸示，以及到前面說的自然視境在作品裡所投入的空間，然後我們就可以接著來看黃春明寫作藝術上一個更大的基本特性，其實為什麼要用賦體鋪敘，要投入大量空間等等，如從小說技巧上說，實在就是因為黃春明在處理題材時態度以及意念的夸大而然。我們都知道，無論中國或西方，短篇小說雖然是由浪漫文學手中萌芽，而實是到了寫實文學才發揚光大的，因為短篇故事往往是以「人生一個片斷」為通則，而既為人生片斷，當然是如實地來處理，方才能顯其真實性和恰當性，以有效地反映和批判人生；尤本近代，人類對自己了解的知識進展長足，短篇小說更加被要求處理人生問題能精確和深刻，才符合現代人心追求知性的味口，那麼把短篇小說的日常故事，率意地去夸大，超出人生實情，失去理知的衡量，就會顯得荒唐虛誕，有渲染玩弄之嫌，甚至不幸落入幼稚可笑的詬病中，然而這樣的理論來到黃春明作品中，卻又似乎不能盡其恰當的批評功能。就黃春明選取題材來說，本來也未嘗不是如寫實文學所要求的，只是人生片斷，可是一經作者的調理，結果卻變成浪漫故事。譬如〈魚〉的故事，原是一個生性倔強的孩子跟人好勝爭理時，日常會發生的行為事件，可謂司空見慣；或者一個鄉里老頑固也會為了護著家鄉的風水，而和外來破壞勢力意氣爭鬧的；為了養活妻兒，一個背著廣告牌在街上晃蕩的人，心裡就會有許多牢騷厭氣；甚至一個小港鎮上的流鶯，在飽經風霜，纏頭有餘之後，也可能會發願去生一個孩子，就此結束倚笑生涯；再甚至老甘庚和青番公故事，都可以寫成是鄉下天性敦厚老實，日出而作，日入而息，不識不知，順帝之則的樸民，而不懷有任何幻

想的。但是如果像這樣來處理這些故事，對黃春明來說，那就等於沒有了
故事，更不止於沒有了故事的靈魂。然而黃春明卻像一個浪漫的魔術樂師
一樣，輕輕吹起催人入魔的幻想曲子，只見他筆下那些原是普通的現實人
物和普通常事，就都在幻想旋律下，婆娑起舞。於是，結果〈魚〉的阿蒼
故事就像大衛王和巨人奮戰的故事一樣那麼著力的偉大起來；阿盛伯在抵
抗建游泳池的事件裡，不可解說地，獲得了非常的智慧和勇氣，乃「向神
的階段昇華」，於是一個可能成老頑固老瘋癲的故事，則化成了使徒行
傳，至少是鄉村傳奇。白梅不用說，何止於是出污泥而不染，她的一切行
爲目的，原只是爲了生一個孩子，但是在這個努力途中，梅子突然散發出
奇特的光輝，一切行爲都高貴而聖潔起來。黃春明要使他的人物超凡而入
聖，也竟因此而感動了不少讀者，認爲沒有比〈看海的日子〉處理娼女問
題更能表現人性的崇高和可敬的了，於是〈看海的日子〉也就有了一個聖
女的天路歷程那樣光華燦爛的氣氛，而絕不是一個年華老大的神女灰暗艱
辛的掙扎。廣告的坤樹，做著「失去頭臉」的工作（因爲化裝和背電影廣
告牌的原故），竟因此使他的兒子永遠沒有機會看到他的本來面目，而在
親情中扮演著小丑的角色。在這種誇張寫法之餘，作者對這個爲盡天職
（養活妻小）而受折磨的父親賞以非常的榮光，在作者的語調裡有一種歌
頌自我犧牲的悲壯之音，像交響樂一樣伴隨著坤樹越過大街小巷，越過整
個故事。作者有心把一個極平凡的爲了家人三餐而受窘的人攏舉到了擔荷
悲苦的受難者形象。

　　至於〈鑼〉的憨欽仔故事，我們當然知道它不是意在寫飢餓的故事，
它比飢餓故事不知莊嚴重大到凡幾。作者在憨欽仔這小人物心中所激揚起
的關於「做人」的沉思，是一個赤裸的靈魂面對道德的無所寬假的自我考
驗；這考驗即使比起那個不食嗟來食的古代君子也還要深沉得多，因爲就
是在憨欽仔餓到發昏時刻裡，他也無時不思考到良知、德性，以及人活著
的真理與價值……等等這些人生根本的大問題上，而他又幾乎是在勉行著
終食之間不違仁的超然德性的。然而非常幽默的，我們回頭看看，去擔當

演述這樣繁重人生問題的角色和他的行徑，卻微賤得可憐。作者對一個在行動上只有餘力掙扎著去乞食求生的丐徒，極度誇張他內心的知覺活動、道德意識，讓他的一舉一動無不是在極嚴格的德性反省中，好像他是一個比你我頗有精神上餘裕的常人，還要警惕著生存似的。這種誇張理念的處理手法，當然不是寫實者所欲行其事的。（譬如比較起來王禎和是傾向於寫實的作家，他的〈嫁妝一牛車〉雖然有不少的意識流，然而卻是與〈鑼〉的意趣完全不同的作品，相對比起來，〈嫁妝一牛車〉有更高的人性客觀寫實，而〈鑼〉則是明顯的主觀主義的浪漫作品。）

我們不煩再繼續舉例下去，總之，寫故事則極度誇張它的意念的強度，使它成為人生一則重大的宣告；寫人物則如不是完全被道德意識所支配，就是誇述他微末的心理歷程，或者瞽言人物無端的精神危機，把這個人物提升到幾乎只是精神體的存在，成為意念式的形象。這是黃春明處理題材時極明顯的一個基本態度，即使到後來風格改變後也仍然保留著若干餘意。比如〈蘋果的滋味〉中，最後一家吃蘋果時的怪異滋味，〈莎喲娜啦・再見〉故事述者黃君杌陧不安的恥辱感，〈癬〉裡最後全家都拚命滿身抓癢的滑稽場面，凡此等等，莫不是一種特寫的放大鏡頭。這種特寫的放大鏡頭和前面所說對整個故事的夸大，不但像浪漫派的繪畫，給人們浮夸而天真的趣味，而且也像現代攝影的特殊技術效果一樣，以鏡頭焦點的拉近，造成一種奇異的構圖（譬如一個人的鼻子像砲彈樣比臉還大，或一雙腿巨如廊柱），而要奪取人們習常的印象，使人入其彀中，投入作者設定的世界。這可以說完全是作者主觀的放恣的寫法，是一種充滿野心的寫法，而這野心，不用說便是作者著意要宣揚個人在這個作品中的主旨意念。當然，任何一個嚴肅的作家，在他的作品中必有所托意，但是寫實作家通常是把作品意念鹽溶於水，不著言詮地化在故事中，讓他的故事始終保持客觀而謀合事實的樣貌；相對的，浪漫精神的作品則主觀意念凌駕故事，而不免有形跡外露之象。換句話說，浪漫主義的作品所呈現的根本不是一個客觀的表象世界，而是主觀意識所投影的一個意念世界。在這意念

世界裡，作者為了貫徹他自己的志意，而一味只現其所獨見之知，以個人意識的創造為絕對真理。所以如果作者內心幻覺人的偉大和崇高，那麼寫一個對土地耕作懷有感情的人，他卻已不是一個普通的農人，而是一個田園理想的啟示者；寫一個熱愛鄉土自然的老人，他也不再是一個頑固的鄉老頭，而是殉道的聖徒；寫一個流浪丐人，卻變成了道德鬥士。正是像這樣，黃春明著意地夸大人物內在的精神意境，使他做作者內裡的傳言者，和精神的影像；並把這影像放大，投射到人物自身以外的世界去，籠蓋了這個人物的一切，並這故事的一切；於是整個故事，和這個角色人物，只有這內心的精神活動，才是真正唯一的存在，至於故事和故事人物的現實面，卻被遺形奪貌，被蟬蛻為一種面具性的存在了。在這側重精神意態的誇大寫作觀和技巧表現下，事實上黃春明既不能稱為一個狹義的鄉土作家，甚且也不是純然寫實作家（近期轉形以後作品自當另論）。因為文學的誇張就是一種象徵，當黃春明強化了平常的故事，夸言著小人物的精神活動，並且安排了一些鋪張的意象時，黃春明便通過這些，將他的故事和人物都納入到一個象徵的結構裡去，換言之，黃春明顯然企圖使他的小說成為富於象徵意味的寓言小說，使他的故事不是為一些個別性的人和事服務，而是為人內在的普遍性心象服務的。

　　因為這一種野心的引導，黃春明作品不僅是故事被嚴重化了，人物的精神被強銳化了，就是寫實的場景也會突然地轉進近於詩的充滿隱喻的語言中。作者常會滿懷善意的提醒讀者，不要把故事當一個瑣屑的現實看，它需要再往上面升揚，它的精華是那些精神價值的趣味；於是他以異樣的語調告訴我們說，照耀著青番公和阿明的太陽是如何地出奇的光耀燦爛，而白梅生產中曾經進入一個奇異的幻象的花園，她尋找曾經種植的花。油漆匠阿力和猴子在畫一幅巨大無比的廣告畫而至於找不到自己究竟在什麼位子上，因而充滿了抽象的苦悶。阿盛伯則又對那些鄉下俗人說著神奇的先知一樣的話。打鑼的憨欽仔更不用說，時常進入神祕的內心意象，經驗著當時沒有第二者能夠體驗的抽象意念……總而言之，黃春明以這些時而

出現的詩化的隱喻象徵作爲他的作品的標記，他讓我們不僅去感受他的故事，而且還敦促我們去思想它的情節。在這情形下我們當然就會看到他的作品有時便顯出異質的參差對立：一種形而下的物質寫實的場景和另一種極形而上的精神喻境的對立，一種鄙俗露骨的繪聲繪影和另一種純淨而空靈的韻調的雜揉，一種極實在的情節事件和另一種不相干的鋪敘的錯織，當然還有一種便是粗陋而生動的鄉土生活談語，和另一種修飾而抽象的詩化語言的同用。本來說起來人生原也是矛盾對立雜質並呈的，但是一個熟練而深刻的寫實作家，就會把人生種種異質貫通，並且用統一的語調，把它表現爲人生普遍性的常理常情，而不是像這樣截然兩樣的對立。因而，黃春明作品給人的印象，在某些地方會有還未臻於風格上的成熟純一的感覺。他誇張強調的語言和處理手法，近似玄虛造作，而且形成作品的不平衡，譬如他的生發有趣的語言，和渾然一氣的故事，會因爲受追求寓意的意識所牽引，而突然變得嘮嘮擾人，負擔沉重，給人一種力竭感，雖然另外一方面，我們仍然還在爲他故事中充沛的生活熱情和想像力所感動。就這些現象看起來，這自然就是一個浪漫作者所容易呈露出來的特性。一個浪漫氣質作家自我性格的流露，常常是沒有調和節制，甚而刻意追求極端不平衡世界的，在這不平衡而對立的世界裡，作者的深層個性，就會更加顯明地突露出來。

　　如果進一步看黃春明作品中不平衡與突兀景象，我們最好來面對他故事中的人物。人物是締造黃春明小說浪漫精神的靈魂，如果沒有他筆下人物投進故事裡的特異氣稟和非常行爲，那麼前面所談的那些浪漫素質就將無附麗之所；也可以說舉凡敘事風格的鋪張，自然視境的象喻，故事意念的夸大等等，比起人物來，都只是黃春明作品浪漫精神的枝葉，而非大本。假如我們可以稱黃春明（蛻變期以前）是浪漫的，主要的便應該是指他的人物所涵具的特有氣稟而言。本來，文論家在談到一篇故事中人物與情節孰輕孰重時，總喜歡有許多理論上的爭執，其實簡單說，人物和情節的倚輕倚重，完全是循著作者的脾味而決定的，或者說是依這個作者對世

界的認知態度而決定的，一個浪漫心態的作家，因爲個人的、唯心的傾向
較大，總是從個人內心去看世界，以個人的單槍匹馬去和世界打交道，個
人是存在的中心，而不是把個人放在世界的磨盤上，隨它去轉動的，因此
在故事中，人物就容易顯得比情節和其他什麼都重要。黃春明故事人物差
不多都是以這一種風姿活躍著的。他們（故事人物）以自己的魔指來推動
故事，讓故事順著自己的軸心去轉動。

　　那麼，黃春明所創造的人物是何等風範的人物呢？用一句極簡單的描
述：他們都是一些超常的普通人。因爲他們要超常，所以有越出現實創造
一己世界的野心，而又因爲他們是普通人，所以總是受到貶抑、挫損。在
創造的高亢行動和現實的卑微貶抑中，黃春明人物似乎總是可歌可泣，而
他們的精神也總是有那麼一點異常。他們生活在夢想和現實的懸隔之間，
個人和群體的疏離之間，精神和物質的對立之間，崇高和微渺的猶疑之
間。在這許多兩極性的拉引中，黃春明故事人物的精神總是怒張著，充滿
了奮亢之情，時刻渴望著投入行動中。而在這行動中，他們當然絕不是去
企圖把那些彼此矛盾的事物調和安撫下來，而是在這些事物間，白刃相向
地打一場混亂的仗，要把其中的一種打倒踢翻，宣稱自己靈魂選擇的勝
利。

　　不錯，我們讀黃春明的小說，首先碰撞且刺激我們神經的，就是那些
行徑特異，心思離奇，常欲奮其一己之勇的荒誕人物。依我們看，黃春明
作品的吸引力，主要的並不是來自那些帶有傳說色彩的故事，和它演出的
生動場景，也不是他的鄉土趣味、社會意識，而是創造了故事的人物，是
人物在持續著讀者的興趣，始終追隨到底地讀下去。因爲一來，故事人物
對生活的荒謬熱情，雖然有時也使生活於平淡之中的我們頗感難堪，然而
我們終於都會慢慢地被激勵得心腸熱烘起來，而對那些荒謬的熱情生出同
情感染之心，以爲那本來是天經地義的，而且是人生裡必要的，於是我們
竟不知不覺跟著這荒謬的生活熱情一直走下去，不到黃河心不死。而另外
一方面，作者把故事人物投到一些極端的情境裡，讓那些人物總是背城借

一的，作人生最大決戰，這對於讀者的心理實在是很富於挑戰性的。譬如吧，當老阿盛伯一聽到有人要挖掉龍目井，義憤之怒不可遏，非要抵死保衛這龍目井不可；後來，那些義和團式的群眾被現實的利刃所教導，而明白過利害來了，唯獨阿盛伯這一個過河卒子，面對著那個有板有眼，一切都合乎法理人情的大執法者，也面對著大家都默認的不可搖動的時勢，那麼，阿盛伯怎麼辦呢？假使我們一旦也憑血氣之勇，要跟什麼強大的事物橫決，而困難又磐石壓頂一樣直落下來時，我們怎麼辦？這種心理的危機，便是一個也曾認真生活過的讀者，對阿盛伯以後命運的關心處。像這樣的人生極境，自然是有幾分戲劇性，但應是良知人當他在無所寬假的生存中，所絕然會面對的。因此，就以〈溺死一隻老貓〉為例，黃春明創造了阿盛伯這樣一個人物，把他投進道德的極端情境裡，完成了一個道德實踐的幻覺，並且也藉此喚起了讀者的道德幻覺。而讓這故事人物喚起道德的幻覺，去直接逼向他自家的良知，便是黃春明所有故事的一個共通性主題。也是促使讀者和他的作品在深層處互通聲氣的地方，同時，自然也便是他筆下人物最耐尋味的地方。

而如何去把握這人物的最可尋味處，去感應人物的生活熱情，去體驗人物內在深處的危機，和他們生存應對之途，有一個最簡捷的途徑，就是直接去觀察人物所處的極端情境。幾乎，包括黃春明前期和轉形期以後的作品，他總是在故事中投擲下一個精神的「極端情境」（極端情境是現代人類經常感到的和現實乖離而陷於困境中的完全孤絕和無能為力，有特定涵義。因為這個詞的字面意思很能夠形容黃春明筆下人物的特殊情境，並且和上述情形也不無相應的地方，我們就用它來概括稱述，以便於討論。）本來，在故事中處理危機困境，幾乎是小說藝術中古今同然的慣用之技，而黃春明的小說毋寧是偏愛之甚；但是，他並不是單純為了情節的需要而設出一個困境的，而是為了他的人物而設的，他需要把他的人物投到極端的危境裡去，讓他在其中反應出一種特殊的行為格式，然後他的人物意義，以及他的故事喻意才能表現完成。一般說來黃春明常是通過外在的物

質環境，然後從其中暗喻出人物內在的危困。這外在的物質環境，就是人所無可奈何的現實壓力，現實壓力把人逼進斷頭巷中，讓他吃盡苦頭，受盡侮弄，然後還是絕不放鬆繩索，給出一條生路，而要迫這人於奴役的死地，但是黃春明在最後關頭卻讓他的人物一躍而起，憑著一股神奇的勇氣（其實便是內在深處的道德良知），他們從一個奴死於現實的被壓制者，而突然躍為烈士，以烈士殉道的方式，他擊潰了極端情境的圍困，同時也解決了內在的苦戰危機。由於這樣，乍然看來，黃春明的人物似乎都是被現實所鉗制的，甚至是現實壓軋下的犧牲者，或者是雖向現實苦鬥卻命運乖戾的不幸小人物；不過，我們現在不打算把它們完全放在這一外在化的地位上談論。事實上，黃春明關心的是人物的靈魂情狀，循著這條暗示的小徑，我們體驗到了兩個真相，一個是黃春明人物的真正極端情境，常常是因為人物堅執一己的內在敏感性緊張所形成的。或徹底明白的說，由於面對奴死於現實或做自己主人二者之間，內在逼臨立即選擇關頭，而落入了危急和孤絕之中；因為當一個人真正要做他靈魂上的抉擇時，他既有無從閃躲的危急，而且又是一無援手的完全孤絕。這種處境的孤危，比之現實壓力的凶暴，更是人所處的最艱難極境。另一個我們所體驗的則是，他的人物之所以衝破極端情境，都是意識上突然間拋棄一切現實的桎梏，轉身躍進幻覺的世界而完成的；因為這些人物從不用實際方法解決現實，只是退回到他的內心，用主觀意識，或者用幻覺所激起的行動來否認掉現實而已。這樣的心理和行為模式，就是黃春明為他的人物專意謀畫的一種生命格式，除了梅子這個極端圓滿的傳奇，其他可說一無例外，或者也只是生命的調子稍有輕重之別而已。

　　譬如青番公故事，便含有婉諷的幻覺。因為青番公是一個功成德就的老人，他的生命歷史幾乎和田地的歷史相混合，他生於斯土，安於斯土，老於斯土，說不上什麼迫於眉睫的危機困境；然而，在他田園行樂圖背後，仍然包含了一個曾經吞滅一切的洪水回憶，而且眼前更存在著許多複雜的隱憂的。因為在這個風燭殘年的老人，要把希望傳遞給稚子時的孤單

心情中，我們時而會聽到像當年射殺雄盧啼的槍聲，和不遠處公路橋上亂撳汽車的喇叭聲，這些顯然暗中擾亂了這行將從人生退隱的老人的心。青番公為了振作自己，他只是一遍又一遍地說著古早古早的傳說故事。在維繫這不絕如縷的傳統田園理想中，於是我們不能不說他是需要依賴對古老信念的幾分幻覺的。只是這幻覺的婉諷在故事行文中相當隱晦曖昧罷了。可是甘庚伯就不然了，甘庚伯是明顯地處在一個非常孤絕而裸露的極端情境裡的（作者如何感性的運用甘庚伯瘋兒的赤裸身體，讓我們具體感受到這點，並且雖在樸實不文的村農前面，老甘庚伯也為這赤裸之軀而羞痛。）雖然比起護井的阿盛伯，他老人家處境並非是旦夕之間的考驗，可是老甘庚伯的是一種持續性的，甚且是永恆無解的困境；在人生不剩絲毫，什麼都失去了之後，還要用他佝僂的老脊骨，漫漫長日地馱負著他根本無從了解的命運（當他突然面對他的瘋兒子時，他是訝異到無論如何也不能了解這一切的）。不錯，甘庚伯的真正困境不是物質上的艱難，不是花生田不能很快除草，而是他不能了解、不能去說明白他所負擔的這個命運的啞劇，面對這命運，他像任何一個人類一樣全然無知和無能。於是在鄉下農人的鼓勵下，老甘庚以幻覺咀嚼著這雖曾一度親切過的、實際是一切都已逝去的人生。或許我們會說老農人天性的渾厚老實，會把悲苦像犁田一樣埋進土裡，可是這一切究竟不能不仰靠縹緲的幻覺——使自己的命運不再真實。

　　何況人終於又脫離了那具有遮護性的土地，而來到陌生的城市（如〈兩個油漆匠〉的阿力和猴子一樣）和鄉鎮（如推銷快鍋的王武雄），甚至是在失去了鄉情而變得漠然了的故鄉（如廣告的坤樹，打鑼的憨欽仔），在這裡人物遭遇的極端情境是更加孤懸而危急起來，像戲劇的劇情一樣，以一種繼長增高的氣勢，逼使人物到最後絕無迴避的餘地，勢非立即決一雌雄，不足以使他的生存意志見個分曉。這個表現方式，可以說就是黃春明掌握故事人物極端情境的一個最常見的重要模式，而也是最能傳其人物浪漫精神的。其中〈兩個油漆匠〉便是很典型的一篇。當故事中主

角阿力和猴子被懸在搖搖欲墜的高樓鷹架上開始，我們就不斷的接受作者的種種暗示，這暗示的主題，簡括說，就是阿力和猴子處在一個巨大的，非個人所可抵拒的社會整體存在的壓力之下，（對這抽象存在，作者用人物面對一整片看似即將倒塌過來的牆來象喻），同時也是在非人性的荒謬迷失之中，（作者用故事人物被懸在虛蕩蕩的高空，機械地繪製一面無生命的莫名的廣告畫來象喻），這兩個聯合在一起的強大力量，徹頭徹尾地籠蓋著阿力和猴子的生存，映現出他們兩個只是像螞蟻一樣在它們的陰影裡爬行，如果不努力掙扎，就會像鷹架上其他的油漆匠一樣，被工具化爲非人性的存在，而永不會有個人性的故事。然而黃春明是打定了主意，要寫一則都市文明中的唐吉訶德式浪漫故事的，於是我們開始看到屬於阿力和猴子的那種個人的、主觀的，也就是個體生命本身的感覺，如何切入了這一個差不多是密不透風的無感覺的人類集體性存在的大硬塊裡：猴子以不停地唱著家鄉的一首民謠來對付手頭不具人性意味的工作，隨後阿力受了引誘，也自然地發聲相和，在這支家鄉民謠的引導之下（「一股清新的喜悅，莫名其妙的流遍阿力全耳。」）人物的主觀情緒（或者就說是生命感吧！）開始發酵生長，而逐漸地形成一股實體的力量，來和那個無感的集體存在抗爭。於是藉著這個張力的強調，人物極端情境就顯明出它的意義來了，就是說，當人物愈展露他的主體的種種感覺時，他處身其中的情境愈現出它的非人性的迫害。相對的，這迫害也對應出個人感覺的真實，並且激勵人物更徹底的自身生命的覺醒。

　　因此，在阿力和猴子陸陸續續的談話中，我們體驗到剛開始時那種被壓制的抽象含糊的苦悶，慢慢具體化爲真實的痛苦。譬如阿力苦惱著沒有錢寄給他老母，和不能老老實實告訴她收入的真況，他爲著維持一個謊言式的生活而苦痛。猴子更嚴重，原來，他這個有點下意識找尋人生的人（猴子說：「看嘛！這一班從我們東部來的火車，一定載了不少像我們這樣的人來祈山，一下火車，提著包包，張著大嘴，茫茫然的東張西望。」）現在卻患著都市文明的倦怠症，他打心底裡厭惡著這粉飾表層的油漆匠工

作。他打算不顧生活的死活而辭掉它，即使得不到阿力做同志，也要獨行其是（當阿力要一直隨事情拖下去時，猴子說：「阿力，我們不要考慮同進同出的事好不好？我想明天就不幹啦！」），要不然就「說不定真的會發神經。說不定煩膩了，一時想不開跳下去死掉。」猴子在凌空 24 層高樓的大探照燈的燈罩子裡說。猴子的這不可療治的厭膩病，自然是對他處身的生存情境，一種深刻而浪漫的覺醒。當初少年盛氣的出走家鄉，如今投入現實社會的結果，是發現自己只是繪製堂皇的大文明圖表中的一個工具，像手上的這把油漆刷一樣，見不著生命的自主和自性（猴子懊惱地叫起來：「我看啊！這一輩子再也不會有什麼事由我們做主！」）猴子的迷惘和覺醒是這樣的迫切到內裡去，而又是像日日和夜夜一樣逼臨在人的居常生活裡的。當然它也是極端難堪的，這難堪使猴子與他的周遭現實疏離，而且也難以與之妥協（作者福至心靈地讓猴子爬到大廈頂端，凌空孤懸的大鐵籃裡去，把這孤絕情境觸眼地構圖起來。）所以後來，當以援救為名的人群包圍在他倆腳下的四周，把那些對猴子來說實在是無濟於事的種種建議許諾向他倆提出時，簡直就是逼猴子向那整體存在的社會攤牌，逼他們拋掉那可以和集體性存在來對抗的個人隱痛——如今這人性裡唯一擁有的武器——而全面繳上械來。當此之時，猴子的荒謬感覺只是更加激憤；他不但洞悉著一切口頭的許諾都是虛空無意義，而且他們所做的一切，包括一切文明的鋪張（強光探照燈啦！兩座麥克風啦！閃光鏡頭啦！錄影機啦！洶湧的人潮啦！）跟他內心裡所呼求的事物，只是朝反向馳離。「空氣突然變得很沉悶，緊張的壓力，逐漸地升高。每個人都感到有點透不過氣來。」就在這氛圍中，猴子跨出鐵籃子，像一隻飛鳥一樣，投了下去。作者在這裡有意運用了一個錯綜曖昧的表現手法，逗引讀者去推敲猴子栽下去的真正原因。其實猴子自殺抑偶然失足，是非常明顯的；這只是深層意識和表意識、非理性和理性，在一個極短瞬間裡，互有凌越的戰鬥。而不管怎樣，最後猴子是真正地摔了下去，如一顆砲彈一樣，衝著黑壓壓的人類世界彈了過去。猴子曾抱怨只有當初離家出走是唯一自己做的主，可

是現在他也許又做了最後一次主。

　　在這裡使人聯想到威廉・白瑞德的意思，他認為整個文學上的浪漫運動，乃是想逃離飛島勒普達——史威福特的《格列佛遊記》中理智之島——的一種企圖，而欲努力尋求存在的完整和自然（見彭鏡禧譯〈非理性的人〉），黃春明在〈兩個油漆匠〉裡的思想，自然並非完全如白瑞德就那些浪漫作品所舉論的在反抽象理智，然而這中間還是有同旨趣的地方。其一、〈兩個油漆匠〉故事中人物，既然在意識上曾蓄謀逃離集體文明生活的模式，則這自然就是和逃離飛島勒普達是同樣的叛逆人類理智的一個公案。其二、逃離飛島勒普達的浪漫精神，主要依靠某種非理性的幻覺來推動；而當猴子一躍而下的剎那，他是被捲入幻覺的非理性的心理風暴中的。他含混的幻覺著以這樣奇特的方式，擊潰凌壓他的要使他就範的集體力量；因為死亡也是一種剛強，他乃以死亡來和他不喜歡的文明模式開了一個很大的玩笑。——雖然作者在最後因為緊張過分，使猴子失去了他原有的苦澀幽默，而顯得有點張皇失措，但不管黃春明在這兒處理得是否足夠完美深刻，〈兩個油漆匠〉故事的結局是具有著逃避和啟示的雙重意識——就是對集體文明的逃避和對個人生命幻覺式的啟示（白端德謂之「努力尋求存在的完整和自然」）。

　　讓我們重新回到正在進行的話題上來。我們正在談黃春明小說中人物的極端情境，那個企圖從文明整體中逃離出來的個人主義的浪漫覺醒，在〈兩個油漆匠〉中，完全是透過人物從頭到尾都陷在極端情境中，以及最後對它的突破來表現的。由於〈兩個油漆匠〉是個非常寓言式的故事，所以它的全篇歷程和最後的曲終奏雅，都富於濃厚的譬喻性，而〈小琪的那頂帽子〉，題目雖有點故聳聽聞，卻是一個實在得多的故事，但是作者匠心經營人物的極端情境，則照舊是不遺餘力。開始時作者用極平凡瑣細的方式敘述兩件本來各不相干的事，一件是故事述者王武雄和他的同事林再發來到一座小鎮推銷日製快鍋，一件是王武雄認識了小琪。認識小琪的事，在外顯的情節事件上，自始至終並沒有以任何糾葛介入推銷快鍋的這

件主角眼前最重要的謀生經歷中，但是由於王武雄天性的喜歡幻想，和超出尋常的熱情，他終於把這各不相干的事變成了一件；換一個方式說，由於人物主觀反省意識的強烈，而把生活上各別的經驗關聯統合爲一體，成爲這個角色完整的人生情境，而也就在這完整的情境中有了統一的人格反應。所以當王武雄揭掉小琪的帽子，發現了那苦痛而殘醜的疤痕時，強烈的心理震盪便反彈向和林再發一起推銷快鍋的生涯上去。王武雄在痛責自己無心的殘忍中，毅然準備去娶一旦真成爲寡婦的林再發妻子美麗，這種心理的和情感的尋求救贖之途，讓讀者看起來不免是牽強離奇，而且是生命姿態的炫夸，可是作者一路寫來，卻非讓它達到這結局不可。因爲在這個故事中，作者主要的是探討人物內心的鬱結和解決之道，他要描寫王武雄這人起初雖然已受到現實的圍困，然而由於年少氣盛，對於實際的人生真況還是疏隔的，因此他可以相當輕鬆的，以賞玩自己的小聰明和做著不切實際的浪漫夢想來消遣日子，甚至是無所事事地作壁上觀地生活（作者讓他在上鋪俯視著林再發兢兢業業地填寫推銷快鍋的工作報表，自己則不時地發出輕鬆嘲諷，可謂是一個事意允洽的場景運用）。而對於這一切，王武雄自己並沒有反躬的認識。直到有一天，因爲他對人生持有本能的熱愛，真相終然綻露，人生的苦痛殘破裸裎在他的眼前（作者同時用小琪的疤痕被揭，和林再發的意外來喻說），這時他就被拋擲在一個極端情境裡；這個情境對他先前的幼稚無知，無情地痛予譴責，對他的良知嚴刻地加以考驗，而且驅迫他必須有所抉擇。因此我們明白王武雄揭去小琪帽子後的痛苦恐懼，畏罪而至不可終的刻意鋪揚到極端的寫法，就是王武雄在整個人生中遭遇極端情境的一個象徵。王武雄面對人生的痛苦，究竟是何所適從？非常浪漫的，王武雄以他天性的熱情和幻想，他選擇了騎士式的精神，他企圖而且相信，用熱情和幻想是可以把殘破不堪的世界彌縫甚至再造起來的，雖然，理性的批判者當然會說那畢竟只不過是浪擲的熱情和子虛的幻想而已。

　　王武雄在小琪帽子事件中的過度反應，在現實世界中，顯得誇誕而不

近情理，然而黃春明筆下的人物少有不帶著幾分誇誕性的。因為人物的誇誕，故事情節就常常超出平常情理，使人覺得那是些狂人傻事的故事，乃至其中人物境遇往往不可理喻，充滿了曖昧詭祕，幾乎純粹是人物內心對世界主觀偏激的反響，也可以說黃春明把人物的極端情境全然內化為一段精神上的隱憂私憤，一種個體存在的幽獨的難題。譬如憨欽仔的打鑼人故事就是最能道出其中苦辛的了。在猴子的個人憤激、王武雄的賈其餘勇、阿盛伯的偉人的妄覺、坤樹的神聖悲劇意識……等等這些人物的偏行中，憨欽仔更是超出這一切之上的、是個絕對的荒謬。憨欽仔的荒謬是因為一方面他的生活，從物質環境的到精神情境的，無不是嶄然的孤獨，離群索居，遺貌忘形，曾不能歸宿於任何一群人；然而另一方面憨欽仔的內心卻又不是枯瘠的荒原，完全相反的，那倒是保持著生命的積極反應，隨時敏覺著人間的一切風吹草動消息，把自己的榮辱存亡全都維繫在世界對待他的態度上。而世界卻待他如無人，視他為遺屨，在這事願相違的情境中憨欽仔越認真渴慕著世界，他越成為世界的笑柄，而當他越顯得可笑時，他也就更加隱祕著他的羞辱和他的傲慢，永不妥協和求情。於是憨欽仔與世界勢成冰炭，和世界之間橫著斷崖鴻溝，一切他想要為世界所做的（譬如他對羅漢腳功不可沒的貢獻，對瘋彩動於衷腸的憐情，對服務鄉里的打鑼的神聖愚忠。）以及他向世界迫切呼籲的種種援手，都被嘩笑著、嘲辱著踢落在斷崖之下。

　　然而憨欽仔仍然需要生存，在無數次的覆敗之中，他退回去舔撫他的傷口。而他既從來不曾有過任何聯盟，他的孤獨的失敗、他的苦澀的榮譽、他的寂寥的德操，就是他人生的一切幻想，就是他的全部世界，也是圍護他的古堡，而他當然便是這古堡中唯一的武士。一個襤褸的夢幻武士，在朦朧的期待中，堅持著他唯一已破損不堪的甲冑（憨欽仔唯一沒有失去，用來抵抗破敗世界的，就是那面足夠證明他自己的損裂了的鑼）。最後，當寂然的地平線盡頭出現了一抹曙光樣的幻影時（忽然人們又叫他去打鑼啦！），憨欽仔從他憂愁的陰暗裡一躍而起。縱使很快地幻影乍滅

了，而憨欽仔他卻不能退卻，在被自己的熱情所愚弄下（因為他過度認
真，人們再度取消了憨欽仔的打鑼），他卻像一個受到偉大召喚而劍已出
鞘的武士一樣，他只有為幻覺的榮譽殉身了。況且這是憨欽仔他能照著自
己思想生存的唯一據點。他提著一面破裂的銅鑼，瘋子一樣在圍繞觀看的
人群中失神的兀自嘶喊著「我憨欽仔，我憨欽仔！」當然此時他的悲感實
在很滑稽很戲劇性的。作者力竭於這種語不驚人死不休的手法，嚴格說是
浪漫派的浮誇，和近乎通俗劇的聳動聽眾的效果作用。然而，對故事中這
個長久生活在孤獨幻想中的角色來講，好像也很難讓他回返現實和理性，
讓他像一個常人一樣，平凡而心智正常地接受命運。黃春明既然寫了一個
沉醉於幻覺心理世界中的角色，那麼命運就注定了作者要讓他的故事在這
樣出奇而誇誕的場景中結束，好像通俗舞臺上，必須在驚奇叫好的掌聲中
落下前臺布幕一樣。

　　對於黃春明一而再地讓他故事人物以逃離現實世界，遁入荒謬幻覺為
事件收場，為人生解決之道，自易引起我們的懷疑不滿；我們大約總會思
考到人生終非戲劇，一些奇思異想，一些障眼法的技巧，既不足以安撫人
生苦痛於萬一，也不能實際地排難解紛，而人生所追求渴望的事物，則無
寧是因此變得更加虛渺起來。我們也許就這樣去責備黃春明以藝術為遊
戲，而玩人生於不實。不過，另外一方面，我們得承認，我們實際的人生
中並不是不依靠幻想來生活的，我們可能不至於像黃春明故事人物那樣當
場演出誇誕的戲劇，但是在日常所做的許許多多事情上，是超出我們覺察
之外地，被我們投入濃重的幻想魅影的。法朗士曾說「設使禁止夢想，恐
將不堪對生存的忍受。」可是我們常因為現實生活的成功，或者對現實事
物需求的迫切，以致我們以為我們已經排斥掉了人生中的幻想；我們大多
數都在努力忘懷整個存在是和幻想追逐的遊戲。但是只要我們稍一觸及這
層曖昧，回顧黃春明的人物，在他們天真愚妄的幻想中，卻有出乎意外的
真實，他們的超乎常情，其實是含在常情之中。

　　不過雖說如此，黃春明的人物究竟還是不同於寫實故事中的人物，他

們總是活躍在現實與幻想之間，帶著閃爍不定的姿影。或者更不如說，他們雖然兢兢業業地生活在一個最爲艱險的現實稜線上，但是他們其實又是最不關心現實世界的，如果說他們關心現實世界，那只是他們想以狂妄的熱情，來塑改世界，用世界做他的回音（像〈魚〉裡阿蒼那孩子所做的一樣）來證明他意志的存在。可是因爲這樣，他們當然就顯得非常妄誕而虛無，究竟是他們改變了現實？還是現實逼使他們成爲妄人？究竟是體膚之苦、三餐之艱、失敗之羞更真實？還是空虛的華宴、想像的龍袞、神話的霜劍更真實？什麼事物能證明我們那一種的存在是可靠的感覺，而不需要假借任何形式的虛辭讕言？也許根本沒有。實際生活過，而且經過了許多艱難風霜的黃春明故事人物，多少比早時剛剛被新風氣喚醒的那些感傷的文學中浪漫人物更知利害得多，而且也當然比通俗故事裡的假性人物誠實得多，所以黃春明似乎是情非得已的，一方面採用了嘲弄的語調說故事，一方面更讓他的人物稟有一種自我嘲笑的悲感氣質，而且都穿戴著丑角與滑稽優人似的臉譜和身分（像「廣告」的坤樹那樣）當他們一張口說話，一舉手投足的時候，就流泛著對自己的嘲弄，而使我們讀者也感到，他們內心追求的崇高和他們身分角色的鄙陋之間的對比，是那樣有趣的嘲弄，而竟不覺展顏爲笑。我們大約都同意作者這樣安排是語重心長的。

當「廣告」的坤樹最後坐在鏡前，再度用粉塊塗抹他的小丑臉譜時，這個動作與其完全解釋爲真實自我的悲劇性喪失，無寧強調坤樹做這個動作時的自覺性嘲弄；因爲他的外表動作雖然類似機械人的反應，可是他的內心裡是保持著清醒的，他完全看清楚了自己所處的情境，而做了自我選擇。他並不是被現代物質文明所麻木了的，失魂落魄的空洞人，像錄事巴托比一樣，他只是以自己的卑微，以個人這渺小之軀，向吞噬他的物質文明這主宰反脣相譏地回擊過去，同時他又知道這反撲的於事無濟，而乃竟勇敢地盡情地嘲弄著自己。〈溺死一隻老貓〉裡的阿盛伯也是如此。阿盛伯在游泳池落成的那天，在人群中叫嚷著，脫掉了所有的衣物，跳到深水地方，永遠不再浮起來；出殯時，戲水人的銀鈴樣笑聲，被讀者認爲是對

阿盛伯的嘲笑，可是最嚴重的嘲笑，莫過於阿盛伯自己那個動作的自我戲弄。當他的「宗教型人格」隨著游泳池修建一天天消失，而又再度「恢復鄙俗」以後，阿盛伯所最不堪的，不是有傷風化的暴露泳衣，而是他生命的卑微不足道之難堪的裸露。於是他索性把自己再加以無忌諱的難堪的戲弄。這就是人生的荒謬，而黃春明的人物似乎常能甘之如飴。

總之，不可忽略的，嘲弄在黃春明小說中已經不止於是語言風格的表現，而經常是作品意念和精神所注。從情節、語調的嘲弄，以至人物意識的嘲弄，它們其實都是一個整合體，其作用猶如一張大網，把作品的其他一切大大小小都收在彀中，無論是險惡的現實也好，也無論是個人誇誕的志意，超離現實的幻象，固執生活的熱情，一落入這嘲弄的網中，就不再因為它們太落實，或太當真而顯得鄙俗不堪忍受。因為嘲弄把一種虛幻的光投在它們身上，顯出它們不實在的本質。也可以說這些嘲弄敦促故事和人物內在的理性來自我批判。嘲弄就是一種微帶傷感的自我批判，雖然它同時也是寬容的擔受，體諒的溫情了解，和有所超越的胸懷。因此，就在嘲弄這個意識上，我們說，黃春明作品的浪漫精神終於是到達了從現實裡，並且同時也是從妄念中覺醒後的浪漫。他的故事裡的誇張揚厲的姿態，那些一往向前的愚行，那些不切實際的作為，那種耽於虛榮的妄覺，看起來是天真的浪漫，好像作者還是個留戀於通俗的樂天主義，但是一經嘲弄，這些栩栩然飛舞的天真浪漫事物，就紛紛折損了它們金色的翅羽。

既然嘲弄使黃春明作品賦有內省的意識（不管有時候它表現得多輕微），同時，嘲弄也是他的人物和故事面對現實時的坦率任真——面對現實而仍固守本心初願，以致陷身虛妄而不遑顧惜。因而我們不妨說，這一點點人性的固執也是一種塗上浪漫色彩的人文精神。當他的故事和人物陷在荒謬自嘲的混戰中時，他們所爭取的其實就是人本身的一切東西。他們所行的，就是在虛無中知其不可卻始終肯定人自己的勉力之為。尤其是面對物質世界的客觀理性真理，而仍不放棄精神上幻想特權之人的固有癖性，這一切強調人之本性的精神，姑且謂之浪漫的人文精神。在黃春明作

品中，我們還可以舉出〈癬〉這個極短篇，做這層意思的代表。〈癬〉的主題思想，主要的就是如何以個人浪漫心性來對抗客觀理性世界。故事中破壞阿發快樂的，不是貧窮，是這個一切都納入客觀性來管理的拘拘於小善的世界；阿發對著這個世界（這個世界經由幸福家庭設計協會的李小姐入侵到他這個窮僻家庭裡來了）無名火三丈。因爲他的來自人之天性之自然的慾望和快樂，是真實而充沛著生命感的，而宰制於物質的客觀理性世界的規範，則使他喪失這一切。黃春明在這樣的短篇裡，並不用如何理性上面的辯證，他只是讓阿發順其本心的去自然感應，人性之尊嚴，便從人心中自然流出。而這種尊嚴與理性無涉，只是人的浪漫的感性有所致之。這個浪漫感性，如果能擴而充之，未嘗不是今天這時代，人用來對抗物質文明狂肆的最後武器。

這樣看來，黃春明從妄誕的天真浪漫，進而爲覺醒的浪漫，而又更爲人文的浪漫精神所鼓舞了。且不管這種種是否能表現出浪漫文學的精髓，至少就作者個人說，這是一條他自己所走的途徑。就近代以來中國的短篇小說看，這種恣肆於浪漫精神的追求，可說是不能常得，因爲人們迫切於時代的沉重感，即使以荒唐合於大道，也是不容易見諒於世的。更何況，黃春明的作品寄個人生存的狂熱，於一些幽僻而簡單的人物事件，這些狂熱既多屬於原始的衝動，而人物則又是十分的天真，他們並沒有足夠的對真理的思辨和體認。像這樣的寫作，本身就是難於繼久不變的，因爲這不但需要黃春明自己所說的對於這些僻壤的天真人物的關切，而且它真正需要的，是作者對作品中那種生存狂熱保持內在的興趣和不移的信念；如果作者感覺那些虛妄的原始熱情已非必須，如果他認爲個人所追求的事物已不是人類生存中的迫切問題，如果他的主觀情緒逐漸消減，尤其是，如果他的智性批判意識已懷疑人類的天真夢想是否還有內存的價值時，那麼，他就不能再逗留在這一種的浪漫精神中寫作，即使他勉力而爲，那些作品也勢必因爲作者本身內在精神的疏離，而不能激起真正的熱情。事實本來是，如果專意描寫幽僻癡妄的人物心性，把寫作熱情孤注於愚狂而復襤褸

卑微的故事，而在這裡面尋求人生永久信念，原就是很艱難的，當年果戈理就曾懷疑他那描寫俄國下庶者眾生相的《死靈魂》是否真有偉大的文學價值。再說，無論如何，一個作家總是一個知識分子，知識分子的天職感，會時刻敦促他的理性來負擔起淑世的責任。而在強調現實生存的理性觀點下，於是社會的現象重於個人心象，時代的問題超過了人性問題，公眾的道義責任取代了內在的心靈德性；同時，當然諷刺也取代了個人浪漫。做爲寫作者，在感染於世患之下，黃春明與好幾位短篇作家一樣，到後來都不能不寫憂時和諷世的作品。

然而，另外一方面，對黃春明來說，從浪漫精神轉向社會寫實的諷刺之作，未嘗不是寫作者某種稟性的遺落。因爲文學作品中社會意識的升揚，在無形中就會抵消藝術直覺的感應。黃春明早先放恣於直覺熱情的創作，已經被一些明確的寫作意念所排斥。對後者而言，直覺、浪漫、熱情、幻想，都是一些含混的事物，是生活中無益之事、不急之務；然而對個體生命說，則沒有任何外在事物、外存價值能取代它們在生命裡所喚起的意義。但這也只有當一個作家在對眾生相經歷了一段慘淡的體悟以後，仍舊不失去在幻覺影像中，以清明智慧去肯定人的信心；而且面對人生之險惡現實，還是敢於歌頌人性的天真之偉大，進一步更認爲，在人類浪漫天性的生活中，還有更深刻的涵義需要去探尋；這樣才能夠在如此的浪漫精神中繼續久歷長存，而不會被苦悶的理知懷疑所蛀蝕。然則，一個作家何去何從，只有他自己的靈魂和藝術信念才能有所自擇。

——選自《臺灣文藝》，第 60 期，1978 年 10 月

黃春明的小說在思想上的意義

◎林毓生*

人生的許多事常常是由於機緣所促成。我對春明與他的小說的認識最初也是由於偶然的機緣所促成的。1974 年年底，我與家人重返闊別了十年的臺灣。過了農曆年節以後，開始在臺大講授「思想史方法論」時，遇到了一批極為奮發有為的青年朋友。從他們的身上我重新看到了臺灣的希望，也重新燃起了對臺灣的關懷；也可以說，在他們的導引之下我重新發現了臺灣。在我重新發現臺灣的過程中，春明的小說可說發生了很大的功效。這批青年朋友不時拿一些近年來出版的文學作品給我看，記得最先看到的，是春明寫得最精采的一篇：〈看海的日子〉。當時對這篇作品之傑出的藝術成就與深遠的道德涵義感到非常震驚，一改過去對臺灣文壇的印象。臺灣曾被人譏為「文化沙漠」，十幾年前我對臺灣文壇的印象正與這句使人聽了不甚入耳的評斷相去不遠。實在沒想到十年後會有這樣了不起的文學奇葩在臺灣的泥土上出現。我看完那篇小說以後，急迫地趕著看春明寫的其他作品，同時也開始看鍾理和、楊逵、陳映真等人的作品。我對臺灣文壇的成就，在閱讀面擴大以後，觀感變得複雜起來，不能繼續保持當初那樣濃烈的驚異之情；不過，最初如果沒有這個新發現所帶來的驚異之情，我也許不會繼續去接觸臺灣文化中這一令人興奮的層面。

第一次見到春明是他在 1976 年訪美的時候，那年秋天他來麥迪遜[1]，在威

*發表時爲美國威斯康辛大學麥迪遜校區歷史學系教授；現爲中央研究院院士、美國威斯康辛大學麥迪遜校區歷史學系榮譽教授。
[1]我居住的這個城市是爲了紀念美國憲法之父麥迪遜（James Madison, 1751～1836，曾任美國第四

斯康辛大學講演，談的是文學創造與語言的問題。我發現他是一個充滿
熱烈情感，很自信，對生活之觀察非常具體而細膩的人。他當時主要是
以文學工作者的觀點，談論臺灣方言因受社會與經濟變遷的影響，所遭
受到的威脅與困擾。我覺得他這種從具體事實出發來談論他所關心的
事，極為對勁。會後，他光臨舍下小聚，大家也談得甚為相投。1977 年
與今年（1980 年）暑假我返臺小住時，也曾與春明相聚。作為一個臺灣
傑出的小說家，我看得出他心裡的負擔不輕，但春明的感受與想像力極
強，今後如能更相信自己，他的成就將是無可限量的。最近欣聞春明已
榮獲第三屆「吳三連文藝獎」；我除了為他所獲得的實至名歸的榮譽感
到高興以外，同時要為吳三連文藝獎基金會這樣識人的決定而喝采。我
謹在此預祝他將來的創作得到更豐碩的成果。

一

　　春明是一個天生的小說家。在這種小說家的意識中，並不需要學院裡
的，表面上看去很複雜但有時是非常做作的理論，作他的創作基礎。這種
小說家成名以後，跟著而來的許多對他的小說的解釋，以及把他的小說按
上象徵這個、代表那個的名目，有時反而給他增添了不少困擾。（不少文
學批評的理論，雖然表面上看去很複雜，實際上卻往往是因為要建立它們
的「系統」而摒除了許多應該仔細考慮的相關因素，以致犯了形式主義的
謬誤。）因此，在這種情形下，他會很坦然地說，當初寫作的時候實在並
沒有想到這些名堂。他之所以要寫，是因為他好像被一種龐大的魔力抓住
一樣，身不由主，非寫不可。在他實際寫作的白熱階段，振筆疾書，哪裡
有時間去推敲、去斟酌。這種自然流露、熱烈迸發出來的作品，往往力量

任總統）而命名的。有人把它譯做「陌地生」，這種譯法即使沒有故意汙辱美國歷史與文化的意
思，也使人覺得常識不夠，不倫不類。我對美國文化的許多方面，並無好感；但，覺得對於對自
由主義之理論與實踐具有重大貢獻的美國政治思想家麥迪遜是應該給予尊重的。

特別大，像江河滾滾而來，感人至深。這主要是由於此種作品能直截了當地洞察（認知）一面（或數面）人性的「真實」——一面（或數面）常被舊式的、新式的、制度化的、與草野的陳腔濫調所遮蔽的「真實」。換句話說，也就是這一面（或數面）對「真實」的認知，驅使他無所顧慮，非寫出來不可。

　　春明在〈青番公的故事〉、〈看海的日子〉、〈兒子的大玩偶〉與〈小琪的那一頂帽子〉中所展示的世界是一個極不公平的世界。然而，在這個世界中被剝削、被踐踏的人卻不知從哪裡得到那樣充沛的力量，自靈魂深處播散著愛、憐憫、堅忍、寬容、與犧牲的精神。這種精神給予這些從世俗觀點被認為是「小人物」的人們的生活以莊嚴之感，並肯定了人的生命是由勇毅、自尊、希望、憐憫、與愛而得其偉大。在充滿了貪婪、卑鄙與不公的世界裡，這種精神居然「無動於衷」，頑固地存在著。這使春明十分驚異與歎服。他所驚異與歎服的，不是作為社群的人們，而是在社群中的個人，這個幾乎令人不可思議地不受外界干擾的人的靈魂的完整性。他因為深受其感動，所以不能不把它寫出來。許多論客，一再強調春明是一個同情「小人物」的作者；但用「同情」這兩個字來形容春明的心情實在是很皮相的。他聽了一定會啼笑皆非。那些春明筆下令人感動的小說，絕不是「同情」所能寫成的。那是源自熱烈的愛、冷靜而細膩的觀察與充沛的想像力三種不易揉合在一起的因素相互激盪而成的設身處地、形同身受的同一之感（empathy）。這種成就對春明而言並不是一蹴即得的；是他從〈男人與小刀〉那種沉湎於從自憐走向自我毀滅的小小的虛無意識中走出，在展視芬芳的泥土與擁抱廣闊的世界時，與他身邊最熟悉的、植根於東臺灣鄉間具體生活環境中的人物神會的精神旅程。正如他自己所說，那是一個從幼稚走向成熟的過程。

　　20 世紀的許多文學作品所反映的，往往是浮躁、疏離、虛無、玩世不恭等精神失落的現象。如果作家們所看到的世界就是這個樣子，把世界寫成這樣當然也無可厚非。春明卻從他所熟悉的鄉間人物的生活，看到了真

實世界中人性的尊嚴。因此，他能夠走出那夢魘的世界。這一方面是由於這些人的生活給了他啓示的緣故；但，他如果沒有本領來接受這個啓示，當然仍是毫無結果。約瑟夫・康拉德（Joseph Conrad）曾說，文藝的中心關懷是從人生中發現什麼是基本的、持久的與本質的。文藝工作者的方法與科學家和哲學家不同；他不是採用系統研究和論辯的方式去探討他所關心的問題。他是根據內在的力量—— 一項內心的「天賦」（"gift"），這種天賦使人能夠具有快樂與驚奇的本領，能夠產生別人的痛苦即是自己的痛苦的感受，同時也能夠產生與世上一切的生命相契合的情感。如果一個作家依據這種天賦所給予的資源從事創作的話，他自然知道什麼是文藝所優先關切的東西。在囂雜的世界中，這種文藝所優先關切的東西常被矇蔽，有時一些作家也以爲反映囂雜與失落是他們優先的關切。但，正如索爾・貝婁（Saul Bellow）所指出的，如果我們能夠避開叫囂的環境，走向安靜的領域，文藝所優先關切的東西仍是清楚可聞。[2]這個清楚可聞的「真實」是普魯斯特（Marcel Proust）所謂的超越現實目的之「真正的印象」（"true impressions"）。文藝工作者的天職就是把這些「真正的印象」用藝術的語言與形式表達出來。

自從第一次世界大戰以來，西方文化一直處於嚴重的危機之中，許多作家深感與文化和生命疏離。因此，文學思想史家奧爾巴哈（Erich Auerbach）曾說：「許多作家不是寫出光怪陸離，隱約地令人恐懼的作品，就是用弔詭與極端的意見使大家震驚。無論是由於對大眾的藐視、對自己靈感的崇拜，或是由於一個不能同時既單純而又真實的、可悲的弱點，他們之中的許多人對於他們所寫的東西根本不做幫助使之得以瞭解的努力。」在這種情況之下，許多文藝作品遠離康拉德所說的「中心關懷」，無寧是可以理解的。

---

[2]Saul Bellow, "Nobel Lecture, December 12,1976" in Les Prix Nobel 1976（Stockholm: Nobel Foundation, 1977）p.244. 本文寫作時，曾參考多年來在芝加哥大學社會思想委員會任教的索爾・貝婁先生於接受 1976 年諾貝爾文學獎時發表的這篇演說。正如福克納（William Faulkner）在 1950 年接受 1949 年諾貝爾文學獎時發表的演講一樣，這是一篇精采而令人振奮的「見證」之辭。

　　但，文藝工作者究竟如何從人生中發現什麼是基本的、持久的、與本質的呢？文藝的中心關懷在於追尋人生之意義與指引人生之意義（這種活動是經由展現與描述人生中具體的事情而進行的。此處所謂「展視」與「描述」與宗教和哲學的活動不同。宗教訴諸人的企求、恐懼，與對宇宙的神祕之感，而哲學則在於說理。文藝的「展視」活動與哲學的「說理」活動當然也可能包括對宇宙的神祕的感受；在這一方面，三者可以匯通，在其他方面，三者不同。[3]）既說是追尋人生意義，當然已經預設（assume）人生是有意義的；否則，如果假定人生並無意義，那麼「追尋人生意義」的任何活動便是不通而可笑的。另外，追尋人生意義的活動，同時也蘊涵著已經意識到對於賴以衡量人生意義之標準的掌握；亦即：對於何種人生取向才有意義與何種人生取向並無意義已經具有無法明說的瞭解與感受。否則，如果毫無根據，那麼在追尋人生意義的過程中，一個人即使找到了答案，他也無法知道那個答案就是答案；因為他必須根據已知的標準去衡量，才能知道那個答案是正確的。用博藍尼（Michael Polanyi）的哲學術語來說，我們對人生一切事物不關懷則已，一旦產生關懷，在不能表面明說的「支援意識」（"subsidiary awareness"）中就已經與宇宙中的「真實」（"reality"）產生接觸，我們就在這種漸漸深入的接觸中，接受宇宙的「真實」的啓發與指引，進行各種追尋人生意義與發掘真理的創造活動——亦即更深一層地認知宇宙的「真實」的活動。

　　但是，現代文明中各式各樣的實證主義與化約主義對這種認知宇宙的「真實」的創造活動產生了極大的干擾與威脅，實證主義以為凡是不能經由感官接觸的、不能證明的、與不能明說的東西都不是真實的，所以都不可相信；因此，道德與精神便被界定為情緒。社會學中的功能主義（sociological functionalism）與絕對歷史主義（absolute historicism）則以為所謂道德與精神只是社會環境或傳統演變的產物，它們具有維持社會秩序

---

[3]此處所說的哲學當然不是指實證主義的哲學。那種哲學認為任何人對人生的看法只是主觀的偏見，哲學所能做的只是澄清命辭而已。

與促使歷史變遷的功能，但它們除了扮演一種角色以外，本身並無意義。
（這派學者即使承認道德與精神本身之存在，不可完全化約為它們產生的
背景，同時它們的意義也不止於在社會與歷史中扮演一種角色；可是他們
因受自己的化約主義的牽制，對道德與精神之本身意義終究說不出一個所
以然來。）另外，心理分析學說則把道德與精神化約為欲望的藉口。

這些現代的教條，事實上，是現代虛無主義的思想基礎。承受著這些
現代文化沖激的臺灣，在學術界與文化界發生了三種現象：第一，文化保
守派用陳腐的教條來應付這些新的教條。這一派往往與政治利益結合，除
了造成一批火牛以外，因為只是在那裡從事一廂情願的要求，並未做開放
心靈的分析，所以在思想上說服力不大。第二，一些在學院中主張行為科
學的人，對於行為科學是由實證主義衍生而來的思想淵源不甚了了；因
此，他們所肯定的道德價值與他們的學說之間產生了不能協調的現象。行
為科學家們，在現階段的臺灣政治與社會發展中，有相當程度的正面貢
獻，但他們的學說因受其基設（presuppositions）的影響，只能視價值為中
性；他們所談的「價值」，事實上只是一種功能，所以只能從相對於社會
需要的角度來談，沒有更高的意義。從長遠的觀點來看，行為科學是無法
建立價值系統的。第三，那些主動接受現代虛無主義的人，則以為作為一
個現代人，應該自甘於虛無與玩世，甚至以為這是「前衛」式的進步。
（當然，也有許多人對上述現象採取批評的態度；這也是為什麼我以為在
臺灣的中國文化不是沒有前途的主因。然而，無可諱言地，上述現象在臺
灣是占有很大勢力的思潮。有些人即使不以它們為然，但因自身並無有力
的論式去反駁它們，所以對思想的釐清並無積極的貢獻。）

在這些現代文化危機的籠罩之下，春明早期一系列展視與描述東臺灣
鄉間人物的小說，可說毫未受其影響，或早已超越其影響。他秉承天賦，
以更高形式的認知能力，接受了他所嘆服的鄉間人物所給他的啟示，經由
他筆下的人物各個具體生活中所呈現的愛、憐憫、希望、堅忍、寬容與犧
牲，展示了人的精神的存在。這些作品之所以能夠寫成，主要是因為作者

的心靈是由於一種激情的強烈之感（passionate intensity）所推動的緣故。而我們讀者在迴應這些文學創作所帶給我們的訊息時，心靈深處也會產生一種激情的強烈之感（其內容當然與作者創作時所感受的不可能完全一樣，作者的意圖（intention）也不是此處討論的題目），在這個時刻，世界一切荒謬均被否定，我們受作品中精神的見證所感動，知其並非虛幻，而是實有！例如，當我們閱讀〈看海的日子〉與〈兒子的大玩偶〉深受感動之時，我們不能說梅子、坤樹與阿珠的生命中呈現的精神只是社會環境與歷史背景的產物。換言之，我們認知了他們的精神的完整；雖然他們的環境與背景對他們的人格的形成有某種程度的影響，但我們不能把他們的精神化約為社會的環境與歷史的背景。（小說不是歷史，小說的創作當然不必在每一個細節上都要根據過去已經發生過的事情。小說家的想像儘可與他見到的具體的人生匯通。但，偉大的小說必須呈現特定的具體之感，使得讀者感受其獨特的存在，而不是抽象的或口號式的表現。正因為它是具體的，讀者才能對它產生獨特的感受，這種感受能刺激想像力，具有真實感的概念遂可能由豐富的想像轉化而成。）

二

　　當春明把他的視線轉移到城市以後，他的心靈深處受到城市罪惡的強烈震撼，難以保持鎮靜；他憤怒、譴責，但又同時感到無奈。在這種情況之下寫成的作品，品質便難免不一了。〈蘋果的滋味〉詛咒貧窮，仍見深刻，筆觸間仍有他與作品中的人物產生同一之感而得的細膩之處。〈莎喲娜啦・再見〉，是一篇具有社會意義的作品，另外對作者與臉上有印記的阿珍之間的心理描述，也有動人之處。但，〈小寡婦〉與〈我愛瑪莉〉則顯得零亂與鬆懈。春明以一腔熱血去寫擁抱生命、肯定生命的題材，屢見精采之處，但由他去寫諷刺小說，這件事本身可能就不太合適。每個人的本領都有長短，能把某一類事做好的人，並不見得會把另外一類事做得同樣地好。在這兩篇作品中，作者的智巧失於過露，諷刺變成嘲弄，因之而

來的滑稽之感減低了作品所應達到的嚴肅性與強度。換句話說，崇洋媚外與其他城市中的污點當然是應該加以諷刺或譴責的，但春明在〈小寡婦〉與〈我愛瑪莉〉中的作法卻不易產生深刻的效果。另外，在描述罪惡事實的時候探討罪惡的原因，也產生了相當混淆的結果。因為在探討罪惡的原因時，不能不用相當程度的化約方式；所以罪惡的事實便無形地被沖淡了。

其實，城市中的罪惡，何止於春明筆下的那樣？其幽闇面恐怕要比他寫的或能寫的更黑暗多少倍吧？如果環境許可，把城市中最幽深的罪惡記錄下來，自然是一大成就。然而文學工作者的責任不止於記錄。在他觀看城市的時候，應該把城市文明的罪惡與城市文明中的許多個人分開。當然，許多城市中的人只是罪惡的化身──他們已經徹底非人化了；如果一個作家所看到的城市中的人都是這一類生物，他若仍要寫城市生活的話，當然也只能記錄事實與探討原因。但，如果作家在城市的生活中看到許多個人在生命裡呈現著為理想的奮鬥、愛的關懷、精神的煎熬，與靈魂的掙扎（如許多為自由與民主奮鬥的故事），那麼他應該以適合展視與描述這些人的精神旅程的方式來探尋這些人的人生意義與其涵義。假若春明覺得我的批評與建議不是沒有道理，而他仍有興趣把城市中的形形色色當做小說題材的話，也許他會放棄諷刺的體裁，採用別的方式來展視與描述許多不同的個人在城市中的生活。（文學在展視與描述社群中的個人而不是作為社群的人們時，才能發揮它本身特有的力量。）即使仍用諷刺的手法，至少要免去嘲弄，如此城市中的罪惡將能更直接地呈現在讀者之前，使其警惕。

──1980 年 12 月 5～6 日《聯合報‧聯合副刊》

備註：

本文最初發表於臺北《聯合報‧聯合副刊》。此次收入本書，則是根據林毓生先生於 2013 年 5 月提供的，按照其所著《思想與人物》（臺北：

聯經出版公司，2001 年初版第 10 刷，頁 385～396）所收本文，重新校改
的定本排印。

——選自林毓生《思想與人物》

臺北：聯經出版公司，2001 年 7 月

宜蘭街上一少年

◎林海音[*]

　　若干年來很少進電影院，基於三個理由：不願見好好的影片被剪；不願踏著滿地的雞骨頭或聽汽水瓶滾下來的聲音；不願擠在被黃牛截攔不前的買票行列中。距離上一次看的《假如我是真的》這部片子，看看有多久了。但星期日我在大雨滂沱中卻排兩場隊才買到票，是去看《兒子的大玩偶》。

　　黃春明的作品我是熟知的，但是我不知道編劇會編得怎樣，或導演會導得怎樣。等我一口氣兒看完了，才從電影中回醒過來，才從小鎮、陋巷中的小丑、小姑娘、推銷員……身邊回到影院的座位來。在電影的劇情進行中，我雖因劇中人語言、舉動的滑稽而大笑，但心情是憐憫和悲哀的，每個觀眾都是一樣的吧！但出了電影院，走在西北雨沖洗過的人行道上，我的心中卻充滿了喜悅；為了這部片子的成功而喜悅；為了原作者黃春明和編劇者吳念真終於完成了他們的抱負和理想的工作而喜悅；為了他們倆是我認識的寫作的朋友而喜悅。

　　好的原著如果沒有好的編劇和導演也是枉然，出身礦工家庭的吳念真，自小在老家九份經歷了那個礦區的興衰；從興盛得酒家林立到衰敗得一里只剩了一二十戶人家，小學一年級竟無新生入學。由這樣一個看了很多活生生的人的生活情態者來編寫劇本，是抓得住原著的精神的。吳念真才不過 30 歲吧，是溫和的讀書人的樣子。

---

[*]林海音（1919～2001）散文家、小說家。本名林含英。苗栗人。發表文章時為純文學出版社發行人兼主編。

　　黃春明我就熟識得多了，無論什麼時候見到他，都是衝勁十足。我有一個宜蘭朋友嘗笑談說：「宜蘭面，我在街上一看就可以知道。」我問說宜蘭人的面，有什麼特徵或不同嗎？我所知道的宜蘭人像藍蔭鼎、楊英風、黃春明、吳靜吉、楊麗花，他們的「宜蘭面」跟別處人不一樣嗎？我的朋友也說不出。我問黃春明，黃春明說：「我沒聽說宜蘭人的面孔有什麼不同，倒是我們宜蘭人的個性是反叛性比較強，所以從事藝術的很多。」他說的的確不錯，黃春明就是典型的一個，上面所說的幾位，不也都是藝術家嗎！這樣個性的人，從事藝術更能發揮他自己的創作力，是一點兒也不錯的。

　　看黃春明的小說，好像諷刺社會現象，同情陋巷中的小人物，以為他是個憤世嫉俗玩世不恭者嗎？也許有，但這一切的後面，卻是一股「熱愛」的情緒，愛家、愛小孩，同情女人，在《兒子的大玩偶》電影中，觀眾也可以看出來的。小孩子和女人在他的筆下所描繪的，使我們越覺得，他們是該受到保護的，不要虐待和摧殘他們啊！

　　記得他初向「聯副」投稿，是民國 51 年 3 月間的第一篇〈城仔落車〉，他不知道編輯是何許人，還特別囑咐，可別把「城仔落車」改成「城仔下車」呀。春明的小說，不太在文字上雕琢，但是他把語言運用得特別好，他在小說中不但把當時的社會現象描繪得真真實實，也把什麼人說什麼話的特點描寫出來，所以我常覺得他的小說不是看平面的，而是有聲音的，所以他的小說改編成電影是最適合不過。看在《兒子的大玩偶》電影中，他就運用了三國四種語言，而且非常恰當。黃春明是個才智很高的作家，他無論做什麼，不但衝勁十足，腦筋也快，當年讀師範實在並不適合他，他不能乖乖的做一輩子好老師。他能寫會畫，設計方面也有兩手。當年他當兵回來曾在中廣宜蘭臺主持一個臺語的「雞鳴早看天」的晨間節目，好像中廣的「早晨的公園」一樣，聽眾非常多。前幾年他給「愛迪達」做企劃設計，讓「愛迪達」人人皆知，實出於黃春明之「腦」。大家也都知道他開創了拍攝紀錄片的新境界，像《大甲媽祖回娘家》等等。

　　這位當年從宜蘭街上出發的少年，終於更走進了他所喜愛的電影製作，在《兒子的大玩偶》以後，還有《看海的日子》、《兩個油漆匠》等，並且由他自己改編劇本，甚至也許要自導了。

　　四十多歲了，正是人生渾圓成熟衝勁最高的時候，黃春明是有許多事情想做的，但是他曾說過：「我畢竟是個寫小說的，有很多事情，我常常想拿小說來解決。」寄語春明，可別忘了這句話啊！讀者也還是很重要喲！

　　　　　　　　　　　　　　——選自《聯合報》，1983 年 9 月 9 日，第 8 版

黃春明的困境

鄉下人到城市以後怎麼辦？

◎呂正惠*

一

　　臺灣的小說家可以按照他們的年齡、輩分，以及所寫的題材，大致分成三個大世代。第一個世代的作家所處理的主要是光復以前的生活經驗，如姜貴、司馬中原、朱西甯、段彩華之於大陸，吳濁流、鍾理和、鍾肇政、葉石濤之於日據時代（偶然也涉及光復初期）。第二個世代的作家所要面對的，則是鄉土文學論戰與中美斷交之後波動的臺灣政治、社會現實。介於兩者之間的第二代作家，不論他們的籍貫如何，可說是在光復以後臺灣的教育體制之下教養長大的第一代，他們的成長期也就是臺灣經濟發展最迅速、社會最安定的時期。他們的作品多少反映了他們對這整個時代的部分看法，每個人雖然只涉及到某一種生活層面，但綜合起來看仍然可以涵蓋相當大的範圍。他們的成就雖然還不能算是第一流的，但回顧起來卻尚未為第三世代的作家所超越。目前他們大部分都面臨了進一步發展的困境，但公平地說，他們仍是臺灣小說的中堅。第二代作家的代表人物是：白先勇、王文興、陳若曦、陳映真、王禎和、七等生、黃春明。

　　在這群作家之中，黃春明是較為特殊的一位。就教育背景來講，除了他和七等生以外，其餘的都出身於大學外文系。七等生雖然和黃春明同是師範畢業生，但他對西方現代文學的接受，卻遠非黃春明所能及。七等生和陳映真、王禎和後來雖然和黃春明同被歸為鄉土小說家，但實際上他們

---

*發表文章時為清華大學中國語文學系副教授，現為淡江大學中國文學系教授。

受現代主義影響的程度都遠超過黃春明。我們不能說黃春明沒有接觸過現代主義，但無可否認地，在這群小說家中他的作品最不容易找到現代主義的色彩，他的作品中許多優點和缺點都可以從這方面去加以解釋。在這裡面，沒有矯揉造作的技巧，沒有刻意安排的象徵，也沒有精雕細琢的文字，總而言之，沒有一切仿造現代主義的「不自然」。然而反過來說，黃春明的小說也缺乏現代主義的精心布局與節制美德，而顯得過分臃腫與欠缺剪裁，這是他特殊的「文學教育」所造成的。

　　但是，黃春明卻因此保住了小說家最難能可貴的一項才能，即，說故事的才能。現代小說家絕大部分看不起這一才能，認為現代小說還要以情節取勝，簡直有點自貶身價，但無可否認，這卻是黃春明小說動人的主要原因之一。見過黃春明的人，都會被他特殊的說話方式所吸引住，甚至有人認為他講的故事比他寫的還要動人。黃春明是講故事的能手，黃春明做為小說家之「保守」的一面由此「暴露」無遺，而黃春明之成為最純粹的鄉土小說家也由此找到最原始的根由——他擁有一些鄉土說書人的特質：他植根於鄉土，長期在鄉土長大，了解鄉土人物的辛酸與命運，他要把他們「說」出來。

　　從這裡就可以談到黃春明做為現代小說家最難得的特質：在他們那一代的小說家之中，他最沒有知識分子的習氣。白先勇、王文興、陳若曦、陳映真、王禎和、七等生等人，在教育過程之中逐漸遠離了一般人，到最後他們的生活只好被限制在極小的範圍之內。他們只能描寫這個範圍，如果他們要跳出去，要去描寫其他世界，如白先勇之於《臺北人》、王禎和之於「小人物」，他們大半描繪了一副極其扭曲的形象。陳若曦的《尹縣長》所以沒有遇到同樣的命運，主要就在於：她從一個「回歸」知識分子的角度，忠實地報導她的印象。她把自己限制在一個她可見、而且也能見的範圍內，因此也就不會犯同樣的錯誤。黃春明跟他們不一樣，對於他所要描寫的「小人物」，他大半是「心知肚明」的，在某種程度上，他就是他們之中的一分子。他的「較晚」離開鄉土小鎮，他的「較晚」接受西方

現代文明，使他在鄉土之中吸收了較多的東西，使他和他的人物有較多的認同，同時也就使他較「缺乏」現代知識分子的「獨立性」，較少現代知識分子的「素養」。因此當黃春明逐漸遠離了他的鄉土，到城市來「打拚」，尤其當他逐漸「拋棄」他的小人物，開始改變描寫對象的時候，他的危機就出現了。黃春明到城市以後，黃春明還能不能是原來的黃春明？如果不能，他應該怎麼變，才不至於喪失根據，才能在變中保住「不變」的東西，這是黃春明做爲小說家所面臨的最大困境。

二

　　黃春明做爲一個小說家，當然有他自己的發展史。據劉春城 1985 年出版的黃春明傳《愛土地的人》所說，從民國 45 至 52 年，黃春明寫了 11 個短小的短篇之後，他接觸了現代主義，在現代主義的影響之下寫了四個短篇和一個劇本。民國 56 年 4 月出版的《文學季刊》第 3 期登載了他的〈青番公的故事〉，此後在短短的兩年內，黃春明陸續發表了〈溺死一隻老貓〉、〈看海的日子〉、〈癬〉、〈魚〉、〈阿屘與警察〉、〈兒子的大玩偶〉、〈鑼〉，就是這八篇作品造就了黃春明「鄉土小說家」的聲名。從民國 45 年第一篇作品開始，黃春明摸索了十年，才爲自己找到了適合的題材，那也就是他從小所熟悉的家鄉中人。

　　從這些作品來看，黃春明對於鄉土小人物的熱愛，可能來自於他對現代文明的逐漸認識與熟悉。他的成長，他的就業生活，他在宜蘭與臺北的生活經驗，都讓他認識了工業社會中的冷漠與無情，然後，他才以一種懷鄉的心情去尋找他過去的「根」。即使我們不能從資料上證明，實際生活中的黃春明真有這樣的心路歷程，但無可否認的，連貫在這些小說中的基本精神的確是：現代文明對於鄉土小人物的逼迫。黃春明知道這些小人物勢必要接受現實，不然就被時代所淘汰，然而他是以怎麼樣的一種心情來譜寫他那「懷鄉」的「輓歌」啊！

　　從某一種角度來講，黃春明是很清醒的，他知道傳統的鄉土農業社會

一定會被工業的現代文明所淘汰，被它改變了原有的面貌。因此，在〈溺死一隻老貓〉裡，他以他所特有的嘲諷精神正視了鄉土社會的「落後」面。當做爲現代文明代表的游泳池要侵入鄉土社會時，鄉土社會的頑固遺老阿盛伯，卻以破壞清泉村的風水之名來極力反對。阿盛伯最後未獲得村民支持是必然的，下一代的小孩在游泳池戲水時的愉快，證明阿盛伯爲鄉土殉難，完全沒有價值。

但是黃春明並沒有以「客觀」的態度來批評阿盛伯「落伍」，在他的譏諷筆調後面仍然有一股強烈的惋惜與同情。他不能否認現代文明的「文明性」，但他知道鄉土社會之接受現代文明，得失相抵，未必利多於弊。

黃春明的「買辦經濟」小說曾經引起許多人的批評和懷疑，其中明顯具有政治目的的我們姑且不談。另一種較流行的看法是：黃春明以前的小說多麼富有人情味，多麼具有中國人的特質，現在怎麼寫得這麼「淒厲」、這麼有「煞氣」。這是在懷念黃春明以前的溫情主義，這種意見完全不足取，理由已在前面討論鄉土小說時講過。比較合理的看法是：黃春明拋棄了他所熟悉的人物，去描寫他所不熟悉的環境，實在有點不智。一般而論，這種看法是正確的。

然而問題也沒有那麼單純，事實上黃春明這一類小說並沒有完全失敗，要跟陳映真的「跨國公司」小說比，黃春明同性質的作品顯然處理得較爲自然。〈莎喲娜啦・再見〉讓一個相當具有歷史自覺的公司職員替日本觀光客拉皮條，這是非常自然的情節。〈蘋果的滋味〉讓一輛洋人轎車去撞到一個窮苦的攤販，由此展開了一連串的喜劇場面，情節雖然是黃春明造出來的，但是趣味性還是來自非常自然的聯想（如阿桂和小孩在美國醫院的土頭土腦）。也就是說，經濟的矛盾必須從情節中自然而然的發展出來，而不是讓情節成爲某種政治經濟哲學的傀儡，不是「創造」一個框架以便把自己的觀點套進去。在這方面，〈蘋果的滋味〉和〈莎喲娜啦・再見〉無疑要勝過〈小寡婦〉和〈我愛瑪莉〉，也要勝過陳映真的《華盛頓大廈》系列。

　　從這裡就可以談到題材的熟悉問題。只有從自己所經常見到的日常生活中體會到某種「經濟哲學」，只有從這些生活中去提煉小說，小說才可能是活生生的，而不是某種哲學的喉舌。陳映真是一個更有「思想」的小說家，毛病就在於他急於要表達「思想」，而不是要寫小說。我相信陳映真的許多評論，就「思想」的表達來講，比他的「跨國公司」小說都要來得更有力。

　　我們可以順著這個方向來進一步比較〈蘋果的滋味〉和〈莎喲娜啦‧再見〉。從情節上來講，〈莎喲娜啦‧再見〉比較容易被人接受，因爲日本觀光客的「旅遊目標」在臺灣幾乎已人盡皆知，但黃春明這篇小說並沒有比〈蘋果的滋味〉成功。在〈蘋果的滋味〉裡，黃春明最大的「捏造」只在於讓洋人轎車撞人，這雖然不尋常，但並不是「不可能」。最重要的是，此後黃春明讓他所熟悉的鄉土人物「遊人觀園」——美國醫院，然後藉此反映臺灣社會的一些問題。阿發被撞，原本可能釀成悲劇，但在小說裡卻因此解決了他們的「經濟困境」，讓他們嘗到現代文明的「善果」，其唯一的原因是，撞到他的剛好是美國人所開的轎車。當然，我們很可以讓一輛大卡車把阿發壓得血肉模糊，而那結果就可以另寫一篇小說了。

　　阿發、阿桂的悲喜劇以相當令人信服的方式加以展開，而〈莎喲娜啦‧再見〉裡那個公司職員的尷尬處境卻以阿 Q 式的自我膨脹加以解決。男主角以八年抗戰的史蹟來教訓日本觀光客，讓日本觀光客「坐立不安」，除了滿足臺灣中國人的「阿 Q」精神以外，完全脫離小說發展的正軌；同時，日本觀光客的性無能也絕對不能掩蓋日本經濟強勢的事實。在〈莎喲娜啦‧再見〉裡，黃春明的嘲諷主要針對日本人，這只是在「逃避」問題。黃春明是以一種較特殊的方式來表現他的「溫情主義」，無怪乎〈莎喲娜啦‧再見〉成爲他的城市小說裡最受歡迎的一篇。

　　黃春明可以從他熟悉的鄉土人物出發，去找到他們和「買辦經濟」的交叉點，然後從這個交叉點去寫他的「買辦經濟」小說。只要他能以這種「自然」的方式來發展他的情節，我相信「買辦經濟」小說不是不可以

寫。但是，我覺得黃春明不必急著去面對臺灣經濟的「大問題」，他可以循著自己熟悉的方向前進，只要他的才能「充分」的發展下去，他的小說可能以最間接的方式繞個大圈子回到「買辦經濟」那個大問題上，那麼他就可能成爲臺灣最成功的「買辦經濟」小說家。

　　理智上不能否定現代文明，感情上又無法不依戀鄉土社會，黃春明這種心理的矛盾在〈鑼〉裡表現得最明顯。很多人認爲〈鑼〉是黃春明的傑作，他們對憨欽仔的命運一致地表示同情，對憨欽仔的「個性」也一致地表示喜愛。讀者這種態度完全是黃春明所造成的，因爲黃春明正是以這樣的態度來對待那些即將被現代文明所「淘汰」的人。憨欽仔沒有罪，憨欽仔的鎮民也都沒有罪，相反的，他們都是非常善良的人。那麼，爲什麼「廣播」比「打鑼」進步，就要他們「受苦」，就要把這個可愛的社會「消滅」？這是講究鄉土感情的黃春明，無法被講究理智的黃春明說服的地方。

　　黃春明這種矛盾的感情，還夾雜了另外一種非常複雜的因素。那就是政治，外來的政治。〈溺死一隻老貓〉在「民權初步」那一節裡，描寫了一場準政治鬧劇。在〈鑼〉的結尾處，黃春明把憨欽仔最後的「失業」，歸罪於他最後一次敲鑼時無意中所犯的「政治錯誤」。就小說觀點來看，〈溺死一隻老貓〉的政治鬧劇，還能跟整個情節密切配合，不但不算敗筆，甚至還替整篇小說生色不少。但〈鑼〉的結尾實在不高明，是逃避問題，另尋「代罪羔羊」的寫法。憨欽仔的命運是被社會潮流所註定的，不是一、二人所能負責的。

　　黃春明不知是有意還是無意，但無可否認地，在這兩篇小說裡，他有點在暗示說：政治和現代文明是同一力量。這種看法未免太單純。我並不以爲在描寫鄉土社會的消失時，政治因素不可以帶進來。假如黃春明把這個因素帶進來，而且處理得成功，我相信他的小說還會更有價值。但假如他把鄉土社會的命運歸罪於外來政治，那麼他不是太過天真，就是意識形態太過僵化，對他的小說無疑會弊多於利。

　　黃春明對於政治的特殊態度，更重要是他對鄉土社會的浪漫式的「懷鄉」，使他終於只成爲一個「溫情」的鄉土小說家，而不是一個胸襟開闊、眼界寬廣的寫實小說大家。傳統社會的崩潰是一個複雜的過程，在臺灣還牽涉到特殊的政治因素，這個緩慢而巨大的改變，只要對「臺灣社會史」有興趣的小說家，就是一個開發不盡的寶藏。何況黃春明身爲傳統社會過渡期的一分子，對他所經歷的過程相當熟悉，對其中人物的命運不但眼所目睹，而且深具同情。如果他有足夠的抱負，他可以爲臺灣歷史留下一部鄉土社會崩潰的史詩。然而黃春明終究不夠「理智」，不夠「寬廣」，不夠「硬心腸」，所以他終於只能成爲幾篇鄉土小人物畫的作者。

　　黃春明的「狹隘」的、「溫情主義」的「鄉土性格」也在另一篇「名作」裡表現出來，那就是〈看海的日子〉。讚賞〈看海的日子〉的人並不比讚賞〈鑼〉的人少，有人還會以這篇做爲黃春明「人道主義」的具體證據。事實上，如果說在〈鑼〉那種半傳奇的色彩裡，黃春明還保留了一半的寫實筆調，那麼〈看海的日子〉就完全是黃春明式的純幻想的解決辦法了。對於鄉土社會之必然改變面貌，黃春明竟然以鄉土人情「永遠不變」的方式去面對。

　　14 歲就開始當妓女的白梅，居然在當了 14 年妓女之後還保留著那麼純粹的「聖女」性格，除了黃春明對鄉土人物有這種信心之外，不知道還有誰會有這種信心。一個年輕的女人，帶著一個無父的孩子，住在一個偏僻的鄉下，竟然會博得村民那麼大的尊敬，這也不能不說是一種奇蹟。即使村民不知道白梅當過妓女，即使他們相信白梅的話，認爲小孩的父親已死，白梅還是不容易獲得那種尊敬。甚至連小孩的父親，白梅所偶然接到的客人，都是那麼淳樸善良的人，這一切的「聖潔」與「奇蹟」雖然令人不忍苛責，但是，無可否認的，黃春明是以他百分之百的溫情主義去克服鄉土社會面對工業文明的衝擊所產生的種種困難和痛苦。黃春明在他幻想的王國裡，建立了一個絕對不可能實現的「溫情的烏托邦」。

　　〈看海的日子〉無疑是可以當作象徵小說來讀，不同的人對象徵的主

題可以有不同的解法。你可以把它看作:鄉土社會飽受工業文明踐踏摧殘
之後,仍然保留它那淳良溫厚的性格。當然,政治性比較強的臺灣人也可
以把它解釋成政治小說。正是因爲它可以看作象徵小說,因此也就更加表
示這篇小說在黃春明作品中的典型性,它以典型的方式反映了黃春明面對
現代文明的「鄉土哲學」,這種鄉土哲學是完全沒有現實味,完全理想性
的。我們很難不說,黃春明是在逃避問題,黃春明沒有真正的面對現代社
會的問題。

如果要講得更徹底,我們可以說,黃春明這種極端的「溫情主義」恐
怕是和他寫小說的目的背道而馳的(假如他真有那麼一個目的的話)。
「溫情主義」是最佳的軟化工具,不只是使人心軟化,更重要的是,把社
會問題軟化成道德問題,而且,既然人(如小說所寫的)那麼有道德,那
麼社會還有什麼問題?這種小說是沒有危險性的,連最天真無邪的少女都
可以閱讀〈看海的日子〉而不會受到「心靈的污染」。這是黃春明的小說
所以暢銷的主要原因之一。

以臺灣的小說水準來講,黃春明幾篇較成功的「鄉土人物畫」確實要
令人刮目相看。但要說,黃春明已經寫出了多麼了不起的作品,我想,還
是不很妥當的。

三

〈看海的日子〉與〈鑼〉是黃春明溫情主義的頂點,此後他變得比較
的「尖刻」,政治意識也比較的明顯,最重要的是,他的視覺焦點已從他
所熟悉的鄉土社會轉移到城市裡來,從此他的創作進入了另一個時期。劉
春城在前文所提到的那一本傳記裡,把這個時期的作品稱之爲「城市小
說」,以別於前一期的「鄉土小說」,是頗有道理的。

黃春明的城市小說可以分成兩類,第一類寫鄉土人物到城市來謀生所
產生的問題,這是〈兩個油漆匠〉所要處理的主題;第二類則是備受議論
的所謂「買辦經濟」、「跨國公司」小說,這是黃春明第二期小說的重

點，作品包括：〈蘋果的滋味〉、〈莎喲娜啦‧再見〉、〈小寡婦〉和〈我愛瑪莉〉。〈小琪的那一頂帽子〉則介於兩者之間，兼有兩者的特質。

我的意思是，黃春明應該從一個個鄉土人物到達城市以後所面對的經濟、社會問題著手，去寫他的「鄉下人進城」的系列小說。透過這系列小說的探討，他一定可以觸摸到（假如他的小說家的敏感心靈還在的話）臺灣經濟的核心問題，即「買辦經濟」的問題。這樣的處理雖然比較的間接，但這應該是黃春明的個人經驗所允許他去走的道路。從這條路去走，黃春明更有可能成為一個較優秀的藝術家。

這就意味著，黃春明更應該處理鄉土人物到城市來「打拚」所面對的問題。黃春明自己就是這樣的人物，他曾經賣過學生自助餐，而失敗過，也有許多其他的就業經驗。此外，他不可能不接觸到一些進城以後的家鄉人。臺灣到處都有可以成為小說主角的小人物，而我相信進城以後的鄉下人，就是一個取之不盡的寶藏。以我個人所曾經接觸的而言，許許多多的打拚故事很容易結晶成一些典型，從這些典型，不難看出臺灣經濟「飛速」成長背後值得人深思的「感人故事」。以黃春明的個人背景與特殊才性，他要寫這種小說應該沒有什麼困難。事實上黃春明已經寫了兩篇相當成功的「打拚故事」，一篇是前面提到的〈兩個油漆匠〉，一篇寫於鄉土小說時期，但以故事內容而言，應該歸入這一類型之中，那就是〈兒子的大玩偶〉。

從感情處理的細緻而言，〈兒子的大玩偶〉比較成功，對於父親心境的描寫比較用心，小說的結尾幾乎要達到一種悲愴的效果，在黃春明慣有的嘲謔風格中是非常少見的。在這方面，〈兩個油漆匠〉就顯得粗率得多。在這篇小說裡，前途黯淡的兩個鄉下青年把他們的怨氣在高高的廣告架上呼喊出來，痛快是痛快，但卻不是小說該有的作法。

不過，〈兩個油漆匠〉也有它的長處，黃春明讓那兩個鄉下青年去畫那兩個特大號的乳房，這種諷刺畫的妙筆，一下子就把資本主義文明的荒

謬處點破。由此可見,黃春明的城市生活是對他有好處的。在城市待得愈久,他的眼光可以磨得更敏銳,胸襟可以變得更開闊,能夠從更大的角度來看問題,而不至於把自己狹隘的拘限在鄉土之中。〈兩個油漆匠〉銳利地諷刺彌補了細節處理上的粗心,跟〈兒子的大玩偶〉相比,自有其不可及之處。

不過,諷刺也要有個限度。在〈兩個油漆匠〉的結尾,綽號猴子的青年跳樓事件就有點過火,對於新聞媒體的誇張描寫已經超過了極限,似乎黃春明也不知如何收束,最後竟然真的讓猴子跳了下來。這個結尾,正如〈鑼〉一樣,是個敗筆。以諷刺見長的黃春明,為諷刺而敗事又得到一個證明。但是更嚴重的是,黃春明的政治意識愈明顯,他的火氣也就愈大。黃春明的「城市小說」因為「氣不過」而罵出來的敗筆,似乎要比「鄉土小說」時期多得多。這真是有利就有弊,黃春明的城市經驗雖然使得他的眼光更加清晰,諷刺更加銳利,但因此也就逐漸喪失藝術家所應有的耐性,竟然把諷刺的小刀換成大刀,不顧一切「利害」的硬幹起來。黃春明之不願小心翼翼的寫小人物的「打拚故事」,而要直接面對閻王的「硬拚」「買辦經濟」,也許就是這種心態的反應吧!

那麼,「黃春明下一步應該怎麼辦?」這個問題的答案就逐漸明顯的透露出來。黃春明已經以他的城市經驗克服了他以前那種具有鄉土性格的狹隘的溫情主義,他再不可能回到那一個世界去了。這是意識形態上的進步。但是較正確的意識形態卻不能保證會有較好的藝術作品,黃春明已經以他個人的創作經驗證實了這一道理。假如黃春明還要繼續當小說家(要是他想成為「政治人物」那就另當別論),那麼他必須前進到他辯證發展的第三階段,即把第一階段的藝術耐性與第二階段的意識覺醒綜合起來,而達到一個小說家的更高階段。

就題材來講,黃春明似乎應該放棄「直接」的「買辦經濟」小說,當然,這只是暫時的、策略性的放棄。他應該去開發那一個「鄉下人進城以後」的無限寶藏,至少他可以在這方面多出幾篇傑作——很可能超過早期

的鄉土人物畫，至少可以和這些作品媲美。

　　假如黃春明還想寫出成功的「買辦經濟」小說，我想黃春明只有在時機成熟時去寫長篇小說。「買辦經濟」牽涉到整個臺灣社會的複雜結構，只有長篇小說的分量才足以充分表達（這從陳映真小說的布局可以看出來）。黃春明在處理過「打拚故事」題材之後，如果有充分的自覺，可以把他的「鄉土人物故事」和「打拚故事」綜合起來，那時候就能夠描繪出臺灣經濟的全景畫，而必然地，「買辦經濟」一定居於那幅全景畫的中心位置。可擔憂的是，黃春明有極明顯的故事作家的才華，但是否有長篇小說家的才具，就要留待時間來證實了。

──選自呂正惠《小說與社會》

臺北：聯經出版公司，1988 年 5 月

黃春明小說中的「廣告」分析

◎李瑞騰[*]

廣告人黃春明

廣告的本義是「廣泛告知」，涉及到廣告者、廣告內容、廣告對象等，更進一步則談到為什麼要做廣告？如何廣告（製作和通路）？以及廣告效果等。現代意義的廣告，不管是商業性的，或是非商業性的，其所關涉，無非如此。

在今天，誰都知道廣告的利害，它無所不在，充斥在人們生活與工作的現場，不管政府或企業、團體或個人，無不利用廣告以宣傳或行銷。隨著民主腳步的加快、商場的高度競爭、傳播媒體的發展、科技的進步等，廣告的觀念、製作方式以及有關的活動，都不斷在產生變化，有廣告人及其所屬的團體，有廣告比賽，有廣告研究，乃至在大學校園設系開課等，在在顯示出廣告的迫切需要性和專業化。我們正置身於一個複雜多變的廣告時代之中。

從理論到實務，「廣告」永遠處於趨新狀況，在過去的年代裡，廠商如何製作廣告，只存在於念舊者的記憶中，存在於廣告公司或大傳媒體的資料檔案裡，存在於一些以此為題材或背景的小說作品之中。黃春明的幾篇小說即是現成的例子。

根據了解，黃春明曾在電臺工作，「又編又採又製作，還自己主持播

[*]發表文章時為中央大學中國文學系教授，現為國立臺灣文學館館長。

音」[1]；在廣告公司上班，「撰稿之外，還要跑客戶」[2]；製作電視節目，「自己寫腳本，自己拍攝」[3]；在一家運動用品公司搞廣告企畫[4]；在一個鞋業集團擔任企劃協理[5]；此外，他曾參與電影工作、畫漫畫、搞兒童劇場等等。[6]

　　這樣的背景說明黃春明與「廣告」的關係非常密切，說他是一個廣告人，一點都不爲過，以黃春明對社會動狀一向具有敏銳的感應來看，在廣告界的聞見之間，所思所感合當非常深刻。在這種情況之下，當他寫起小說，把「廣告」寫進作品之中，應是順理成章的事。

　　黃春明總計有四篇小說很清楚的觸及「廣告」，它們是：〈兒子的大玩偶〉，1968 年 2 月，《文學季刊》第 6 期；〈鑼〉，1969 年 7 月，《文學季刊》第 9 期；〈兩個油漆匠〉，1971 年 1 月，《文學雙月刊》第 1 期；〈小寡婦〉，1975 年 2 月，遠景出版社。[7]剛好可以說明幾種不同的廣告形態，而經由諸作中「廣告」之分析，除可了解其情節結構，掌握主題，整體考察並可發現臺灣廣告形態之變遷。

坤樹：一個 Sandwich-man

　　首先我們看〈兒子的大玩偶〉，黃春明一開始就告訴我們小鎮上出現「廣告的」情況：

　　　在外國有一種活兒，他們把它叫做 "Sandwich-man"。小鎮上，有一天

---

[1] 劉春城，《愛土地的人——黃春明前傳》（臺北：錦德圖書公司，1985 年 1 月），頁 219。

[2] 同前註，頁 233。

[3] 同註 1，頁 259。

[4] 李潼，〈黃春明的再出發〉，《明道文藝》第 92 期，1983 年 11 月。

[5] 陳白，〈黃春明有多重角色〉，《聯合晚報》，1988 年 4 月 17 日，8 版。

[6] 幾年來黃春明每做一件與文藝有關的事都成爲文化新聞，這些事都見諸於傳播媒體的報導。

[7] 本文所引黃春明四篇原文不另註明出處，所據版本爲《黃春明小說集》（1962～1983 年）（臺北：皇冠出版社，1985 年 8 月），凡三冊，分別是《青番公的故事》、《鑼》（增訂本）、《莎喲娜啦・再見》。

突然也出現了這種活兒。但是在此地卻找不到一個專有的名詞，也沒有人知道這活兒應該叫什麼。經過一段時日，不知道那一個人先叫起的，叫這活兒做「廣告的」。等到有人發覺這活兒已經有了名字的時候，小鎮裡大大小小的都管它叫「廣告的」了。甚至於，連手抱的小孩，一聽到母親的哄騙說：「看哪！廣告的來了！」馬上就停止吵鬧，而舉頭東張西望。

　　所謂 Sandwich-man 是指身上懸掛廣告看板在街上做廣告的人，小說中的坤樹正是這樣的一個人，他受雇於電影院，打扮得奇奇怪怪，背著電影廣告看板行走在小鎮的街巷之間，主要是以吸引鎮民的注意為手段，以達告知電影播映的作用，最終當然是希望更多的人來看電影。

　　從廣告活動的基本結構來看，坤樹所做的廣告，廣告主（廠商）是樂宮戲院，代表人是經理（其實是老闆），產品是電影，廣告媒體是人（坤樹），是屬於一種戶外的流動廣告。

　　這裡面的重點當然是坤樹所擔任的這個奇特的廣告媒體角色，「一身從頭到腳都很怪異的，仿 19 世紀歐洲軍官模樣打扮」，臉上粉墨，鼻孔塞小鬍子，頭頂上是插著羽毛的圓筒高帽，肩上舉著電影廣告牌。除此之外，還有附加的廣告：「新近，身前身後又多掛了兩張廣告牌：前面是百草茶，後面是蛔蟲藥」。這個廣告的構想還是坤樹向新開電影院的老闆提出來的，而且有一個說服的過程，這時候的坤樹何異廣告公司的 AE（Account Executive），此外，坤樹更是一個廣告的製作者，並以身體當廣告媒體——一種最原始的廣告形態。

　　小說中坤樹曾追憶起小時候在教會門口看電影，「其中就有這樣的打扮著廣告的人的鏡頭；一群小孩纏繞著他」，或許就是這樣的啟發，使得坤樹產生做廣告以維生的念頭，雖然是一種模仿，卻也頗具創意，他清楚了解，以這種廣告方式，可以「把上演的消息帶到每個人的面前」，在說服廣告主的時候，他甚至提出這樣比「海報的廣告」「好」，他和老闆都提

及「廣告效果」問題，彼此也有所約定：

> 看看人家的鐘，也快 3 點 15 分了。他得趕到火車站和那一班從北來的旅
> 客沖個照面；這都是和老闆事先訂的約，例如在工廠下班，中學放學等
> 等都得去和人潮沖個照面。

為增強廣告效果必得掌握時間，現今印刷廣告媒體的版位考慮、電子
媒體的時段選擇乃至媒體性質與產品之間的關聯等，都成了廣告企劃的重
點。但坤樹其實是非常焦慮的，他擔心他的廣告效果太差，飯碗就會保不
住。

最後是戲院的經營者想改用三輪車來做宣傳工作，從此他將不再是
「廣告的」了，而是踏三輪車的車夫，對他而言，這當然是痛苦煎熬的消
解，然而卻也同時是一個重要角色的消失，他再也不是「兒子的大玩偶」
了，所以當他還原本來面目，兒子反而因陌生而大哭。

閱讀這篇小說，首先是要了解坤樹為什麼選擇做這活兒？當然是由於
一直找不到事，不得已出此下策，同時我們也還發現，為了要保住他太太
阿珠肚子裡的孩子，更有渴求子嗣生命的嚴肅理由。從這裡一路思考下
去，阿珠對他做這樣一個工作的態度如何？兒子阿龍見他如此扮相的反應
如何？家族中成員對他的觀感如何？小鎮上的人包括學生、工人、妓女等
對他是如何的一種指指點點？他自己以如此奇特的裝扮行走在大街小巷之
間的心理狀態又是如何等等？都值得我們逐次加深層次去探索，凡此皆由
坤樹所從事的廣告工作發展而來，這裡限於篇幅不詳加討論。

憨欽仔打鑼：非商業性廣告

〈兒子的大玩偶〉雖然是比較原始的廣告形態，但基本上也是行銷的
一種方式，是商業性的，而〈鑼〉則完全是非商業性廣告，敲鑼的憨欽仔
在被踏著一部裝有擴大機三輪車的年輕人取代之後，意志消沉，到棺材店

對面茄苳樹下混日子，最後又被公所找出來打三天鑼，卻在精神異常的狀況下，把事情搞得亂七八糟。

憨欽仔打鑼是個差事，他是一邊打鑼一邊喊叫，其內容大約是：1.有小孩迷失要尋找，2.廟裡要善男信女謝平安；3.公所有各種稅收需要催繳，或需打預防針種痘之類的事情。前二者屬於民間社會，可說是公益性廣告；後者是政府，屬政令宣導之類的廣告。憨欽仔打鑼是服務性行業，收取的只是工錢或紅包，本來是孤行獨市，沒想到一部裝有擴大機的三輪車就徹底把他打垮了，一切的厄運便從此開始。

關於尋找迷失小孩的事是憨欽仔最引以為傲的往事，小說中當他落難到盼望有人死才有白肉吃的時候，過去讓自己尊敬的行為浮現了，他把棉被店年輕太太走失的三歲阿雄找回來了，那時他真像極了救世的觀世音菩薩，他就是敲著鑼，走遍全鎮，一邊敲一邊喊，喊的內容是：

　　噹！噹！噹！

　　打鑼打這裡來——

　　通知讓大家明白——

　　有一個小孩，名叫阿雄——

　　今年三歲，實在才滿兩歲啊——

　　目周大大蕊，很可愛，赤腳，穿黑水褲、白衫——

　　誰人看見，趕緊帶去交給派出所——

　　或者，帶去帝爺廟邊棉被店——

　　阿雄的母親很著急的在等候——

　　噹！噹！噹！

這段廣告「文案」（"copy"），像一首街頭朗誦詩，很有意思，配合鑼聲及富韻律的喊叫，其廣告的效果必然很大，最後阿雄回到母親的懷抱，他接受道謝並獲得一個紅包。我們看他在詢問並安慰迷失孩子而傷心的年

輕母親時，那種自信與慈善，和後來的頹廢簡直不可同日而語。

另外一個回憶的場景是太子爺要找客（義）子，通知善男信女燒香參拜，詞是這樣：

嘡！嘡！嘡！

打鑼打這兒來——

通知給大家明白——

明天下午兩點啊——

埼頂太子爺要找客子呀——

順時跳過火畫虎符——

嘡！嘡！嘡！

列位善男信女啊——

到時備辦金紙爆竹——

到埼頂太子爺廟燒香參拜啊——

嘡！嘡！嘡！

列位慎足聽唷——

不乾淨的有身孕的查某人不可去呀——

帶孝的人不可去呀——

嘡！嘡！嘡！

去的人每人虎符一張贈送——

拿回來貼門斗保平安啊——

嘡！嘡！嘡！

「嘡！嘡！嘡！」是鑼聲，從頭到尾貫串。這段「文案」分四段，先說什麼事，次說怎麼做，其次說禁忌，最後說做了有什麼好處。小說中還提到，憨欽仔還得回答善男信女有關祭拜的各種問題，這樣的服務則已經超越了廣告媒體的權限了。

最後一種是政令宣導，就在小說的最後，在憨欽仔已經久矣無鑼可打的時候，公所一位先生找上了他，要他打三天，內容是催繳今年的房捐稅和綜合所得稅，長年在被壓抑的情況底下，憨欽仔自動加進去的詞脫了軌，顯得荒謬絕倫，終於再度把自己搞慘了。

基本上，這種廣告也是流動性的，而且是聲音媒介，由於有鑼聲的帶動，其在小空間的小眾間做廣告是非常有效的。

吉士可樂女星半裸的巨牆廣告

前面兩種廣告出現在傳統而保守的小鎮，都是以人為媒介的廣告，也都面臨了新的挑戰，終被取代，取代者都以三輪車代步。我們知道，三輪車當然也很快會被取代，而且更迭快速，當經濟的開發到了一個相當的高度，汽車滿街跑，文字印刷和電子聲光的傳播媒體日新月異，「廣告」滿天飛，堂而皇之進入家庭之中，在生活與工作的現場觸目即是。

這個發展有其過程，〈兒子的大玩偶〉中已有「海報」，可擇有利的定點去張貼，坤樹所背的是「廣告牌」，在廣告媒介的分類上二者皆屬「戶外廣告」（"outdoor advertising"），稱之為「海報」或「招貼」（"poster"）。而在諸多不同形態的「招貼」中，直接在建築物表面繪製彩圖的「牆壁廣告」（"painted wall"），可能是定點廣告中最具驚人效果的[8]，黃春明〈兩個油漆匠〉中的廣告正是這一種。

這是一篇都市轉型階段的勞工小說，西方資本主義國家（美國？）產品（吉士可樂）進口臺灣以後，以新的廣告向市民強勢行銷是小說的背景，重心擺在巨牆廣告製作過程中兩個油漆匠的心路歷程，涉及到城（祈山市）鄉（東部）文化衝突，勞資雙方的關係，以及眾人面對突發緊急事

---

[8] 詳見王德馨，《廣告學》，第 8 章〈廣告媒介物〉，第 5 節〈戶外廣告〉（臺北：三民書局，1981 年 10 月，增訂版）。米勒等著；黃慧貞編譯，《廣告學——理論與實務》，第 4 篇〈廣告的形態與媒體〉，第 19 章〈戶外廣告〉（臺北：桂冠圖書公司，1988 年 10 月，第 3 版）。本文有關廣告學的意見主要參考這兩本書。

件（兩人被誤以為要跳樓自殺）的應變過程等，這裡只做以廣告為中心的分析。

事情發生在「處在火山環帶多震地區的祈山市」，其實就是臺北，由於建築法令的修改，一棟 24 層的銀星大飯店就在聖森大道與愛北河平交的西南角蓋了起來，大樓有一面向東的灰色巨牆（黃春明對此有非常精采的形象描寫），「吉士可樂準備利用整個巨牆，畫目前最紅的女明星 VV 的半裸像，來作為他們的廣告」，從廣告的角度來說，無論設置地點、大小問題，乃至於色彩繪圖等，都是精采的企劃，其製作更是超級大工程，這對於承攬這一件工程的「巨人美術工程社」來說，不管財力或技術，都是一個巨大的挑戰。（他們過去只在五、六層樓的牆壁上畫廣告，和爬上一些規模較大的工廠的大煙囪上，寫幾個工廠的名字。）

根據小說的敘述，工作的進程是：先打底，次打圖樣輪廓，再著色，最後再裝照明燈。打底花了兩個星期，原來是要用刷子一筆一筆把粗糙的水泥面填平，這一次卻為了趕工用噴的，因此牆面的粗糙凹凸還在，打完了以後整面牆由灰轉白。打圖樣輪廓也花了不少時間，現在是在著色階段，粉刷乳房部分的兩個油漆匠阿力和猴子，「忙了三、四天，還看不出有什麼進展」。

就人力配置來說，這整面牆二十多人，有 11 個臨時工（專職的阿力和猴子已有二年又七個月的年資，月薪是 1200，臨時工一天 100，標準的同工不同酬）。關於阿力和猴子被分配到畫乳房的部分，是因為老闆認為乳房是整幅畫的精神，最不容易畫（有好幾層樓高大），阿力工作細心，所以交給他負責，猴子則是阿力挑的助手。

小說的當下時間就是著色的第四天，除了勞累、無趣，兩個油漆匠在對話中，在思維裡所鋪陳開來的是離鄉的經歷與心理狀況、工作性質的反省、不公平待遇的怨懟等等，在散工以後，他們爬上還沒修建好的陽臺，爬到一根往外伸出約兩公尺多的粗鋼管的尾端一個粗線的鐵籃子裡，被誤認為要自殺，而演出了一齣勸解、救難的鬧劇，終演成悲劇：猴子真的倒

栽下去了……。

這一面巨牆，還是灰色時就很嚇人，開車的人「乍時一瞥，好像整幅牆就倒塌過來」。由灰轉白以後，巨牆對岸三百多戶人家聯名提出抗議，原因是陽光反射，更有一老先生昏眩倒地猝死；著色過程又有工人墜地的慘劇發生。看來戶外廣告應受規範的說法自有道理[9]，至少我們發現，吉士可樂這個巨牆明星裸胸廣告很可能危害駕駛安全，而且有礙都市市容風景。除此之外，其施工的安全問題也應被重視。

「小寡婦」的跨國色情廣告

吉士可樂牆壁廣告的主體是巨幅女星的半裸像，帶有一些性的暗示，這是廣告上所謂的基本訴求（basic appeals），至於〈小寡婦〉中跨國色情廣告的訴求重點，則全在愛與性上面，主要對象是參加越戰的美國大兵。

以中國小寡婦重新包裝的酒吧，其經營完全採取主動出擊的廣告戰術。最先當然是「小寡婦」這個具創意的構想，「對一個想找個女人安慰的美國大兵來說，小寡婦更具有魅力」，「對美國人兵來說，又是中國小姐，又是寡婦。異國情調，再加上偷情的感覺，……」其次就是如何把這樣的「產品」推向市場，「廣告」便是經營者的行銷策略，因為「廣告是一件很重要的工作，尤其是對美國人，他們從小就看廣告長大的」。

整個的決策全部由一位留美「讀市場學和旅館經營」的馬善行主導，他的媒體計畫，包括廣告媒體的選擇運用，廣告文案的製作等都非常精密：

> 我們廣告不一定很花錢，跟我們過去露茜吧在 *China Post* 上面登廣告一樣，可能開始次數要多一點，一出了名，以後也用不著花錢，樂於此道

---

[9] 戶外廣告必須受限，上註王書有所論述。其他像川勝久，《廣告策略指南》，第 2 章〈廣告媒體的基本認識〉，第 16 節〈如何限制室外廣告〉，特別談到三點：一是礙眼，二是髒亂，三是危險。（臺北：世茂出版社，1991 年 2 月）。

的美國大兵，自然就發生 Mouth Communication 口交口，義務替我們宣傳，說不定還會得到 *Time* 或 *News Week* 的免費 Publicity。

我們的廣告雖然刊登在英文的刊物上，但是我們用的不是英文。我們有時用西班牙文，有時德文，有時法文，或是義大利文。因為美國的軍官，他們在學校時都選修一門外文。一定有人看得懂。這麼一來，英文刊物上登的不是英文，特別醒他們的眼。他們會奇怪，一覺得奇怪就上鉤了。還有我們「小寡婦」三個字，還是大大的用我們的中國字。久而久之，他們也會懂。

小寡婦開幕的前三天，他們就在此間外文的刊物上，在固定的邊欄刊登廣告了。廣告的內容，畫面用漫畫畫一座待發射的火箭，火箭身上寫著「小寡婦」。沒什麼文字，只寫「請注意小寡婦倒數歸零！」

開幕前三天，只寫個電腦阿拉伯數字的「3」字。

開幕前兩天，只寫個電腦阿拉伯數字的「2」字。

開幕前一天，只寫個電腦阿拉伯數字的「1」字。

開幕前那一天，畫面上的火箭不見了，只留下整個畫面的煙霧。

而以煙霧襯底，排好如下的文字：

大標題：美國的亞洲外交為什麼失敗？

副標題：因為美國人不懂什麼叫做入鄉隨俗！

說明的文字：如果你想懂得什麼叫做入鄉隨俗的話，請你到錦西街，來問問我們的小寡婦便知道。

在襯底的煙霧中，還露出幾個披髮蓬的小寡婦的笑臉。

　　廣告媒體是此間的英文刊物，但卻不用英文，很顯然想出奇制勝；刊登的方式是連續性的設計；廣告文案則幾乎合於 AIDMA 法則[10]：

---

[10] 詳見米勒等著，《廣告學》，〈AIDMA 文案公式〉，頁 635；川勝久，《廣告策略指南》，〈何謂 AIDMA 法則〉，頁 133。

A　引起注意（Attention）

I　　產生興趣（Interest）

D　引起需求（Desire）

M　使記憶（Memory）

A　使付諸行動（Action）

　　廣告刊出以後，包括美國大兵、日本報導家、CIA 的人等都有了反應，尤其日本來的報導家直截了當的說：「你們小寡婦的廣告很成功。」於是生意逐漸熱鬧起來，「據小姐隨時告訴馬經理，他們很多人都是看了報紙廣告，慕名來的」。

　　廣告的成功其實就是經營策略的成功，不過，當我們想到這是一種特種行業時，尤其是專門做美國人的生意，雖然「是有執照的，是合法的，跟私娼不同」，卻總是很難擺脫人們對於特種行業的固定印象：腐敗、墮落。在這裡，人性常被扭曲，尊嚴常被踐踏，可以說是罪惡的淵藪。黃春明對此並沒有明顯的批判，但嚴重關切，暴顯出來的社會狀況，值得我們深入探索。

　　小說內容從 1968 年寫到 1970 年，導因是越戰，背景是「經濟起飛，工商業發達，都市繁榮起來」的臺北，場景是酒吧和吧女的公寓，小說情節以「小寡婦」酒吧的經營企畫以及發展為主線，帶出幾位吧女的身世遭遇，吧女與恩客（尤其是美國大兵）比較人性的交往等，廣告媒體計畫及實踐只是其中經營的一種方式，是行銷的手段，一方面表現了黃春明的廣告素養，另一方面更對應一個色情消費的社會，如能和〈莎喲娜啦•再見〉、〈看海的日子〉一起閱讀，當更能看出黃春明以色情行業為題材的寫作意圖。

社會變遷的反映

　　從鄉鎮原始素樸的廣告到都會產業經營必須進行媒體計畫，黃春明的四篇小說見證了臺灣廣告形態的變遷，呈現了幾種不同的廣告形態之特質，同時，廣告的理念與實際轉化鋪衍成為小說情節，仍有其刺激性與趣味性，更反映著變遷中的臺灣社會。準此，本文的命題及論述，對於理解黃春明小說，或多或少應有所助益吧。

　　「第二屆臺灣經驗研討會」發表論文；（民國 81 年 11 月 5、6 日，嘉義，中正大學）

—— 選自李瑞騰《文學的出路》

臺北：九歌出版社，1994 年 11 月

童話黃春明

◎彭樹君*

才情豐厚的黃春明

　　大約從 1960 年代開始，因為《看海的日子》、《兒子的大玩偶》等系列作品的問世，黃春明即被譽為鄉土文學的開創者之一。及今，他更是許多人心目中最優秀的作家，作品亦一再被轉譯成多國文字，但他的寫作態度依然慎重，多年來僅結集了《青番公的故事》、《鑼》、《莎喲娜啦‧再見》三本小說集，以及散文集《等待一朵花的名字》和文學漫畫《王善壽與牛進》第一集。

　　1970 年代，他製作兒童節目《哈哈樂園》，藉著木偶為臺灣的小孩說故事；他拍攝《芬芳寶島》，以鏡頭記錄這片土地上的四季人情。這些，以前並沒有人做過。

　　而且，我們有電影的黃春明。

　　1980 年代，新銳導演輩出，他的小說也不斷被搬上銀幕，前後共有七部，包括《兩個油漆匠》、《莎喲娜拉‧再見》、《我愛瑪莉》、《小琪的那一頂帽子》、《蘋果的滋味》、《兒子的大玩偶》和《看海的日子》。其中，《看海的日子》與《莎喲娜啦‧再見》的劇本，還是他親手執寫的。

　　上天給黃春明的才情似乎特別豐厚，在你以為已認識他的時候，往往他又呈現出另一種形式的創作風貌。

---

*發表文章時為《Marie Claire 美麗佳人》資深記者，現為《自由時報》花編副刊主編。

　　至於生活的黃春明，亦是一樣流動多變。這位來自羅東，自幼被大地和海洋所哺育的天生創作人曾經賣過便當、當過小學老師、電臺記者、外商公司經理、廣告公司創意總監。或許，正是因爲這些血肉扎實的歷練，加上天賦的華采，才凝聚出他那些貼近人心、直指人性的作品吧。

　　可是，對於創作與生活上的種種，黃春明並不以爲值得誇述，也不覺得自己的成就有何秀異之處。他以有些自嘲的口吻笑道：

　　「小時候，我一直不是個好孩子，屏東師範畢業之前，還曾被四個學校退過學。長大後，我不是個好職員，常常批評老闆的作風。結了婚，我不是個好丈夫，沒有讓我太太真正滿意過。只有當兩個孩子的爸爸，我自認爲是可以拿高分的。」

　　這席話的背後有許多動人的情節，關於父親與孩子的。

等待孩子的誕生

　　那孩子有點頑皮，不知爲了什麼事賭氣，躲在媽媽的肚子裡不肯出來。媽媽在產檯上辛苦了 14 個小時，所有的力氣都耗盡了，已呈半昏迷狀態。情況很不樂觀，醫生不得不提出擇一而救的主張：

　　「媽媽要緊，小孩可以再生。」

　　「十分鐘！我們再等十分鐘！」他強忍著恐懼與慌急，握著妻子的手。

　　漫長又短暫的十分鐘，每一秒都是滲血的煎熬，但嬰兒終於出生了。

　　孩子呱呱大哭，新爸爸也哭了起來，生平第一次如此痛快淋漓的哭泣。「那種感覺不只是喜悅而已，其中還有更複雜的情緒，比死亡更強烈。」

　　走出產房，門外等候的家人見他淚流滿面，紛紛失色，以爲產婦遭遇了不測。他喉頭哽咽，無法說太多，只是簡單報告：「生了，是個男孩。」然後就走向電話亭，撥了羅東老家的號碼，想對父親告知喜訊，但線路一接通，他又淚成江河，久久不能成言。

「過去的我，總以為選擇死亡的方式、時間和地點也算是一個人應有的權利，可是孩子的出生讓我深切地批判了這樣的想法，並且發現，我已經失去了這個權利！」

嬰兒的小拳頭裡彷彿握著一股無形的力量，那力量讓初為人父的他肯定了自我存在的價值。是他給了嬰兒骨與肉，但嬰兒也給了他一個強壯的新生命，一張有力的身分證，足以抵擋所有的痛苦。

「好似是小孩拯救了我一般，讓我發誓要好好地活下去，但怎麼活我還不曉得，因為當時的我實在很窮。」

的確是窮。那時，他帶著妻子和孩子住在松江路一條巷子裡的日式老房，二房東是臺電職員，月租 600 元，每個月還不得不欠，天天都必須趕在房東起牀之前出門，早早赴廣告公司上班，避開和房東直接照面的難堪。

那年冬天很冷，家裡只有一條師範牛蓆的三尺寬、六尺長的舊棉被，加上一件過冬人減價時買給太太的大衣，還有老友尉天驄先生送的一件棉袍，兩個大人一個小孩一家三口就這樣捱過了那個寒意逼人的冷冬。

某日凌晨，天光微亮時，他和妻子在惺忪之中聽見窗外有人說話，一個字一個字地說，每個發音都拖得悠悠長長，像是高高低低的呻吟。夫婦兩人凝神靜聽，把那些零落、痛苦的字音拼成一句話：

「我腹肚緊夭，緊艱苦……」

原來是個走投無路的窮漢在叫餓。

他和妻子翻遍口袋，湊了 36 塊錢，站在門口等那人蹣跚走來，然後快快把錢塞到那人手中，很小聲地說：

「真是對不起，我只有這些錢。」

上個月的房租還欠著，口袋裡空蕩蕩的再沒有剩餘，可是他覺得自己是如此富有，因為他擁有一個天使般的小孩。

春天來了，黃老先生從鄉下上臺北來看孫子。他高興極了，騎著機車去加油站加油，請父親和妻子抱著嬰兒站在巷口等，說馬上就回來，但是

公公和媳婦卻等候了兩個多小時，後來才知道發生車禍，家人到徐外科醫院才見了他。他看到太太手上的孩子，又深深地覺得生命可貴，責任重大。

「因為當時我實在太興奮了，一個不小心，撞上急駛中的計程車。我的機車被撞得稀爛，膝蓋骨也暴露出來，被路人送到外科診所，因而耽誤了時間。」他笑道，停頓了一會兒，又說：

「跌在地上的那一瞬，我聽見自己在喊叫，叫的是小孩的名字，那時我覺得好安慰，因為知道自己清醒著，沒有死。」

是孩子的小手解開了他心裡曾有的死結，也是孩子的存在支撐了他的存在。

現實雖然依舊困厄，但因為「爸爸」這個莊嚴又謙遜的身分，讓他的生命從此有了新的秩序。

給孩子遊戲的世界

幾年之後，他的第二個小孩也對這個世界伸出了小手臂。

市街不適宜兒童遊戲。為了給小孩更值得回憶的童年，他又帶著妻兒遷居北投。租來的房子近山近水，而且有大片雲朵遊走的天空。

他帶著小孩在天空下散步。很美麗的夜晚，天上掛著月亮，地上映著被月光投下的影子。他故意讓小孩踩在他的影子上。

「好痛啊！你踩到我的影子了！」

小孩發現自己也有一條小小的影子，好快樂地拖著影子跑來跑去，父子兩人便一路玩著這個遊戲。不一會兒，小孩又有了新發現：

「爸爸，月亮跟我走耶。」

他心裡很歡喜，臉上卻故意堆出懷疑的表情。「真的嗎？」

「真的！」小孩堅持著。「月亮真的跟我走嘛！」

「那，這樣好了。」他指著路旁一幢房子。「你到房子的那頭去看看，如果月亮在那裡等你，我就相信它真的跟你走。」

　　小孩熱切地往前跑，經過遮蔽了月亮的房子，在屋角那端停下，舉頭一看，勝利地喊道：

　　「你看你看！月亮在這裡！」

　　他走過去，欣然同意。「真的，月亮跟你走哪！但是它為什麼會跟著你呢？」

　　小孩看看爸爸，看看天空，思索了許久，很鄭重的回答：

　　「因為月亮是我的朋友，我給它星星啊雲啊，都是我送給月亮的。」

　　多麼可愛的答案！大自然裡總是藏著許多祕密，只要有孩子的心和孩子的眼睛，處處都是驚喜。

　　「我們身邊有這麼多生動的教材，為人父母者怎麼可以輕忽放棄？」黃春明感歎地說。

　　颱風過後，他特地帶孩子去坐公車，也正是為了讓孩子體會和平常不一樣的風景。車上沒有別的乘客，空間夠大了，但小孩的想像更遼闊，他的小手裡有一個假想的方向盤，煞有介事地隨著司機叔叔左轉右轉；大大的公車也在想像中成為一個小孩的玩具車，停停走走，走走停停。

　　車窗外，風在吹，樹在搖，到處是堆積的水窪和橫倒的市招。小孩忽然停止了模仿的遊戲，偏著頭望向窗外，好半天才回過臉來，很認真地對他說：

　　「爸爸，我知道了。太陽變雲，雲變雨，雨給樹洗澡，樹在跳舞。」

　　只要加上一個題目，就是一首有趣的童詩了，短短數行裡還有長鏡頭、中鏡頭、近景和特寫。「每個小孩本質上都很接近詩，因為想像是他們與生俱來的天賦，這個天賦應該被引導，不該被限制。」

　　是的，小孩有小孩的自由，他們喜歡玩，就陪他們玩，而遊戲之中往往可以引發小孩的創意，例如塗鴉。

　　兩個小孩天生愛畫畫，最初不是畫在紙上，而是畫在牆上，他就在家裡選了一面最大的牆，讓兩個躊躇滿志的小畫家盡情發揮。這其中還有約束的意思，表示其他的牆是不許塗的，但小孩們很開心，因為他們只注意

到遊戲，然而無形中還是從遊戲裡學習了規矩。

小孩個子小，畫牆的下半面，爸爸長得高，畫牆的上半面。三人以各色奇異筆合力完成了一幅壁畫傑作，其中一景是一個小孩拿了一支棒棒糖遞給一隻迷路的恐龍，一旁還配有字幕：「恐龍恐龍不要哭，棒棒糖給你吃。」許多來拜訪的朋友對這面彩繪牆嘖嘖讚賞，問道：

「好特別的壁紙，哪裡買的？」

他哈哈大笑，得意的說：

「對不起，這是非賣品──我們父子三人的共同作品！」

給孩子愛與學習

親子關係亦是父母和孩子的共同作品，因為良好的溝通也需要別出心裁的創意。

當比較小的那個孩子開始知道爸爸的名字時，搬著小板凳去開信箱，把信件交給爸爸就成了他每天必做的事情。

「黃春明，你的信！」他總是很高興的喊。這是他喜愛的郵差遊戲。

有一天，小郵差送信給爸爸的時候，卻是一臉的悶悶不樂，聲音也無精打采：

「黃春明，你的信。」

爸爸很不解。「怎麼啦？」

「都是你的信，也沒有我的信。」小孩委屈極了。

既然小孩喜歡收到信，從此他就常常給小孩寫信，後來他應邀赴美訪問歷時一年，信件更成了與小孩說話的主要媒介。小孩認識的字彙有限，所以他總是在信中附上很多插圖。

他曾經帶小孩到水田裡釣了十幾隻青蛙，養在屋前的庭院裡讓牠們吃蚊子。某日，他在國外收到妻子的來信，信中提及小孩最近太頑皮，抓了前庭的青蛙來作弄，已經弄死了好幾隻。他就寫了這樣的一封信給小孩：

「……凡是人類的朋友，都是爸爸的朋友，爸爸希望，爸爸的朋友也

能變成你的朋友。青蛙吃害蟲，是人類的朋友，所以也是爸爸的朋友，因此爸爸希望，青蛙還能成為你的朋友……」

如此不厭其煩地一再強調，並且在信中畫了很多青蛙吃蟲子的插圖，他是以孩子所能理解的邏輯，對孩子闡釋尊重生靈的必要。小孩心悅誠服的接受了這個理念，從此不再欺負青蛙。「只要懂得孩子，就不需要板起面孔來說教。」

回國後的某一天，他在路上捉了一隻蟾蜍，用塑膠袋裝著帶回家，把兩個小孩叫過來，很認真的對他們說：

「這是青蛙的兄弟，叫做蟾蜍，今天爸爸要解剖這隻蟾蜍，讓你們看看牠吃了多少害蟲。」

兩個小兄弟又好奇又害怕地圍在一旁。他以釘子固定住蟾蜍的四肢，以剪刀剪開腹部和胃，再以鑷子夾出胃裡未消化的蟲子，一隻　隻地挑出來讓孩子們數，一共數了六十幾隻，其中多數是白蟻，少數是金龜子。

「白蟻是好蟲還是壞蟲？」他問。

「壞蟲！白蟻會吃木頭做的房子。」

「金龜子是好蟲還是壞蟲？」

「好蟲！金龜子很可愛。」

「看起來可愛的不一定是好蟲哦。金龜子會吃快要成熟的瓜，只要被牠咬一口，瓜就不再長大，農夫的辛苦都白費了，所以牠也是壞蟲。」他的語氣是溫和的，態度卻很嚴肅：

「你們剛才已經數過，這隻蟾蜍一個晚上就吃了六十幾隻白蟻和金龜子，那麼牠一年可以吃多少壞蟲？如果這麼多的壞蟲不被吃掉，牠們就會來吃我們的房子，吃農夫種的瓜。因此，我們應該感謝蟾蜍和青蛙，牠們對我們的幫助實在太大了。」

小孩們以友善的眼光望著被解剖的蟾蜍，可是那片血肉狼藉畢竟有點令他們害怕。

「爸爸，趕快把牠丟掉嘛。」

「不行！我們去把牠埋起來，好不好？來，跟我來！」

他帶著一把小圓鍬，讓兩個小孩跟在身後，一路走到離家不遠的山上，挖了一個很深的洞，把那隻蟾蜍仔細地埋進洞裡。由於他的態度一直很莊重，兄弟倆也在這場儀式一般的過程裡安靜下來。

回家之前，弟弟忽然若有所悟：

「爸爸，我明白了。蟾蜍犧牲，我進步，對不對？」

與孩子亦師亦友

多年後的現在，塗鴉的孩子長大了，哥哥已自美術系畢業，弟弟也保留了對繪畫的喜愛；而陪著孩子塗鴉的爸爸，陸續創作了數幅油畫作品（目前有四幅油畫作品在「臺北尊嚴」展出），他的一百多幅童話插圖——數十幅撕畫作品，亦將於 5 月 12 至 18 日，在皇冠藝文中心展出。父子共同創作壁畫的年代雖然過去了，那些動人的記憶卻不曾褪色，每一個場景，每一句對話，都已成為彼此情感的一部分。

回顧孩子們小時候的事，讓黃春明那張不老的童顏熠熠有光。

「人的一生離不開三個教育環境——家庭、學校和社會，其中，家庭的影響最長遠最深刻。父母應該是孩子最親密的老師和朋友，應該帶著孩子體驗生活，因為生活就是教育！」

他說，農業社會裡，兒子跟著父親挑擔、翻土，女兒隨著母親補衫、煮食，日常生活即是孩子的教育課程，父母無須多言。現在，時代不同了，大人忙著工作賺錢，小孩忙著讀書考試，彼此的交集不比從前親密，各種教育理論也就大行其道。但孩子不是數學習題，家庭教育也不是紙上作業，親子關係怎能以公式般的理論代入換算？與其關起門來研究「如何與孩子相處」之類的手冊，不如牽起孩子的手出門去散散步，說說話，或者只是同看一段風景也好。

救救孩子

黃春明曾經暫別工作，為當時在讀小學的孩子請了長假，騎著機車帶孩子環島旅行。

說起目前的學校教育，黃春明的雙眉皺緊了。

「我們的教育制度弊病叢生。其中很糟糕的，是很多老師為了個人考績，把學生訓練為一批又一批的考試機器，分數成為評斷孩子的唯一標準，會考試的就是好學生，不會考試的當然是壞學生，動輒挨打挨罵。但這樣的責罰有什麼意義？不過是讓孩子白白承受痛苦和羞辱罷了！」

分數既然是唯一，孩子的世界便窄化為一條單行道，道上排滿了習題和試卷製成的路障，各種參考書則是通行指南，孩子應付這些已忙不完，根本無暇顧及其他，即使天天走過一株鳥兒築巢的樹也可能視而不見，就算發現了，小只是匆匆一瞥，沒時間多想，便繼續低頭趕路，嘴裡唸著待考的課文，肩上揹著沉重的書包，心裡也許有一隻小鳥拍著翅膀掙扎了幾下，但是沒有人允許牠飛，只好悵悵放棄。童年就這樣被典當了，回頭看時，什麼也不記得，什麼也沒留下。

所以，黃春明曾經為了孩子做不完作業，專程到學校去請求老師不要出那麼多習題。他說，成績單並不是孩子的全部，他要的是一個活潑健康的小孩。

至於我們的社會教育，更讓黃春明搖頭歎息。

「為了更舒適的物質文明，我們一直在改變環境，但環境也在無形之中改變了我們，而這種改變往往帶來負面的影響。」

他以「神燈」這個故事比喻現代人和環境之間的生滅關係：巨人答應為阿拉丁完成三個願望，於是阿拉丁有了財富，娶了公主，看起來是稱心如意，實際上卻危機四伏，因為他已經無法把釋放出來的巨人收回神燈裡去了；巨人只要輕輕呵一口氣，阿拉丁便難逃流徙沙漠的厄運，曾經擁有的一切也將化為烏有。

是的，我們在追逐什麼？又得到了什麼？太多人嚮往金錢築成的天堂，對國外的種種趨之若鶩，對臺灣本土一些可貴的傳統卻棄如敝屣。小孩在這樣的環境裡成長，模仿了大人的價值觀，不珍惜自己的文化，以為一切的美夢都在飛機到達的彼端。

「可是這不是孩子的錯！環境本身就是教育，而這個環境是大人造成的。我們給小孩注射各種疫苗，預防各種生理上的疾病，卻忽略了心靈上的滋養。小孩接受本土以外的事物並沒有不對。但是，之前必須打上自己文化的底子，他們才會有自信，對生長的環境才能了解，對這片土地才有愛，然後也才懂得分辨人家的好壞，決定接受或是拒絕；否則，孩子只是一個空的杯子，別人輕輕一碰，便應聲倒地。因此，我們應該趕快為孩子做一些什麼，不然就來不及了。」

以上種種，都令黃春明對現代的兒童教育憂心忡忡。曾經當過小學老師、寫過兒童劇本、製作過兒童節目，也身為一名資深爸爸的他，在經過多年的觀察、思索和體驗以後，決定提起筆來，給孩子寫故事。

所以，1990 年代，我們有了童話的黃春明。

童話的黃春明

黃春明的童話裡，沒有「從前從前，有一個國王」，也沒有「從此以後，王子和公主就過著幸福快樂的生活」，他彎下腰，以小孩身高所及的視野和小孩的語言，描述小孩想像所及的世界。

他寫〈小駝背〉，一個渴望得到愛的小孩。

他寫〈我是貓〉，一隻為了證明自己只好去捉老鼠的貓。

他寫〈短鼻象〉，一隻想盡辦法把短鼻子拉長的象。

他寫〈愛吃糖的皇帝〉，一個被甜言蜜語迷惑的大人。

他寫〈稻草人與小麻雀〉，一個夏天，一片稻田，一群朋友的故事。

這些題材已在他的心裡醞釀了好多年，日也思，夢也想，反覆經營，卻不輕易落筆。

「寫作不能只是用心，必須有心！如果沒有心，一切都是枉然，乾脆不要寫。」這是他一貫的寫作態度。及今，為孩子寫童話，他更是慎重。

他並且以各種色彩繽紛的廢紙製作撕畫，做為配合故事的插圖。

「學齡前的孩童對文字的了解有限，對色彩和圖象所造成的視覺印象卻能夠立即接收，因為圖畫本身就是小孩的語言。」

之所以選擇撕畫的形式，黃春明說，一來是以前沒有人以此做為插圖的表現，二來則為了讓小孩在閱讀的同時，也能產生動手嘗試的參與感。

「撕畫充滿稚拙的童趣，純真而自由，正是屬於孩子的勞作。孩子看到我的撕畫，或許也會有興趣做做看，找一張紅紙撕一個蘋果，找一張綠紙給蘋果撕兩片葉子，再找一張黃紙撕一個籃子把蘋果裝起來，一幅作品就完成了。即使不夠精緻，也是孩子自己手腦並用的成果。」

就像黃春明小說中那些栩栩如生的人物一樣，他的童話主角也各有各的快樂和辛苦，讀過之後，令人由衷地泛起笑意，心底卻有淚悄悄淌過。

「童話裡不是只有王子和公主，小孩的世界也有生離死別。」他說。

將近一年的日子以來，黃春明幾乎停止了手邊其他工作，全心全意地為孩子寫故事，因為他是如此深愛孩子，了解孩子，也迫切地想為臺灣的孩子做他所能做的事。

「也許我打不過整個大環境，但是我還是心甘情願地當唐吉訶德，為了我們的孩子。」

而這份心願，已凝聚在他的童話中。

——選自《皇冠》，第 470 期，1993 年 4 月

在社會變遷中小人物的悲喜劇
黃春明的《溺死一隻老貓及其他》[1]

◎馬森[*]

　　由於自願屈服於革命的意識形態以及政治權威的壓力，中國第二代的現代作家不曾好好地傳遞五四那一代所燃起的文學現代化的香火。幸而第三代的中國現代作家，有幸在一個較為寬鬆的政經體制下成長，倒可以越過第二代承續了第一代所交付的任務。黃春明應該歸屬於這樣的作家。

　　黃春明寫的多半是在社會變遷中卑微的人物。拿〈溺死一隻老貓〉一篇而論，阿盛伯正好做了臺灣從農村社會過渡到工業社會的見證。阿盛伯眼看著清泉村的「龍潭」隨著都市化的進展將要改建成為游泳池，對他而言，毋寧等於美好的傳統農村生活將因龍潭的消失而崩解了。在百般阻撓未竟成功之後，阿盛伯選擇了以身相殉，自溺在新建的游泳池裡。從客觀環境的立場來看，阿盛伯的死真不過像溺死一隻老貓般地微不足道，但就社會變遷中人們的感受而言，阿盛伯的唐吉訶德精神實在具有一個時代的典型意義。〈溺死一隻老貓〉為臺灣現代化的豐隆盛景所帶來的一絲無奈的悲情，不正是文學應該傳達的時代氣息麼？

　　黃春明短篇小說的特出之處並不只在於對一個快速變遷社會的真實描寫，或他所寄予同情的社會邊緣小人物的塑造，而是因為他秉承了從魯迅那一代以來似乎失去了的一個真正的藝術家所具有的對事物的敏感度。像〈魚〉中的祖孫之情、〈兒子的大玩偶〉中的夫婦、父子之愛、〈蘋果的

[*]發表文章時為成功大學中國文學系教授，現為成功大學科技與人文講座教授、佛光大學名譽教授。
[1]*The Drowning of an Old Cat and Other Stories*,Translated by Howard Goldblatt,Bloomington,Indiana University Press,1980,p.271.

滋味〉中的悲喜交集，都能觸動讀者的心弦。在動人的感性之後所蘊藏的人文氣息完全來自作者個人的關懷，似與哲學思想或主義教訓無關。由此觀之，黃春明的小說與不服膺於任何教條的魯迅的作品有驚人的相似之處，雖然後者在過去 30 年的臺灣成為禁書，黃春明不一定受過魯迅的影響。如果我們拿黃春明的〈溺死一隻老貓〉與魯迅的〈孔乙己〉或者黃春明的〈鑼〉與魯迅的〈阿 Q 正傳〉對比，就不難發現這兩組小說中的主人翁的近似性。阿盛伯與孔乙己及憨欽仔與阿 Q，不但外貌類似，心理狀態接近，他們也處於類似的社會狀況。阿盛伯與孔乙己都是無能適應社會變遷的前代遺存，在維持個人尊嚴的同時，無法隨波逐流，終致釀成悲劇。憨欽仔與阿 Q 則都是社會邊緣人物，過度的自憐與自我封閉使他們只能成為他人的笑料。

　　當五四的一代遠離我們而去，不管魯迅對中國現代文學的誕生做過多麼輝煌的貢獻，我們越來越感受到他在身後留下了一些不怎麼健康的質素。他一生中被黑暗勢力所崇的感受減低了不少他對人性的信念，因此他的小說多半映照出人類醜陋的一面及病態的狀貌。再加上批評家以及政治領袖們以革命之名對他的作品任意引伸、曲解，這就難怪魯迅的追隨者們如此地熱中於千方百計地去尋找醫療或改造人們精神的方針。魯迅死後，中國人民所遭受的接二連三的苦難，甚至可稱之為「浩劫」的，足以證明魯迅那一代人通過文學的途徑對人性醫療或改造的努力並未見效。到了我們這一代很少人再相信人性是需要文學來改造的（當然我們也不相信人性需要政治來改造），我們在文學的書寫上不必再承擔那麼大的壓力，反倒可以在這方面輕鬆下來。黃春明就是個很好的例子，他不像魯迅那般憤世嫉俗，雖然同樣寫無法適應社會的邊緣人，黃春明卻表現了更多的同情和較少的不屑。正如法國人所說的：comprendre c'est tout pardonner。這樣的筆法象徵了兩代作家對外在環境感受的轉變。如果說黃春明的寫法跟魯迅的一代都可以概稱為寫實主義的話，魯迅那一代的確是「批判的寫實主義」，而黃春明則應屬於「新寫實主義」了。

　　就文學技巧而論，黃春明受益於現代的西方文學良多。在黃春明成長的過程中，臺灣已經有不少雜誌，像《文學雜誌》、《文星》、《現代文學》、《歐洲雜誌》等逐漸地把西方的文學思潮及藝術介紹到臺灣來。以小說而論，幾乎所有西方的現代重要作家，從卡夫卡到索羅•貝婁（Saul Bellow），都被引介過，他們的代表作也不難找到譯本。黃春明自然也會借用到意識流的「內在獨白」來表現人物的內心思想。另一方面，他對河洛方言的運用，使他贏得「鄉土作家」之名，成為臺灣近年來文壇備受矚目的人物。[2]

——選自馬森《燦爛的星空：現當代小說的主潮》

臺北：聯合文學出版社，2009 年 3 月

---

[2]此評論原為英國 *The China Quarterly* 雜誌而寫，故所據版本為上列的英文譯本。原文刊於 *The China Quarterly* 88,Dec.1981,pp.707～708.

艱難的敘述

◎施淑[*]

　　睽違多年之後，黃春明又以小說讓我們聽到他的聲音。對照他 1970 年代前後的作品，《放生》這個集子首先喚回的是對他原來的小說世界的一些記憶：工商業化過程中的臺灣鄉鎮小人物，發生在他們身上的總是不會缺少這樣或那樣的歡樂、痛苦以及無可如何的生活上的事故。其間，最教人忘懷不了的恐怕是那「說故事」的介入的、參與的熱情。

　　在這新的小說集裡，除了少數篇章，我們總是可以聽到當年訴說著〈溺死一隻老貓〉、〈青番公的故事〉等等故事的，那個並非出自作者虛擬，也不是來自小說人物的，感覺上像是親臨其境的敘述的聲音。在這個聲音的帶領下，我們於是重睹與分享（而不是發現）小說中那些「曾經有過」與「似曾相識」的臺灣的故事，臺灣的記憶。

　　按班雅明的說法，方今之世，能夠傳承人群經驗和記憶的「說故事的人」，已漸行漸遠；能夠一直關注現實事務，而且在敘說間傳遞著教誨與智慧的說故事的藝術，也已幾近淪亡，原因在現代的生活情境使人的經驗的可溝通部分逐漸萎縮貶值，說故事於是也就失去了它賴以生存發展的土壤。從這個觀點來看，黃春明在當前資訊擾攘、流行創造真實的大趨勢下，特別是在本土化的風潮裡，能夠靈光再現似地以說故事的藝術，貼近和傳遞容易被忽略的現實變故，能夠不以慣見的悲情或懷舊，浪漫化和模糊了認識的焦距，而是以說故事的素樸的、公義的聲音，見證臺灣民眾在工商業化社會中的離散經驗，他的一切表現，不能不讓人覺得彌足珍貴。

---

*發表文章時為淡江大學中國文學系教授，現為淡江大學中國文學系榮譽教授。

　　也是從上述的意義上來說，曾經是 1970 年代鄉土文學旗手的黃春明，他訴說著的故事，也或多或少地向寓言的層次轉化。如〈現此時先生〉裡，讓「新聞」脫離時態和時間鎖鏈的限制，轉而爲村鎮老人此時此刻生活中的傳奇；〈售票口〉中，爲了巴望都市中的兒孫回家探望，七早八早到車站排隊買票的風燭老人的哆嗦身影；〈打蒼蠅〉中賣掉祖傳耕地，移居興建在自己村莊的別墅，百無聊賴地以打蒼蠅度日的心境；〈最後一隻鳳鳥〉呈現的千絲萬縷的社會意識和家族倫理問題。這些篇章，無疑可以找到凝聚著第三世界國家在現代化改造和滲透下的共同命運的寓言性質。

　　然而畢竟是現代作家，說故事的黃春明雖然可以透過〈呷鬼的來了〉這篇小說所說的因爲「沒有鏡頭意識」的拍照，生活照片就格外生動傳神，使他那些時間脫序、敘事鬆散的小人物故事，閃現寓言的情境，造就他筆下的村鎮事態的無可取代的本然的風情。但畢竟是帶著個人意識和立場的小說創作，曾經在都市裡流轉，曾經在鄉土文學運動的談話裡表示過：「現代化並不一定帶來幸福，但它是必須的，否則便是落伍」的意見的黃春明，他這未必幸福否則落伍的「必須」的兩難處境，曾使他以嘲諷者的姿態，寫下〈莎喲娜啦・再見〉、〈小寡婦〉、〈我愛瑪莉〉等一系列帶著烏托邦的批判視野的作品。在那裡，做爲烏托邦思想框架的理想與墮落、苦難與拯救，都極不協調地被邊緣的、壓抑的小人物的一時憤慨或狂想，消解於笑謔之中。於是，似乎從來不曾給過他筆下人物任何邪惡陰暗線條的黃春明，他的卓別林式的情境刻畫，也在他的善良意志下，在不傷感情的嘲謔一陣過後，任災難回到原來的位置。

　　情境更易之後，作爲這個新集子的名字的〈放生〉，讓我們看到依舊在現代化或落伍的兩難路口的黃春明，他那依舊隱含著烏托邦視野的期待的黯然收場。這篇涵蓋臺灣今日的政治、社會、工業汙染、生態保護等等重大議題的問題小說，以受污染毒害的田車仔（黃鶯），由痊癒到被放生的歷程，交織著被官商權力網絡構陷入獄到出獄的青年的個人的、家族的歷史。沒有人能知道被放生的田車仔的下落，正如沒有人能擔保出獄後青

年的未來。而黃春明的寫作，呈現著的或者正是這個帶著問號的臺灣的艱難處境的艱難敘述。

——選自《聯合報》，1999 年 11 月 8 日，第 48 版

拉皮條與順從
黃春明小說中被出賣的身體

◎Rosemary Haddon[*]

在企圖顛覆殖民主義的種種文化實踐中，國族主義是這文化實踐的一個面向。就黃春明（1939～）而言，他小說中的國族主義（nationalism）、身分問題與本土色彩等議題標明了他的作品是屬於臺灣戰後新殖民主義時期的產物。在 1960 與 1970 年代，臺灣社會正處於非常過渡時期；其時日本統治剛結束不久，國族主義的發展以及對身分問題的關注是臺灣與其他後殖民世界所共有的特徵。[1]黃春明的小說充分的反應了這個時期的關鍵地位：他寫作的年代正值社會與經濟大幅變動之時，而他的小說不只對臺灣的後殖民性提供了相當的洞見，也同時記錄了臺灣轉變爲一個現代亞洲國族（nation）的過程。[2]

1960 與 1970 年代的臺灣正興起一股本土文化深耕運動。這場運動企圖要確立本土歷史、庶民傳統與藝術的地位；以回顧、追溯過去爲努力方向的鄉土文學（nativism）也是其中的一環，它取代了現代主義的潮流。而黃春明的小說通常被視爲是鄉土文學的一部分。[3]這股文化深耕運動標榜著

---

[*]發表文章時爲紐西蘭 Massey 大學語言研究學院教授，現爲紐西蘭 Massey 大學人類學院教授。
[1]臺灣從 1895 到 1945 年是日本的殖民地。一般而言，後殖民世界指的是非洲、加勒比海地區以及大英國協的國家。我用後殖民來稱呼臺灣主要是因爲它有著殖民與新殖民的過去。
[2]在本篇的討論中，我同時使用「國家」（"state"）與「民族」（"nation"）來稱呼臺灣。臺灣的國族主義是建立在國族的概念上的，即使國際上一般很少正式承認臺灣是一個真正的國家。
[3]在這段期間，《漢聲》這份雜誌在重新發現臺灣的本土歷史、文化與藝術上扮演著重要的角色。而現代主義則是引領 1950 年代的一股風潮。相關問題的討論可以參考 Sung-sheng Yvonne Chang 的 Modernism and the Nativist Resistance。黃春明通常被認爲是一位鄉土文學作家，雖然他自己並不喜歡「鄉土」這個稱呼，而認爲自己的小說屬於「寫實主義」（見《夏潮》[1977]）。

承繼道地（authentic）傳統的信念，朝向恢復臺灣文化傳統而努力。[4]

　　恢復傳統的呼聲導源於一種因失落而喚起的欲望，而所要恢復的過去便是因外力的宰制而消失的完整性以及在宰制的過程中遭到擦拭而喪失的記憶。在臺灣，受到外力宰制的歷史開始於日本殖民時期所採用的同化政策，其結果之一便是中國語言、文化與傳統的中斷。[5]隨著殖民主義的結束，之後的國民黨卻又加深對文化的抹殺，制定了一連串扭曲、否認與遺忘的政策。殖民與新殖民這兩個階段的統治都藉著孤立、隔離與弱化的政策導致了集體的失憶，而直到最近這種狀況才開始逆轉。[6]黃春明的小說正是在這種新殖民主義的環境下嘗試要去恢復記憶與傳統。

　　受到中國與歐洲傳統的影響，臺灣戰後時期興起的鄉土文學運動呈現了一種雜混（hybrid）與跨國的特色。本文所欲討論的第一篇小說——〈看海的日子〉（1967 年）——就帶有這種文化起源上的混合特色。[7]這是一篇關於臺灣鄉村生活的地方敘述。在這篇小說裡也出現五四運動時期（1915～1926 年）從 19 世紀歐洲所傳來的壓迫與解放等中心議題。[8]另一方面，小說背後所隱含的民間宗教色彩卻也遙指承繼自中國的傳統。這種結構上的混合顯示小說本身反應了臺灣異質的社會以及它的歷史雜混性。[9]

---

[4]從一個比較基本的角度來說，本土主義（nativism）奠基於一種對道地族群傳統的信念（Williams and Chrisman, ed. 1993:14）。這種本土主義運動一般而言通常因應殖民主義結束的餘波而起。

[5]要對日本的殖民政策有一全盤性的了解可以參考 Myers and Peattie, eds.。

[6]臺灣在日本統治時期以及國民黨統治的前幾十年間仍然是處在孤立隔絕的狀況之下。國民黨扭曲、否認與遺忘的一連串政策主要依據的是政府在 1991 年以前的國家政策，也就是宣稱擁有中國的主權。據此，國民政府因而認定 1949 年後的中國大陸仍是處在內戰的狀態之下。集體失憶則包含了國民黨否認發生在 1947 年二二八事件中的整肅行動以及之後跟著而來的白色恐怖事件——也就是發生在 1950 年代擴及全島的一連串逮捕與處死等事件。

[7]〈看海的日子〉最早發表於《文學季刊》第 5 期（1967 年 11 月 10 日），之後被收入黃春明的小說集《莎喲娜啦‧再見》中。在本文的討論裡，我的引文出自 Earl Wieman 的譯本"A Flower in the Rainy Night"，收於 *Chinese Stories from Taiwan*。

[8]五四運動時期，中國吸收了一些來自於 19 世紀歐洲的思潮，比如包括浪漫主義與寫實主義等。關於這些歐洲對中國的影響，參見 Bonnie MacDougall（1971 年）。

[9]臺灣這個移民社會的被殖民歷史，它文化本身的多樣性（包括閩南、客家與南島族裔等構成要素）以及較晚近的相對美國化，這些因素都說明了臺灣的雜混性。從中國來的移民在 16 世紀的後半期來到臺灣。在同一世紀，臺灣島被葡萄牙人「發現」，而之後相繼被荷蘭人（1621～1662 年）與西班牙人（1626～1642 年）所殖民。從 1662 到 1683 年，它又被效忠明朝的鄭成功（國姓爺）所統治而成為明朝的根據地。從 1684 到 1895 年，臺灣變成中國的屬地，之後被割讓給日本

　　〈看海的日子〉呈現了一種典型的後殖民社會對身分問題以及地方性（place）的關注。置身於地方文化與歷史中，這種關注平移到敘述發生的地點之上，也平移到生活在此地點裡的主角身上。[10]地點或地方本身是語言、歷史與過去的集中點，因此也是因遷移（displacement）而消解的「有效認同關係」得以恢復的所在。[11]黃春明將敘述集中在特定的地域範圍之內，並且凸顯地方上的人際或身分關係網絡；藉此，這篇小說得以將黃春明連結上他殖民時期的前輩作家、同時期的鄉土文學作家以及其他關注相同議題的文化工作者。[12]地方色彩在黃春明的小說中持續主導了幾年，直到他後來又轉向其他有興趣的領域之後才被取代。

　　黃春明的小說中有四篇寫到關於賣淫／賣身的現象，〈看海的日子〉是其中一篇。藉著賣淫或出賣身體這個主題，主體性與拉皮條（或出賣）的論述在這些小說中鋪陳開來。隨著賣淫而來的種種不幸與罪惡也隨之呈現出來，包括妓女的社會功能以及當時支撐臺灣賣淫現象的商業與經濟背景。從這個角度來看，這些小說都繼承了來自五四運動時期的人道主義色

成為它的殖民地。它最後在 1947 年進入國民黨的統治之下。（關於臺灣的早期歷史，參見 James Davidson, Ronald Knapp and others）。Homi K. Bhabha 對混雜化（hybridization）的定義如下：它「象徵殖民權力的生產性、它的變動力以及沉澱性……」（1995:34）。
[10]故事發生的地點為南方澳而主角為白梅。
[11]在後殖民的論述中，地方代表了歷史、語言與環境之間的互動（Ashcroft, et al, 1995:391）。Ashcroft, et al 指出，地方與遷移是印度、澳洲、西印度群島、非洲與加拿大文學中一個主要的特徵。在這些地方「出現了後殖民特有的身分危機；也就是特別關心自我與地方之間的有效認同關係可否發展或恢復」（1989:8～9）。關於非洲和國協的文化民族主義與身分問題的探討，參見 Cabral, 1993:54～55。身分與地方的概念也適用於黃春明 1960 年代一系列以農村與鄉下生活為主的小說，如〈鑼〉（1969 年）與〈青番公的故事〉（1967 年）。黃春明早期的小說收集在《兒子的大玩偶》（由仙人掌出版公司於 1969 年出版）與《鑼》（1974 年由遠景出版公司出版）之中。見 Howard Goldblatt 在 "The Rural Stories of Huang Chunming"（1998:110～133）中對黃春明 1960 年代小說的討論。
[12]黃春明的前輩作家是賴和（1894～1943）、呂赫若（1914～1947）與楊逵（1906～1985），他們在日本統治時期的 1920 與 1930 年代是很活躍的作家。葉石濤與其他一些評論家們最注意到本土文化運動時期與之前的日本殖民時代這兩個不同時期的作家們之間的關聯。（見葉石濤，1977:69～92。）在她的文章 "Writing and the Colonial Self: Yang Kui's Texts of Resistance and National Identity" 中，Angelina Yee 討論到楊逵作品中的身分議題。Yee 的說法是，「在臺灣歷史中正當身分這一議題變得十分迫切之時」，楊逵的作品「在殖民化的政治與自我身分的建立之間取得了協調」（1995:112）。王禎和（1940～1988）與陳映真（1937～）1960 年代的小說也同樣偏好將故事的發生集中在特定的地域範圍之內。

彩（humanism）。[13]除此之外，人道主義便爲國族論述所取代，女性與性別的議題則轉而被納入國族論述的框架之內，而被出賣的身體也成爲被出賣的國族象徵。身體此時所帶有的含義則直接取決於國族的建立、現代性與主權這些議題。

在這些作品裡，以性別與階級差異爲主而展開的一連串敘述帶出了相關的國族議題。作品所帶有的族群特色同時也是國族主義的表現並且呈現了國族的對立面（alterities）或差異性（otherness）；一連串的敘述與討論也環繞著被爭奪的身體在國族表述中所扮演的角色與功能。被出賣的身體交替出現在兩種不同的呈現方式裡：以性別爲主軸的故事，以及無關性別（non-gendered）或跨越性別（transvestive）的敘述。後者也就是以下層人民的階級地位問題爲主幹的敘述。這種雙向的呈現方式質疑了那些將性別架構視爲唯一衡量標準的說法。[14]階級的問題在黃春明的敘述呈現中所占的位置反應了中國文化傳統中上下分明的階級結構仍然持續占有主導地位。

殖民地的女性化是相關殖民理論與思想中一個常見的象徵。[15]在〈看海的日子〉裡，殖民地空間也同樣被性別化了；而身體則是其主要象徵，此時它代表了土地遭到移轉、竊位。女性美德的喪失一方面象徵著空間的喪失，而關於婦德的定義卻是完全由背後的父權體系所決定。在〈看海的日子〉裡，故事的結束最後仍然維繫了父權框架的存在。

在〈莎喲娜啦・再見〉（1973 年）裡，殖民地與日本這個強大的帝國勢力二者之間的關係以寓言的方式呈現出來。強大的帝國霸權仍然存在於它與臺灣之間的不平等關係之上：臺灣是日本現下的「經濟殖民地」

---

[13]Jing Wang 指出鄉土文學與五四人道主義關懷（humanitarianism）之間的關聯。Wang 的說法是，鄉土文學「不只回歸寫實主義的純科學（pseudo-scientific）客觀性，也恢復了繼承自五四運動時期的浪漫主義人道關懷」（1980:44）。

[14]比如，在 *Imperial Leather* 中，Anne McClintock 說道：「所有的國族主義都是關乎性別的」（1995:353）。

[15]殖民地的女性化這個概念起源於 Franz Fanon。在 Fanon 對殖民主義下的阿爾及利亞所作的研究中，他將面紗視爲是被殖民的阿爾及利亞本身的一個視覺符徵，象徵被壓迫與剝奪（Kanneh, 1995:346）。

（Huang,1980:235）。[16]下層人民的身體象徵這個亞洲的邊緣國家，而在這個身體之上也演出了反殖民主義這個中心主題。當敘述的鋪陳從加力班（Caliban）移轉到帶有性別差異的妓女身體上之時，新殖民空間被出賣（procurement）這個現象也就因此而被性別化了。在〈小寡婦〉（1975年）裡，出賣或拉皮條這個主題的發展主要來自於性別在現代化的全球模式中所占的位置。小說本身的轉喻（metonymy）表述也同樣使用在這個因為經濟利益而被出賣的亞洲國家之上。[17]象徵臺灣這個弱勢國家對外匯的依靠，身體此時順從的接受它被安排在娼妓中介循環裡的位置與角色。

　　〈兒子的大玩偶〉（1974 年）是本文所要討論的最後一篇作品。[18]在小說中，那位「廣告的」的身體是無關性別差異、跨越性別和疏離的；這個形象本身也間接批評了社會或經濟發展過程中對人性的扭曲與抹殺。[19]疏離或異化是臺灣在幾十年間透過外匯追求現代化與泛亞洲地位所得到的結果。這個身體喚起了臺灣在歷史中所遭受的剝奪與傷害以及現在仍未解決的主權問題。透過隱喻的呈現方式，這篇小說本身訴說了無所不在的進步天使降臨在荒原上的情形。

　　在中國文學裡，被出賣的身體是屬於「小人物」之屬，也就是司機、小販與農民這類人物。他們在國家的自我界定中扮演著主要的角色。在五四運動時期，這些小人物的「落後」狀況是衡量中國現代化程度的指標。在魯迅對中國文化的針砭下，如果國家要進步，像阿 Q 這類人就必須受到規範與控制。在黃春明的小說中，被賤賣的身體也呈現出同阿 Q 一般的落後階級所帶有的對立與差異，因此也屬於同一類人物。[20]

---

[16] 〈莎喲娜啦・再見〉收在《莎喲娜啦・再見》一書中。我在本篇的討論裡所引用的是 Howard Goldblatt 的譯文"Sayonara— Tsai-chien"，收在 *The Drowning of an Old Cat and Other Stories* 中。

[17] 〈小寡婦〉收在同名的小說集《小寡婦》中。在本篇的討論裡，我的引文出自 *Oxcart: NativistStories from Taiwan* 一書中 Rosemary Haddon 的翻譯。

[18] 〈兒子的大玩偶〉收於小說集《鑼》（臺北：遠景出版公司，1974 年 3 月），頁 33～62。在本篇的討論裡，我的引文出自 Howard Goldblatt 的譯文，收在 *The Drowning of an Old Cat and Other Stories* 中。

[19] 在 Howard Goldblatt 的譯文中，他將「廣告的」（小說中身上掛著廣告招牌到處走動來打廣告的 Sandwich-man）翻成 "adman"（1980:37）。

[20] 黃春明對小人物的描繪為他贏得為人民說話的公眾形象。他被稱為臺灣的福克納（Faulkner）、

　　國族主義是根源於一種比國族更早出現的社群觀念。班那迪・安德森（Benedict Anderson）認為國族是一種「想像社群」（"imagined community"），它能強化解放的行為（Anderson, 1983:15）。在黃春明的小說裡，抵抗一連串的宰制力量構成了這個族群的共同經驗，也構成了「想像社群」的存在基礎。這個概念的原型最早出現在〈看海的日子〉這個以地方性或本土性為敘述焦點的故事裡。

從性工作者到聖人

　　黃春明的小說〈看海的日子〉是一個以鄉下生活為主的故事，主角是一個社會下層階級的妓女名叫白梅。發表於 1967 年，這篇小說帶有立即而且深遠的影響；其中的一個因素便是它帶動了 1960 年代的鄉土文學風潮。這篇關於臺灣鄉村生活的故事所帶有的地方色彩即刻受到評論家們的喜愛與欣賞。[21]

　　這篇小說成功的第二個原因是白梅本身所具有的吸引力。白梅除了在小說的呈現中象徵一個逃離壓迫的人物，這個名字本身亦帶有文化上的含意。[22]在故事裡，白梅離開那個卑賤且壓迫的工作環境；藉著她自己的能力與如有神助的際遇她走向自我決定的道路去。當她最後生下一個男嬰時，她最後的救贖終於得到確定。這樣的主題發展對同一社群中的讀者而言是具有象徵意涵的；在 1960 年代，他們經歷了衝突、挫敗、壓抑與創傷。[23]發生在讀者身上的感受性（affective）閱讀經驗也說明了〈看海的日子〉為

「人道主義作家」與「小人物的代言人」（Goldblatt, 1980:110; Huang,1978:641）。

[21]在 *Chinese Stories from Taiwan* 一書的前言中，C. T. Hsia 稱黃春明的這篇故事為「以臺灣地方色彩為題材的故事中最受歡迎的」其中之一（1976:xix）。

[22]白梅這個名字在文化的含意上帶有純潔與堅忍的意思。梅在中國藝術裡是一個相當常見的圖象與象徵，它代表能夠在逆境中存活並茁壯的能力。Howard Goldblatt 提到白梅時認為她是「現代臺灣小說中最令人難忘且最正面的人物之一」（1980:121）。

[23]國民黨在臺灣的統治曾是壓抑與充滿衝突的。在 1960 年代，臺灣這一社群嘗到了因白色恐怖而延長的創傷與苦難。一連串的改革要直到 1980 年代晚期才開始，包括戒嚴令終止與政府正式承認 1947 年所發生的二二八屠殺事件。

何如此受到歡迎。[24]直到現在，這個故事仍然是臺灣戰後小說發展的一個重要的里程碑。

　　〈看海的日子〉是首批戰後本土主義或鄉土文學所做的努力之一，它所採用的視角與觀點是地方性的而非中心論的，而這則是繼承了日本統治時期所延續下來的傳統。〈看海的日子〉所含有的人道主義關懷的精神則是遙指五四運動：小說本身針對賣淫的行業以及妓女所處的惡劣環境都提出明顯的批判。透過白梅以及她的解放行為，我們可以看到這些批判。想要生一個孩子的希望使她有力量回到她出生的家庭並擁有令她滿足的個人生活，因為只有擁有一個孩子「才能讓她在這世上擁有一點什麼」（Huang, 1976:209）。

　　〈看海的日子〉是一篇關於一個妓女的悲慘生活處境的故事，但卻有一個快樂的結局；因此，它是屬於感傷喜劇（sentimental comedy）的類型。小說此種敘述方式足以喚起同情與心軟的感覺；故事本身卻因此反而充滿曖昧性（irony）與迷思的成分，將讀者包裹在其中並將故事帶入巧妙處理過的快樂結局。[25]這些成分的中介與傳遞是透過小說中的反文化（counter-culture），然而在此同時以男性為中心的（androcentric）相關呈現卻認同了地方父族的（patrilocal）生活方式。

　　在傳統的中國世界觀裡，女人所占的社會地位是次下而附屬的，她們總是屈服於父親、丈夫與兒子的權威下。[26]女人自己取得權威的地位與方法就是要透過自己的生理，更進一步說，就是要能生出男孩來承繼香火。在〈看海的日子〉這個故事裡，白梅仍然是一個孝順的女兒，她的孝順結合了她的生產能力：她生男孩這件事情標明了她是一個盡責的女人，服從於一個傳統的儒家社會對父系傳承的要求。因此，即使就她做為一個未婚母親這件事來說，白梅所採取的未婚生子的方式是在主流文化的規範之外；

---

[24]就讀者反應理論的角度而言，閱讀的行為是一個開展的過程，其中包含了架構閱讀經驗的期望與符碼。Stanley Fish 與 Wolfgang Iser 曾對閱讀的感受性經驗提出他們的理論與看法。

[25]關於感傷喜劇的定義是來自 M. H. Abrams, 1988:170。

[26]這個觀念總括來說就是三從四德中的三從所代表的意義。

但就她生了一個男孩來講，她完成了傳統所交付的職責因而得到支持與認可。白梅未婚生子的身分是曖昧或反諷的：這個身分所代表的理想遭到顛覆，而這也指出婚姻制度降低了女性自決的可能。

〈看海的日子〉所呈現出來的男性中心論明顯的透露在小說的二元對立邏輯中：陳腐的妓女／聖母（madonna）雙面性。這雙面性中的妓女這一面連結上賣淫這件事，這在中國文學中並不是什麼新的典型，相反的，從《太平廣記》到明朝的話本，這些故事裡充滿了青樓歌妓之類的人物，也有賣女兒為妾或誘拐女人去賣或抵押為娼等事。有時候，也有因為家庭的不幸或貧窮而將女兒賣到妓院去的狀況。[27]

白梅身為妓女的命運與出現在清代小說《老殘遊記》中的年輕妓女翠環的命運類似，而翠環也同樣具有相類似的階級背景。[28]與翠環相同，白梅成為妓女的緣由有明白的交代：她在八歲的時候被貧窮且守寡的母親賣掉。六年之後她再度被她的繼父母賣到一間位於臺灣海邊的妓女戶裡。14年的時間裡，她在南方澳辛苦的操業來滿足當地討海人的性需求（Huang,1976:195-197）。白梅的命運被安排的相當寫實；換句話說，不管是以前還是現在，跟做兒子的比起來，做女兒的總是由這個社會任意處置；因此白梅的命運符合了父母親販賣女兒的典型描述。即使在中國最富裕的時代，女孩們仍然註定要離開出生的家庭，進入陌生人的家中為他們生育子嗣以傳承她們丈夫家族的香火。在經濟困頓的時代，父母親會尋求各種方法來使女兒們可以更加快速離開家裡（Gronewold, 1982:3）。就白梅的例子來說，她的命運主要肇因於性別與貧窮雙重加乘的結果。白梅在故事裡說道，「她永遠不能原諒養父出賣她身體的事」（Huang,1976:197）。諷刺的是，即使她養父如此傷害她，她這個孝順的女

---

[27]有關清朝末期與民國時代的賣淫現象，參見 Sue Gronewold 的 *Beautiful Merchandise: Prostitution in China*, 1868～1936。

[28]在劉鶚的《老殘遊記》中，當一個家庭家道不濟之時，翠環這個角色就代表了家中的年輕女性可能遭受的命運。當黃河在 1889 年氾濫之時，翠環除了她母親與一個弟弟之外失去了一切，她之後被賣到妓院去。見 C. T. Hsia 對白梅與翠環兩人的相似之處的討論（1976:xxii）。

兒仍然盡責的拿錢回家（Huang,1976:208）。

　　命運是將這篇故事與五四運動的小說連結起來的一個因素。[29]白梅與她的朋友鶯鶯將命運形容爲「傲橫的」，不是她們有能力可以改變的（Huang,1976:203）。但即使她們這麼說，這兩個女人仍然拒絕被動的接受生活所施加在她們身上的一切。相反的，她們採取主動爲自己創造新的生活：鶯鶯嫁給一位少校，這使得鶯鶯找到方法與途徑離開她的工作。另一方面，白梅則靠著自己想要成爲一位母親的渴望而毅然自發的離開娼寮。她們面對、處理困境的能力使我們想起明代小說《金瓶梅》中的女主角潘金蓮，而她也可算是前現代（pre-modern）版的白梅了。[30]因此，同樣的，白梅也不願意讓自己的幸福葬送在命運無情的鐵律之下。

　　妓女／聖母這雙面性中的聖母這一面帶有母性、溫柔與愛的特質。白梅在這一面的呈現將她連結上代表慈悲的觀音菩薩這位廣受中國與國外群眾所崇拜的神祇。更重要的是，觀音在中國民間宗教裡代表著繁衍與子息。在白梅離開娼寮並回到她的出生地之後，她的觀音這一面就呈現了出來。在那裡，她出於慈悲與同情爲她村裡的人做了許多事情，她傾聽並且回應他們困苦的呼聲，就像觀音菩薩所做的一般。白梅本身做爲一個邊緣人的地位更加強了她就是這樣一個形象的化身；她既是一個妓女也是一位在婚姻關係之外懷了小孩的母親，而這些都確定了她的邊緣化。[31]雖然在維護子息傳承的神聖性這個重要的面向上，觀音信仰與體制的論述是並行不悖的；但前者畢竟是存在於主流文化之外的。

　　白梅分別在兩次不同的情形下離開娼寮。第一次是因爲她父親的葬禮，而第二次則是她永遠離開娼寮之時。在這兩次不同的情況裡，位於海邊屬於下層階級的娼寮門檻發揮它的象徵作用；它是一扇開啟與關閉的

---

[29]舉例來說，命運這個概念就出現在魯迅的小說〈故鄉〉（1921年）之中。

[30]潘金蓮剛開始以賣唱維生，後來下嫁武大，然後又巧妙安排一連串事件最後成爲西門慶的第五位太太。

[31]白梅的受孕、懷胎與生產都發生在婚姻關係之外。她自己說，任何會要娶她的男人一定是「沒什麼出息的，或是歹人」（Huang,1976:209）。

門，通向真實與理想的世界以及公共與個人的生活領域。真實的世界與公
共的色情交易重疊，在其中白梅這個女性化的主體被陽物體制
（phallocratic）的符碼所壓迫。這個符碼主宰、控制了娼寮的生活：一個
嫖客喊道：「我操死你這小鳧樣！」；同一個人又說道，「他媽的！還是
真貨哪！」，被壓在他底下不出聲的女人形容他「急促的喘聲」像是「雄
獸」所發出的一般（Huang,1976:200, 201）。這些帶有攻擊性欲望的引文是
屬於陽物中心論的語言。上下分明的權力結構支撐著這個語言，再次塑
造、鞏固了主宰的模式，掩蓋了白梅的女性主體。

　　白梅第一次離開娼寮的時候，她仍被娼寮特屬的語言所糾纏著。當她
孤單一個人在火車上，一個中年男人向她搭訕，他遞給她一根香煙。小說
對這情景的描繪如下：

> 她一時驚異而木訥地望著對方現出困惑的樣子。那男人笑著一邊把香煙
> 送得更近，且一邊說：「你當然不會認識我，但是我認識你呀！真想念
> 啊。嗯！來一支吧！」她對這男人的輕浮感到噁心，甚至於十分惱怒。
> 這種一支、一條、一根啦的等等用詞的雙關語意，她聽得多了，不過那
> 都是在幹那種買賣的時候，心裡早就有這種迎合客人的準備。因此比這
> 更露骨，更下流，更黃的都不在意。為什麼在外面，這些人還不能把我
> 也當著一般人看待？（Huang,1976:198）

　　白梅所指的「外面」是權力關係的世界，在其中她是一個權力被取
消、能力被剝奪的主體。在這個世界中，她只好轉向、投入「雨夜花」的
旋律中，一次又一次重溫、認同於一朵脆弱的花在風雨的摧殘下所遭受的
命運：在狂風暴雨中離了枝、落了土。[32]白梅是本質主義下的產物，小說對

---

[32]「雨夜花」是一首相當出名的閩南民謠。Earl Wieman 在他的譯文中使用這首民謠的英文翻譯
“Flower in the Rainy Night” 當作這篇小說的英文篇名。這首民謠的歌詞如下：雨夜花，雨夜花／
受風雨吹落地／無人看顧，冥日怨嗟／花謝落土不再回（Huang, 1976：204～205）。

她的描寫一再強調女人等於自然，因此她被剝奪了與惡劣的社會、經濟環境對抗的能力。白梅形容自己所陷入的狀況就像犯人一般，被囚禁在「幾乎令她窒息的牢籠」中（Huang,1976:199）。她決定要離開禁錮狀態的決心終於使她結束了被困的處境，並且開創了新的生活環境與人際關係，成為一個有能力的人、成為自己的主宰。

白梅的懷孕為她自己開創出一條道路，通往充滿意義的個人世界。[33]在〈看海的日子〉裡，作者是依循著白梅的欲望而描繪、敘述白梅的願望：她從她的嫖客中選擇了一個善良的年輕討海人，在她感到性的愉快之時想像微弱希望深深埋在她的身體之內、埋在社會之內也埋在她橫逆的命運之中（Huang,1976:217）。之後不久，她最後一次也是永遠的離開了娼寮。這一次，娼寮的門是通往一個理想的世界，同時也是一個超越現實的（surreal）世界：小說本身所面對的難題（aporia）隨著敘述淡出、遠離指涉的層面而擴散開來，民間宗教的語言轉而進入敘述之中。白梅這個女性化的主體走了；但取而代之的是一個陰陽同體的角色梅子。從收養她的家庭所施加在她身上的親情桎梏中走出來，梅子一步步登上她出生的家，升格為小村子裡的聖人。

小說中關於梅子的神聖性的描述讀起來就像是聖徒行傳一般；首先，她救了她哥哥的命；然後，她又救了村人的生計；最後，她還設法使蕃薯的收成價格提高（Huang,1976:224～229）。她慈悲的善行累積了功德，足以讓她彌補之前的墮落罪惡。從佛教的角度來看，這位行者已經修至菩薩的果位了：用聖母來比喻她也就是說她像是觀音一樣。在故事的最後，梅子的功德為她帶來最後的勝利：她終於生了一個小男孩。

批評家們從各種不同的角度來稱讚〈看海的日子〉，其中涵蓋了無視於性別差異（gender-blind）、新殖民主義與女性主義的角度。C. T. Hsia 認為，這篇小說「非常感人的表達了男人的堅忍與勝利，以及他對光明的未

---

[33]我對白梅離開娼寮的詮釋是得益於 Robert Hegel 教授。

來所懷抱的遠景」（1976:xxiv）。相反的，David Wang 卻宣稱，〈看海的日子〉呈現了「女性主義者的勝利」（1980:250）。「不管是女性主義或非女性主義的讀者都會喜歡」這樣的情節——一個老經驗的妓女夢想著自己有一天可以有一個自己的小孩，她之後懷孕了並且給全村的人帶來好運。David Wang 認為，白梅「藉著一位男客來實現自己的幻想算是主客易位的大逆轉」（Ibid）。

如同黃春明許多的小說一般，〈看海的日子〉可以從寓言的角度來解讀，也就是超越白梅個人從壓迫中逃脫的字面閱讀。[34]從這種方式來閱讀，我們在白梅的身上可以發現轉喻的象徵作用：她被重構為殖民地空間的象徵。作為轉喻，白梅的作用在使這個處於共時（synchronic）被出賣狀態下的空間可以得到救贖：共時性的被出賣狀態是從荷蘭占領的時代開始一直延續到現代。對一個經歷了共時性的主權喪失與政治壓抑（直到最近才改善或結束）的社群來說，這樣的閱讀由於帶有政治自決的訴求，因此便也帶有洗滌、淨化（cathartic）的作用。[35]從讀者對這篇小說的反應來看，文學本身被賦予了改革的能力，而這種看法最先是由梁啟超在約一百年前所提出來的。梁啟超的看法後來由魯迅所繼承然後再由魯迅傳到黃春明。與他的前輩者一般，黃春明也使用文學被賦予的這項能力來處理他在自己的環境裡所面對的社會與政治不平等的問題。

被出賣的身體：關乎性別與跨越性別

不同於 1960 年代的地方色彩，黃春明的小說在 1970 年代產生了逆

---

[34]我在本文中對四篇小說的寓言式閱讀，主要根據發生在這個國族身上的事件在小說中所產生的歷史與政治的回響。我的閱讀是類似於 Fredric Jameson 的讀法，也就是將文學視為是一種社會性的象徵行為。（見 Jameson 的 *The Political Unconscious*）Robert Hegel 也有相同的看法，他認為我們可以從政治寓言的角度來解讀黃春明的小說，也就是關係到幾十年來的內戰與尚未解決的主權問題（Hegel,1985:190）。

[35]從亞里斯多德的角度來說，淨化主要的定義是它能夠滌去、淨化存在於不健康的公共生活中的性或道德上的羞辱。

轉。³⁶帶有末世或終結（apocalypse）的基調，這樣的逆轉在時間上與當時
國家所發生的事件有關。³⁷黃春明的頓悟使得他的小說明顯的轉變爲政治或
國族寓言，而且帶有改革的企圖與目的。這個轉變所表現出來的一個現象
就是小說中出現了國族主義、反殖民以及反帝國的異音（heteroglossia）。
³⁸黃春明 1970 年代的作品所針對的主要對象是新殖民主義的運作以及後者
要除去文化和族群差異的企圖。他所一貫的關注是反殖民主義與反帝國主
義，這說明了他在立場上轉變爲一位書寫第三世界問題的作家。

　　黃春明的頓悟發生之時正當中共、美國與日本之間的關係走向正常
化，這個發展也導致了國際上一個中國的政策。這些挫敗殘酷的打擊了這
個島，並且造成島上的信心危機與被背叛感。這痛苦的經驗更因臺灣社會
快速轉變的腳步而加深，更何況島上的人民同時也深切感覺到與來自中國
的這些無情的領導階級之間的距離與差異。這一連串的挫敗所引發的情緒
在 1970 年代中期的臺灣本土文化運動以及鄉土文學運動中達到頂點。伴隨
著鄉土文化運動而來的還有一些論戰和其他要求改革的請願與運動。³⁹知識
分子們感覺到了信心的危機，他們之中很多人覺得國家的利益持續被出
賣，傳統的文化正被侵蝕著，而逐漸發展中的現代化版本也不符合大多數
人的利益。黃春明 1970 年代的小說批判了社會與經濟發展過程中的剝削現

---

³⁶Howard Goldblatt 將黃春明 1970 年代的小說描述爲「以都市爲中心，更傾向國族主義而且普遍帶
有說教的色彩」（1980:111）。黃春明 1970 年代的作品收集在遠景出版的兩本集子裡：《莎喲娜
啦‧再見》與《小寡婦》。

³⁷一連串的事件包括 1970 年的釣魚臺事件，1971 年臺灣退出聯合國，1972 年美國總統理查‧尼克
森訪問中國大陸以及因爲這次訪問而簽訂的〈上海公報〉，和最後在 1973 年與日本停止正式外交
關係以及日本之後正式承認中華人民共和國。王拓是第一個指出這四個事件的重要性。（見王
拓，1977:101）

³⁸Bakhtin 的這個概念指的是，語句的意義是由底層的背景（base conditions）所決定。這些背景是
來自於社會或歷史的層面，而這也說明了背景或環境（context）是優於或超越文本的。

³⁹論戰主要環繞著反對者對鄉土文學運動所提出的指責與非難。鄉土文學被指爲與共產主義有關，
是屬於普羅文學或「工農兵文藝」。後者指的是 1942 年毛澤東於《在延安文藝座談會上的討論》
所鼓勵的文學。在 1977 年 8 月，政府舉辦了一場研討會，表面上是爲了顯示相對於毛澤東統治
下的中國大陸作家，在臺灣的作家所享有的自由。但這場會議卻洩露了政府的恐懼，害怕文學所
具有的政治含意會導致顛覆的作用（Jing Wang, 1980:45）。伴隨著鄉土文學運動而來的還有要求
民主改革的請願與活動，最後導致了 1987 年戒嚴令的終止。同時期發生的美麗島運動最後終於
使得民進黨（臺灣目前的反對黨）得到官方正式的承認而合法化。

象，因而也體現了當時廣泛存在的危機感。這些問題都在他 1970 年代的小說中呈現出來。[40]

　　時事性強、機智與感傷色彩，這些黃春明成熟時期作品的特色不同於他早期所呈現的溫和諷刺。從買春之旅到美國大兵和穿得像玩偶的打廣告的人，黃春明的寓言所要顛覆的對象不只是殖民主義，也是在資本的全球流動中既得利益的新殖民主義。這些故事的寫作背景是跨國投資時期臺灣充當美國與日本的貨物集散地或轉運中心。在 1960 與 1970 年代，這兩個超級大國在臺灣身上投入相當龐大的工業資本，讓臺灣在國際性的共謀（procurement）事業中扮演重要的角色。[41]投資的行為需要一些因素的配合，包括資本的輸出、適合國際投資的地點、勞力與外匯。臺灣在這些計畫中所扮演的共犯角色在黃春明的小說中呈現為一種雙面刃的行為：成功為它帶來泛亞洲的地位；但這個過程同時也製造出許多在利潤的追求中被困住且遭到剝奪的階級，臺灣也因此而付出了極大的社會代價。黃春明在臺灣本土文化運動中受到推崇與讚賞的因素之一則是他呈現了這個轉變的過程中人性的面貌。

　　黃春明的小說反應了臺灣雜混的殖民文化與新殖民關係中的對立面；除此之外，這個邊緣的亞洲國家所遭受到的本質化與性別化則是他要呈現的另外一個重要的現象。這些面向都出現在〈莎喲娜啦‧再見〉之中。這篇小說是一個關於買春之旅或性招待的故事，帶有普羅斯培羅─加力班（Prospero─Caliban）的模式以及臺灣本土版的二元錯亂現象（manichean

---

[40]Joseph S. M. Lau 指出，1970 年代的鄉土文學體現了這些特點：對日本與美國帝國主義的反抗，要求社會福利改革的呼聲，對小人物的推崇，以及在「醜陋的美國人」與「無恥的日本人」面前所需的國家尊嚴（1983:147）。

[41]在戰後的前 30 年間，日本與美國在臺灣投入了相當大量的資本，臺灣就像是新殖民主義的一個賭注對象一般。美國在臺灣的投資計畫最早是因它的冷戰政策而擬定的。有關亞洲四小龍在戰後時期如何幫助鞏固全球政治與經濟政策，參見 *The Four Asian Tigers: Economic Development and the Global Political Economy*, 1998 ed. Eun Mee Kim。臺灣內部的反對者批評臺灣與美國及日本的關係為一種幾近赤裸的帝國主義，他們並且認為戰後的幾十年間建立了一個「第二殖民時期」。比如說，王拓將臺灣與美日的關係稱為「經濟殖民主義」（1977:109）。

delirium）。[42]這個故事帶有國族主義的色彩，而它同時也批判了日本這個亞洲殖民強權以新殖民主義者的方式繼續欺凌臺灣。〈莎喲娜啦‧再見〉本身是一個寓言，它所含有的顛覆性或反抗性指出了殖民地的企圖與希望，也就是要反攻、反寫中心。[43]

在小說中，臺灣的性別化來自於它作為一個從屬或附庸國家的地位；臺灣並且因此而轉變為日本買春之旅的一個停靠站或招待國。在亞洲，招待國所扮演的角色同時包括執行一連串的休閒與娛樂政策，也就是由國家核准、許可的賣淫事業。[44]藉著相關的性娛樂以及巡迴性的買春之旅，這種國際性的現代賣淫事業導致了國家財政收入的盈餘與消費性資本的增加。

為了能順利運作，包裝好的買春之旅就必須要整合各種不同的服務種類，比如馬殺雞與溫泉行業、當地的食宿資源以及娛樂的地點（Truong, 1990:127）。在臺灣，北投與礁溪就是兩個招待娛樂的熱門勝地。[45]將女性的身體納入這一連串的整合過程之中就是最後一個步驟。在 1970 年代反體制（iconoclastic）的論述中，臺灣性招待與服務被認為只是國民黨政府強迫全面「出賣」這個國家的一個面向而已。[46]

在〈莎喲娜啦‧再見〉中，包括安排好的買春之旅是由黃君所帶領、中介的；黃君是一間臺灣廣告公司的職員，也是故事的敘述者。黃君本身

---

[42]在 Fanon 的分析下，殖民地的情況是處在一種因為同化而產生出來的「錯亂並置」（"constellation of delirium"）中。二元錯亂所指的現象是，同化的政策會導致自我身分的疏離（Bhabha,1993:116）。

[43]在〈暴風雨〉（"The Tempest"）中，中心象徵著英國；在〈莎喲娜啦‧再見〉裡，中心代表日本，它是以前的殖民者也是出現在故事裡的新殖民強權。

[44]從中國文化背景的角度來看，賣淫在傳統上一直是國家所接受的行為，因為它直接關係到國家的收入與財源。即使是在民國成立初期，中國大陸的妓院與妓女都同樣受到國家的課稅（Gronewold,1982:4,83）。

[45]北投是北臺灣最富盛名的招待、娛樂地點；而另一方面，礁溪則曾經負責訓練那些要到北投工作的鄉下年輕女性。當日本在 1957 年宣布賣淫為非法行業之後，北投與礁溪（後者是〈莎喲娜啦‧再見〉這個故事發生的地點）這兩個地方成為日本買春團常去的熱門地點（Senftleben, 1986:37）。在日本統治時期，北投則是日本人常去的休閒娛樂景點。

[46]在 1970 年代的臺灣，性服務或性招待被謔稱為「女性國家化」（"nationalization of women"），指稱利用女性的性服務來賺取外資。批評政府的人士認為，政府一心一意只擔心中共會接收臺灣，導致了政府相對的忽視對內社會政策，並將臺灣「出賣」給跨國企業所用。這種情形也引起臺灣當地人民的一種感覺：國民黨是一個流亡政府，它只將臺灣當作「旅館」使用。

在故事中是一個下屬或從屬階級（subaltern）的人物，因此他屬於小說中的
「小人物」之流。從故事的寓言層次來說，黃君扮演著加力班的角色來面
對那些新殖民主義客戶。

故事是從黃君被交付一項任務開始：他們公司的總經理吩咐他要負責
接待七個日本客戶到礁溪去買春（Huang,1980:217）。從故事一開始，情節
的上演便透過族群與性別而呈現了對立的關係。敘述者說道，他一想到要
替自己的女同胞拉皮條就覺得厭惡而不堪，特別是想到這些客戶是來自以
前侵略中國的國家（Huang,1980:219）。在良心以及生活的經濟需求之間掙
扎，黃君最後選擇接受了這項任務（Huang,1980:222）。

黃君之所以會排斥、抗拒他被指派的差事主要還是因為歷史的因素，
也就是在第二次世界大戰時日本侵略中國，但日本人自己卻將這場侵華戰
爭美其名為日本的「聖戰」（Huang,1980:220）。日本侵略為拉皮條的主題
提供了場景；這在故事中藉著一件殘酷的歷史事件——南京大屠殺（the
rape of Nanking）——而呈現出來；這事件仍然鮮明的存在於世人對近代中
國歷史的記憶中。[47]南京大屠殺上演在性別化的身體之上；而這性別化的身
體則是殖民地空間的象徵與出賣／拉皮條的地點。終於，當黃君扮演著加
力班的角色並且反說（talk back）、還擊普羅斯培羅（故事中的日本人所扮
演的角色）時，不平等的關係取得暫時的紓解。[48]黃君提醒日本人他們國家
不人道的過去與他們現在不道德的「經濟侵略」（Huang,1980:269）。黃君
之所以出來斥責他們主要是受到羞辱、罪惡感以及替代（displacement）的
刺激。[49]黃君適度的勝利代表了中國人的道德勝利。

在故事裡，這一群日本客戶以「千人斬俱樂部」的名義出現，這名稱

---

[47]關於日本在這次侵略事件中對中國人民的屠殺，參見 Iris Chang 的 *The Rape of Nanking: The
Forgotten Holocaust of World War II*, Basic Books, 1997。

[48]在《暴風雨》中，加力班咒罵普羅斯培羅，因為普羅斯培羅教他殖民者的語言卻剝奪他在殖民
地的權力：你教我語言，而我所得到的益處／就是懂得如何詛咒。願紅色瘟疫殺死你／因為你教
我語言！（Shakespeare:*The Complete Works*,ed. G.B.Harrison:1480）。

[49]我主要依據拉崗派（Lacanian）的說法來使用「替代」這一詞：企圖用完整的自我形象來替代空
缺或破碎的身體（Grosz, 1990:37）。

的由來是封建時代日本武士的信條，也就是要求武士階級的每個人都要殺掉 1000 人（Huang,1980:229）。由於武士道已經不存在了，這個俱樂部存在的原因就轉變爲要與 1000 個女人發生性關係這個目標上（Huang,1980:231）；也是這個理想才使這個俱樂部的會員將臺灣列爲一個停靠站。他們這群現代「七武士」每個人除了隨身攜帶「印度神油」之外，還有一本備忘錄，裡面記載著「小姐的名字、體型，〔以及〕做愛的感覺和情況」（Huang,1980:259）。備忘錄底下還有一塊空白的地方讓這些俱樂部成員們用膠帶貼上一根小姐的陰毛——拉皮條的舉隅象徵（synecdoche）——當作每次經驗的紀念品（ibid）。

　　爲了自己拉皮條的行爲，小說的敘述者公開表示自己的罪惡與羞辱。這些感覺混合了自我身分的疏離（也就是二元錯亂），而這就是使得殖民地自我變成神經官能（neurotic）的根源與表徵。黃君替自己的困境找到了解決的方法：他將自己的錯亂投射到他的「異己」（"other"）的身上去——也就是被性別化、被出賣的身體以及那位年輕的妓女；在她的身上，對立性呈現在使她的臉破了相的那塊深青色的印記上（Huang,1980:241）。黃君陷入在替代性的循環之中，直到他找到更爲光明正大的解救之途：與加力班一樣，直接面對新殖民主義的侵略者。在〈莎喲娜啦‧再見〉的結尾，黃君得到了道德的勝利而錯亂則得到了暫時的紓解。

　　種種關於殖民主義的敘述都含有一個身體，中心與他者之間的關係要靠這個身體來中介。在〈小寡婦〉中，性別化的身體爲客戶——主人之間關係的發展提供了場地，也是拉皮條或出賣得以順行的工具。美國（故事中的客戶）與被殖民、被邊緣化的主人之間的互動於焉展開。

　　〈小寡婦〉是一個具有顛覆性的故事；它是一個關於美軍進駐臺灣尋求休閒與娛樂（R&R）、臺灣妓院的生活與越戰的故事。身體是一個古老且不變的敘述，種種關於過去的故事與關於交換的現代寓言都在這個身體上連接了起來；而出賣（拉皮條）與同意這兩者之間關係的開展也在這個身體上找到了論述與情節發展的場域。被賦予流動階級的特質，身體是被

殖民、被物化和被收編的；作為一個轉喻的象徵，身體代表了被出賣的亞洲國家。

在出賣（拉皮條）的循環中，同意所扮演的角色是十分重要與關鍵的。〈小寡婦〉的故事敘述臺灣在 1968 年聽任、順從的成為遠東戰區的一個休閒娛樂中心（Huang,1996:221）。在許多的城市裡，這事件導致了酒吧、夜總會與性服務業蓬勃興盛起來。在敘述發展的基本方向與設定下，小說呈現了在性服務或性招待業中身體的同意與順從。在故事裡，位於花蓮一間公共茶室的茶孃經過一連串整頓、改造之後，最後轉而以「小寡婦」的面貌出現。[50]這個轉變代表著買辦、政府與性別化的身體之間的相互合作與結合。

根據故事中的敘述，這個轉變的過程一開始顯得相當粗俗，因為吧女們開始使用各式各樣的化妝品，並且大家都取了英文名字；但後來卻因為她們都要學習端莊的禮教，因此也使得這個過程反而帶有高尚（sublime）的色彩。酒吧的主人黃老闆親自策劃這個再教育的過程，目的是為了讓這些小寡婦們能夠準備好去應付她們所不熟悉的新工作（Huang,1996:221）。上完了英文課之後，接著又有古代的各種技藝課程，教導她們如何扮演古代妓女、如何喝酒、調情，以及講授一些性技巧。這一連串再教育的過程最後是告訴她們關於纏足、貞節以及禮節等傳統中國文化知識，而《金瓶梅》則成為最佳教導的範本（Huang,1996:258）。藉著扮演守寡的婦人，這些吧女們從現實的領域裡被提升到理想的層面，博得有格調且具特色的名聲，並受到來自帝國對方的青睞。這些小寡婦就跟她們前現代的姊妹淘們

---

[50]這一段的描述如下：

1968 年，美國總統詹森，叫駐越美軍的人員創了最高紀錄，高達五十多萬人的時候，臺灣也被增列為駐越美軍遠東區的另一個休假中心。有一度蕭條的酒吧業，這時候，突然像見了陽光，一下子又蓬勃起來。原來在臺北、基隆、高雄等地方的酒吧，紛紛重振起來不算，連偏遠地方不曾有過酒吧的花蓮，也增加了新行業。他們把原有的公共茶室的門面稍做整修，外頭裝個霓虹燈的洋文招牌，讓它眼睛似的一眨一眨，也就變成酒吧了。茶孃隨著搖身一變，也變成吧女了。這到底是升級呢？或是怎麼的？這些準吧女的茶孃自己也弄不清。反正在她們的心裡面，每個人都有說不出的一股新鮮的興奮支撐著（Huang, 1996：221）。

一樣，過著群體的生活方式，享受著相對的自主權以及親密的親屬關係。[51]
在教養與古典格調的訓練之下，吧女們逐漸轉變為清朝時期的妓女。

　　這一連串改頭換面的過程所針對的第二個對象，就是夜總會這個行業
本身的階級地位以及社會對它的接受度。在對這個行業的重新定義中，它
被稱為「特種行業」，目的是為了提高自己的名聲、提升自己受尊重的程
度（Huang,1996:235）。酒吧的經理和女領班在勸說之下，都試著不要認為
自己是老鴇或下賤的王八烏龜，而是領有執照的經營者；因此他們是不同
於那些做私娼的同業（Ibid）。這家妓院更且因為在它內部重新建立了家庭
的制度，而得到認可與正當的地位。在〈小寡婦〉中，正當化的實現發揮
了洗滌、淨化的功能；如同〈看海的日子〉一般，這裡的淨化也是透過滌
去、淨化存在於不健康的公共生活中的羞辱而達到的。

　　情節的上演所需的場景就是裝潢的十分戲劇化的酒吧內部。酒吧裡使
用屏風隔開、帶有清朝式的東方神祕色彩（Huang,1996:242）。把空間變得
比較隱密也有意想不到的效果：這會使得酒吧的客人更受到鼓勵去追求性
欲的快感。而酒吧的公共生活則由顧問與女領班們負責管理、張羅，他們
負責設計、指導每天的方針與事務。經過幾星期的策劃與幕後的安排，這
整個計畫終於有了成果：「小寡婦」終於開始營業（Huang,1996:260）。在
這個跨文化的集合場地內，穿得像清朝的寡婦們活躍於來休閒娛樂的美軍
人士之間。

　　小說精采的上演了種種謔仿、假扮與鬧劇。極度的反諷出現在一場扮
裝模擬中，低俗的臺灣吧女們打扮成上流仕女的模樣：

　　大家帶著前篷後髻的假髮，有的穿襖，有的旗袍加背心，胳肢窩塞一條
　　絲巾，腳穿繡花鞋。（Huang,1996:239）

---

[51]在〈小寡婦〉裡，家庭關係重新被建立起來，並且反應在彼此之間的相互稱呼上。譬如，酒吧經
　理被稱為「大哥」、女領班被稱為「大姊」、顧問被稱為「兄」等等。

這樣的仕女是被過度裝扮的產物，但她的心聲仍然無人問津；她仍是粗俗的。在這樣的規範與制約之下，她遙遠且共時的喚起了傳統的儒家論述。這論述融入了身體之中，而這身體卻因戰爭的緣故更加煽起人高度的欲望。身體作為一項交換的物品；它是古老且不變的敘述。

小寡婦這個形象構成了故事的中心符號。[52]這個符號的指涉對象是傳統的社會行為：在宋明時期，古老的地方父族成規要求傳統的守寡婦女必須守節。這個指涉對象與妓女的語組籌碼相混合而產生符號接枝的現象。從一組意義（妓女）接枝到另一組意義（寡婦）導致了貞節與敗德的並列重疊，而且也導致了原先屬於女性制式（institutionalized）生活的兩個領域的混亂。寡婦／妓女的形象打造引出一種閱讀的方式，將這兩個領域混合在一起。

小寡婦這個充滿含意的形象或符號包含了深入的意義考掘活動。其中一組意義來自於寡婦；在故事裡，寡婦被稱為是「最不合乎時代，最落伍的」中國婦女，「外表上看來是一座冰山，其實裡面是火山」（Huang,1996:240）。而第二組意義則來自妓女──人人可上、隨手可得的象徵。這微妙的對立既阻礙、干擾又加強、挑動。在這個符號裡，被禁制的色欲引發了一連串的文化裝扮，而其目的則是十分明顯的：在這場交換的遊戲中贏得勝利。

故事的發話者顛覆了敘述的規範。發話者敘述了性別以及階級的卑微所共同編織成的束縛。多變的戰事、情欲、吸毒、賣淫、絕望、生活沒有希望的妓女交錯著生活沒有希望的士兵；敘述圍繞著這些片段而鋪陳開展，帶有同五四時期相同的寫實精神。故事充滿苦難、破滅的夢想、無力感與死亡；這反應了 1949 年以前小說中的文學描寫模式。從發話者想要離開性行業的希望到越南的殘酷場景，這些敘述方式符合了五四運動時期所

---

[52]Roland Barthes 在 "The Imagination of the Sign" 一文中指出符號所涵蓋的各個派生層次，包括象徵（symbolic）、語組與語序（syntagmatic）三個層次（Barthes, 1982:212）。這些層次也適用於小寡婦這個符號的身上。

標榜的寫實精神，重構了一般平民大眾的生活。

　　五四之前的浪漫史文類所呈現出來的抒情感傷主義也同樣出現在〈小寡婦〉中，成爲小說的第二種敘述模式。故事中有一個愛情片段是屬於才子佳人或鴛鴦蝴蝶派的描寫；這一派的小說在本世紀初之時受到廣泛的喜愛。[53]這個愛情片段圍繞著一位小寡婦、一個美國士兵與一個象徵心的香火袋而展開；這個香火袋在越南一場地雷爆炸中保佑了這位美國士兵（Huang,1996:304）。香火袋上被賦予的感傷色彩最後引導敘述的走向使得兩人在故事結束時重逢；這反應了中國的浪漫抒情模式歷久不衰的吸引力。〈小寡婦〉複雜的敘述模式結合了無視於性別差異的陳述、抒情的感傷主義以及五四的寫實主義精神；這也證明了這個中篇小說的文學性。

　　在眾多關於現代性的敘述裡，國族的論述是書寫在身體之上的，而身體則是架構在性別與階級之上的。在〈小寡婦〉中，由中國傳統的階級結構所規範的使用價值附加在性別化的身體之上：身體在這結構中的位階愈高，它的交換價值就愈高。

　　相對於〈小寡婦〉，在〈兒子的大玩偶〉中，書寫著現代性與其不滿的身體則主要由階級來定義。落後且貧乏的生活說明了「廣告的」（故事中身上掛著看板到處走動來打廣告的人）也帶有同小人物一樣的落後階級特徵。這些阿 Q 型的特徵是一個重要的指標，用來衡量現代化以及同一時代的社會生活受到現代化多少程度的影響。「廣告的」這個人物的型構是跨越性別的（transvestite）；他遭到物化、商品化和異化。在他身上反應了馬克思主義對工業化過程的詮釋。這個形象提供了一個起點，引發我們去思考亞洲的後現代群體生活。

　　〈兒子的大玩偶〉所呈現出來的現代性及其不滿，使得它既反應出對工業化的批判，也哀悼失去的中國文化理想。在小說中，發生在公共與私人生活上的斷裂，也就是社會的轉變所需付出的代價。根據小說的敘述，

---

[53]有關這個文類的探討，參見 E. P. Link Jr.的 *Mandarin Ducks and Butterflies: Popular Fiction in Early Twentieth-Century Chinese Cities*。

這個斷裂代表了一種疏離的病症，侵蝕了人與群體、家庭和自我之間的關係。這個主題使得〈兒子的大玩偶〉成爲一篇關於荒原的故事，而這荒原就是進步的天使所帶給臺灣的。

　　在現代性的核心存在著去烏托邦（distopic）的消費經濟。泛濫的消費主義最明顯的出現在現代消費生活的長廊商場（arcades）與市場中。在〈兒子的大玩偶〉裡，長走廊爲「廣告的」提供了活動的場地；他是一種原型，同時象徵了被物化、販賣的買與賣雙方。扮裝成 19 世紀的歐洲軍官模樣，「廣告的」就是小說中的「大玩偶」，呈現了小鎮上暴發戶一樣的消費行爲。[54]

　　當他穿梭在鎮上的街道與走廊上時，「廣告的」機械的上演著他自己被商品化的過程——他與群眾、家庭和自我的關係遭到了破壞。透過來自於 1950 年代的意識流與其他的現代主義技巧，讀者也暗中加入一場考掘的活動中，而對象則是「廣告的」複雜的內心自我。他是一個分裂的主體：在他自己私底下的沉思裡，他同時是主體也是客體。[55]利用替代來尋求完整，他同時面對著自己的副身（double）——那在「城市拴塞的心臟」中流動的「蘋果裡的蟲」。[56]在小說中，妓女賣淫的身體以及因爲金錢而被出賣的身體兩者之間是可以相互替代的：兩者都象徵著臺灣的商品化與去烏托邦的消費生活。[57]

　　〈兒子的大玩偶〉敘述的背景是臺灣小鎮的現代化，而故事所關注的許多議題則同樣也縈繞著其他時期與其他地方的作者。這些作者中包括瓦

---

[54]小說中提到，這位打廣告的人身上掛的廣告牌子所宣傳的東西包括百草茶、蛔蟲藥與當地鎮上戲院上映的電影（Huang,1980:37～38）。
[55]敘述中一連串的內心獨白透露了這個主體的分裂狀態。在英文的譯本裡，內心獨白是使用斜體字來表示的：「那麼你說的服裝呢？」
　　　與其說我的話打動了他，倒不如說是我那副可憐相令人同情吧。
　　　「只要你答應，別的都包在我身上。」
　　　爲這件活兒他媽的！我把生平最興奮的情緒都付給了它（Huang, 1980:38）。
[56]小說對一群妓女的描述爲：「穿著睡衣，拖著木板圍在零食攤吃零食，有的坐在門口施粉，有的就茫然的倚在門邊，也有埋首在連環圖畫裡面，看那樣子倒是很逍遙」（Huang,41）。
[57]引文出自 Benjamin, 1973:57 所引的 Charles Baudelaire 的"Crépuscule du soir"。

特・班雅明（Walter Benjamin），他著手去寫城市生活的寓言但並未完成。[58]
班雅明的寓言包含了對資本主義現代性的批判；在其中「閒人」
（"flaneur"）這個人物——「拾荒者」（"ragpicker"）或「大眾人」（"man of
the crowd"）——經常出沒在 19 世紀城市生活裡擁擠、喧囂的地方。在現
代的商業世界中，「閒人」最後的化身就是身上掛著牌子打廣告的人。[59]

　　歐洲對現代性的經驗與看法不同於臺灣，因為在歐洲還具備有「閒
人」的能力來抵擋商品經濟制度的刺骨寒風。[60]當他閒步穿梭在擁擠的長廊
商場內時，「閒人」可以借用周遭陌生人所帶來的孤立感來突破只重私利
所造成的孤立狀態（Benjamin, 1969:58）。對他來說，長廊商場或其中販賣
奢華品的商店都是一種希望影像（wish-image）的投射，代表了「中產階級
渴望透過物品的象徵媒介而逃離他／她的主體所處的孤立狀態」（Buck-
Morss, 1986:103）。「閒人」在大城市的人群中漫無目的的閒逛，有意的
自別於他們急忙且有所目的的行動；而當他這樣做的時候，某些隱藏的意
義顯露出來為他所察覺。受到歷史天使的眷顧，他暗中加入在過去之中。

　　「閒人」如此從容的感受性主要來自於歐洲穩定的文化身分。相對
的，臺灣現在持續存在的不確定性所造成的曖昧不明干擾了黃春明筆下的
「廣告的」。他本身象徵著被出賣的國族，而他的身體則呈現了國族即妓
女的含意。從寓言的角度來閱讀這篇小說，這種呈現直接牽涉到主權、失
落與無根狀態這些議題，並且與臺灣過去被統治的歷史有關。沒有自己的

---

[58]Walter Benjamin 的 *Arcades Project* 或 *Passagen-Werk* 開始於 1927 年。這計畫是針對 19 世紀的巴
黎所做的研究。Susan Buck-Morss 將 *Arcades Projct* 描述為「一本現代性資本主義起源的歷史辭
典、一本城市生活的具體影像集」（1986:99）。
[59]Benjamin 對身上背著牌子打廣告的人有如下的見解：「〔閒人〕帶著這個出售的概念出去走動。如
同百貨店是他最後的出沒所在，因此他最後的化身就是身上掛著牌子四處走動來打廣告的人」。
（*Passagen-Werk*, V.5 of *Gesammelte Schriften*, eds. Rolf Tiedmann and Hermann Schweppenhaüser
[Frankfurt am Main: Suhrkamp vaerlag,1972:562], quoted in Buck-Morss, 1986:107.）
[60]Benjamin 的靈感來源主要是 Poe 與 Baudealire 作品中的「閒人」角色。（有關 Benjamin 對這兩位
作者作品中的「閒人」角色的探討，見 *Illuminations: Essays and Reflection*。）我們可以從馬克思
的角度來解釋所謂的「商品經濟制度的刺骨寒風」。根據他的說法，工業主義的所有形式都將工
人的勞力轉變為一種商品，而擁有生產方法的資方便從這個商品之中抽取出剩餘價值來。馬克思
曾經警告我們，這會對勞方一貫的意識產生某種傷害，也就是他所說的異化（alienation）（Karl
Marx, Early Writings [1844], 1963:124～125）。

國家而且又處在被剝奪的狀態，這就是這個國族的自我形象，究其原因則是被殖民主義所統治的歷史。在小說中，這個自我形象的呈現使得〈兒子的大玩偶〉可以與以前其他書寫身分的作品連接起來而建立一種互文的關係（intertextuality）。[61]

　　以顛覆殖民主義為目的相關文化策略中，身分這個議題是其中的一種。在臺灣，這些策略最早出現在殖民時期，然後在戰後的幾十年間又再度集結出現。受到霸權的性別化對待，臺灣的後殖民性更加凸顯了建立在差異之上的國族對立面。

　　臺灣戰後時期的歷史包含了因為統治而產生的政治與文化壓抑。這個時期所產生的不平關係在文化上則形成一種中心論和一言堂的狀況，強調一個主宰的統一秩序本身所具備的單一性與指導性。而後殖民的實踐行動就是要顛覆這些關係，並且重建以異質和多元為基礎的文化生命。要恢復在歷史上被帝國主義所擦拭掉的地方系譜則是這一連串的實踐行動所著手進行的工作。

　　臺灣的後殖民主義結合了臺灣本土化以及鄉土文學運動。在抵抗排外政治的同時，這個運動本身帶有國族主義的色彩，並且將對象指向那些妨礙了自主性與主權建立的新殖民主義威權。這運動所呈現出來的對立面使得它身處在中國文化的排外領域之外；而在全世界各地都在追求自主性的潮流中，它也是其中的一環，因此也使得它具有超越個別文化的特點而且也說明了它的國際性。

　　黃春明的小說呈現了臺灣在新殖民關係下，所承受的扭曲與變異現象。他所採用的角度與方法是復原式的，也就是承認或肯定這個國家的文化與身分是雜混的，而其過去也是多元雜陳的。在 1970 年代之時，黃春明的小說是寓言式的，象徵臺灣在取得現代化的同時被出賣的過程。而抵抗

---

[61]舉個有關的例子，吳濁流的小說《亞細亞的孤兒》（1945 年）就是一本處理身分與主權的小說。這本小說提到，因為臺灣是日本的殖民地，所以日本人厭惡臺灣人；但反過來，在中國抗日戰爭之時，中國人又視臺灣人為日本的走狗。

主導的霸權敘述（master narratives）也是小說的重點之一，這也是他為何在臺灣本土文化運動中受到推崇的原因之一。

　　拉皮條（或出賣）與順從在黃春明的小說中以賣淫（或被出賣）的敘述呈現出來。他對賣淫的社會與經濟功能提出批判，這一點說明了他上承五四運動時期的人道主義傾向。在他的作品裡，被出賣的現象與陳述橫跨族群、性別與階級的範疇。被出賣的身體主要建立在「小人物」此等落後階級所呈現出來的對立面上；而這個身體同時也提供了評估帝國主義、現代性與國族的自我形象所需的憑藉與方法。這樣的身體本身是一種轉喻，象徵著在歷史上持續被占據、剝奪與孤立，也就是被出賣的國家。這個象徵本身相當有洞見的提醒我們臺灣現在所處的困境以及現代性所帶給它的嚴重衝擊。在黃春明的小說中，這種象徵的手法既是小說本身的價值所在，也說明了他的作品在臺灣戰後文學史中所占有的高度藝術性。

引用書目

- Abrams, M. H. 1988. *A Glossary of Literary Terms*, 5th Ed. New York. Holt, Rinehart and Winston, Inc.
- Anderson, Benedict. 1983, 1991. *Imagined communities*. London: Verso.
- Ashcroft, Bill, Gareth Griffiths, Helen Tiffin, ed. 1995. *Post-Colonial Studies Reader*. London, New York: Routledge.
- Ashcroft, Bill, Gareth Griffiths, Helen Tiffin. 1989. *The Empire Writes Back: Theory and Practice in Post-Colonial Literatures*. New Accents. London, New York: Routledge.
- Bakhtin, M. M. 1981. *The Dialogic Imagination: Four Essays*. Ed. Michael Holquist. Tr. by Caryl Emerson and Michael Holquist. Austin: The University of Texas Press.
- Barthes, Roland. 1982. "The Imagination of the Sign." In *A Barthes Reader.* Ed. Susan Sontag. New York: Hill and Wang: 211～217.
- Benjamin, Walter. 1973. Charles Baudelaire: A Lyric Poet in the Era of High Capitalism. Tr. Harry Zohn. NLB.

——. 1969. *Illuminations: Essays and Reflections*, ed. Hannah Arendt. New York: Shocken Books.

——. 1972. *Pasagen-Werk*. Vol.5 of Gesammelte Schriften. Eds. Rolf Tiedmann and Hermann Schweppenhaüser. Frankfurt am Main: Suhrkamp vaerlag.

• Bhabha, Homi. 1993. "Remembering Fanon: Self, Psyche and the Colonial Condition." In *Colonial Discourse and Post-Colonial Theory: A Reader.* Eds. Patrick Williams and Laura Chrisman. New York: Harvester Wheatsheaf: 112～123.

——1995. "Signs Taken for Wonders. "*In Post-Colonial Studies Reader* 29～35.

• Buck-Morss, Susan. 1986. "The Flaneur, the Sandwichman and the Whore: The Politics of Loitering." *New German Critique*, 39: 99～140.

• Cabral, Amilcar. 1993. "National Liberation and Culture." In Colonial Discourse and Post-Colonial Theory: A Reader. New York: Harvester Wheatsheaf: 53～65.

• Chang, Iris. 1997. The Rape of Nanking: The Forgotten Holocaust of World War II. Basic Books.

• Chang, Sung-sheng Yvonne. 1993. Modernism and the Nativist Resistance: Contemporary Chinese Fiction from Taiwan. Durham & London: Duke University Press.

• Demetz, Peter. 1989. "Introduction." Walter Benjamin, *Reflections: Essays, Aphorisms, Autobiographical Writings*. New York and London: Harcourt Brace Jovanovich.

• Goldblatt, Howard. 1980. *The Drowning of an Old Cat and Other Stories*. Bloomington: Indiana University Press.

——. 1980. "The Rural Stories of Huang Chunming." In Jeannette L. Faurot, ed. *Chinese Fiction from Taiwan: Critical Perspectives*, Bloomington: Indiana University Press: 110～133.

• Gronewold, Sue. 1982. *Beautiful Merchandise: Prostitution in China, 1868～1936*. Woman & History No. 1. Institute for Research in History and the Haworth Press.

• Grosz, Elizabeth. 1990. *Jacques Lacan: A feminist introduction*. London and New York: Routledge.

‧ Haddon, Rosemary. 1996. *Oxcart: Nativist Stories from Taiwan, 1934～1977*. edition cathay band 18. Dortmund: project verlag.

‧ Hegel, Robert E. 1985. "The Search for Identity in Fiction from Taiwan." *In Expressions of Self in Chinese Literature*. Ed. Robert E. Hegel and Richard C. Hessney. New York: Columbia University Press:343～428.

‧ Huang Chunming 黃春明，〈兒子的大玩偶〉，《鑼》（臺北：遠景出版社，1974 年），頁 33～62。Tr. by Howard Goldbatt as "His Son's Big Doll." In *The Drowning of an Old Cat and Other Stories*. Bloomington: Indiana University Press: 37～60.

──，〈黃春明專訪〉，《夏潮》，1977 年 8 月，頁 12～13。

──，〈看海的日子〉，《莎喲娜啦‧再見》，遠景叢刊 2（臺北：遠景出版公司，1974 年），頁 59～126。Tr. by Earl Wieman as "A Flower in the Rainy Night." *In Chinese Stories from Taiwan* 195～241.

　　，〈莎喲娜啦‧再見〉，《莎喲娜啦‧再見》（臺北：遠景出版公司，1974 年），頁 127～190。Tr. by Howard Goldbatt as "Sayonara Tsai-chien." In *The Drowning of an Old Cat and Other Stories*:217～270.

──，〈小寡婦〉，《小寡婦》，遠景叢刊 11（臺北：遠景出版公司，1975 年），頁 93～213。Tr. Rosemary M. Haddon. In Oxcart:221～304.

──，〈一個作者的卑鄙心靈〉，尉天驄編，《鄉土文學討論集》，遠景叢刊 3（臺北：遠景出版公司，1978 年），頁 629～647。

‧ Jameson, Fredric. 1981. The Political Unconscious: Narrative as a Socially Symbolic Act. Ithaca: Cornell University Press.

‧ Kanneh, Kadiatu. 1995. "Feminism and the Colonial Body." *In Post-Colonial Studies Reader* :346～348.

‧ Kim, Eun Mee, ed. 1998. The Four Asian Tigers: Economic Development and the Global Political Economy. San Diego, London: Academic Press.

‧ Knapp, Ronald, ed. 1980. *China's Island Frontier: Studies in the Historical Geography of Taiwan*. Honolulu: The University Press of Hawaii.

- Lau, Joseph S. M. 1983. "Echoes of the May Fourth Movement in Hsiang-t'u Fiction." *In Mainland China, Taiwan, and U. S. Policy.* Ed. Hung-mao Tien. Cambridge, Mass: University of Wisconsin: 135~150.

- Link, E. P., Jr. 1982. *Mandarin Ducks and Butterflies: Popular Fiction in Early Twentieth-Century Chinese Cities.* Berkeley, Los Angeles and London: University of California Press.

- Myers, Ramon and Mark Peattie, eds. 1984. *The Japanese Colonial Empire, 1895~1945.* Princeton: Princeton University Press.

- McClintock, Anne. 1995. Imperial Leather: Race, Gender and Sexuality in the Colonial Context. New York and London: Routledge.

- McDougal, Bonnie S. 1971. The Introduction of Western Literary Theories into China, 1919~1926. Tokyo.

- Senftleben, Wolfgang. 1986. "Tourism, Hot Spring Resorts and Sexual Entertainment, Observations from Northern Taiwan-A Study in Social Geography." *Philippine Geographical Journal*, 1&2 (Jan.—June): 21~41.

- Truong, Than-dam. 1990. Sex, Money and Morality: Prostitution and Tourism in South-East Asia. London and New Jersey: Zed Books, Ltd.

- Wang, David Der-wei. 1980. "Feminist Consciousness in Modern Chinese Male Fiction" *In Modern Chinese Women Writers: Critical Appraisals.* Edited with an Introduction by Michael S. Duke. An East Gate Book. M. E. Sharpe. Inc: 236~256.

- Wang, Jing. 1980. "Taiwan Hsiang-t'u Literature: Perspectives in the Evolution of a Literary Movement." In Jeannette L. Faurot, ed. *Chinese Fiction From Taiwan: Critical Perspectives:* 43~70.

- 王拓，〈是「現實主義」文學，不是「鄉土文學」〉，尉天驄編，《鄉土文學討論集》，遠景叢刊 3（臺北：遠景出版公司，1978 年），頁 100~119。

- Williams, Patrick and Laura Chrisman, ed. 1993. *Colonial Discourse and Post-Colonial Theory.*

- 葉石濤，〈鄉土文學導論〉，尉天驄編，《鄉土文學討論集》，遠景叢刊 3（臺北：

遠景出版公司，1978 年），頁 69～92。

• Yee, Angelina. 1995. "Writing and the Colonial Self: Yang Kui's Texts of Resistance and National Identity." *Chinese Literature, Essays, Articles, Reviews* (December): 111～132.

　　──選自何寄澎主編《文化、認同、社會變遷：戰後五十年臺灣文學國際學術研討會論文集》
　　臺北：行政院文建會，2000 年 6 月

神祕經驗的啟示與鄉土倫理的復歸

論黃春明小說中的人間、神鬼與自然

◎陳建忠[*]

一、前言：尋根式鄉土小說與鄉土倫理學

對於「第三世界國家」來說，由被資本主義邏輯所命名的「開發中國家」一語所指涉的或許不僅是經濟學上的物質開發狀態，應該也指向精神層面，所謂文化上的某種後進性格。其中，關於 20 世紀初葉現代文學發展的過程裡，啟蒙主義話語的引進，或不難勾起我們對於民族文化被「判定」為落後狀態的歷史記憶。而也因為這一背景，在積極邁入「現代」、「進步」的社會變化過程中，第三世界開始萌生現代都市與新興文化；相對於此的，則是鄉土世界與傳統文化。

因此，直接面對各種外來影響的鄉土世界與傳統文化，乃成為 20 世紀以降，被「強制性現代化」（"forced modernization"）的第三世界知識分子經常關注的文學題材。「鄉土文學」則是我們較常用以指稱此類作品的「共名」。在分析魯迅、陳映真與王禎和、黃春明等人的鄉土文學時，楊澤也歸納出這樣的意見：

> 鄉土文學（或魯迅所謂的「僑寓文學」）代表的其實是第三世界國家文學對近代歐西文明的回應。第三世界在現代化的過程中，接受了西方文明

---

*發表文章時為清華大學臺灣文學研究所助理教授，現為清華大學臺灣文學研究所副教授。

的意識形態──強調個人主義、英雄主義以及科技征服自然的概念，使得
人與土地╱傳統╱社群漸告分離；此分離的矛盾痛苦容易產生抵抗外來
文明的狹隘民族主義：認為本有的鄉土已隨現代化的腳步而消失，不免
陷入哀悼式的鄉愁。在如此的思考脈絡下，文明（科技）╱自然（鄉
土）被打成兩截；鄉愁，便成為對失去的故土的渴望。[1]

倘若，從臺灣日治時期賴和、蔡秋桐、張文環等人以降的作品可以成
其臺灣鄉土文學系譜之「傳統」，啓蒙主義成爲當時很多反傳統知識分子
的主要視角。那麼，戰後從 1950 年代鍾理和、1960 年代黃春明、王禎
和，以迄 1970、1980 年代鍾鐵民、吳晟、洪醒夫、宋澤萊，他們這些尤其
著重在描繪「農民」的鄉土文學（亦可稱之爲「農民文學」）系譜，雖說風
格與思想各有勝場，但倒有一個較爲共通的特點：就是他們幾乎較少從
「啓蒙」的角度來看待鄉土問題或農民問題，而較多發展了現代人對鄉土
世界懷有「鄉愁」的那一部分傳統，充滿現代人「尋根」的色彩。[2]

現代性與鄉土世界（文化）的遭遇，成爲戰後臺灣作家們關注的焦
點。而這一創作脈絡下的鄉土文學群落，從 1920 年代以降，也顯然構成現
當代文學史中自成系統且極其龐大的創作隊伍。本文所關切的，則是 1949
年後新的政經、社會發展變化下的鄉土小說，特別是試圖考察在日益全球
化的當下，第三世界歷經新一波資本主義文化衝擊的狀況下，社會轉型期
中，具有理想主義信念的小說家如黃春明，如何透過描繪「鄉土」寄寓其
思考的軌跡。

黃春明，1935 年生於宜蘭羅東，1950 年代中期開始發表小說。早期代
表作爲 1985 年皇冠版的《青番公的故事》（1962～1968 年）與《鑼》
（1969～1972 年）小說集。到了 1970 年代，在民族主義高漲的時代氣氛

---

[1] 楊澤，〈回歸的可能與不可能：試論現代鄉土文學中的土地經驗與社群意識〉，《鄉土文學論戰廿週年研討會論文集》（臺北：行政院文化建設委員會，1997 年 10 月），頁 20。
[2] 陳建忠，〈受難圖：洪醒夫鄉土世界中的苦難與神聖〉，《洪醒夫作品學術研討會論文集》（彰化：彰化縣文化局，2003 年 5 月），頁 20～21。

中，黃寫作了一系列批判美日經濟與文化（新）殖民主義的小說，俱見於
《莎喲娜啦‧再見》（1973～1983 年）當中。他的小說所具備的臺灣社會
轉型期特徵，一方面記錄即將為時代所「淘汰」的鄉土小人物：憨欽仔、
老貓阿盛等；但另一方面，又竭力尋找並記錄庶民階層淳厚的人情美，顯
現出對鄉土世界強烈的浪漫情懷。

　　間隔數年，1999 年黃春明再次出版小說集《放生》裡的十篇作品。很
明顯地，黃春明其實是停止了他上一階段反殖民經濟小說的創作，而回返
到較早的小人物列傳的題材。但另一方面，黃春明在 1970、1980 年代以來
成熟起來的社會意識，並未就此消褪，例如〈放生〉一作顯然就與「環保
議題」密切相關。於是，對臺灣社會變遷具有高度敏感性的黃春明，雖然
依舊以他詼諧、生動的口吻，述說此間小人物的生活種種「趣聞」，但卻
愈來愈止不住流露出一種難遣的焦慮感。筆者以為，這與他一方面實寫老
人問題、環保問題，顯露出強烈的社會意識，但另一方面，對如何解決這
種問題，卻又採取著「溫情」的喻示態度有關。

　　從黃春明小說與言談中對土地與人格，農村與文化、勤儉與倫理的理
念陳述，我們或許可以將之歸結為黃春明文學中蘊含著一套「鄉土倫理學」
（"native ethics"）[3]，其中顯示了小說家對於他所熟悉的鄉土世界及其文化
的信念。[4]因此，在 1960 年代的小說中，如〈青番公的故事〉、〈溺死一
隻老貓〉、〈甘庚伯的黃昏〉等當中，已有自然天啟與神聖時刻的片段，

---

[3]此處的「鄉土倫理學」，乃筆者自鑄之辭。如同論者所說：「倫理學是有關人們行為品行的『善惡
正邪』的學問。在人們的道德生活和實踐中，總是包含著判斷，道德判斷就貫穿在我們所有的道
德行為中」，因此，倫理是有關「應該如何做人或生活」的一切理想、原則、或實踐。但我們又明
白，所謂倫理道德，並非一成不變，而關乎不同價值系統的認定。本文重點在於藉「鄉土倫理
學」一辭指出，黃春明由鄉土世界中人間、自然與神鬼的相互關係中，總結出一套鄉土人物的行
為準則或思想準則，這種準則影響著相信這一套倫理關係的人們；但，不相信這一倫理關係的都
市人或現代人，則顯然便不受此倫理觀的支配或影響。本處引用的倫理學說解，參考何德宏，《倫
理學是什麼》（中國北京：北京大學出版社，2002 年 5 月），頁 55。
[4]關於鄉土倫理學的觀點，筆者乃延續自先前的論文，藉以和中國大陸作家張煒的「鄉土神學」對
比。但本文更側重對黃春明近期文本中關於神祕經驗描寫的探討。見筆者論文，〈鄉野傳奇與道德
理想主義：黃春明與張煒的鄉土小說比較研究〉，《臺灣文學研究集刊》第 1 期（2006 年 2 月），
頁 161～189。

這既是一種鄉愁的顯示，也是一種信念的展現。甚至，黃春明從〈青番公的故事〉故事結尾的水鬼故事開始，便一直試圖透過人間與自然、神鬼交融一處的鄉土氛圍，藉此對比出機械文明充斥的現代社會，理性與功利是如何消蝕了鄉土文化中人性與人情的美善。1990 年代以降之〈銀鬚上的春天〉、〈呷鬼的來了〉、〈眾神，聽著！〉，因此顯得更爲理念化，更具神祕經驗的色彩，但同時也顯示現實問題的巨大。

本文便將探討黃春明如何將人間、神鬼與自然完整交融的鄉土世界描繪爲孕育鄉土倫理學的場域；而藉由這些帶有神祕經驗色彩的情節構設，小說家要如何呈現當代臺灣社會的心靈災難與救贖的可能。

論文尤其關注的是：爲何黃春明在 1990 年代以降的晚近作品中，延續濃重的社會意識，卻愈發凸顯鄉野的神祕經驗，並以此做爲鄉土倫理復歸的一種期待或寓意？其美學與思想上的意涵，有待探究。

二、什麼都不缺的小市鎮：鄉土世界的想像及危機

這小節我們試圖探討的是，此一被形塑的鄉土世界是在何種相對應的外在脈絡（如政經、社會、文化的變動轉型）下被創造出來？而鄉土世界在充滿戀慕情感與社會意識的小說家手裡，又被如何想像從而賦予特殊意義，藉以反映他的理想與憂慮？討論重點將落在對比 1960 年代與 1990 年代間，黃春明對鄉土世界創造性想像，由浪漫化、理想化的描寫，到逐漸顯露某種神祕化、寓言化的轉變，究竟有何深層意涵。

一直以來，黃春明擅於說故事的形象，無非是土地與傳統所孕育出來的，就像他所強調的，是「用腳讀地理」的結果。[5]他所說的每一則故事，便來自於那個他所謂的「什麼都不欠缺的完整世界」。在 1974 年遠景版《鑼》的〈自序〉中他就介紹了這個世界中的子民，其中包括搖著五彩手指在路邊乞討的小男孩、打鑼的憨欽仔、全家生癩的江阿發、跟老木匠當

---

[5]黃春明，〈用腳讀地理：我的小說札記與隨想（一）〉，《聯合報・聯合副刊》，1999 年 3 月 18 日，第 37 版。

徒弟的阿倉、妓女梅子、廣告的坤樹、還有附近小村子裡的甘庚伯、老貓阿盛、青番公等等。黃春明為他們創造了「小人物列傳」。

黃春明的這篇日後常被評論者忽略的〈自序〉，乃是描述，或是「虛構」了一個世界。他原本只是「路過」，而最終居然在小鎮中駐留，已成為他公開與讀者分享的「奇遇」經驗。這篇序似乎也點出了所謂「真實」與「虛構」的辯證性：即便是真實聽聞，卻也並非人人可見，有時甚至會被視為虛構的（fictional），甚至是虛假的。然則，小說家竟是那少數有靈視的能力，復能為我們留下理想國度的人類。黃春明蓄滿感情地說到：

> 從此我就留在這小鎮。……他們善良的心地，時時感動著我。我想。我不再漂泊浪遊了。這裡是一個什麼都不欠缺的完整世界。我發現，這就是我一直在尋找的地方。如果我擔心死後，其實是多餘的。這裡也有一個可以舒適仰臥看天的墓地。老貓阿盛也都躺在這裡哪。[6]

評論者徐秀慧便據此認為黃春明塑造了一個「烏托邦」，其中小人物精神的自足反映了黃春明的創作意識與內在精神結構，因為他：「所在意的不是一個客觀的表象世界，而是其主觀意識所投射的意念世界，在此實現作家意想的『完整的人』，和『完整的世界』。呈現了所謂『典型的浪漫主義文學藝術中，精神吸收了感性材料，內容壓倒形式的藝術表現』（筆者按：最後一段引文係 Terry Eagleton 之語）」。[7]

我們則不妨說，在黃春明早期的鄉土世界裡，其實已具足了一個完整的世界所需要的主要元素：人間、神鬼與自然。可以仰臥看天的老貓阿盛的墓地顯然就是並不可怕，但卻必須知道的傳統，因為神鬼本就是來自人

---

[6]黃春明，〈自序〉，《鑼》（臺北：遠景出版社，1983 年 8 月），頁 2。原書 1974 年 3 月出版，即有此序。值得一提的是，除了這個版本外，日後的其他版本（如皇冠版）皆未收錄這篇序言，多少讓晚到的後輩讀者，無從由此去感受 1970 年代小說家那種對鄉土的熱情與信念。

[7]徐秀慧，〈說故事的黃春明〉，「黃春明作品研討會」論文（中國北京：中國作家協會、全國臺聯、中國人民大學華人文化研究所，1998 年 10 月），頁 8。

間，而漫布於山川自然之中。至於那些爲生存努力勞動的小人物構成了人間世，他們與自然與土地處於一種相互依存的關係，而這一套生存的邏輯則來自先人依循天理（神鬼居於天地之中）運行所積累的傳統。只不過，在黃春明這些早期鄉土小說裡，對神祕經驗與民間傳統的作用，尚未被刻意強調，而毋寧更重視由人物的活動展露這完整世界的人間性與人情美。

也因爲強調人間性格，由文本中不無理想化的小市鎮想像循跡以求，可以發現黃春明所面對的臺灣社會，主要乃是 1950、1960 年代以來，一個戰後正面臨臺灣農村、鄉村文化急遽消失，傳統技藝受現代機械與都市文明的追趕，而使鄉土人物遭遇各種生存困境，這樣的轉型期臺灣社會。他的鄉土小說所經營的鄉土空間想像，連帶賦予此空間以具備某種特定的文化意涵，無疑便是構築在戰後這樣的社會基礎上。

如同許多鄉土小說家那樣，黃春明以他的家鄉爲模型，塑造了一個鄉土空間做爲舞臺，藉此來展演他們的鄉土故事。

但，與其將文本中屢屢閃現、若有所本的鄉土空間「對號入座」，逕行與地理上的鄉土做對照（如視爲宜蘭地區的地誌書寫），或許更應該將這種貌似遵循「真實再現」法則的鄉土描摹視爲一種「想像」。也就是說，小說家雖然有所本而寫，且亦宣稱實有其地、其事、其人，但他的家鄉除了提供他處理各自「特殊的」現代性與鄉土遭遇的情境體驗外，實不限於此在的城鄉經驗，而最終依舊必然加入作者的想像與創造，從而讓這個鄉土世界具足某種「特殊」但又「普遍」的意義。作家便是帶著熱愛鄉土的情感與社會意識，讓他們的家鄉（同時也是理想的家園）在文學中重新誕生一次。

很好的例證是，黃春明在代表性的作品〈青番公的故事〉（1967 年）當中，描述了流傳於老人口中所謂的農村文化，而這種文化乃是關乎敬天愛物、自然共生、天道酬勤等人性與道德的總和。爲了表現出對這種價值的肯定，黃春明的筆法遂有理想化、浪漫化的傾向。

而相對於黃春明肯定的鄉土世界中的農村文化，侵蝕鄉土世界的各種

危機，卻也無時不有，益發顯示作者對轉型期社會的憂思。例如，雄蘆啼是歪仔歪這地方忠實的報信鳥，每年不管是大小洪水要暴發之前，雄蘆啼必定每晚在相思林裡啼叫。然而雄蘆啼終於消失不見，除了是因為秋禾殺了兩隻吃掉外，或許更在於「從濁水溪的堤防做起來以後，就沒有人見過蘆啼了」。顯然，人為的建設將人與自然區別開來，再將蘆啼鳥的生存與人的生存區別開來；最終，人們只能獨自去面對殘酷的生存洪水。

同樣地，在〈青番公的故事〉中，經歷水災浩劫後的青番公猶豫著該不該養豬，便擲筶求教於土地公。晚年的青番公因著養豬貸款辦法的公布實施而決定養豬前，為了得到信心與安全，於是又向土地公擲筶，以尋求神明的首肯。類似的情節亦見諸後出的〈瞎子阿木〉（1986 年）中，瞎子阿木無助地走到莊尾找久婆施法術，乞求他出走的女兒秀英回來的橋段。

由青番公的生命歷程，以及向孫子傳授的經驗來看，黃春明藉由青番公實已帶出農村文化的重要倫理價值，諸如：勤勉、敬天、惜物、堅毅等等。但這種價值，很可能在現代文明到達，農業文化消失後，有遭遇危機的可能。尤其是小說最後，祖孫兩人在船上看到橋的二端同時亮起綠燈，使橋的中段二輛大卡車對面相視卻動彈不得，造成交通大壅塞。黃春明描寫的這個遠方場景，似乎暗示著即將到來的現代機械文明及其混亂：

> 橋上一時亂成一團，雙方的司機在那裡爭執，沒有一邊願意倒退，事實上半里路的倒車也不是簡單的事，從南方澳漁港運魚要趕到南部的卡車，冰水「沙沙」地流下來；趕著運一車工人要往蘇花公路搶救坍塌的卡車也急得要發狂。跟在後頭的車，有的幸災樂禍地按著喇叭玩，前頭的互相嚷得幾乎要動武。橋下的濁水溪水理都不理的默默地流。[8]

但值得注意的是，在這樣的混亂時刻，同溪水一般，青番公倒也是

---

[8]黃春明，《看海的日子》，「黃春明典藏作品集 3」（臺北：皇冠文化出版公司，2000 年 2 月），頁104。

「理都不理的」將自有大橋以後就沒人提起的水鬼故事，翻出來說給阿明聽。似乎，理想的農村文化還是個人與溪與鬼共生的世界，是個還依賴撐渡的時代。而那其實是另一個有關「渡河」的故事：

> 青番公把撐篙插在水裡，把船拴牢，一邊看著橋上的爭吵，一邊又重新把濁水溪這裡早期的水鬼的故事，一則則翻出來說給阿明聽：「古早古早，濁水溪有很多的水鬼，這些水鬼要轉世之前，一定要找人來交替，所以啊這些水鬼就……」而這些水鬼的故事，從這一座大橋建起來，人們甩開撐渡不用以後，就很久沒人再提起了。今天統統又從青番公的口中，水鬼一個一個又化作纏小足的美人，在溪邊等著人來揹她過水。[9]

人與自然、神鬼的共存世界，使得人的行為處世有所依循、知所警惕。不僅如此，這也如同范銘如在談及黃春明如何藉由鄉土小說塑造一種「地方感」時所說的，小說中鄉人與牲畜、作物都被描繪成共同體：「黃春明將人畜作物納為地方構圈中和諧共生的環節，建構起青番公對歪仔歪村的共同體想像與認同」。[10]因此，這個鄉土世界與現代文明的對照，在黃春明看似並不刻意的筆法裡，無疑便顯示出一種價值優劣的分判。

此外，黃春明藉以區分鄉土與現代世界優劣的方法，還可由他對民間文化傳統認同的傾向來觀察。他把宜蘭或臺灣鄉間流傳的民間傳說與鄉野傳奇，轉化為小說人物的價值觀或宇宙觀，他們的可愛或可敬，便來自於對這一套民間傳統的認同。根據張書群的整理，可以看到黃春明小說中存在著極多民間傳說與文化的成分，如：〈青番公的故事〉中濁水溪雄蘆啼能預告洪水來臨的傳說、〈鑼〉中女鬼的故事、〈溺死一隻老貓〉裡痣瘡石的情節、〈甘庚伯的黃昏〉中關於消災破煞的故事、〈現此時先生〉寫

---

[9]同註 8。
[10]范銘如，〈七〇年代鄉土小說的「土」生土長〉，《跨領域的臺灣文學研究學術研討會論文集》，（臺南：國立臺灣文學館，2006 年 3 月），頁 355。

媳婦與婆婆「斬雞頭」賭誓的情節。此外，還有很多是關於民間生活儀式的民俗描寫，如：〈青番公的故事〉中寫割稻後歪仔歪謝平安做大戲的習俗、〈鑼〉描寫楊秀才出殯的儀式、〈瞎子阿木〉描寫久婆用白飯、紙人、茱碗和梳子幫秀英招魂的儀式、〈打蒼蠅〉提到農曆七月鬼門開，初三村子裡祭厲普渡、親戚朋友看熱鬧的習俗、〈死去活來〉裡為 89 歲粉娘準備「喜喪」的儀式和布置。[11]

　　當然，誠如黃春明對他之所以描寫民間信仰與習俗時所指出的那樣，那些民間傳說，「大部分都是從我祖母那裡看來或聽來的，並不是我去訪問或調查，而是在生活中就可以接觸得到的。……小說中所寫的是小說人物的行為，代表著他們的身分，是他們的生活、語言、信仰、生活習慣、風俗習慣。因為我寫的是那個時代，你看到那些大概就知道那是哪個時代」。而重點更在於，他強調「如果在今天的社會還有人重視那些民俗習慣或民間禁忌，那麼這個人就活在那個時代，和這個時代格格不入，所以老人就孤獨呀！」[12]誠然，黃春明的夫子自道，其實也點出了，他自己顯然也正是那活在「那個時代」或「那個世界」的人之一罷！

　　一個有趣的觀察是，當年，黃春明在 1960 年代中期《文學季刊》第 3 期上，曾發表過劇本〈神‧人‧鬼〉（1967 年 4 月）。這個劇本帶有濃厚的現代主義色彩，重點卻是充滿玄虛的宗教與存在等議題的議論、演繹，遠非同時他已寫出的作品那樣有著豐富的情節起伏。如果說，劇本裡用西方宗教形態的上帝與撒旦所探討的存在觀點，只是黃春明那一陣子追逐文學現代主義，借來的一種宗教題材，談不上跟他的生命經驗有何具體交涉[13]；則在他同時創造的鄉土世界裡（同樣在第 3 期他也發表〈青番公的故

[11]張書群，〈宜蘭文化景觀的民間書寫──論黃春明小說中的鄉間情調和鄉野色彩〉，《世界華文文學論壇》第 2 期（2007 年），頁 16～17。
[12]上述引文皆引自梁竣瓘的訪談紀錄，收於梁竣瓘，〈黃春明及其作品研究：文學、社會和歷史的交互考察〉（桃園：中央大學中國文學研究所碩士論文，2000 年 5 月），頁 38。訪談時間為 1999 年 10 月 27 日。
[13]關於黃春明短暫地與「現代主義」思潮遭逢的經驗，可參考他的自白。見黃春明，〈羅東來的文學青年〉，楊澤主編，《從四○到九○年代：兩岸三邊華文小說研討會論文集》（臺北：時報文化

事〉〉，其實已預留了一個神祕的、神聖的神鬼空間，那才是他的小人物以及小說家相信的天意與倫理。

那麼，與 1980 年代之小說集相隔 16 年後，在 1999 年再次出版小說集《放生》的黃春明，又從之前的小說世界走到哪一個觀看臺灣社會的角度了呢？或者說，黃春明的新作對他的鄉土世界十數年來的變遷又要如何看待？

《放生》裡的十篇作品，嚴格說來應劃分為兩個創作時段。前一個創作時段為 1986 至 1987 年的四篇：〈現此時先生〉、〈瞎子阿木〉、〈打蒼蠅〉、〈放生〉；以及十年後密集於 1998 到 1999 年發表的〈九根手指頭的故事〉、〈死去活來〉、〈銀鬚上的春天〉、〈呷鬼的來了〉、〈最後一隻鳳鳥〉、〈售票口〉。除了回到較早的小人物列傳的題材，回到他完整的鄉土世界外，這時期黃春明在 1970、1980 年代以來成熟起來的社會意識，並未就此消褪。〈放生〉與「環保議題」相關，〈打蒼蠅〉所提到的「老人問題」，涉及空巢期的高齡父母的處境與心理，則是因應社會現實的變化而具有較強的社會意識。

因此，所謂與「現代性」遭遇的問題，仍然是黃春明小說一個無時無刻存在的時代背景。在「時代巨輪」的推碾下，許多關於鄉野的故事，連同那個完整的小世界，於今竟有消亡的可能，這恐怕還是黃春明難以化解的一種創作的執迷（obsession）或情結（complex）。

受到現代性侵逼的鄉土世界與人物，反映在 1986 至 1987 年小說中，如〈現此時先生〉裡在蚊仔坑的三山國王廟前為老人講述過時新聞的「現此時」，除了活在舊時空的寓意（只能有舊新聞可看）外，他的知識權威卻因為現代資訊報導的虛構誇大性格（就像現時的商品廣告）而受到損害；為了去查證母牛生下狀似小象的新聞，「現此時」卻氣喘病發死在途中。而〈打蒼蠅〉裡老在打蒼蠅消磨時間，等待兒子寄來生活費的郵件的

出版企業股份有限公司，1994 年 11 月），頁 239〜245。

老人，卻還要飽受因年老無能所帶來的自我的心理煎熬。至於〈放生〉當中所說的「化學工廠和水泥廠的大煙囪，仍舊傲岸聳立在那裡，從從容容地吐著濃濃密密的黑煙，和已經壓到大坑罟這一帶來的烏雲，交混爲一體了」[14]，這使得人類和田車仔（黃鸎）一樣，在資本主義社會的貪欲之中被籠罩，而有待某種形式的「放生」。

而再觀諸世紀末黃春明所推出的一系列「老人問題」小說，無疑也是對資本主義社會下的人性病變提出質疑，所謂「孝道」這樣的道德命題，竟爾成爲黃春明在世紀末對臺灣人提出的針砭，這不能不說是作家社會意識的極致了。因此就像黃春明所自說的，這些被遺留在山區、鄉村的老者，「當他們年輕時，上有高堂，不必去學校接受知識的洗禮，就自然知道對父母行孝；下有子女，再貧困的年代，也咬緊牙關把子女養大」[15]，黃春明仍然把他的人情美寄託在老一代的人及其鄉土之上。無疑地，這批小說與其說是要搬演臺灣版的《楢山節考》[16]，卻更像是黃春明對那個好時代及好人的拘屈以及懷想。

因此筆者認爲，黃春明雖然執意想表達鄉土與人性的消逝，並承認自己的小說愈來愈有強烈的社會意識。[17]不過，黃春明卻從來不曾真正措意於這些現代性的結構深入描寫並批判之；相反地，黃春明總是更爲他鄉土世界中人物的一舉一動所著迷，興味於展現他們的人情美（即使是消失）更甚於社會批判。而這樣解決黃春明自己所提出來的社會問題的方式，我們其實一點也不陌生，就像評論家呂正惠所說，這正是一種「溫情主義」。[18]

循此而論，〈死去活來〉寫到老母親粉娘幾次死而復生而爲麻煩子女

---

[14] 黃春明，〈放生〉，《放生》（臺北：聯合文學出版社，1999 年 10 月），頁 77。

[15] 蔡詩萍專訪，〈空氣中的哀愁〉，《放生》，頁 243。

[16] 黃春明在訪談中以此電影爲例，說明電影中日本古代信州寒村將老人送往山中等死，以維持村中生計的作法，與臺灣將老人留在家鄉，年輕人出走的作法有可類此思考之處。《楢山節考》（ならやまぶしこう），原著作者是深澤七郎，1958 年由木下惠介導演。1983 年今村昌平再次導演此作，獲得坎城影展最佳影片「金棕櫚獎」。

[17] 同註 15，頁 243～244。

[18] 呂正惠，〈黃春明的困境：鄉下人到城市以後怎麼辦？〉，《小說與社會》（臺北：聯經出版公司，1988 年 5 月），頁 12。

感到歉疚、〈售票口〉寫老人為歸鄉的子女透早排隊買票，便是以詼諧的風格表達了黃春明對老者晚年處境的悲憫。而在〈最後一隻鳳鳥〉裡，黃春明描寫了吳新義老先生對老母親的孝心，甘願忍受繼父家庭數十年來的屈辱騷擾，猶如暗指這樣的人是一隻「最後的鳳鳥」了。

總的來說，「社會議題」的強烈關注恐怕還是《放生》較為醒目的特徵，也加深了這一波作品對鄉土文化之消蝕所呈現的深重憂思，連帶其表現手法亦受到影響。而我們從黃春明所描述的人情美善到人性病變，正可看到他對於自己所認同的鄉土世界寄予怎樣一種理想主義精神，而可視為當代文化與人性的救贖。

只不過，理想愈堅定，在面臨嚴峻的現實條件下，小說家除了以溫情的態度婉言批判外，將鄉土世界浪漫化（或將理想崇高化、神聖化）依然是不變的描繪理想的方式嗎？或是，內在的焦慮與使命感，可能驅策小說家發展出不同的敘事策略來？在黃春明晚近的作品裡，我們似乎窺見了某種思想狀態微妙變化下所出現的敘事方式的位移。

三、神祕經驗啟示下的鄉土倫理問題：鄉土世界的救贖意涵

承上所述，既然 20 世紀以來臺灣鄉土文學傳統不絕如縷，則黃春明的鄉土書寫在文學史與精神史上，又透顯出何種意義？以下筆者試圖透過作品所展現的鄉土倫理學，來理解他為傳達理想主義，將以如何的美學形態來達成這種意義的表述。特別在一路閱覽他的小說作品後，可以確知黃春明正是在替我們保留那一方「完整的世界」，但對於如何讓現代人感知那完整世界的價值何在，黃春明晚近小說顯然有著不同於以往的表現方式或敘事策略。

筆者以為，小說家黃春明藉由文學構設，創造了一片「神奇的土地」，他的愛戀與憂傷都投注在這片土地上。最終，在強大的現代性文明壓境下，原先無比真實的鄉土經驗，反成為無比遙遠卻又無比重要的精神資源，具備「救贖」的象徵性意涵。值得注意的是，自鄉土經驗轉化出來

的鄉土精神資源，無非是帶有理想主義性格的「人性」與「道德」，而不是左翼作家所關注的「階級」與「解放」，但也更不會是都會作家那般的強調「感官」與「挫敗」。這一切，正可以由傳奇化的鄉土經驗描寫，來顯示小說家對於想像鄉土與面向鄉土問題時的美學與思想特徵。

黃春明在〈用腳讀地理：我的小說札記與隨想（一）〉當中，特別引用瑞士心理學家榮格（Carl Gustav Jung, 1875～1961）之語，認爲對出生地的認同與人格成長有關。他進一步闡釋：

> 一個人如果連他出生的家鄉都不熟習，他就沒有愛鄉的情懷，一個人對土地沒有情感的話，他成長之後人格會有毛病。[19]

在〈大地上的三炷香〉這篇散文中，黃春明提到他偶遇的一個種菜老人，遠從兩公里外的地方跑來開荒種菜，他的理由只是：「地放在這裡嘛，你說有多可惜啊。咱從小就種田，看到空地著手癢」。於是黃春明乃從中感悟到一種與勤勞節儉的農村文化有關的「精神習慣」、「精神倫理」：

> 當然我無意，也不可能要我們回到過去。今天我們奇蹟似地比過去富有了。但是，今天我們的精神習慣是什麼？我們的精神倫理在哪裡？[20]

至於在一次與作家隱地對談時，黃春明亦曾特別強調不能只看重農業的經濟價值，農業的文化價值顯然更爲重要。他說：

> 將農業當做經濟價值來看的時候，也就窄化了農業。其實農業不只是經濟價值，更是整個民族在悠久的時間裡所建立起的完整的文化體系，也

---

[19] 同註5。
[20] 黃春明，〈大地上的三炷香〉，《聯合報·聯合副刊》，2000年8月7日，第37版。

是最好的人文教室，急不得也慢不得，每個人都隨著大自然的節奏活動，也是天人合一的活動。[21]

從黃春明對土地與人格，農村與文化、勤儉與倫理的理念陳述，我們或許可以將之歸結爲黃春明文學中蘊含的「鄉土倫理學」（"native ethics"），其中顯示了小說家對於他所熟悉的鄉土世界及其文化的無比信心，或信念。如同呂正惠所言：「對黃春明來講，最可貴的是傳統社會的『人格特質』，他們也許無知而缺乏自信，但他們『善良』，活得心安理得」。[22]如果說，每一位作家都在爲我們展開一扇看向不同風景的窗，黃春明顯然期待讀者與他一起從窗中看到農村文化與倫理的美善，以救贖這個人心日益荒蕪、病變的現代世界。

在〈青番公的故事〉裡，祖孫兩代的對話架構，一如他的其他小說（如〈魚〉）成爲描寫的重點，也顯示了當時青壯輩一代離開農村至都市打拚（因而在小說中缺席）的事實。值得注意的是，青番公所懷抱土地與生命的虔敬之心，除了傳達了農村文化中孕育的生存哲學外，也藉由某種「傳奇化」、「神聖化」的筆法，渲染了作者對於這種鄉土情感的感受。例如青番公的孫子阿明在水車旁時，小說中是這樣子形容的：

小孩子的眼睛注視著一片一片轉動的車葉，火紅的陽光從活動的濕濕的車葉反照過來，阿明像被罩在燃燒著的火焰中，而不受損傷的宗教畫裡面的人物。[23]

而僅是一顆朝陽下的露珠，因是農民們渴望豐收所必須的露珠，它不僅是舐舐起來充滿甜味，也像充滿生命般「整個露珠都在轉動」，因爲：

---

[21]黃春明、隱地，〈生活，對醜的一種抵抗〉，楊澤主編，《縱浪談》（臺北：時報文化出版公司，1996 年 11 月），頁 450。
[22]呂正惠，〈魯迅、沈從文、黃春明鄉土經驗之比較〉，「黃春明作品研討會」論文，頁 4～5。
[23]同註 8，頁 83。

> 露珠本身就是一個世界啊！[24]

　　在筆者另一篇論及洪醒夫的論文中便曾提出，爲顯示出「卑微中的神聖」，鄉土文學中不乏籠罩著「靈光」（"aura"）的鄉土人物，並寫道：「做爲鄉土小知識分子，洪醒夫是帶著鄉土經驗離鄉後回來尋找日漸失落的鄉土，而當他帶著無力挽回的歉疚感記錄這快要消失的鄉土傳統，作品中除了以自我的反省話語與崇敬之情來表達他的看法，另一手法是充滿著具有『神聖化』的鄉土意象——洪醒夫時常運用不斷出現的在豔麗夕暉下孤獨但充滿光暈氣息的身形，爲的是補償自己以往的無知，補償這片受難鄉土的被漠視」。[25]循此而論，阿明在與農村景象合而爲一，充滿光暈的身影，未嘗不是黃春明對於此一生活方式的某種「神聖化」（或應該說是具有人間性的崇高化）。

　　樂蘅軍便指出，黃春明可能會被認為是「僞寫實者」，那是出於他的小說根本是一種「現代新傳奇」：「黃春明在運用現實題材時，固然像一個寫實主義者那樣認真，可是他在現實景象之上浮現的異樣情調，卻是一種縱情自我和追求極致的浪漫精神」。[26]文中同時又敏銳地闡明，黃春明將人物置於自然視境中的寫作傾向，乃在於使人物「保持心性的原始，而接近宇宙大地」，同時也是作品「境界」的著落處：「自然視境以它本身的生動廣大，鼓動了人們，使人們從它那裡面吸取生命力」。[27]

　　崇尚「天性」而非「理性」，讓他筆下的鄉土人物面對這多少帶有「神祕主義」色彩的思考，來自於黃春明對於現實問題的特殊觀看角度。如同鄭千慈以所謂「畸零人」來指涉黃春明如何描述被邊緣化的鄉土人物時所說，黃春明具有一種「前現代的鄉愁」，他說這乃來自於：「其自身

---

[24]同註 8，頁 97。
[25]同註 2，頁 43。
[26]樂蘅軍，〈從黃春明小說藝術論其作品的浪漫精神〉，余光中總編輯，《中華現代文學大系・評論卷》（臺北：九歌出版社，1989 年 5 月），頁 394～395。
[27]同前註，頁 399。

的前現代態度（不以理性精神之因果律規範或詮釋人生事件，反而傾向於以『深不可測的神意』——那生命本身之律動來總體概括人生本有的複雜性）」。[28]而黎湘萍亦指出黃春明對老一輩農民之經驗的尊重，是一種「非現代」的價值觀念：「他借助青番公、阿盛伯等人物的塑造，敘述了另一種完全不同於『現代社會』的想像，那是存在於青番公、阿盛伯等老一輩農民生命當中的一整套『非現代』（不一定是『反現代』的）的價值觀念」。[29]

在鄉土認識上，1960、1970 年代小知識分子作家一樣，他們面對的是鄉土在現代化下的真正日益地消亡；相較之下，日治時期以來迄 1950 年代鍾理和小說中的鄉土，雖受盡殖民主義與封建主義壓迫，總還是可以生息於斯的空間。戰後作家出於這樣的體認，就不能不使他們流露出尋根的心態。但，尋根而找出壓迫的原因，與尋根而擁抱即將消失的傳統，這就是 1970 年代鄉土文學兩種分殊的文學風格之由來。[30]

而歷經 1960、1970 年代的創作階段，筆者認爲黃春明的鄉土小說藉由尋根方式所揭示出來的鄉土人性與道德價值，到了 1980、1990 年代，益發顯示出社會意義來。雖然他的這一批鄉土小說並不像那些批判殖民經濟與文化的小說那樣，具有濃厚的現實批判意識，但依然可看出他延續了先前較強的社會意識，對人性之病變提出警訊。但，值得關注的是，他處理的手法卻似乎較前此更加充滿傳奇與神祕色彩。

對於黃春明晚近小說中，具有將鄉野傳奇化的觀點，李瑞騰在先前已略加點出。他認爲〈死去活來〉、〈銀鬚上的春天〉與〈呷鬼的來了〉：

---

[28]鄭千慈，〈崩解的自我：現代主義、畸零人與戰後臺灣鄉土小說〉（臺北：淡江大學中國文學研究所碩士論文，2005 年 6 月），頁 38。

[29]黎湘萍，《文學臺灣：臺灣知識者的文學敘事與理論想像》（中國北京：人民文學出版社，2003 年 3 月），頁 179。

[30]林瑞明在論及黃春明時有段說明頗能印證此處說法，他說：「做爲小說家的黃春明，帶著他對故鄉人的溫情眷戀眼看著社會變遷過程步步進逼，必然有感。他選擇做的，就是記錄這種過程，而非描繪過程背後那巨大的機制和『帝國主義使者』的陰謀」，他所區分出來的正是尋根作家的兩種思考方式。引文見氏著〈目的與手段之別：試論黃春明與陳映真〉，《成功大學歷史學報》第 25 期（1999 年 12 月），頁 330。

「這三篇故事都帶有一些神祕經驗，也算是一種臺灣式的鄉野傳奇吧」；不過，對於這階段「重返故園」之作應如何解讀，李瑞騰點到爲止地言及這幾篇作品：「更不同的當然就是神鬼信仰的故事傳奇性了，然而說這些故事，除了持續關懷鄉土人物（特別是老人），記錄一些神祕性的鄉野經驗，是否有更深刻更嚴肅的意義，我正在進一步深思」。[31]顯然，當時揭示的重點尚未得到深入探討。

　　在前述的研究基礎上，本文則進一步認爲，早在 1960 年代，黃春明從〈青番公的故事〉故事結尾的水鬼故事開始，便一直試圖透過鄉土人物與自然、神鬼交融一處的鄉土氛圍，藉此對比出機械文明充斥的現代社會，理性與功利是如何消蝕了鄉土文化中人性與人情的美善。愈到後期，這種鄉野傳奇，置於益發充滿人性病變的社會來看，無疑有如「神話」，證明我們身處的這個世界的確是個沒有上帝祝福的「失樂園」。我們在〈銀鬚上的春天〉、〈呷鬼的來了〉就會看到，黃春明簡直把鄉野傳奇化了，使得山川、草木皆有靈性與生命，人間則是一個帶有敬神畏鬼傳統的人間。

　　這種被強化的神鬼故事的傳奇性色彩，自然不是後現代式鄉土小說的諧擬筆法（如甘耀明〈香豬〉、李儀婷〈走電人〉），也不是現代主義式鄉土小說的心靈問題的折射（如施叔青〈那些不毛的日子〉、李昂〈鹿城故事〉）。筆者觀察到，黃春明對於那些被理性化、文明化的現代人類文明體系所「解魅」（"disenchantment"）的前現代鬼神之說，竟爾投注了更多的感情，甚至還試圖將人間與神鬼連結，將人間與自然連結，再創造一個其實他早在 30 年前已提出過的「完整的世界」，然更具啓示意涵。顯然，30年間，小說家在如何凸顯鄉土世界對現代社會的意義這件事上，有著另一波描繪的重點。

　　其中，〈銀鬚上的春天〉（1998 年），是一篇小品一般的小說。故事描寫一個如同土地公化身的白鬚老人，讓小孩可以在他鬚髮結花，孩子勇

---

[31]李瑞騰，〈鄉野的神祕經驗：略論黃春明最近的三個短篇〉，《聯合報》副刊，1998 年 12 月 6日，第 37 版。

於冒險，老人享受天倫，呈現的像是天人合一的熙和景象。而另一位老人，則是「最近幾年，村人都說他的長相愈來愈像土地公」的榮伯，[32]每天固定要到土地公廟上三柱清香。藉由老人與孩童來講述關於經驗傳承、人情義理的故事，對喜好黃春明的讀者來說自是再熟悉不過的。但這裡出現的兩個土地公一般的老者，一方面既是以老境孤獨或病痛的面貌出場，點出了鄉間老人的寂寞處境；但另一方面，在神明的腳邊，堅持每日上香的老人則可以得到信仰的慰安，[33]孩子則會因為作弄過頭而感到「心裡有些做錯事的自責」。[34]似乎，那些「看不見的」的「神明」確乎冥茫中在看護或誘導著一些美善的事物得以生發。

換言之，小說似乎提示：一個孩子如果能夠成長在這樣的完整世界裡，土地、草木有神靈，人與神的關係可以如此親膩，而一切發生在自然鄉野中的聚合盡是祥和美妙的成長經驗，那麼，人情事理與自然環境的倫理教育自在其中，豈非理想之境？透過神奇的經驗來彰顯土地倫理與人情之美的筆法，與過去只強調祖孫兩代情感經驗的作品相較，是後期小說中更為凸出的特點所在。

依此而論，如果我們還記得在〈青番公的故事〉裡，故事結尾處那個被青番公打算跟阿明提起的水鬼故事，其實還沒真正被講述；那麼，小說中所謂「這些水鬼的故事，從這一座大橋建起來，人們甩開撐渡不用以後，就很久沒人再提起了」，到了〈呷鬼的來了〉（1998 年）當中，這種神祕的水鬼故事，則已搖身一變成為小說的主軸。

〈呷鬼的來了〉一作，被強調的鬼故事的地方色彩，與對鬼故事抱持的與之共存或姑妄聽之的不同態度，構成了黃春明試圖藉此講述一個與自然、神鬼和諧共存的「那種人」，究竟與來自文明都會的「另一種人」（另一種「鬼」？），存在著多大的差異。

---

[32]同註 14，頁 138。
[33]許俊雅，〈被「放生」的老人〉，《銀鬚上的春天》（臺北：遠流出版公司，2005 年 7 月），頁 60～61。
[34]同註 14，頁 145。

　　故事描寫到鬼故事與聽眾的關係，如果只成為一種觀光、消費行為的一環，則鬼故事想傳達的某種與土地相繫的勸諫功能，將被徹底遺落。如同小說中帶領一群來自都市的年輕人要到宜蘭聽鬼故事的男主人翁小羊所說：

> 　聽鬼故事最好、最刺激的地方，就是發生鬼故事的地方。很多觀光客到英國參觀古堡，也要聽古堡發生過的鬼故事。一樣的道理，等一下我們就要在濁水溪畔的草寮裡，藉一根燭光，聚在那裡聽水鬼的親戚的那一位老人，講鬼故事。才過癮哪。[35]

　　宜蘭鬼故事，其實是宜蘭人解釋生存經驗與生存方法的另一種形式，而不是一種別人的故事。如同英國古堡中的鬼故事（吸血鬼？），本不為外來者而存在。民間傳說與鄉野傳奇的力量，正如張書群指出的：「反映出特定時空中人們的情感傾向和價值判斷」。[36]

　　老廟祝向外來的年輕人講述上萬隻白鷺鷥莫名消失的故事（暗喻某種現代化的破壞？），牠們的精魂如今還附在竹林之上，「深夜有人走過那裡的時候，還會聽到上萬隻的白鷺鷥，受到驚擾時，一起鼓動翅膀飛起來的聲音」。[37]而另一位沈石虎老伯則述說另一則關於殺豬炎呷鬼的故事，說他如何背負女鬼渡河，並不受誘惑地在渡河後，把摔落在地上的棺材板燒成灰，和酒喝到肚子裡去，卻在隔年死於非命。不過，當沈石虎面對高漲起來的溪水及雨水可能淹沒他的西瓜田時，不禁後悔自己多嘴說過鬼故事而可能遭到懲罰，卻又心裡感到不服氣：

> 　那時候除了問年輕人臺北有什麼好玩之外，自己所能聊的，也只有濁水

---

[35]黃春明，〈呷鬼的來了〉，《放生》，頁 159。
[36]同註 11，頁 16。
[37]同註 35。

溪。談濁水溪不談大水和水鬼，又能說什麼？[38]

　　是這些與鄉土無可分離的故事，才使年輕人懷抱驚奇而試圖來此尋找鄉野奇譚。只是，對這些年輕人而言，鄉野傳奇不過是一則「故事」，但對沈石虎而言卻是千真萬確的生活倫理：不可侮慢流連於自然山川中的鬼神、精靈。誠如李海燕對這篇作品的觀察：「鬼故事不是隨時可以給城裡人消愁解悶的娛樂品，而是一種宇宙觀的組成部分」。[39]因此，當小說結尾處，沈石虎看到對岸堤防上來找他的小羊一行人不清楚的人影，卻誤以為是水鬼來懲罰他隨意講鬼故事時，我們看到了，沈石虎實際上受到民間傳統中神鬼報應的因果觀念來生活的，「因為石虎伯的世界仍是一個因果交替的世界。事必有果，行必有報」。[40]他因此活在自然與神鬼所構成的人間世，活在那樣的宇宙觀與倫理觀所構成的鄉土世界裡。然則，老人所代表的傳統與智慧，恐怕是最難被文明社會承認與繼承的。[41]

　　究竟，看似活在荒誕不經的民間傳說、神祕經驗中的老人家，是一種前現代社會迷信的殘留物？或者，疏離於民間傳說，無法自土地汲取靈感的都會年輕人，其實更像是情感枯竭的「不自知」的受難者（一陣嬉鬧後，鬼故事卻不曾留下什麼鬼影子的影響）？黃春明一方面給讀者的乃是一個充滿神奇故事的鄉土世界，一個神鬼、自然與人間交混和諧的世界，如同他說的：「小孩怕鬼也沒有什麼不好，起碼可以叫他們對自然生出敬意，刺激一下他們被學校封死了的想像力」；[42]然而另一方面，似乎又無意

---

[38]同註 35，頁 173。

[39]李海燕，〈宗教的異域，異域的宗教〉，《二十一世紀》網絡版 72（2008 年 3 月，http://www.cuhk.edu.hk/ics/21c），不著頁數。

[40]同前註。

[41]詹發民指出，面對鬼故事的態度實則是一種民間的智慧，其說頗可參酌。他認為：「〈呷鬼的來了〉表面上說的是鬼故事，而實際上是活生生的現實，是人生的課題，表明了現實中無處不有而又不可捉摸的智慧。何況老廟祝在重病之際依然返老廟燒香，這種臺灣民俗文化中的重要的一部分，也著實滲進了不少民間的生活和處世智慧，因而也是最為傳統的智慧」。詹發民，〈回歸傳統——評黃春明 1998 年三篇短篇小說〉，《東莞理工學院報》第 13 卷第 5 期（2006 年 10 月），頁 39。

[42]黃春明此說見於劉春城，《黃春明前傳》（臺北：圓神出版社，1987 年 6 月），頁 252。另，值得補記於此的是，書中提到黃春明受馬奎斯《百年孤寂》提醒，而寫了新作〈呷鬼的來了〉。但目前

中流露出，過度文明化與理性化的人們，其實是難以贖回那樣的美妙時光的——那竟可能因為老者的逐漸凋零而徹底被遺落。

另一篇〈眾神，聽著！〉（2002 年），[43]則是有關民間宗教倫理能否療癒人心的孤寂、荒蕪，以及現代人人性病變的故事。小說由一個以祭拜眾神為生活重心的老人之視角展開。謝春木一家三代單傳，到他這代才好不容易添了三個兒子。辛苦養成的兒子，如今都在外地開店，開水電行的老大旺仔因為景氣不好，要與友人到大陸投資水電生意，遂想將祖產的土地所有權狀拿去抵押貸款，但開檳榔攤的老二阿龍與在工廠做事的老三阿發皆不同意。三兄弟平日並不常回家看老父，不過在利益交關的時刻，卻都說要回來探視。

至於春木的眾神廟，則是小說裡最重要的場景，也是故事最精彩的地方。從小體弱多病的春木，由於是單傳香火，讓長輩總是為了謝家香火提心吊膽，遂有尋求民間信仰裡尋求治病的偏方與問神卜卦的行為。春木每病一次，長輩就會請一尊神明菩薩來安家室、求藥籤，讓神明收他作義子。這便是眾神廟裡 27 尊神明的由來，似乎點出了民間信仰在某種程度上的功利性格。

在等待兒子返家探望的過程中，春木按耐不住內心的焦急與不安，走進了眾神廟點香禮拜眾神，將心裡的話全部對眾神傾吐。春木對神明的仰首懇求，因著他愛恣意叨唸的個性，對神的敬拜很快就變成了對神的埋怨與責怪。春木開始抱怨眾神廟的香火不旺，沒有進香團來進香，他說：

> 你們二十七位神明，各顯神通，去全省各地找帶頭的人托夢，指點他們來進香，顯靈給他們看看，咱們眾神宮廟不在大，有你們則靈。如果你們肯這樣做，不要說我們眾神宮是在頭份，說在大雪山，都會有人攀上

的研究中，並未發現作此於 1987 年左右曾發表過的紀錄。對此相關問題，筆者仍持續查證中。
[43]黃春明，〈眾神，聽著！〉，黃春明編，《眾神的停車位》（臺北：遠流出版公司，2002 年 7 月）。
按：此作為黃春明晚近小說中最後隨此合集發表的小說，尚未收錄於黃的其他小說集中。

去進香哪。有很多廟宇香火為什麼旺？因為神明常去給人家托夢顯靈。[44]

春木的宗教行為乍看之下具有十足的功利性格，但作家的刻繪重點顯然是別有用心。於是，當春木抱怨過後，從眾神廟到路口等兒子時，卻看見坐在水泥橋欄上某南部養老院的旅行團老人們，都有張酷似神明的臉。小說結尾寫到這些似乎一樣無人陪伴，只好到處旅行（或流浪？）的老人們時，藉由春木竟然能夠「看到」神明的眼睛，我們也看到來「懲罰」他的神明竟然一一現身：

> ……那不就是開漳聖王嗎？把眾神宮裡面開漳聖王的鬍鬚剃掉，就是這個模樣。然後再看看其他的老人，奇怪的是，有幾個人和眾神宮裡面的神明，都有些神似；那不就是土地公？還有濟公、呂祖，喲，牛埔仔王公……。原來想靠近他們搭訕的春木，他愣在一段距離，往橋欄那邊看。坐在橋欄上的老人，本來沒有一致的焦點，可是，在他們不遠的地方，有一個人那麼驚訝地望著他們，他們也無法不好奇地回望春木。他們這一回望，春木又看到清水祖師，和試百草的五穀王。春木心裡那一股莫名的著慌，愈來愈高漲，他回轉頭想離開，低頭一看路，看到娃娃臉滿頭大汗蹲在那裡的司機。他抬頭看看春木。呀！這不就是三太子哪吒？[45]

眾多巧合的集結，讓善良的春木感覺害怕，以為冒犯了神明的他，趕緊回到眾神廟。他恐懼地跪在神明面前，不斷悔罪。但他之所以悔罪不只是因為冒犯神明，重點更在於他是向神明「嘮叨」、「抱怨」祂們沒有幫他看顧好三個孩子的品行。春木總是向人調侃他三個兒子「無路用」，此「用」並非著眼他們的世俗成就，而在於道德倫理價值的失落。也就難怪

---

[44] 同前註，頁 49。
[45] 同註 43，頁 52。

當春木無助地面對神明，娓娓道出內心的懇求後，卻也開始責怪起關公「關帝君」沒有幫他教孩子。他在心裡對著關公發牢騷：

> 你不是最講義氣？在旺仔、阿龍和阿發他們身上，根本就聞不到忠、孝、仁、義。不說那麼多，孝字一點點仔都無。讓你講，安尼敢講得通？春木愈說愈來勁，總覺得老朋友理虧。[46]

　　由此可知，春木透過他的信仰，無論是摻雜著多卑微、俚俗的功利色彩，但他其實是把個人的心靈融匯進傳統文化與倫理價值的傳承裡，從而獲得精神的歸屬感。這篇帶有人神交往、人變為神的既帶有人間性又帶有神祕性的作品，主要重點並非嘲諷當代宗教的功利色彩（雖然這本是臺灣民間信仰極常見的部分，文中亦略有嘲謔之意）；[47]相反地，民間信仰在某種程度上甚至是一種倫理道德、行為準則的依據（如神明代表的忠孝形象），一種讓老者在精神上得以交談、相伴的對象。當代社會的問題在於：有誰會記得老人的智慧？記得民間信仰的教誨？乃至於與眾神、上人（祂們乃是鄉土世界中一切價值體系的來源）溝通的能力？黃春明的小說顯然停止於一個未知往何處去的懸疑狀態。
　　「鄉土」、「農村」，無疑仍是黃春明據以想像「理想世界」的出發點，只不過於今已難追尋，黃春明顯然是懷舊感傷更甚於批判現實的作家，他的「鄉土倫理學」，訴諸人與土地共生所積累的一套精神倫理，足

---

[46]同註44，頁47～48。

[47]林淑媛曾針對小說的宗教現象解讀到：「眾神聽著，春木喃喃吐露他的心聲，恰是臺灣民眾祈求神明保佑的寫照，充滿現世功利的色彩。其中春木兒子的現實貪婪，香客憑廟宇的外表莊嚴華麗與否判斷靈驗，以及逢廟就拜的醜陋可笑行徑，學者的田野調查的片面無知，藉著詼諧有趣的敘述方式，足以發人深省」。此說雖指出小說中部分議題在於嘲弄當代社會的功利價值觀，甚至嘲弄小人物愛作弄人、勢利的小奸小惡性格；但，就以春木為主角的這篇小說，來觀察整體作品的寓意，則此說未能真正回應黃春明必欲他的主角與神溝通道無礙，乃在強調信仰的倫理教誨意義與鄉土價值由來這更重要的主題。陳說請見其作品導讀〈黃春明（1935～）〉，康來新、林淑媛編，《臺灣宗教文選》（臺北：二魚文化公司，2005年5月），頁165。林淑媛另有論文〈眾神，聽著！黃春明小說中的宗教圖像〉，「臺灣宗教學會年會：臺灣宗教研究的本土性與國際性研討會」（臺灣宗教學會主辦，2005年7月2～3日），當中可能有對此問題更多的討論，可惜筆者尚未得見。

以提供身處都市的小說家以精神之慰安，也是小說家用以救贖現代人日益荒蕪之心靈的良藥。然而，或許連作者自己都感到這種農村文化與當代文明之間的差距過於巨大，感受到臺灣人對於親近鄉土倫理學之不可能（因爲類似愛聽刺激鬼故事的都市青年、春木的三個兒子何其多也），其文學風格遂轉而更加傳奇化與理想化，可以看出這正是黃春明近期小說藝術風格上與思想上的一種交互影響。

四、結語：艱難的敘述

　　或許，正因爲黃春明的溫情主義，他演化的鄉土故事在「現代人」看來已近乎傳奇，才更說明了一個事實：我們其實正日益失去互相溝通的能力，一個溫情的鄉土世界，而這卻只有說故事的黃春明才能講述。借用尉天驄對黃春明看待鄉土經驗與現代社會時的論點，他認爲黃春明：「表面上是一個農業文明的謳歌者，實際上他並不是一個懷舊的感傷主義者，主張永遠保持農村社會的落後與愚昧。他的著眼點不是放在『經濟』的利益上，而是從經濟的著眼點提到倫理的層次」。[48]

　　實際上，黃春明在近幾年對農業文化行將消失所發表的議論，可以呼應尉天驄十年前的說法，但當前顯然更爲強調鄉土倫理消失的危機感：

　　農業社會早就有生命共同體的行為，過去的農業的社會，除了村子裡的人自身需要盡力，還要敬天，伴隨大自然四季變化，種植、共生。天人合一的教育，多麼重要。
　　共生的情感逐漸養成村民對出生地的認同感，藉著彼此的互動，認識一個地方，產生認同的意識，但現在通通都消失了，……。[49]

---

[48]尉天驄，〈小市鎮人物的困境與救贖──黃春明小說簡論〉，《世界華文文學論壇》第 4 期（1998年），頁10。
[49]林詩音採訪，〈農業不應只被當作一種產業來對待──與鄉土文學大師黃春明先生的農業對話〉，《農訓》第 200 期（2006 年 10 月），頁 24。

　　然而，就像施淑所指出的，對於現代化採取未必帶來幸福，但卻必須接受現代化的事實，否則便成落伍的黃春明，他筆下的現實問題似乎沒有得到徹底的解決：「於是，似乎從來不曾給過他筆下人物任何邪惡陰暗線條的黃春明，他的卓別林式的情境刻畫，也在他的善良意志下，在不傷感情的嘲謔一陣過後，任災難回到原來的位置」。[50]演繹這段話，應是意指他批判現代化，卻選擇提出一個烏托邦視野的期待，因而除卻當年對美日文化與經濟殖民的批判外，對於臺灣身處晚期資本主義社會下，更具體的「災難」問題究竟可能如何解決，並非他著重之處。

　　我們都知道，黃春明不是「陳映真式」（如「華盛頓大樓系列」）或「宋澤萊式」（如《熱帶魔界》）的小說家，他不以「意識形態扎判」的方式來「想像」現實問題的解決，而更傾向以提示「理想主義」的方式來面對。只不過，橫亙在理想彼岸與現實問題當中的是不斷消蝕著美好記憶的現代化洪流。人們能夠被喚醒已被物欲所遮蔽的心靈嗎？理想的鄉土經驗能來得及在一切價值崩解前（那可愛的老人／好人已漸凋零），即時拯救與傳統疏離的現代都會眾生嗎？黃春明顯然是疑慮深重的。因此，在他1990 年代愈後期的小說中，這種疑慮與焦慮，乃轉化為講述有關神祕經驗與神奇自然故事的題材上，而民俗傳說、民間文化的挪用與描寫，使文本呈現出較多的寓言性格。

　　雖然我們也因此感知，黃春明其實是以更大的憂慮，把人間、神鬼與自然融合為一的世界，那鄉土倫理的境界，不以擬真寫實，不以激進的批判，而以神祕經驗的方式喻示人們。懂得更多的在地、民間知識，也就更可能趨近於自然人、自由人的境界，而不是為現代各種消費神話所支配的異化的現代人。如此，則倒是像李海燕在論黃春明的宗教觀時說的那樣：「宗教不是破產的教條，也不是無意識的投射或人性醜陋面的隱喻，而是一種必須同藝術，文學，大眾文化，甚至科學相競爭的現代神話」。[51]誠

---

[50]施淑，〈艱難的敘述〉，《聯合報》「讀書人」，1999 年 11 月 8 日，第 48 版。
[51]同註 39。

然，無論借助宗教或文學，我們都需要能夠歸返幸福樂園的神話來拯救日漸乾枯的心靈。

　　黃春明的小說試圖以神祕經驗的演繹，企圖幫我們贖回那美好的世界。或許，在極度文明的現代世界，能由一則現代寓言，或現代神話，喚醒我們對人間、神鬼與自然這「天人合一」境界的嚮往，則當中便將帶有鄉土倫理復歸的契機亦未可知罷！

參考資料

一、專書

・王光東等，《20 世紀中國文學與民間文化》（中國上海：復旦大學出版社，2007 年 3 月）。

・何懷宏，《倫理學是什麼》（中國北京：北京大學出版社，2002 年 5 月）。

・劉春城，《黃春明前傳》（臺北：圓神出版社，1987 年 6 月）。

・陶東風，《社會轉型與當代知識分子》（中國上海：上海三聯書店，1999 年 9 月）。

・趙園，《地之子》（中國北京：北京十月文藝出版社，1993 年 6 月）。

・黎湘萍，《文學臺灣：臺灣知識者的文學敘事與理論想像》（中國：人民文學出版社，2003 年 3 月）。

二、論文

（一）期刊論文

・司方維，〈論黃春明小說中的「水鬼」〉，《語文學刊》（2007 年 12 月）。

・申正浩，〈文本的文學想像與歷史想像——黃春明論〉，《批判與再造》第 20 期（2005 年 6 月）。

・汪暉，〈當代中國的思想狀況與現代性問題〉，《臺灣社會研究季刊》第 37 期（2000 年 3 月）。

・張書群，〈宜蘭文化景觀的民間書寫——論黃春明小說中的鄉間情調和鄉野色彩〉，《世界華文文學論壇》第 2 期（2007 年）。

・林瑞明，〈目的與手段之別——試論黃春明與陳映真〉，《成功大學歷史學報》第

25 期（1999 年 12 月）。

- 林詩音採訪，〈農業不應只被當作一種產業來對待——與鄉土文學大師黃春明先生的農業對話〉，《農訓》第 200 期（2006 年 10 月）。

- 南帆，〈啟蒙與大地崇拜：文學的鄉村〉，《文學評論》第 1 期（2005 年 1 月）。

- 楊照，〈吹到臺北的一陣蘭陽風：札記黃春明的作品〉，《聯合文學》第 108 期（1994 年 8 月）。

- 楊照，〈每一滴眼淚中都帶著嘴角的微笑：讀黃春明小說《放生》〉，《光華》第 25 卷第 1 期（2000 年 1 月）。

- 魏可風整理，〈作家、作品、時代：黃春明 V.S.楊照〉，《聯合文學》第 113 期（1994 年 3 月）。

- 陳芳明等，〈文學的交響：「黃春明文學與宜蘭風土」座談會記錄〉，《宜蘭文獻雜誌》第 11 期（1994 年 9 月）。

- 尉天驄，〈小市鎮人物的困境與救贖——黃春明小說簡論〉，《世界華文文學論壇》第 4 期（1998 年）。

- 詹發民，〈回歸傳統——評黃春明 1988 年三篇短篇小說〉，《東莞理工學院學報》第 13 卷第 5 期（2006 年 10 月）。

- 黎湘萍，〈被拋入歷史的人們：重讀陳映真、黃春明、王禎和的小說〉，《臺灣研究》第 34 期（1996 年 6 月）。

（二）學位論文

- 徐秀慧，〈黃春明小說研究〉（臺北：淡江大學中國文學研究所碩士論文，1998 年 6 月）。

- 梁竣瓘，〈黃春明及其作品研究：文學、社會和歷史的交互考察〉（桃園：中央大學中國文學研究所碩士論文，2000 年 5 月）。

- 鄭千慈，〈崩解的自我：現代主義、畸零人與戰後臺灣鄉土小說〉（臺北：淡江大學中國文學研究所碩士論文，2005 年 6 月）。

- 盛鎧，〈歷史與現代性：一九七〇年代臺灣文學與美術中的鄉土運動〉（臺北：輔仁大學比較文學研究所博士論文，2005 年 6 月 ）。

（三）單篇論文

· 李海燕，〈宗教的異域，異域的宗教〉，《二十一世紀》網絡版 72（2008 年 3 月，
http://www.cuhk.edu.hk/ics/21c）。

· 呂正惠，〈黃春明的困境：鄉下人到城市以後怎麼辦？〉，《小說與社會》（臺北：
聯經出版事業公司，1988 年 5 月）。

· 黃春明，〈羅東來的青年〉，楊澤主編，《從四〇到九〇年代：兩岸三邊華文小說研
討會論文集》（臺北：時報文化出版公司，1994 年 11 月）。

· 樂蘅軍，〈從黃春明小說藝術論其作品的浪漫精神〉，余光中總編輯，《中華現代文
學大系·評論卷》（臺北：九歌出版社，1989 年 5 月）。

（四）研討會論文

· 江寶釵，〈民間文學在臺灣當代小說中的呈現：以白先勇、李昂與黃春明爲例〉，胡
萬川、陳萬益編，《民間文學作家文學研討會論文集》（新竹：清華大學中國文學
系，1998 年 12 月）。

· 呂正惠，〈魯迅、沈從文、黃春明鄉土經驗之比較〉，「黃春明作品研討會」論文
（中國北京：中國作家協會、全國臺聯、中國人民大學華人文化研究所，1998 年 10
月）。

· 徐秀慧，〈說故事的黃春明〉，「黃春明作品研討會」論文（中國北京：中國作家協
會、全國臺聯、中國人民大學華人文化研究所，1998 年 10 月）。

· 廖淑芳，〈黃春明與臺灣小說的平民諧謔風〉，「黃春明作品研討會」論文（中國北
京：中國作家協會、全國臺聯、中國人民大學華人文化研究所，1998 年 10 月）。

· 范銘如，〈七〇年代鄉土小說的「土」生土長〉，《跨領域的臺灣文學研究學術研討
會論文集》，（臺南：國立臺灣文學館，2006 年 3 月）。

· 楊澤，〈回歸的可能與不可能：試論現代鄉土文學中的土地經驗與社群意識〉，「鄉
土文學論戰廿週年回顧研討會」論文（臺北：行政院文化建設委員會，1997 年 10
月）。

· 陳映真，〈七〇年代黃春明小說中的新殖民主義批判意識：以〈莎喲娜啦·再見〉、
〈小寡婦〉和〈我愛瑪莉〉爲中心〉，「黃春明作品研討會」論文（中國北京：中國

作家協會、全國臺聯、中國人民大學華人文化研究所，1998 年 10 月）。

三、報紙文章

・李瑞騰，〈鄉野的神祕經驗：略論黃春明最近的三個短篇〉，《聯合報・聯合副刊》，1998 年 12 月 6 日，第 37 版。

・施淑，〈艱難的敘述〉，《聯合報》讀書人，1999 年 11 月 8 日。

・黃春明，〈一個不良少年的成長與文學〉，《中央日報》，2000 年 5 月 30 日。

・黃春明，〈用腳讀地理：我的小說札記與隨想（一）〉，《聯合報・聯合副刊》，1999 年 3 月 18 日，第 37 版。

——選自《臺灣文學研究學報》，第 7 期，2008 年 10 月

第三世界鄉土故事的天方夜譚

形影孤單、漸行漸遠的說書人黃春明

◎徐秀慧*

一、前言

　　20 世紀的 1999 年，可說是黃春明的豐收年。於今回顧，對黃春明的小說創作來說，卻有著總結性的意義。這一年，持續運作了六年的黃大魚兒童劇場，九月在國家戲劇院再次推出《小李子不是大騙子》；更受文壇矚目的，當屬同年十月推出的短篇小說集《放生》[1]。黃春明在自序中夫子自道，面對殷殷企盼的讀者，事隔十多年沒出小說集，尷尬的成分淹過出書的喜悅。黃春明以《放生》一書在世紀末的重新出發，並信誓旦旦多年來預告的長篇小說《龍眼的季節》，將於 2000 年龍眼成熟時收成。如今，已然過了八年，仍讓黃春明小說迷引頸企盼。其實這並不是黃春明個別的問題。1977 年鄉土文學論戰後，政治小說湧現，但到了 1980 年代中期由於複雜的政治風向、文學審美觀、意識形態、社會價值等等諸多層面的結構性變遷，無論是現代派或是鄉土派小說家，兩造人馬竟不約而同沉寂下來。到底是什麼樣的變化，使得 1960、1970 年代的小說家轉移他們的創作力？值得注意的是，黃春明小說創作的重出江湖，和他的睽違文壇一樣，並非孤例。千禧年前後，小說創作沉寂多時的臺灣男性作家重出江湖，曾一度使文壇熱鬧非凡，如陳映真的〈夜霧〉、〈忠孝公園〉、宋澤萊的

〈熱帶魔界〉、王文興的《背海的人（下）》、黃凡的〈躁鬱的國家〉、〈大學之賊〉等等。這些作家世紀之交的小說主題，很值得我們去對照作家的創作史與其世界觀如何改變的關係。筆者很粗疏的判斷，看起來，相較於現代派作家王文興的虛無與後現代派作家黃凡的激憤，鄉土寫實作家陳映真、黃春明、宋澤萊因各自有其關懷的面向而顯得較不虛無。

本文暫時無法處理這麼複雜的文化研究問題，但筆者想要從黃春明小說創作史，以及黃春明小說的世界觀，思考「小說」此一現代文類與鄉土文化的關係。尤其是「鄉土文學」在兩岸現代文學史的源流與發展，充分顯現了第三世界遭逢現代化的處境，那麼黃春明的鄉土故事，又具備了什麼樣的特殊性？筆者想要藉由西方馬克思主義者班雅明（Walter Benjamin,1892～1940）、盧卡奇（Georg Lukás,1885～1971）以及後現代馬克思主義者詹明信的文藝理論，從他們思考現代小說的世界觀與鄉土文化（可理解爲傳統文化生活與人文地理空間的綜合體現）的現代性衝突爲切入點，凸顯黃春明的鄉土故事的特殊性。

簡化地來說，黃春明的鄉土小說，比較不像現代意義的，以個人主義爲出發點的小說，而比較像是傳統說書人講述的、具有集體記憶特質的「故事」。但是其中又牽涉到兩個複雜的面向，一是現代文明社會結構的改變對傳統文化生活型態的衝擊，導致集體文化記憶流失的問題，一是帝國主義強勢文化對殖民地臺灣的傾軋，產生的民族文化主體性的問題。筆者認爲這兩個複雜的面向，貫串了黃春明橫跨 30 年的小說創作的核心價值。黃春明的鄉土故事，因此具備了臺灣農村與民間生活文化的「史詩」特質。

二、現代小說與鄉土故事

西方馬克思主義者的一個特色就是將馬克思之前的思想體系灌注到馬克思主義裡，正如洛威（Löwy M.）所闡明的，西方馬克思主義是由產生

了史賓格勒和托馬斯・曼的那種德國文化的思想溫牀中培養出來的。[2]我們從盧卡奇、班雅明到法蘭克福學派的阿多諾（T. W. Adorno, 1930～1966）的著述中，都不難發現第一次世界大戰以前德國的「浪漫主義的反資本主義」（"romantic anti-capitalism"）的傾向與思想。[3]呂正惠解釋此一思想傾向是因爲：世紀之交的「德國知識分子對於德意志帝國建立（1870 年）以後，以極快的速度在德國境內發展的現代資本主義文明深爲不滿，而對於即將逝去的農村社會的生活方式懷著輓歌式的深沉的眷戀之情。這使得他們的文化哲學和社會哲學充滿了特異的悲觀色彩。」[4]這種浪漫主義的反資本主義傾向，在盧卡奇、班雅明的小說理論中特別顯著。

　　儘管盧卡奇後來成爲批判現實主義的理論大師，但青年盧卡奇在《小說理論》中所提示的史詩精神卻有鮮明的唯心色彩。青年盧卡奇在 1914 年第一次世界大戰爆發期間，開始在雜誌上發表《小說理論》中的篇章。他視希臘荷馬的史詩世界爲一個「完整文明」的世界，其中內、外世界的區分尚未成形，所以在內容與形式、精神與物質之間達到和諧的統一。盧卡奇認爲在史詩時代並未出現「心靈的漂泊」、「心靈的追求」這樣的問題，而現代世界剛好相反，由於資本主義的「異化」日益加劇個人和社會之間分裂，人的活動同他自己疏遠，使得客觀世界和主觀世界完全區隔開來，客觀世界外在於人而成爲一個「陌生世界」，而人對自己本身又感到不滿足，必須在自己之外去尋求更高的現實——去尋求「意義」。現代人是一個「真正的懷鄉病患者」，夢想著回到史詩的完整世界去——現代人是一個「先驗的無家可歸的人」。而最能反映現代人這種心靈狀態的文學

[2]Löwy M., *Georg Lukács: From Romanticism to Bolshevism*, (London: New Left Books, 1979)。轉引自呂正惠，〈尋求者——盧卡奇的問題及其解決之道〉，收入《文學的後設思考》（臺北：正中書局，1991 年），頁 5。
[3]馬國明，《馬克思主義及後馬克思主義文藝批判理論》（臺北：文強堂出版社，年月未註明）。李健鴻校閱，馬丁・傑，《阿多諾》（臺北：桂冠圖書公司，1992 年）。
[4]呂正惠，〈尋求者——盧卡奇的問題及其解決之道〉，收入《文學的後設思考》（臺北：正中書局，1991 年），頁 5。

形式就是小說。小說反映了現代人這種無家可歸的異化。[5]

　　盧卡奇在《小說理論》中揭示了小說此一文類，表現的是人們脫離天上家園的心情形式，進步的文明社會日漸使人類與自然母體的臍帶脫落，於是，尋求各種可能「回歸」的救贖之道，成了現代人愈漸急迫的課題。班雅明在〈機械複製時代的藝術品〉之後，1936 年寫下〈說故事的人〉，無疑是他面臨此一文明危機的思索，他一反前者的樂觀，不再認爲社會進步的代價——文明對傳統的破壞，可以靠技術的開創得到補償。對班雅明而言，無論是神話、童話或是傳奇故事，都是從古至今或他方遙遠訊息的顯現，正如作品的「靈光」（"aura"，或翻譯成氛圍）一般具有正面的意義。故事中默默無名而正義的小人物，攜帶著自然與傳統中的集體記憶，例如代代相傳、口耳交流中累積成的生活智慧、經驗教訓，足以帶領讀者乘著童話、傳奇的希望亮光，逃脫文明的牢籠，返抵（回歸）人、土地、社群互動和諧的自然家園。而現代小說卻只具有補償價值，其孤獨的讀者，對主人公宿命旅程的認同或疑慮，只爲得到他所缺乏的生命熱力。[6]也因此可視爲班雅明的小說理論的〈說故事的人〉，其實是「反小說理論」。[7]

　　班雅明在〈說故事的人〉一文中對說故事的藝術形式逐漸離我們遠去，要人們從說故事的消亡裡得到歷史的啓悟，得以借用來體會黃春明的鄉土小說。黃春明小說顯著的特徵是將鄉土風俗以具體的生活內容，融入現代小說情節中。黃春明和同期鄉土作家王禎和與陳映真，都同樣是出身市鎮的作家，但黃春明最大的特色就是擁有豐厚的土地經驗，在作品中捕捉穿插了鄉鎮小人物的生活風情和傳奇軼事，使他成就了獨特的傳奇故事體，並在其中寄寓他個人對鄉土的浪漫懷想；帶著既浪漫又寫實的筆調再

---

[5]Georg Lukács,*The Theory of the Novel*,tr.Anna Bostock(Cambridge,Mass.,1978)
[6]見班雅明著；林志明譯，〈說故事的人——有關尼可拉·萊斯可夫〉，《說故事的人》（臺北：臺灣攝影出版社，1998 年），頁 19～53。或見班雅明，〈說故事的人〉，馬國明譯，《寫作雙月刊》試刊號（香港：曙光圖書公司，1996 年 6 月），頁 51～64。
[7]林志明譯，〈說故事的人引言〉，《說故事的人》，頁 16。

現童年家鄉蘭陽平原的風土民情。而我們所關心的並非僅僅是黃春明文學世界中風土民俗的剪影，雖然它們標示著社群文化心理素質以及具體的民間文化內涵。但更引人關注的是，黃春明的作品可視為一個具有整體性意義的鄉土烏托邦，他將宜蘭的地域風俗與人文心理融為一體；並以此為前提，嵌入深具現代小說特色的人物性格和命運歷程中，展現了面臨新舊社會價值轉換的小人物，如何體現文化集體記憶。此乃黃春明作品最能引發讀者深思，使我們得以從中獲得啟示與忠告之可貴處。

　　筆者曾在碩士論文《黃春明小說研究》中將黃春明的創作大致分為四個階段：分別是 1.投稿聯副時期（1962～1963 年）以及幾篇現代主義過渡時期（1966～1967 年）的「人牛自悲情境短歌」，2.大部分發表在《文學季刊》系列雜誌的「小傷傳奇故事體」（1967～1971 年），3.1971 年以後開始影射民族意義的「經濟殖民家國寓言」，4.1986 年的「回歸小人物傳奇故事體」。[8]現在看起來，收入《放生》小說集的包含了 1986 年和 1998 年的老人系列小說，都可以歸納為「回歸小人物傳奇故事」，但是此一「回歸」卻不是單純的回歸到早期鄉土烏托邦的寫作，而是隱含了對後現代社會造成鄉土烏托邦分崩離析的批判意識，因此或許可以稱之為「鄉土烏托邦的幻滅期」。底下一一說明黃春明故事體小說的創作歷程，及其在臺灣文學史上的定位與意義。

　　黃春明在成就「小人物傳奇故事體」的創作之前，早期在聯副發表的一些短篇小說，就已經蘊含了許多現代小說的特色。其中顯現了作家黃春明對自我的凝視與對他人的關照。這些短篇小說中，顯現的情境都是人生某個切片、某個小困境，跟 1967 年後開始的〈青番公的故事〉、〈溺死一隻老貓〉等一系列「小人物傳奇故事體」不同的是，在情節方面，人物命運的前因後果沒有太多的鋪陳，在主題上，亦往往不是攸關主人翁命運難題的大困境，但黃春明在這幾個短篇中卻掌握了一個敘事的高潮，就是每

---

[8]徐秀慧，〈黃春明小說研究〉（附錄一：黃春明小說年表），（臺北：淡江大學中國文學系碩士班論文，1998 年 6 月），頁 155。

一個人一生中難免遇到的一些大大小小卑微的、難堪的處境，因而具備了打動人心、引起讀者共鳴的質素。例如學生被退學（〈借個火〉）、軍人被關禁閉（〈兩萬年的歷史〉）、年輕人的失戀（〈把瓶子升上去〉）、小孤兒的受虐與被歧視（〈小巴哈〉）、鄉下佝僂畸形兒與老祖母進城時的慌恐無助（〈城仔落車〉）等等。從這些小故事，黃春明就已經初步踏上他說故事人的旅程，由自己熟悉的生命經驗取材，加上他直覺敏銳對周遭人物關懷的天賦，將自我與他人的生命經驗一一融入他的「羅東文學世界」。其間也曾隨著西風東漸的現代主義風潮起舞，而寫下〈男人與小刀〉、〈跟著腳走〉與〈沒有頭的胡蜂〉等篇章。因水土不服而回歸鄉土故事，卻因此琢磨出更具現代感的鄉土故事，〈青番公的故事〉之後，黃春明故事體的世界觀於焉開展。

　　黃春明從〈青番公的故事〉（1967 年 4 月）到〈甘庚伯的黃昏〉（1971年 12 月），他為處於臺灣變遷社會下，一些底層的小人物作傳。藉由被時代汰舊的小人物的命運，呈現傳統農村裡的生活風俗、人倫關係跟社會文明進展的衝突。我們可以看到自〈青番公的故事〉發表之後的兩年，黃春明陸續地以說故事的口吻發表了幾篇小人物的故事，而故事的場景往往就在他剛離開不久的羅東鄉鎮。在小說中那個黃春明與筆下的小人物所共有的「我們的羅東」，作者自認為的「完整的世界」（1974 年遠景版《鑼》序），在現實的地域空間上雖然近在天涯，卻遠遠地被「時間」拋棄了，僅存在對過往的「追憶」當中。昔日黃春明接觸、經歷的故鄉人事物，透過回憶，對一個離鄉來到臺北都會文藝圈的文學青年進行鄉愁式的召喚。正如魯迅所言：鄉土文學是回憶的文學，是作家到都市以後才產生的。[9]然而造成此一「回憶」與「現實」的落差的，並不只是因為時間、空間所形成今非昔比的詠歎。黃春明藉書寫羅東的人事物重回「心靈的故鄉」[10]，藉

---

[9]魯迅，《中國新文學大系‧小說二集序言》（臺北：業強出版社，1990 年），頁 9。
[10]1997 年 4 月 18 日，筆者訪問黃春明。見徐秀慧〈黃春明小說研究〉（附錄二：黃春明訪談），頁157～166。

小人物的傳奇故事，徘徊在現實與回憶之間，其所要角力的正是現代化此一銳不可當的力源，構成的全球化、同一化的現代文明社會結構性的改變。此一現代化力源進入臺灣戰後鄉鎮家園後，摧枯拉朽地使作家童年熟悉的家園變了樣，因此黃春明這一系列小說的氛圍往往沉浸在一個正在消逝的、一去不復返的鄉土家園。

考察黃春明寫作的年代，正值臺灣經濟由農業社會過渡到工商業社會的階段，而他以說書人的口吻道出家鄉小人物青番公、阿盛伯（〈溺死一隻老貓〉）、白梅（〈看海的日子〉）、憨欽仔（〈鑼〉）和甘庚伯（〈甘庚伯的黃昏〉）所遭遇的故事。透過這些小說主人公的追尋，我們看到作者黃春明欲藉書寫此一「完整的世界」，實踐他「完整的人」的創作意志的世界觀。[11]因為在工業文明「工具理性」的機制下，如此「完整的人」的理念，作為人的存在樣態的可能性已被粉碎。黃春明對此有著矛盾的危機意識，葛浩文說黃春明：「以逝去的傳統來激起讀者的哀愁與同情，或是用譏嘲的手法形容古老的傳統如何被摒棄，來引起讀者的共鳴。」但他對現代化帶來的進步卻不置可否，「一邊對那個古舊、純樸、率真的傳統感到深深的眷戀，同時又顧念到現代化的發展和進步帶給許多人實際的利益。所以他無法給讀者一個肯定的答案」。[12]

從這些故事我們看到文學青年黃春明頓時老氣橫秋起來，以一個說書的老靈魂的姿態，諄諄告誡著過去曾經美好的家園裡，被工業文明逐漸扼殺的一些生活經驗，將使一些傳統世俗裡的智慧、倫理也跟著被扼殺，隨著這樣的扼殺，緊隨而來的將是對人性的考驗。在工業文明進入鄉土之後，由於人性內在對外在環境的改變，採取機制應對以求生存的策略，從

---

[11]盧卡奇在《現實主義論》一書中揭示「世界觀是每一個人都有的一種深刻的個人經驗，是他內在性質的富有特徵的表現，同時，它也在一種很重要的方式中，反映出他的時代的一般問題」。（臺北：雅典出版社，1988 年），頁 70。

[12]葛浩文（Goldblatt, Howard），"The Rural Stories of Hwang-chun-ming" ,in Jeanette L,Faurod(ed), *Chinese fiction from Taiwan*，頁 110～133,Indiana University Press,1990。譯文〈黃春明的鄉土小說〉，另載葛浩文編選《瞎子阿木──黃春明選集》（香港：文藝風出版社，1988 年），頁 301～324。

而鬆動了舊典範原有的倫理價值體系，以適應新社會的價值判斷。其真正的威脅，而令說書的老靈魂擔憂焦慮的是：都會文明利慾薰心的價值體系將使人性逐漸斲喪。這也是戰後臺灣鄉土作家陳映真、王禎和，甚至是後來的宋澤萊在創作意識上所共有的焦慮。除了這樣的共性之外，黃春明的特殊性則在於，他一開始就帶著一個懷舊卻樂觀的視角，以說書人的口吻，語重心長、苦口婆心地訴說著令人感傷的鄉鎮小人物的故事。[13]

　　正如班雅明指出的，隨著資訊的爆炸，人事就在資訊中變得碎片化，使得經驗傳承的價值日益貶值，我們能遇到善於說故事的人的次數日趨銳減，人喪失了經驗交流的能力（原本是我們最穩當的財產）之後，能從中得到啟示的可能性也日漸低落。黃春明顯然具備了班雅明所說的說書人的特質，將道聽塗說的別人的經歷和自己的經歷——也就是人生，當作是說書此一傳統手工技藝的材料[14]，寄寓他老靈魂欲回歸到重情義，回歸到土地的世界觀，也是在這樣回歸的世界觀底下，我們窺見了黃春明浪漫主義的色彩。

　　「說故事的人」，是扎根於母性大地的傳統民間社群的代表者，他們所體現的是從自然、土地與社群意識中獲得的永恆生命力的價值觀與世界觀。但黃春明與傳統說書人周而復始所傳述教忠教孝的故事並不完全相同。傳統說書人傳述的寓教於說書之種種忠孝倫理、正義節氣的故事，大多是根據抽象的理念而來，不像現代小說特別凸顯人物的性格與命運的關係。[15]黃春明的鄉土故事，是經歷現代化變革後的人物傳奇故事。採取的是故事體和現代小說（尤其是短篇小說）的折衷的形式，正如楊澤分析沈從

---

[13]如果接觸過黃春明作家本人，或是聽過他的演講，對於他之擅長說故事，應該會留下深刻的印象。這很大一部分來自將黃春明拉拔長大、很會說故事的祖母的影響。事實上，筆者每次見到步入老年、頂著一頭捲髮的黃春明，就感覺他的形象非常「婆婆媽媽」，更像個鄉下的「阿嬤」。

[14]黃春明自言很多小說取材自周遭人的對話和觀察，筆者訪談黃春明，1997 年 4 月 18 日，徐秀慧，〈黃春明小說研究〉，頁 157～166。此正是班雅明〈說故事的人〉中特地標舉出來的：來自社群（在地的人與人之間），或是社群與社群之間（從遠方帶回在地）的經驗傳承與交流，藉以溝通差異的口傳故事的傳統。

[15]Ina watt，魯燕萍譯，第一章〈寫實主義與小說的形式〉，《小說的興起》，（臺北：桂冠圖書公司，1994 年）。

文和黃春明的小說時，所指出的：「一方面，內容、主題道盡故事體的重情重義、哀感頑豔，形構上則逼近短篇小說，已具備了現代文學凸顯多重時間和心理分析的藝術形式」，大抵情節的發展、結局皆建立在現代小說直線發展的時間軸上，但是事件衝突的高潮仍舊籠罩在故事體永恆的背景下，成就了既寫實又浪漫的鄉土故事。[16]

　　黃春明創作時期所處的時代和環境，是臺灣從一個前工業的社群要過渡到工業社會的年代。他離開家鄉故土，來到首善之都：臺北，看到了故鄉未來即將邁入的前景，回頭審視自己生長的故土裡曾經孕育的人事物，或是正在遭遇的變遷。由於他熟悉了解鄉土社群具體生活的風俗民情，其中包括了孕育說故事的人的民間生活的智慧與素樸的道德忠告，當然也雜揉了封建遺產的迷信對族人的禁錮。但黃春明並不採取西方啟蒙理性的角度去看待風俗，而是以土地倫理的角度視風俗為生活的智慧；加上他對社群命運的人道關懷，以他現代文學的涵養，體現出一種具有複雜鄉土現實感的現代鄉土故事，表現出從說故事的人過渡到現代小說家，從故事過渡到小說這一深具大眾性的文學形式。

　　黃春明由民間具體的社群關係出發從事現代小說的創作，因而顯現故事體的敘事風格。在黃春明之前，臺灣的鄉土小說發展史，已有一個日據時代作家張文環的先例。若不以故事體的角度去凸顯他們的文學風格，論者往往依據短篇小說的評判標準指稱他們的小說不夠精鍊，有著散漫無章的缺失。[17]而葛浩文則認為黃春明是一個說故事的人，但不能因此而否定其

[16]楊澤，〈回歸的可能與不可能——試論現代鄉土文學的土地經驗與社群意識〉，發表於文建會主辦：「青春時代的臺灣——鄉土文學論戰二十週年回顧研討會」，1997 年 10 月 24～26 日。地點：臺北誠品敦南店。

[17]何欣曾指出：「黃春明的小說是噴出來的……在寫作過程中，彷彿作者就無暇顧及他的文章了。……他常常不顧及結構、句法、修辭。有時敘述會失去比例，就是說該發揮的沒有發揮，有時敘述詳盡的事件構成冗贅。」〈論黃春明的小說人物〉（上、下），原載於《書評書目》第 8 期（1973 年 11 月 1 日）、第 9 期（1974 年 1 月 1 日），臺北。這類對黃春明的評論時有所聞，如蔡源煌說他寫作鬆懈散慢，文句需要大量修飾和濃縮，感情勝過理智，只能創造出呆版的扁平人物。Social Realism in Recent Chinese Fiction in Taiwan, in *Thirty Year of Turmoil in Asian Literature*《第四年亞洲文學會刊》。這樣的評論大抵都是依據短篇小說的標準作為評斷的準則。

藝術價值，他認爲黃春明「小說從容的情節發展，情節的副線的間而出現」，在於：

> 黃春明寫的是小型的長篇小說，他沒有把一個複雜的人生圖畫完整的描寫出來；如果他能把寫作的畫布放大，定能達到更佳的境界（不是黃春明的作品都有這個短處，他那些短的，描寫生活片段的作品還是極動人，極有感染力）。[18]

　　班雅明在〈說故事的人〉中所分析的故事質素，乃源自正義的民間小人物，從土地經驗與社群經驗融匯而成的民間文化中體驗的經驗結晶，其中蘊含著社群記憶與倫理價值，強調眾生平等的社群關係，並藉此凝聚故事體得自民間文化綿延永恆的生命力，以區別於現代小說（尤其是短篇小說）之個人主義式的世界觀。黃春明在臺灣被標舉爲鄉土作家，雖然黃春明善於說故事在文壇上傳爲美談，但歷來對黃春明的研究，除了葛浩文與楊澤曾點明此一思考方向，在此之前的評論黃春明的批評家大多未能把握此一線索[19]，以凸顯黃春明系列鄉土故事所體現的故事體的世界觀。此一世界觀可說是貫穿黃春明整體的作品重要的精神特質，甚至在早期聯副時期的短篇小說就已蘊含此一特質，並貫串到的「經濟殖民家國寓言體」的小說，以及世紀末出版的老人系列鄉土故事《放生》。

三、期待被「放生」的人倫、自然與政治

　　黃春明一改既寫實又浪漫的創作意識，始於 1972 年發表的〈蘋果的滋

---

[18] 葛浩文（Goldblatt, Howard）（1990 年），頁 110～133,Indiana University Press,1990。譯文〈黃春明的鄉土小說〉，另載葛浩文編選，《瞎子阿木——黃春明選集》（香港：文藝風出版社，1988 年 10 月），頁 301～324。

[19] 葛浩文，同前註。楊澤，〈回歸的可能與不可能——試論鄉土文學的土地經驗與社群意識〉。歷來對黃春明的研究，大多數的結論都不出所謂「小人物的代言人」、爲一「悲天憫人的人道主義關懷的作家」、「擁抱被侮辱的小人物」等等。

味〉（1972 年 12 月 28 日）。這篇作品的發表，正是關傑明帶動的「現代詩論戰」（1972 年 2 月 28 日）之後。黃春明在鄉土文學論戰後發表的〈一個作者卑鄙的心靈〉（1978 年 1 月 16 日）[20]，曾坦承這篇作品的創作，是經過「認識了自己與社會的關係」之後，「社會性」增加的作品。還原歷史時空，〈蘋果的滋味〉影射美國經濟殖民臺灣的民族寓言，其中隱含的反美情緒，和對臺灣主體的殘廢性的嘲諷，也就不辯自明了。或許我們可以上推到上一篇發表在保釣運動發生後的〈甘庚伯的黃昏〉（1971 年 12 月）就已經呈現了過渡的跡象。其中從南洋戰場回來的甘庚伯的兒子阿興的癲瘋，正是對日本殖民帝國的控訴。此後〈小琪的那一頂帽子〉、〈莎喲娜啦・再見〉、〈小寡婦〉、〈我愛瑪莉〉[21]都隱含著寓言的方式，將臺灣殖民地的主體性置於小說的脈絡之中。除了顯現黃春明受到當時中國民族意識高漲的時代風氣的影響之外，這些殖民經濟家國寓言體小說，仍保有他一貫貼近小人物性格呈現的寫實風格，探討黃春明此一時期的創作意識，也就不得不訴諸這些小人物所體現殖民地文化自卑的主體焦慮，以及在夾縫中求生存的生存意志。展現了黃春明作為第三世界文學的作家，透過或嘲諷或同情在殖民歷史陰影下小人物的生存悲境，道出他對自我與家國的文化主體的焦慮。

黃春明在〈兩個油漆匠〉、〈蘋果的滋味〉和〈小琪的那一頂帽子〉中，已經逐漸透露出對那個羅東「完整世界」（社群共同體）的鄉土家園消逝的焦慮，這幾篇小說也呈現著「異鄉人」的氛圍。故事中的小人物儘管離家不遠，但他們來到的市鎮，代表的是迥異於故鄉的情義世界，他們暴露在水泥高樓林立，汽車橫行的疏離、陌生的都市叢林中，小說中充滿死亡（如〈兩個油漆匠〉的阿猴、〈小琪的那一頂帽子〉的林再發）和畸零人（如〈蘋果的滋味〉中江阿發的截肢、〈小琪的那一頂帽子〉中小琪的

---

[20]黃春明，〈《我愛瑪莉》附錄〉，《我愛瑪莉》（臺北：遠景出版公司，1979 年），頁 117～220。
[21]本文論及黃春明的作品〈莎喲娜啦・再見〉、〈小寡婦〉和〈我愛瑪莉〉，皆見於黃春明，《莎喲娜啦・再見》（臺北：皇冠出版社，1985 年）。文中不一一標註。

頭蓋骨）的恐怖意象。這些離鄉背井所遭遇的事件，流露出作家黃春明對鄉土淪陷的隱憂和焦慮，非用這些生死的事件和恐怖的意象不足以表徵，同時也流露早期作品中存在主義式的思考。面對經濟起飛後多元化的社會現實，這些來到都市因而身家性命支離破碎的小人物，顯露了作家黃春明在承認現代化是必要的前提下，對於鄉土淪陷與社會現實的無力感。

　　1960 年代末黃春明鄉下人進城的城市小說沒寫幾篇，1970 年代家國主體性的問題意識，隨即困惑著黃春明，他很快將臺灣受日本殖民的歷史，以及美、日經濟殖民的社會現實融入小說。首先，是在〈甘庚伯的黃昏〉中，描述被日本殖民政府派去南洋戰場回來的阿興，戰後回來變得既瘋又啞，以指控日本殖民政府發動侵略戰爭、派遣臺灣殖民地人民至前線作戰的不仁不義。阿興的瘋啞，可視爲象徵著當時的臺灣人對日本殖民經驗的沉默抗議。日本對臺灣殖民的歷史記憶，在 1945 年來臺的蔣氏政權對日實行所謂的「以德報怨」，卻對臺灣島內施行白色恐怖，戰前日人殖民臺灣的歷史，在 1970 年代以前幾乎成爲臺灣社會思想的禁區。

　　班雅明在〈說故事的人〉中，說明從第一次世界大戰開始，我們對外在世界的構想，甚至是道德世界的構想，一夜間產生難以置信的改變。這種改變促使人事成爲資訊的碎片，逐日地否定著人與人之間經驗的交流。他說：

> 從第一次世界大戰起，一個仍沒有停止的過程開始變得清楚。不是察覺到嗎？戰事結束後從戰場回來的人顯得沉默寡言──他們可溝通交流的經驗並沒有豐富了，而是更加貧乏；十年之後湧現的戰爭書籍絕不是可以口傳的經驗。這是不足爲怪的，沒有任何事情會比戰略考慮的經驗、通貨膨脹的經歷、身體置身於機械化戰爭的經歷和有權有勢者的道德經歷更爲徹底地否定人生體驗。[22]

---

[22] 班雅明，〈說故事的人〉，馬國明譯，《寫作雙月刊》試刊號，（香港：曙光圖書公司，1996 年），頁 51～64。

　　這一段話很可以用來理解阿興從戰場回來瘋啞的背景。黃春明反對不義之戰的創作意識，後來表現在〈小寡婦〉裡兩位美國越戰的大兵湯姆和比利的經歷上，他們在預備營所受非人性的訓練——湯姆甚至為了紀律，槍殺了同營一個反戰而企圖逃營的朋友，以及在越戰中慘絕人寰的經歷，小說中描寫他們經常藉服用迷幻藥來麻醉自己，忘卻這些不愉快的記憶。黃春明在小說中，諷刺美國政府獎勵立功的越南大兵來臺度假，是讓他們藉由性消費以發洩他們在越戰中血腥的記憶，再重返戰場殺戮，這種慰勞軍人的戰事策略，一向自居「自由世界」首領、高舉「人權」的美利堅帝國，和兩次世界大戰期間戰勝國姦淫婦女的行徑，又有何異？這跟美國發動武力去干預越南的內戰，又高呼為「自由世界」而戰，其不義的暴行有著高度的同質性。

　　〈甘庚伯的黃昏〉發表於 1971 年 12 月，明顯與當年的保釣運動反日的民族意識唱和，在此黃春明初步碰觸臺灣受日本殖民歷史的陰影。在這篇小說裡，黃春明以甘庚伯受難卻具樂天性格的形象，及依附在大地之母的鄉土所具有的生活韌性，撫平了戰後二十幾年來承受既瘋又啞的兒子的折磨，這是臺灣人民根植於母性大地，默默承受歷史傷痛，形成強韌生命力的象徵。然而，在快速變遷的臺灣社會現實下，這種鄉土家園和鄉土人物都日漸在消逝中，黃春明這種必須在浪漫與自由心境下才能經營的鄉土哲學，也面臨著時代的考驗。1970 年代臺灣的時局，從保釣運動知識分子祭出五四的口號——「外抗強權、內除國賊」，說明了臺灣社會面臨和五四類似的社會情境，使知識分子重拾感時憂國的文化傳統。從〈甘庚伯的黃昏〉這篇小說開始，黃春明的小說篇篇都不脫臺灣受美、日帝國在政治、經濟或文化上殖民的影子，而且一篇比一篇顯露更尖刻的譏諷意味，一篇比一篇更顯現他對臺灣現實社會的無力感，披露了他對家國主體面對強勢的外來文化傾軋的焦慮。

　　受到保衛釣魚臺運動的啟發，1972 年 2 月與 9 月關傑明率先為文指陳現代詩是「文學殖民地主義」的產物，引發了臺灣文壇反美、日強權的民

族情緒。在 1973 年 7 月唐文標掀起的現代詩論戰還未延燒開來之前，黃春明就於 1972 年 12 月發表了〈蘋果的滋味〉，以民族寓言的形式，影射臺灣受制於美國經濟殖民，以嘲諷之筆道出臺灣主體性的殘廢。小說中的江阿發被美國格雷上校的轎車撞到，以截肢的代價，換取一家人的生活改善，當他們從格雷上校的手上，接到兩萬塊的慰問金，數目金之龐大，竟把阿發夫妻嚇得不知所措，「他們兩個只覺得做錯了什麼事對不起人家似的不安」，原先對格雷上校不小心撞到阿發的抱怨卻轉爲內疚。當一旁的警察說阿發是運氣好，如不是被美國車撞到，恐怕已經躺在路旁，用草蓆蓋著，「阿發一下子感動涕零的說：『對不起！謝謝！對不起！對不起，……』」。黃春明曾表明：「我不願意讓我的同胞有奴性的觀念在，所以我寫下〈蘋果的滋味〉。」[23]

　　1973 年 8 月 16 日黃春明又發表〈莎喲娜啦‧再見〉，描寫公司小職員黃君奉主管之命帶日本商人去嫖宜蘭家鄉的女性同胞，而陷於進退兩難的心理交戰。1974 年發表的〈小琪的那一頂帽子〉，描寫王武雄朦朧地看到代理日本快鍋公司許諾給推銷員的美麗遠景（就好像王武雄看到小學生小琪帽子下那張美麗的臉龐，朦朧地懷著十年娶妻計畫的遠景），有違良心推銷著危險的快鍋。以及〈小寡婦〉裡妓女出賣肉體給越戰美國大兵，並用國粹文化「小寡婦」的名義加以包裝。此一從出賣勞力、截肢肉體到消費傳統文化尊嚴的過程，推而極致的就是鄉土文學論戰期間發表的〈我愛瑪莉〉（1977 年 9 月），小說中在洋機關上班的陳大衛對老闆的雜種狗極盡呵護之能事，並爲此妻離子散而在所不惜。

　　詹明信曾說：「所有烏托邦，無論是安然無恙或是支離破碎的，都是悄悄的由諷刺者對墮落的現實的憤慨而支配的。」他認爲由於古老的習俗，被資本主義關係的超越地位劇烈改變，並且變得非自然化，因此：

[23]陳正樑記錄：〈來自故鄉的歌手——黃春明小說座談會〉《幼獅文藝》第 48 期（1978 年 9 月），頁124～140。林明德主持，黃春明答覆問題。

資本主義的原始罪惡被揭露了：不是工資勞動、貨幣形式的劫掠和市場的冷酷無情循環，而是舊的集體生活方式在已被掠奪和私人占有的土地上所受到的根本的取代。這是最古老的現代悲劇。[24]

黃春明的創作意識從 1960 年代中期以後的「小人物傳奇故事體」，轉向「殖民經濟的家國寓言體」，正可說明臺灣在 1970 年代以後，面臨中西文化、國際政治衝擊力。知識分子面對帝國經濟外來的文化勢力的刺激，轉而對內政治威權體制的反思與挑戰。黃春明受到時代的問題意識的影響，充分反映在作品世界觀的改變，他從關懷鄉土小人物在臺灣經濟轉型中的「人性尊嚴」的問題，轉向反思臺灣歷史在美、日帝國政治與經濟殖民陰影下，關於文化主體性的「國族尊嚴」的問題，雖然仍一貫以小人物的存在處境作為他關懷的對象，但其中呈現對臺灣民族文化主體性的國族焦慮，卻披露了第三世界文學的民（國）族難題。

黃春明於此展現的是詹明信所言的第三世界的「民族寓言」。詹明信分析第三世界的文學，由於第三世界的文化處於同第一世界文化帝國主義進行生死搏鬥之中，這種文化搏鬥本身反映了第三世界的經濟受到資本主義不同階段或有時被委婉地稱為「現代化」的滲透。第三世界的文本，均帶有寓言性和特殊性，特別是小說，它的形式是從占主導地位的西方表達形式的機制發展起來的。

第三世界的文本，甚至是那些看起來好像是關於個人和利比多（筆者按：libido，生命本能衝動）趨力的文本。總是以民族寓言的形式來投射一種政治：關於個人命運的故事包含著第三世界的大眾文化和社會受到衝擊的寓言。[25]

---

[24] 詹明信著，張京媛譯，〈處於跨國資本主義時代的第三世界文學〉，《馬克思主義——後冷戰時代的思索》（臺北：牛津大學出版社，1994 年），頁 87～112。

[25] 同註 24。詹明信〈處於跨國資本主義時代的第三世界文學〉一文，指出：寓言在西方曾是浪漫主義反叛的目標，早已是喪失名譽的形式。但是當前的文學理論卻對寓言的語言結構產生了復甦的

　　第三世界的文化與物質條件不像西方資本主義的文化，因為心理主義
和主觀投射在公、私（政治與個人）領域間產生嚴重的分裂。[26]也因此，第
三世界在遭逢迎拒資本主義文化時，基於第三世界的處境，講述關於一個
人和個人經驗的故事時，最終包含了對集體本身的艱難敘述。

　　上個世紀末的黃春明在《放生》一書隱喻著烏托邦的崩解，此一發展
並不教人意外。早在鄉土文學論戰期間，黃春明以知識分子的道德譴責，
在〈莎喲娜啦·再見〉、〈小寡婦〉中，譏諷日本商人與越南大兵買春團
充滿嘉年華會般的尋歡性事，在〈我愛瑪莉〉中，描繪洋奴般的犬儒人物
如何迷失於雜種／純種洋犬的鬧劇中，導致妻子憤而帶著小孩離家出走。
透過漫畫式的寓言描繪，披露知識界對美、日經濟強權的抵制，批判社會
普遍存在崇洋媚外的心理與行為。當時的黃春明就已顯露出他對鄉土情義
世界淪陷的焦慮，以及對民族文化主體淪喪的危機感。此間民族群體面對
強勢的西方文化殖民的國族難題，早已預言鄉土烏托邦在第三世界國家經
濟發展過程下的滑落。

　　1979 年鄉土文學論戰之際，黃春明出版了《我愛瑪莉》小說集後，即
轉往電影界發展，小說創作因而沉寂多時。1970 年代民族意識高漲的年
代，黃春明創作的幾篇經濟殖民的家國寓言小說也成了絕響。對於鄉土的
意義，黃春明曾作如下的解釋：

　　　不是說腳踩下去是爛泥就是鄉土，鄉土是心靈的故鄉。當你這個地方淪
　　　陷了，這種淪陷不僅是政治上的，還包括經濟的、文學的、文化的。當

興趣。寓言的精神具有極度的斷續性，充滿了分裂和異質，帶有夢幻一樣的多種解釋，而不是對
符號的單一的表述。他舉魯迅的〈狂人日記〉和〈阿 Q 正傳〉為例，分析魯迅民族寓言的小說
的容納力，能引起一連串的性質截然不同的意義和信息，例如：阿 Q 是寓言式的受外國人欺辱
的中國本身，這個中國非常善於運用自我開解的精神技巧，不欺辱當作欺辱，也不去回想它。但
是在不同意義上，欺壓者也是中國，是〈狂人日記〉中自相吞食的中國，它無情地鎮壓在等級社
會中更弱和更卑下的成員。
[26]同註 24。詹明信的研究指出：資本主義文化的決定因素之一是西方現實主義的文化和現代主義的
小說，它們在公與私之間、詩學與政治之間，性慾和潛意識領域與階級、經濟、世俗政治的公共
世界之間產生嚴重的分裂。換句話說：佛洛伊德與馬克思對陣。頁 92。

你自己的東西從這裡出來時，才顯現它鄉土的意義。[27]

可見黃春明是懷著鄉土淪陷的危機意識在創作，這意識尤其展現在〈青番公的故事〉一系列「小人物傳奇故事體」，就是 1970 年代轉向「殖民經濟的家國寓言」，也是鄉土淪陷的焦慮，遭受到更大的挑戰，使作家一轉原先經營鄉土完整的文學世界的浪漫情懷，激化為說教式的道德譴責，流露了作家對凝聚鄉土認同與民族意識的時代課題的迫切之情。於今回顧，1970 年代的鄉土文學論戰對黃春明的創作有非常深遠的影響，黃春明本質上是一個浪漫型的作家，但鄉土文學論戰促使黃春明社會意識增加，並且意識到他無法繼續用浪漫情懷繼續歌頌、美化鄉土。黃春明所創作的殖民經濟家國寓言與陳映真的〈雲〉、〈萬商帝君〉有很人的差異性，不同於陳映真以理念先行對資本主義社會結構的批判，黃春明著眼於小人物命運與人性的細膩描寫，充分展現他說書人的本色。

1986 年黃春明雖然又回歸到鄉土故事的創作，但早年充滿人倫情義的鄉土家園，隨著臺灣經濟起飛，鄉土依舊，家園卻已分崩離析，守住家園的主人公是一個個風燭殘年的老人。1986 年黃春明發表的〈現此時先生〉、〈打蒼蠅〉、〈瞎子阿木〉和〈放生〉[28]四篇回歸鄉土之作中，無論是遭受報紙媒體、資訊衝擊的現此時先生，或是女兒跟測量隊私奔的瞎子阿木，以及〈打蒼蠅〉中因替兒子還債而住進偷工減料的別墅，百無聊賴的旺欉，還是〈放生〉中等待抗議工廠污染而坐牢的兒子歸來的阿尾、金足夫婦，這些鄉土老人代表著青、壯年時為臺灣的經濟奇蹟打拚、貢獻最多，到頭來卻是被犧牲、遺忘的一群。

到了 1998 年黃春明的新作中，這群老人的現代「奇特」寫真，在〈呷

---

[27]1997 年 4 月 18 日，筆者訪問黃春明。見徐秀慧，《黃春明小說研究》（附錄二：黃春明訪談），前揭書。
[28]四篇小說皆發表於 1986 年的《聯合報》副刊，先收入葛浩文編選，《瞎子阿木──黃春明選集》（香港：文藝風出版社，1988 年 10 月），後收入黃春明，《放生》（臺北：聯合文學出版社，1999 年）。

鬼的來了〉中，廟祝和石虎伯——「沒有鏡頭意識」地被大學生當成是「很鄉土」的活寶，鬼影幢幢地被攝獵下來；活寶在現實生活裡，是天未亮趕往〈售票口〉排隊搶購子孫返鄉車票的現代「孝」（當動詞）子圖像；是〈最後一隻鳳鳥〉裡，交織在錯綜複雜的家庭父子權力結構下，終被不肖子孫棄如敝屣而出走的吳黃鳳；他們若得善終，亦不過如〈死去活來〉中 89 歲粉娘的命運，即便以兩次「死去活來」的摧折欲換取子孫們的天倫團聚，在「下一次，下一次我真的就走了」對子孫的抱歉聲中，可以想見終難如願！

　　上一代的辛酸血淚想換取的亦不過能如〈銀鬚上的春天〉中，扮演個老頑童，在博取下一代的群童環繞的短暫嬉戲中，「感動落淚，同時嘴邊還掛著笑意」。然而，收在《放生》集子裡的這些老者群像，當他們殷切期盼都市長大、視麥當勞爲奶水的孫子輩回來團聚時，他們所共同嚮往這一幅老者安之的幸福圖像，卻消解在與孫子雞同鴨講的對話中。孫子們口操從補習班學來的美語，聽到父祖貧窮的經驗，簡直像天方夜譚一樣神「奇」難解。有情有義的鄉土經驗，對下一代而言，終將幻化成鄉野「奇」譚；對於這群老人而言，這世界又何嘗不是變得倒行逆施、「奇」不可言！《放生》這本小說集顯現了臺灣社會在全球化、同一化的社會結構下，那些被遺棄在鄉間的老人對這個世界的改變無言置喙，他們的失語症，象徵的是隨著田園牧歌式的風俗人情在現實生活中已無跡可尋，這些徒存在人們記憶中的鄉土經驗、鄉土故事，就像「最後一隻鳳鳥」般地隨風而逝……。傳統的文化集體記憶已然不再是「一千零一夜」的故事可供源遠流長的史詩篇章。站在 21 世紀回顧臺灣文學史，在上一個世紀殷勤的說故事人黃春明，面對此情可待成追憶的文化記憶，也只能形同晉太元中的武陵人，面對無法回歸的桃花源，在幻境中邀請「陶淵明先生，請坐」（〈陶淵明先生，請坐〉，1999 年 9 月 28 日發表於「人間」副刊），意猶未盡，堅持敘述那曾身臨其境、卻已然消逝的現代鄉野「奇」譚。

　　揶揄嘲諷的筆法向爲黃春明所擅長，在《放生》序言中自言重新執筆

寫小說，社會意識較年輕時懷抱熱忱寫小說時強多了。的確！以前我們讀
黃春明的小說是淚中帶笑，如今卻是笑中帶淚。黃春明在《放生》序言中
一面自嘲大概自己也開始老了，才振振有詞地八股一番，爲老人抱屈，一
面卻還是忍不住義正嚴詞：「前一代的犧牲，國家、社會理該記取教
訓」。在這無可奈何的抱屈聲中，我們看到的是一個曾「用腳讀遍出生
地」的「老頑童」，猶存赤子之心，表現在一幅幅出現在《放生》中，黃
春明一手細膩勞作的老人撕畫圖像，並投注大量的精力從事兒童劇場的編
導，將希望放在下一代。《放生》中的同名作〈放生〉，是這本小說集最
優秀的一篇佳作。〈放生〉涉及了倫常、環保與政治三個面向，黃春明在
1986 年寫作這篇小說時，已預言了 21 世紀臺灣發展最重要的面向。小說
結尾以父親阿尾放牛「田車仔」的舉措，一面隱喻情感疏離的父子重返天
倫之樂，一面象徵因過度開發有待被「放生」的大自然，並以抗議工廠污
染的交通的出獄，寄託黃春明期待臺灣政治的民主「解放」。亙古以來的
說書人與個人主義的小說家最大的不同，就是攜帶集體記憶的他們從不虛
無！

四、結語

　　黃春明給我們最大的啓示是，透過對小人物苦難的凝視，使我們了解
到人類普遍存在的有限性，由於此一有限性是超越人我，體會眾生——不
只是人，而且是大自然孕育的一切有靈生物——平等的重要，也即是自我
／他人／社群／自然之間互動交流平衡之可貴，而所謂的經驗傳承，就在
這之間傳遞，從古至今而邁向未來，在代代相傳的縱向時間裡傳遞；不僅
是同一族群，而且也是族群與族群之間橫向空間位移的文化交流，如此我
們才不會以自我或集體的暴力，去規範異己、犧牲他人，或反過來受到約
束或犧牲，文化主體性由此誕生。

　　世紀末黃春明回歸鄉土故事的創作，說明了他本質上仍是屬於從傳統
集體文化記憶出發，帶著說書人印記的作家。從近幾年他的發展，回到宜

蘭成立吉祥巷工作室，返老還童地從事兒童劇團的編導工作，整理地方人文的口述歷史，編撰臺灣鄉土草蟲鳥獸的博物志，一一體現他隸屬於傳統社群中說故事的人的特質。幾十年來，黃春明的小說創作銳減，他以寫小說的熱忱投入社區總體營造以及兒童劇場編導，正是因為他深深的了解「所謂的鄉土，如果沒有活用，就成了懷舊」，他種種的文化活動都像是搶救廢墟古物一般，企圖傳承文化記憶，並揭露資本文明帶來的翻轉倒立的價值觀。

隨著臺灣現代社會與傳統疏離，在全球化、同一化的發展下，強調迅速、辨明真偽的數位資訊時代的降臨，人文經驗在其中的碎片化，人我之間可交流的經驗亦逐漸萎縮，導致說故事的技藝，這一人類最穩當的財產，已然成為一種消亡的藝術形式，黃春明的鄉土烏托邦已然分崩離析。以此觀點論黃春明的鄉土故事，在臺灣文學發展史上，自有其特殊的定位。從黃春明的創作史一路觀看下來，顯現的是歷經工商業化而進入後現代的臺灣文學，面臨著集體記憶無法言傳，文化傳承無以為繼的危機。不願意為鄉土寫實文學唱輓歌的黃春明，無論投入社區總體營造的文化誌工作，或是編導兒童劇場，都志在傳承臺灣的集體文化記憶。從 21 世紀回顧上一個世紀，黃春明說書人的身影，不僅形影孤單，隨著現代化社會結構的改變，已然漸行漸遠。

參考文獻

一、中文部分

（一）專書

- Ian watt 著；魯燕萍譯，第一章〈寫實主義與小說的形式〉，《小說的興起》（臺北：桂冠圖書公司，1994 年）。
- 呂正惠，〈尋求者——盧卡奇的問題及其解決之道〉，《文學的後設思考》（臺北，正中書局，1991 年），頁 5。
- 班雅明著；林志明譯，〈說故事的人——有關尼可拉・萊斯可夫〉，《說故事的人》

（臺北：臺灣攝影出版社，1998 年），頁 19～53。

‧馬丁‧傑著；李健鴻校閱，《阿多諾》（臺北，桂冠圖書公司，1992 年）。

‧馬國明，《馬克思主義及後馬克思主義文藝批判理論》（臺北，文強堂出版社，年月未註明）。

‧黃春明，〈《我愛瑪莉》附錄〉，《我愛瑪莉》（臺北：遠景出版公司，1979 年），頁 117～220。

‧黃春明，《放生》（臺北：聯合文學出版社，1999 年）。

‧黃春明，《莎喲娜啦‧再見》（臺北：皇冠出版社，1985 年）。

‧詹明信著；張京媛譯，〈處於跨國資本主義時代的第三世界文學〉，《馬克思主義——後冷戰時代的思索》（臺北：牛津大學出版社，1994 年），頁 87～112。

‧魯迅，《中國新文學大系‧小說二集序言》（臺北：業強出版社，1990 年），頁 9。

‧盧卡奇，《現代主義論》（臺北：雅典出版社，1988 年），頁 70。

（二）論文

期刊論文

‧何欣，〈論黃春明的小說人物〉（上、下），臺北：《書評書目》第 8 期（1973 年 11 月 1 日）、第 9 期（1974 年 1 月 1 日）。

‧班雅明著；馬國明譯，〈說故事的人〉，《寫作雙月刊》試刊號（香港：曙光圖書公司，1996 年 6 月），頁 51～64。

‧陳正樑記錄，〈來自故鄉的歌手——黃春明小說座談會〉，《幼獅文藝》第 48 期（1978 年 9 月），頁 124～140。主持林明德，黃春明答覆問題。

碩博士論文

‧徐秀慧，《黃春明小說研究》（臺北：淡江大學中國文學系碩士班論文，1998 年 6 月）。

研討會論文

‧楊澤，〈回歸的可能與不可能——試論現代鄉土文學的土地經驗與社群意識〉，文建會主辦：「青春時代的臺灣——鄉土文學論戰周年回顧研討會」，臺北誠品敦南店，1997 年 10 月 24～26 日。

二、西文部分

· Georg Lukács,*The Theory of the Novel*,tr.Anna Bostock(Cambridge,Mass.,1978)

· Löwy M.,*Georg Lukács:From Romanticism to Bolshevism*,(London:New Left Books,1979)

· 葛浩文（Goldblatt, Howard):The Rural Stories of Hwang-chun-ming, in Jeanette L, Faurot (ed) :*Chinese fiction from Taiwan*,Indiana University Press, 1990, pp.110-133.譯文〈黃春明的鄉土小說〉，另載葛浩文編選，《瞎子阿木──黃春明選集》（香港：文藝風出版社，1988 年 10 月），頁 301～324。

──選自江寶釵、林鎮山主編《泥土的滋味：黃春明文學論集》
臺北：聯合文學出版社，2009 年 3 月

寂寞的打鑼人
黃春明的鄉土歷程

◎尉天驄[*]

　　我和黃春明相識將近 50 年了，也一直共同生活在文學的世界裡，就衝著這一點，便不時有一些愛好寫作的朋友要把我們湊在一起，舉行座談。碰到這樣的時刻，春明的太太尤彌（林美音）就會對他們說：「你們真是白花氣力，以為他們會有多麼了不起的見識——我就從來沒有聽過他們在一起時，說過什麼正經話！」

　　回想起來，這也是事實。大概是個性使然，我和春明的談話，不管大事小事，都是以相互的胡鬧開始的，於是東拉西扯之際就有朋友抗議說，你們說的話到底哪些是真的？這時，我們也只是一笑而已。不管胡鬧到什麼地步，我們卻能真正懂得對方的意思。

　　譬如春明的長孫要出生了。這老傢伙竟然一本正經、老腔老調地訓起兒子來：「小孩子生了，別指望我們替你們帶；我們老了，哪裡來的力氣？」

　　一副老封建的樣子，氣得尤彌幾乎發起火來。等國珍他們回去了，便數落他說：「沒見過這樣做老子的！你難道不會講幾句好聽的話嗎？讓媳婦感到多麼難堪！」

　　我在一旁插嘴說：「不要理會這老傢伙，又頑固，又封建。一切等著瞧好了……」

　　一個多月後的大清早，孫子來了，這老傢伙也不管我睡醒沒有，就立

[*]現為政治大學中國文學系名譽教授。

刻打了電話過來。見了面嚕囌個不停，還說一抱孫子他就像全身通了電流，和孫子兩人融成一體。語無倫次地興奮了半天，又像寫小說那樣，告訴我那天晚上一閉上眼就看見一個小娃子向他奔跑過來。愈說愈得意，一天不到，就徹徹底底地成了一個神祕主義者。從此以後，三天見不到孫子，便全身不自在。這下輪到我對他說：「春明，咱們都是上了年紀的人了，孫子可愛，一個月來看一次就可以了！」他兩眼一瞪，連叫「黑白講」，一副像要打架的樣子。

春明有一篇小說，叫做〈兒子的大玩偶〉，從此他又心甘情願地扮演著另一部小說：〈孫子的大玩偶〉。

這就是黃春明，跟他在一起不用講什麼大道理，講了也是白講。他為人做事自稱有從他奶奶那裡承襲下來的道理；經常帶有迷信玄虛，雖然土得令人不堪，他也毫不在意。他有另外一個名字，叫做黃大魚，起源於他有一篇叫做〈魚〉的作品被選入了國中課本，所以他的戲班、歌仔戲班統統以「黃大魚」命名。我們叫他黃大魚，則別有用意。他是純粹鄉下人的性格，鐘錶之於他一點沒有用處，約他辦事，先要照會尤彌，否則十之七八準會忘掉。因此沒有哪個機關他能長久待得下來。他寫稿入迷了，真是六親不認，經常變卦，成了混水摸魚的「大魚」。有時這「魚」字也當作「愚」字來解，別看他貌似精明，好像混過江湖，有時也笨得令人發笑。出外之時，尤彌怕他迷路，特地要他帶上手機，結果手機響了，不知如何打開，就只好往地下摔去。汽水瓶打不開，就用牙齒去咬，結果一嘴爛牙拖了好久才被拉去補好，一段時間被人當作「無齒（恥）之徒」。他患有嚴重的糖尿病，就自我發明以毒攻毒的辦法，猛吃甜食。他有軟弱的一面，遇到無能為力的事情，就大智若愚地假裝糊塗起來。

他這樣的性格，有時也會穿幫。他的朋友，有很多不知道他有糖尿病，常不時地送些巧克力、花生酥之類的甜點過來。他的小兒子國峻就很快把它偷偷吃掉。他一看冰箱的甜食沒有了，以為國峻愛吃，便買了一些放進去，國峻檢查冰箱，又再次把它吃光。於是他又買了一些放進

去。……幾次之後，他對國峻說：「想不到你這麼愛吃甜食？」這下國峻火了，大叫：「我哪裡愛吃？還不都是為了你。」

從這些小事就可想見黃春明是怎樣的一個人物了。

黃春明是出生、成長於臺灣宜蘭的作家。我們所以要標出他的籍貫，實在是這與他的作品有著無法分割的關係。臺灣最早是以移民社會的性格出現在歷史上的。到了近代，它又成為殖民主義者獵取的對象，長時期受到不平等的待遇。這些再加上當代工業主義和消費主義對它所做的傷害，就使得這個被稱為「福爾摩沙」的寶島不僅在外貌上有著大的改變，而且還對那裡的人與土地的本質做了徹底的破壞。這種發展如果以經濟主義的觀點而言，也許可以稱之為上升的時代，若就生存的意義而言，那卻使人面臨著「沉淪的困境」（借用經濟家桑巴特 Sombart 的意見）。臺灣近代以來的種種，正真真實實地替歷史作了血淚的見證。

宜蘭和花蓮、臺東地區是臺灣最遲的移民世界，也是殖民主義、工業主義、消費社會較後進入的地區，由於開放得較遲，才讓我們能夠在眾多的人與人、人與土地、人與事事物物間見到最淳樸、最真摯的倫理關係，以及在這種困境中所產生的種種矛盾。黃春明被人稱之為鄉土作家、他的作品最讓人有深刻的印象者，正在於經由他的作品對此有了真實的認識和反省。

近代文學就其內涵而言，大多是都市文學；即連邊野地區，由於受到大眾傳播和消費生活形態的影響，也仍然是以都市人的價值觀念來論斷世間的事事物物的。使得人與人、人與物、人與一切作為，一下子就由相互關懷的關係改變為利益的關係。這是對人與人、人與土地等等的倫理關係的大破壞。連帶著也使它們的審美意識成為市場價值操作的一支，於是在日常生活之中，食物呈現的只是眾多烹飪作料所給予人的感受，人的面龐、姿態所呈現出來的只是各種化妝品堆積而成的假象。無所謂真實，無所謂尊嚴，無所謂生動。這就造成了人的徹底異化。異化的人生產生異化的世界，異化的世界製造出異化的知識。在這樣的知識中，即使人們對世

事具有清晰的邏輯和實證的了解，卻無法在其中見到真實的價值和意義。譬如在費孝通那樣傑出的社會學者的著作中，雖然使我們對鄉土世界的解說，有著很明白的認識，但從其中所感受到的卻只是概念的敘述而已，並無從在其間感受到血肉相連的激動。那是死的倫理學。又如在一些左派對鄉土世界的解說裡，我們所感受到的也只是某些政治語言的挑動，而無法對那世界的種種得到生命的真實體認。

黃春明的鄉土小說不是知識的，也不是政治的，但卻能讓人對那裡的人與事有著真實的認識，在其中我們幾乎見不到多少理論式的解說，卻讓人直接地在那些人物和事件中，領會到他們生命與生活的無奈和厚實；即使其中有些是那樣拙樸，有些是那樣卑微，但卻都是堅堅實實的存在。

發表於 1969 年的〈鑼〉，是黃春明創作的一個高峰。在這之前，他發表過〈青番公的故事〉、〈溺死一隻老貓〉、〈看海的日子〉、〈魚〉、〈兒子的大玩偶〉，在這之後，他發表了〈莎喲娜啦・再見〉、〈小寡婦〉、〈我愛瑪莉〉等作品，把他寫作的領域，由原來的小市鎮擴大到幾個（特別是臺北）那樣的大都市，和跟他同時代的陳映真、王禎和、七等生、王拓一樣，在他們的小說中都呈現著兩個世界，一個是臺灣首善之區臺北，一個則是他們生於斯、長於斯的小市鎮。陳映真筆下的鶯歌、王禎和的花蓮、七等生的通霄、王拓的八斗子、黃春明筆下的宜蘭，都一一地以不同的階層呈現出當前臺灣的面貌與情調。

黃春明筆下的宜蘭，就廣義而言，指的是臺灣東北部的蘭陽平原；這裡除了那一大片土地和大海外，更包括了宜蘭、羅東、蘇澳、頭城幾個主要的市鎮。那不僅是一個開發得較晚的移民社會，而且一直保持著小農社會的秩序和情調；那就是經由辛苦的開拓和長期的互相依賴所建立起來的人與人、人與土地之間的相生相養關係。關於這一點，從早期的〈青番公的故事〉、〈魚〉，到〈死去活來〉、〈放生〉、〈呣鬼的來了〉，都一直流露出來。由是而使得他們之間這種類似於血肉相連的關係，一直保持著和諧與平衡。如此不僅人有了尊嚴，即山、水、樹木、各種事物也莫不

有了意義，彼此相互尊重著。黃春明筆下的鄉土雖然經常出現一些類似迷信的語言和行為、滑稽和可笑，但它所以讓人不把這些視之為笨拙與難堪，就在於在那些人與土地、人與事物的倫理中不僅讓人感到了溫暖，而且還在其中感受到充滿韌性的生命力。有了這些，一個具有人性的社會才能由開拓而發展開來。很多人所以願意在這塊土地上，由生於斯、長於斯、而最後也願意落葉歸根地死於斯、葬於斯，其原因固在於此，而這塊土地上，每逢遭到災難、受到破壞，很多人願意犧牲奉獻，從枯萎、死亡中再予以重建，其力量也由此而來。這不僅是人類最單純最原初的鄉土之情，結合起來，也是一個民族生生不息，由「既濟」到「未濟」，由「未濟」更進一步創造、發展的根源。誰能循著這一情懷和精神發展下去，誰就能帶引這個族群走出苦難，歷久常新。相反的，誰要違反了這一情懷和精神自以為是，雖然在鬥爭、殺伐、征服之中也能獲得一時的繁榮，到最後卻必然要走上衰敗和危亡。這就是黃春明透過他的鄉土人物、鄉土生活、鄉土經驗、鄉土歷史所體悟的倫理精神。

在這些作品的人物中，青番公是那群人的根本形態，也是那一社會的存在的基礎，他坦然、堅忍，生命和作息一直與大自然結為一體。他們那一代人物看起來不免讓人有愚笨、保守、迷信的感覺，但是他們的這種本質卻正是人類開創幸福所不可缺少的；這些，再加上臺灣移民社會的經驗，就匯合成為臺灣發展的根本力量。這種力量並不單單就經濟而言，最重要的是一種人的品質。沒有這種品質，人的尊嚴是根本不存在的；沒有獨立和尊嚴，這個社會不管如何一時取得物質的繁榮，變來變去也是絕對沒有前途的。因此，在黃春明的小說人物中，最引注目的便是他們人格上的不屈。正因為要保持這種尊嚴，才會有黃春明筆下的那些人物的出現。像〈看海的日子〉中的白梅、〈溺死一隻老貓〉中的阿盛伯，他們雖然卑微、雖然經常處於無奈和自嘲，甚至有時頑固不化，但他們在困境中所流露出的純潔、自持、一直堅守人的意義和淳厚，便不能不讓人為之感動和感慨。即使像〈兒子的大玩偶〉中的坤樹和〈鑼〉中的憨欽仔等人，雖然

他們仍然在委屈中掙扎，在掙扎中自嘲，在自嘲中也偶爾自憤，但大致說來他們還多多少少保留著青番公和白梅、阿盛伯的餘緒；雖然這一些常不免讓人有著無奈和蒼涼的況味，卻仍然讓人見到那些尚未摧殘殆盡的生機。這生機或存在於那些人物和社會的體質之中，或顯現於那些社會仍然保持的神話、傳說、習俗或「迷信」之中，一直都呈現著它們的鄉土氣質。有了這些，才能使人抱持悲觀但不「絕望」的關懷，面對當前的紊亂而不會失去對人世的信心。這就是黃春明在小說中經由「祖父母──父母──兒孫」的發展過程，追尋這一根源的用意所在。所以，就某一層面來說，我們可以說黃春明是一位懷舊的感傷的鄉土主義者，但是，如果我們僅僅就此而下定論，便是小看了他。黃春明在作品中所顯示的不僅僅只有這些，他具有穿透工商業文明的力量和智慧，所以他以鄉下的宜蘭人進入並成爲大都市的宜蘭人，然後，在不安、焦慮、絕望之中，又回歸於另一個變了樣子的鄉下宜蘭人。說他反璞歸真，似乎把他說得太飄逸了。他不是七等生那樣的〈來到小鎮的亞茲別〉或〈隱遁的小角色〉，他也不像陳映真那樣，由絕望於近代工商業文明而嚮往於一場翻天覆地的大變動，他更不像王禎和那樣由絕望而選擇隱忍的道路。他因爲扎根於宜蘭那樣的鄉土，與那裡的土地、大海、人物、習俗、迷信等有著血肉相連的倫理關係，從中體認到無限的親情，而與之割捨不開，由此也就在其中看到了希望，不會對目前的社會採取連根拔起的態度。就這一點來說，他某些地方像舊俄的屠格涅夫和契訶夫，有些地方更接近於 1930 年代的沈從文。

舊俄羅斯的鄉愁是屠格涅夫作品的主調。這些鄉愁，在托爾斯泰、契訶夫，甚至在音樂家柴可夫斯基的作品中，都普遍地呈現出來。關於這一點，人們不應該以階級的、黨派的、經濟的觀點去對之作出評判，而應該從真實的人性來關懷它們。俄羅斯的鄉愁包含了對那片土地、歷史、人物、習俗……等等的深情；這是俄羅斯的靈魂。不用多說，只要一讀屠格涅夫《獵人日記》中的〈活骸〉、〈白靜草原〉，或托爾斯泰的《高加索故事》就可以有著深切的領會。但是，關於這樣的鄉愁和關懷，在五四作

家和一些後起的城市作家，例如郁達夫和張愛玲的作品中卻怎樣也找不出來（沈從文不然，這是他可貴的地方）。郁達夫的作品主調，是徹徹底底的挫敗、茫然、無望；這特別顯現在他的〈過去〉、〈遲桂花〉、〈在北風裡〉裡。於是，在那樣的現實條件下，他只能走上〈茫茫夜〉的頹廢道路。張愛玲的作品中所顯現的，也只是在都市人的瑣瑣碎碎中糾纏，「一步步走向沒有光的所在」；至於姚雪垠等人的鄉土小說，事實上寫的只是美化後的遊民階級。而在更晚的趙樹理和浩然早期的作品（如《豔陽天》、《金光大道》）中，雖有著中國廣大土地的情懷和鄉愁，但那不是主調，而是階級鬥爭的工具。

有人（特別是大陸作家）認爲：黃春明筆下的人物有些像魯迅筆下的阿 Q；甚至說坤樹、憨欽仔等人是《阿 Q 正傳》在臺灣的翻版。其實不然，阿 Q 的品質是徹底的麻木、徹底的敗北，而且在心靈中根本沒有了是非。假使把阿 Q 看成一個民族的原型，便不免會對自己的民族前途感到絕望，因爲，如果阿 Q 成爲現代人的化身，便必然成爲低劣的國民。沒機會固無所作爲，有機會也同樣無所作爲。這樣的人物，即使學會說各種漂亮語言、熟悉各種物質文明之技巧，在本質上卻找不到一絲一毫的尊嚴。所以，就個人而言，他是有奶就是娘，投入某一團體，也只有權力利益之是圖。而一個到處都是阿 Q 的社會，其發展之結果，必然會帶動一個暴力的、蠻橫時代的出現。爲什麼呢？因爲阿 Q 的麻木無知是原始性的麻木。發展下去，這種麻木無知一旦掌握了權力、技術，享有了特權，就不免會由這種麻木轉化爲自得、自毀，並且以毀人、整人爲樂。要不然，一旦失勢，也必然「以屈辱爲榮耀」，無所不爲。而這樣的類型，正好在當代的俄羅斯和中國的革命現實中得到了印證。這是我和春明在對話中得到的疑慮。不僅如此，他還擔心阿 Q 主義的另一形態也會五十步與一百步之差地出現我們即將到來的社會上。因爲，絕對的工業化必然產生絕對的消費主義；絕對的消費主義必然產生絕對的拜金主義；必然的拜金主義遲早把人性乃至人們所賴以生存的基礎徹底摧毀。這一發展趨勢，19 世紀的舊俄作

家中已經有所預感，杜斯妥也夫斯基不用說了，即契訶夫，也多多少少在他的嘲諷中流露了無奈。在《櫻桃園》裡，櫻桃園將被剷除建立工廠，新一代在歡呼，老一代在感傷。那不是一般的感傷，而是一種原有的文化和生活方式之即將在地球上消失。不了解這一點，我們便不了解契訶夫沉痛之所在。而在這一方面，五四時代和 1930 年代的先行作家，除了吶喊、徬徨、憤慨外，似乎都繳了白卷。魯迅〈阿 Q 正傳〉式的關懷如此、聞一多〈死水〉式的關懷如此，即胡適式的全盤西化那樣的改良主義亦莫不如此。而隨著阿 Q 主義的殖民地化、赤貧化、拜金化、物質化，就必然走上阿 Q 式的法西斯化和阿 Q 式的布爾什維克化。這就是 20 世紀第三世界和中國危機所以一直未能消除的原因。在黃春明的小說人物中，〈看海的日子〉中的白梅和〈小寡婦〉中類似「白梅」的人物；以及由坤樹、憨欽仔一變而為〈小寡婦〉、〈我愛瑪莉〉中大都市人物（如馬善行、陳大衛）的過程看來，黃春明不可言喻地出現了焦急和無奈。但是，他並不抱持阿 Q 主義式的絕望，反而不斷挖鑿鄉土精神所保持的原創力，就是要使自己能夠從悲觀中走出來。這是當代臺灣文學最重要的課題。也是他一大段時間沒有出現作品的主要原因。具有良知的臺灣作家在本世紀必然要面對這樣的主題。

　　黃春明的作品和王禎和、七等生等人一樣，大多是出現於上世紀 1960 年代後期，越戰接續韓戰，也是二次大戰後美式資本主義快速進入東南亞及東北亞的階段。在這段時間裡，經濟主義、商品主義、科技主義，再加上現實政治的運作，遂使得一股狂熱的美式現代化潮流成為整個社會發展的主動力量。它先湧入這些地區的各主要大都市，然後再擴及到四周的一些大市鎮，由近而遠，最後無遠弗屆，一步步加快了這些地區的徹底改變。這就是所謂的「亞洲四條小龍」出現而得意的時代。在這一時代裡，美式「現代化」在含義上的曖昧心智固然給予人們以極其濃厚的理想主義的色彩，而一些人，因暴發戶式的富有現象，也使人在貧窮中產生無限的嚮往。這就是社會上普遍流行的「奇蹟」。在這樣上下交征利的作為下，

不僅首善之區的臺北徹徹底底地改變了它的外貌，而且在金錢主義的作用下，一個原本樸實、刻苦、勤勞的社會本質，也在消費主義、享樂主義下作了極大的改變。在追求高度經濟成長的目標下，不僅土地變成了工具和商品，就連人也變成了工具和商品。於是在與庸俗的大眾傳播交互運作下，一片繁榮的物質景象中便埋伏下一步步的危機。不僅如此，就連那些大都市四周的小市鎮也不可或免地遭到了史無前例的異化，一步一步加深了人的貪婪性及虛偽性，這樣，也就一步步摧毀了這些小市鎮原有的樸實與淳厚，切斷了人與人、人與土地、人與事事物物的血肉相連、生死與共的關係，使人的生活變成無所依賴，無所關懷，無所奉獻；既不能去愛，也不能被愛；於是內心的世界就成了一個空白的世界。在這樣的情況下，個人的理想只能在感官世界中追求滿足，使得他的世界愈來愈小，最後將人剝光得只剩下本能，過著無根的生活。

在這樣的情況下，這些小市鎮的現實使使人一變而成為新的遊牧民族；將人從他生活、居住的土地上連根拔起。於是，從那些小市鎮到臺北，或從臺北到那些小市鎮，便成為居住在那地區人物（特別是年輕的一代）漂泊、流浪、冒險的途程。這就是從上世紀 1950 年代後期開始，到此後的 30 年間，一些鄉村小說產生的背景。例如：

　　陳映真：〈麵攤〉

　　　　　　〈家〉

　　　　　　〈死者〉

　　　　　　〈鄉村的教師〉

　　　　　　〈故鄉〉

　　　　　　〈祖父和傘〉

　　王禎和：〈五月十三節〉

　　　　　　〈寂寞紅〉

　　　　　　〈來春姨悲秋〉

〈兩隻老虎〉

七等生：〈來到小城的亞茲別〉

〈離城記〉

〈沙河悲歌〉

〈隱遁的小角色〉

黃春明：〈青番公的故事〉

〈兒子的大玩偶〉

〈魚〉

〈癬〉

〈溺死一隻老貓〉

〈看海的日子〉

王拓：〈金水嬸〉

〈望君早歸〉

透過這些作品，起初很多人還多少對這些小市鎮及其四周土地與人物保存著眷戀及鄉愁，到後來卻漸漸地對這些原來生於斯、長於斯的地方感到疏離、感到無奈、感到威脅；而進到臺北那樣一個燈紅酒綠的世界，卻又感到陌生、感到無助、感到窒息；起先要承受工作的茫然，接著便感到面對腐爛生活的彷徨。等到在這令人絕望的大都市找不到出路時，便只好面對這一瀰漫著勢利氣息的市儈社會，讓自己的心靈一日又一日地趨於麻木，社會上也多是無可奈何地循著這樣的路線前進著：

勢利主義→虛無主義→惡棍主義→痞子主義

在如是的相互循環中，不僅藝術、文學、宗教成為商品，即連所謂的選舉，所謂的民主，也都成了商品。在這樣的情況下，這一批出身於小市鎮的鄉土作家，便在這樣的大都市和小市鎮二元世界的互相傷害中，有了

兩種反應，一種是對臺北這樣的大都市的生活作出冷靜而無情的批判。一種是對於自己所來自的鄉土作出新的反省。在陳映真的〈故鄉〉中，原來是傳教士的哥哥變成了惡棍，在〈鄉村的教師〉中，一群理想主義者不是自殺，便是一一豎起他們的降旗。這樣發展下去，他的作品便充滿對這些大都市的剖析和控訴，並繼而探求產生這些不幸的外在因素。他的〈華盛頓大樓〉系列作品，就是如此產生的。王禎和則在對這大都市的控訴（如〈小林來臺北〉）、嘲弄（如〈美人圖〉、〈玫瑰玫瑰我愛你〉）後，又申抒了對自己鄉土的絕望（家是回不去了！），隨而發出「工商社會帶來『唯利是圖』、『大利滅親』」的咒罵。較特殊的是七等生，他採用一種類似的形而上的態度，把個人游離於現實之上，以玄學的感傷來填補自己的空虛（如〈來到小鎮的亞茲別〉、〈沙河悲歌〉）。黃春明更赤裸裸地表明他對臺北市這個大都市的極端不滿，和不能適應。並對這種新的生活方式的外在和內在因素作了進一步的反省和思考（如〈小寡婦〉、〈我愛瑪莉〉、〈莎喲娜啦·再見〉）；雖然他採取的方式往往是類似契訶夫犬儒式的嘲弄。

在這方面，黃春明是與陳映真、王禎和、七等生等人還有所不同，他雖然對臺北這樣的大都市生活幾近於絕望，然而對於他生於斯、長於斯的故鄉卻仍然懷抱著濃厚的眷戀和企望。而且更難得的，是這些眷戀和企望並不僅止於鄉愁式的感傷，而是面臨即將崩潰的現代文明作出了深度的思考。透過小說他似乎有這樣的警覺：小市鎮是人類命運的最後一道防線，這道防線如果徹底消失了，也就是人類生存的末日。這一認識使他的視野更加提高了，使他能從政治、經濟、黨派的著眼點拉高到人與人、人與土地、人與事事物物的互相依存、互相策勵的層次。他似乎在說：如果人類的活動不能從那些著眼點超越出來，而一直把土地、把事事物物都當成工具和手段，其結果必然也會把人也當成工具和手段，最後不會尊重對方，也不會被對方尊重。這樣的人生必然是鬥爭的人生、互相傷害的人生；在目前科技極端膨脹的情況下，這樣的人生即使可以快速帶來富裕和繁榮，

但其自得自滿也只能是短暫的,而且會為人類埋伏下可怕的病毒。

由於抱持這樣的觀點,黃春明小說中(如〈青番公的故事〉、〈魚〉),經常安排著:「祖父——兒子——孫子」這樣的三代場景。祖父是小市鎮原有的精神的代表,兒子是被現代工業文明、消費文明淹沒的一代,孫子則代表著不可知的未來。祖父經常叮嚀著孫子要如何去認識天(自然)、認識土地、尊重土地;希望他能跳出兒子那一代的現代泥濘,重建一個新的、和諧的世界。所以,在黃春明的作品中,他不像王禎和那樣絕望,也不像七等生那樣從現實中自我放逐,自我安慰;他不但沒有忘懷自己的鄉土,還透過這些小市鎮的現實來尋找它的自處和救贖之道。它不是外來的,不是快速的功能主義的,而是從本身、從各人的真正自覺所思考出來的道路。於是,在黃春明的小說中,我們看到青番公、憨欽仔、坤樹、白梅那些卑微得幾乎是微不足道的人物一直保持著做人的正直。他們被人嘲弄,也往往自己嘲弄自己;然而就在這些愈來愈弱的生命中,我們還可以體認到一股蘊藏著的具有韌性的力量,在那裡掙扎,在那裡對抗。也許有人會為這力量的微弱而有所氣餒,但如果記得「石在,火是不會滅的!」這句話,這些小說人物的卑微、可笑、屈辱,也許會為後人提供不少的啟發。

也就是因為這樣,〈看海的日子〉中,我們看到身為妓女的白梅如何努力於重建自我的尊嚴。她要忍辱負重地生下一個屬於自己的兒子。孩子生下了,她當了母親,受到了人們的肯定和尊重;於是坐在火車上,面對著似乎是宜蘭標誌的龜山島和大海,唱起大地之歌、母親之歌,在這歌聲中,白梅終於重新拾回了她的生命!也許我們可以這樣比附,如果把「白梅」的「梅」聯想到「痲」和「黴」,把她的妓女的命運聯想到臺灣近百年來被侮辱、被迫害的命運,則由「黴」到「梅」,由「妓女」到「偉大的母性」,不正是黃春明的心願嗎?再進一步想,不也是黃春明面對被工業文明、消費文明以及在工業文明、消費文明下所產生的功利主義、物質主義摧殘下的人類所發生的悲鳴和悲願嗎?有一次他打電話跟我說:「歌

德的《浮士德》寫上帝與魔鬼打賭，上帝認為人的追求最後是上升的，魔鬼則認為人的追求最後是走向墮落。歌德的結論是上帝勝利了；這是可疑的，我認為人在今天這樣消費社會中活下去，最後必然是徹底崩潰。我想改編這個故事。」這是他對人類前途的警覺。

　　於是，在悲鳴和悲願中，黃春明便有了他的憂心，那就是〈看海的日子〉中的白梅會不會有一天爭相變成〈小寡婦〉中的那類人物。這樣，她用堅忍、悲苦所扶持長大的孩子們該是什麼樣子呢？於是，在這樣的主題思考下，他又思想起近代先行作家的主題：救救孩子！這就是黃春明目前和未來的工作和道路。

　　希望黃春明的努力不要像〈鑼〉中的憨欽仔那樣：敲破了大鑼依然喚不醒一個沉醉而麻木的人世！

──2011 年 9 月《文訊》

──選自尉天驄《回首我們的時代》

臺北，印刻出版公司，2011 年 11 月

輯五◎
研究評論資料目錄

作家、作品評論專書與學位論文

專書

1. 劉春城　　愛土地的人──黃春明前傳　臺北　劉廣元發行　1985 年 10 月
　　　　307 頁

　　本書以黃春明作品為經，以近 40 年社會變遷為緯，寫出一位真摯的作家成長的心路歷程。全書共 9 章：1.美麗鄉土；2.住在故鄉的作家；3.蘭陽平原小伯勞；4.來自苦難的地心；5.憤怒的魚；6.一步一步走向作家之路；7.都是為了愛；8.社會組單打；9.唱一首永恆的民歌。

2. 劉春城　　黃春明前傳　臺北　圓神出版社　1987 年 6 月　298 頁

　　本書為圓神出版，摘要、章節目次見前書。

3. 肖　成　　大地之子──黃春明的小說世界　北京　作家出版社　2006 年 7 月
　　　　304 頁

　　本書將黃春明的文學創作分為 4 個階段，從蒼白的現代主義文學逐漸轉型為具有現實關懷的鄉土文學，成為映照當代臺灣社會的一面鏡子。全書共 4 章：1.蒼白的現代面容──黃春明小說創作的第　階段；2.恨惘的鄉土愁思──黃春明小說創作的第二階段；3.冷竣的殖民批判──黃春明小說創作的第三階段；4.悲憫的人道關懷──黃春明小說創作的第四階段。正文前有〈敘論──黃春明──一個時代的文學面影〉，正文後附錄〈結語：紮根臺灣大地的人民作家〉。

4. 江寶釵，林鎮山主編　　泥土的滋味：黃春明文學論集　臺北　聯合文學出版
　　　　社　2009 年 3 月　482 頁

　　本書為「黃春明文學」跨領域國際學術研討會出版之論文集，除了收錄會議發表論文，並收錄黃春明演講側記，以及關於黃春明文學電影改編的座談會，藉以凸顯黃春明文學作品跨領域之特色。正文前有江寶釵〈序──黃春明意志〉。全書共 4 部分：1.專題演講：黃春明主講，江寶釵整理，鄭德昌校訂〈文學路迢迢──黃春明談他的寫作歷程〉、陳芳明主講，江寶釵整理〈生命與時代的照明──黃春明、黃春明小說與我〉、江寶釵〈文學經典化與生活記憶的傳承──為「黃春明國際學術研討會」的舉辦而寫〉；2.論述：張東天〈黃春明小說和改編電影的空間描繪比較〉、黃儀冠〈想像國族與原鄉圖像──黃春明小說與臺灣新電影之改編與再現〉、葉雅玲〈塵封的黃春明文學漫畫《石羅漢日記》──以此例兼探文學媒介與作家創作的

互動〉、蔡振念〈黃春明小說中的象徵〉、徐秀慧〈第三世界鄉土故事的天方夜譚
——形影孤單、漸行漸遠的說書人黃春明〉、林鎮山〈榕樹與竹圍——再會黃春明
的原鄉婦老〉、戴華萱〈黃春明跨文類的成長主題研究〉、廖淑芳〈鬼魅、消費與
往來——試析黃春明小說中的鬼敘事〉、陳國偉〈借火攻火——黃春明小說中現代
主義與民族主義的位移〉、邱子修〈庶民的兩難與抉擇——黃春明小說中的女性／
後殖民意識〉；3.國際論壇：全炯俊〈由兩個女性的歸鄉所考察的故鄉含義——黃春
明的白梅和黃皙暎的白花〉、田中宏撰，楊智景譯〈回憶和臺灣鄉土文學——黃春
明作品遇合時的種種〉、柯慶明等〈流動的時代，不朽的大師——黃春明的文學與
電影座談會〉；4.跋：黃春明主講，江寶釵整理〈文學回到大眾——黃春明談小說創
作的目的與意義〉、林鎮山〈淑世英雄的原鄉旅程——《全球化下的鄉土衍異與演
繹：黃春明文學論集》〉。正文後附錄〈黃春明生平〉。

學位論文

5. 陳嘉煥　　自我與面具——黃春明小說的比較文學研究（**Self and Mask: A
Comparative approach to Hwang Ch'un-ming's Fictional World**）
淡江大學西洋語文研究所　碩士論文　紀秋郎教授指導　1995 年 6
月　93 頁

本論文以比較為策略，援用西方心理學、社會學、及戲劇等多重角度，來探討各種
面具之運用及其功能，並探討及詮釋黃春明小說中的人物如何運用各類面具來達到
其目的，以進一步藉由自我與面具的關係來分析黃春明的敘述策略及其本身與其作
品之關係。除了序言、結論外，全文共 4 章：1.The basic concepts of self and masks；
2.analyze works: Playing with Fire, Drowning an Old Cat, Days for Watching the Sea, His
son's Big Doll, The Gong；3.analyze works:The Taste of Apples, That Hat of Hsiao-ch'i's,
Sayonara‧Tsai-chien, Little Windows, I Love Mary；4.Hwang Ch'un-ming's narrative
strategies。

6. 徐秀慧　　黃春明小說研究　淡江大學中國文學系　碩士論文　施淑女教授指
導　1998 年 6 月　173 頁

本論文透過班雅明（Waiter Benjamin）「說故事的人」（Storyteller）理論凸顯黃春
明所追憶的鄉土，如何展現在故事體的小說中，以及鄉土文學的「現代性」黃春明
作品中的呈現，並總結黃春明小說的風格特色與意識底蘊。全文共 5 章：1.羅東來的
文學青年；2.第三世界現代化過程下的鄉土小說；3.人生自悲情境短歌與作家的自我
追尋；4.小人物傳奇故事體小說——故事體的世界觀；5.鄉土的認同／民族的想像。

正文後附錄〈黃春明小說年表〉、〈1997.4.18 黃春明訪談〉。

7. **劉早琴**　　原鄉、北進、回溯──黃春明小說研究　東吳大學中國文學系　碩
　　士論文　沈謙教授指導　2000 年 5 月　178 頁

本論文以「用腳讀小說」的想法，重建小說場景，將實景與小說描述做一對照，以
建構黃春明的小說地理。全文共 6 章：1.緒論；2.探討黃春明的人生足跡與創作背
景；3.剖析黃春明小說中的原鄉；4.黃春明小說的北進；5.黃春明小說的回溯；6.結
論。正文後附錄〈黃春明的小說地圖〉、〈黃春明的小說場景照片〉。

8. **梁竣瓘**　　黃春明及其作品研究──文學、社會和歷史的交互考察　中央大學
　　中國文學系　碩士論文　李瑞騰教授指導　2000 年　222 頁

本論文架構有三方面，一是作家在臺灣社會的文化活動，二是作家的文學作品的流
傳，三是小說中的社會，藉由三者統合的考察之中，凸顯黃春明的社會意識與文化
人性格，由此開展出黃春明與臺灣社會之間的關係、黃春明小說的流傳，以及黃春
明小說中的社會三個層次。全文共 5 章：1.緒論；2.探討黃春明與臺灣社會之關聯；
3.討論黃春明小說之流傳；4.論述黃春明小說中的社會；5.結語。正文後附錄〈黃春
明年表〉、〈黃春明研究資料匯編〉、〈黃春明訪談記錄〉。

9. **翁菁穗**　　黃春明小說人物研究　真理大學臺灣文學系　學士論文　陳凌教授
　　指導　2001 年 5 月　51 頁

本論文探討黃春明截至目前已出版之小說，以得知其人及其小說的特色。正文前有
緒論，全文共 5 章：1.人生足跡、創作歷程；2.小說人物的塑造；3.都市人物的面
相；4.結論。

10. **戴景尼**　　黃春明小說藝術研究　高雄師範大學國文學系國文教學研究所　碩
　　士論文　林文欽教授指導　2002 年 5 月　266 頁

本論文從探究黃春明的人生經歷與創作歷程著手，將黃春明近半世紀來所創作的小
說，其涵蓋的主題意識做一歸納整理，繼而探討其所創造的「人物世界」，再從語
言特色探討黃春明小說中所運用到的象徵技巧，以剖析其作品藝術特色。全文共 7
章：1.緒論；2.探究黃春明的人生經歷與創作歷程；3.析論黃春明小說的主題與結
構；4.分析黃春明小說的人物世界；5.討論黃春明小說的多語言特色；6.解析黃春
明小說的象徵技巧；7.結論。正文後附錄〈黃春明大事暨作品年表〉。

11. **李亞南**　　黃春明《放生》中之老化問題及臨終現象研究　南華大學生死學研
　　究所　碩士論文　胡仲權教授指導　2002 年 5 月　138 頁

本論文透過生死學中生理層面、心理層面、臨終層面之學理根據，探討黃春明《放生》一書中所描述的相關層面，找尋驗證密合度，以整合生死文學的系統詮釋心理出發，進而拓展相關領域研究範疇。全文共 5 章：1.緒論；2.探究《放生》中的老化生理現象；3.論述《放生》中的老年心理現象；4.討論《放生》中的老年臨終現象；5.結論。

12. 朱義全　　文化、社會與心境的投射───黃春明小說《放生》研究　南華大
　　　　　　　學文學研究所　碩士論文　胡仲權教授指導　2002 年 6 月　134 頁

本論文從社會、文化與心境投射三個方面，並藉由文本的外緣研究與內在的心因探尋，對《放生》的內容做系統的解析與討論。全文共 5 章：1.緒論；2.《放生》的文化特徵；3.《放生》的社會現象；4.黃春明作品中的心境投射；5.結論。

13. 張錦德　　鄉土之愛‧人物之情──黃春明作品研究　中國文化大學中國文學
　　　　　　　系　碩士論文　李進益教授指導　2002 年 6 月　161 頁

本論文除了對黃春明小說作品進行研究之外，兼及其非小說類的作品，如散文、童話、兒童劇的，以及文學之外的文化活動的觀察，進一步重新定位黃春明在臺灣文學、文化上所扮演的角色。全文共 5 章：1.緒論；2.人生的歷練──黃春明的創作背景考察；3.藝術的成就──黃春明小說中的鄉土之愛‧人物之情；4.創作的豐富──跳脫小說的框架；5.結語。

14. 吳榮鐘　　黃春明小說中的老人形象之研究　南華大學文學研究所　碩士論文
　　　　　　　陳章錫教授指導　2003 年 6 月　193 頁

本論文以作家的思想觀點、與佛斯特《小說面面觀》和高友工〈文學研究的美學問題〉，以探討《放生》中所呈現的老人形象。全文共 6 章：1.緒論；2.《放生》之前的老人形象（上）；3.《放生》之前的老人形象（下）；4.《放生》中的老人形象（上）；5.《放生》中的老人形象（下）；6.結論。

15. 王儷蓉　　臺灣鄉土小說翻譯──論黃春明與王禎和作品之可譯性及其英譯之
　　　　　　　等效問題（Translating Taiwan Nativist Fiction: On Translatability
　　　　　　　and Equivalence in the Translated Works of Huang Chun-ming and
　　　　　　　Wang Chen-ho）　臺灣師範大學翻譯研究所　碩士論文　李根芳
　　　　　　　教授指導　2004 年　123 頁

本論文以尤金‧奈達 （Eugene A‧ Nida） 的翻譯等效論（形式等效、功能等效）為基礎，取黃春明、王禎和鄉土小說英譯本為例，探討臺灣文學英譯的等效問

題，以及譯者翻譯本土文化時所採行之策略與技巧。最後以實例分類討論黃春明、王禎和小說之英譯，評估各類譯文所傾向之等效類型。並針對臺灣語言複雜多元的特色，本文亦論及本土文化之可譯性，並檢視不同譯者的處理方式與優缺點。全文共 4 章：1.Introduction；2.Equivalence and Translatability of Culture；3.Equivalence／Translatability；4.Conclusion。

16. 李俐瑩　　臺灣寫實小說中的風塵書寫——以王禎和、黃春明為例　臺灣師範大學國文學系在職進修碩士班　碩士論文　楊昌年教授指導　2004年　162 頁

本論文著眼於將王禎和及黃春明二位作家中的小說部分，將「風塵」部分的探討依照個別作家的書寫風格以及寫作技巧，呈現之書寫藝術及人性自覺予以探究，藉此研究析論出寫實小說的人性關懷面究竟如何呈現。正文前有緒論，全文共 6 章：1.寫實小說的意涵；2.作家論；3.王禎和書寫風塵；4.黃春明書寫風塵；5.寫實中風塵殘酷與低沉層悲愴的異同；6.結論。

17. 蘇慾娟　　黃春明小說中人物性格之分析研究　屏東師範學院國民教育研究所　碩士論文　余崇生教授指導　2004 年　419 頁

本論文透過黃春明寫作心理的歸納與分析，找出作家與作品的聯繫，藉此分析小說人物之形象類型，來探討作者藝術技巧，人物特性及作品價值。全文共 8 章：1.緒論；2.黃春明小說創作分析；3.黃春明小說中苦澀青年與面臨生存之爭的男性人物性格分析；4.黃春明小說中飽受窮困之苦的女性類型人物性格之分析；5.黃春明小說中知識分子類型人物性格之分析；6.黃春明小說中老人類型人物性格之分析；7.黃春明小說人物性格刻劃的藝術技巧；8.結論；價值與影響。

18. 馬蕙芳　　黃春明兒童文學研究　彰化師範大學國文學系　碩士論文　林素珍教授指導　2005 年 6 月　120 頁

本論文以黃春明兒童文學童話與兒童戲劇劇本為研究文本，論述黃春明兒童童話中人物自我定位，與社會衝突之關係，並以黃春明小說散文之主題意識，歸納整理與兒童文學一致之主題意識，再就其文學作品之本與原創的意義做分析。全文共 5章：1.緒論；2.個人自我定位與社會角色之探討；3.主題意識；4.本土性與原創性；5.結論。正文後附錄〈訪問稿〉。

19. 張瓊文　　黃春明與臺灣鄉土文學運動　政治大學中等學校教師在職進修班　碩士論文　陳芳明教授指導　2005 年 6 月　206 頁

本論文研究黃春明從鄉土文學論戰前，經過六、七〇年代及鄉土文學運動之後各個時期的軌跡及轉變。全文共 5 章：1.緒論；2.鄉土文學論戰之前的黃春明；3.黃春明的文學信念與鄉土文學論戰；4.論戰之後黃春明的文學創作；5.結論。正文後附錄〈黃春明作品年表（1956—2005）〉、〈訪談黃春明資料彙集〉。

20. 黃信強　　黃春明小說中呈現的臺灣社會問題研究　佛光人文社會學院文學研究所　碩士論文　陳信元教授指導　2005 年　127 頁

本論文從文學社會學的角度對黃春明小說中，呈現的社會問題做一全面的整合研究。全文共 6 章：1.緒論；2.影響黃春明小說創作的社會因素；3.黃春明小說中呈現的經濟與教育問題；4.黃春明小說中呈現的新舊觀念差異與大眾傳播問題；5.黃春明小說中呈現的政治與環境污染問題；6.結論。

21. 鄭小鳳　　黃春明兒童戲劇研究　佛光人文社會學院文學研究所　碩士論文　陳信元教授指導　2005 年　137 頁

本論文以黃春明近幾年來所致力發展的兒童戲劇爲對象，探討其兒童戲劇的基礎概念，並進行兒童劇本的分析比較。全文共 5 章：1.緒論；2.黃春明創作兒童戲劇的因緣；3.黃春明兒童戲劇的分析與比較；4.劇場的演、藝；5.結論——兒童戲劇在宜蘭。

22. 王怡菁　　愛土地的人——黃春明作品研究　中山大學中國文學系　碩士論文　蔡振念教授指導　2006 年 6 月　179 頁

本論文從黃春明的人生故事進入了解其文學創作的源頭，並探究其小說主題的內涵、價值及寫作風格，最後探討近年來所致力發展的兒童文學領域。全文共 6 章：1.緒論；2.黃春明的人生故事；3.小說中的社會意識與人文關懷；4.小說的技巧與語言；5.兒童文學與散文；6.結論。

23. 陳玉芬　　黃春明小說中的老人書寫　臺灣師範大學國文學系在職進修碩士班碩士論文　蔡芳定教授指導　2006 年　193 頁

本論文探討黃春明創作從年輕至年長以老人爲主角的小說作品中，書寫老人的態度、風格及角度的差異。全文共 5 章：1.緒論；2.黃春明的生平及其作品；3.前期的老人書寫；4.後期的老人書寫；5.結論。

24. 陳佩君　　黃春明《放生》小說藝術研究　高雄師範大學國文學系國文教學碩士班　碩士論文　方麗娜教授指導　2006 年　201 頁

本論文先以「知人論世」的角度切入，探討黃春明的成長背景及創作歷程；接著由

社會背景著手，依文化、政治及經濟三個層面探討《放生》的社會背景，透過《放生》一書中的主題思想、人物世界、語言風格及文學技巧等四個面向，歸結出黃春明在《放生》中所呈現出「主題意義深刻」、「人物生動鮮活」及「語言多元凝鍊」三項藝術特色。全文共 7 章：1.緒論；2.黃春明的成長背景與創作歷程；3.《放生》的社會背景；4.《放生》中的主題思想；5.《放生》中的人物世界；6.《放生》中的語言與文學技巧；7.結論。

25. 王士瓊　　論黃春明小說的鄉土世界　汕頭大學文藝學所　碩士論文　劉俊峰
　　　　教授指導　2006 年　54 頁

本論文探討黃春明小說中鄉土世界的展現。全文共 3 章：1.序論：鄉土文學與現代臺灣；2.追尋心靈的故鄉；3.面對雙重異化的世界。

26. 翁淑慧　　依違在「現代」與「傳統」之間：臺灣六〇年代本省籍現代派小說
　　　　家的「鄉土」想像　清華大學中國文學系　碩士論文　呂正惠，李
　　　　貞慧教授指導　2007 年 4 月　145 頁

本論文討論了陳若曦、七等牛、丁禎和‧陳映真、黃春明、施叔青、李昂七位本省籍作家的小說文本。作者從「城鄉交流」、「傳統信念與現代理性‧自由觀」以及「新舊世代的婚戀性愛」這三大主題架構出「傳統」與「現代」的罅隙，藉由細緻的文本分析閱讀出不同作家對「鄉土」的不同態度。在這七位作家的「鄉土想像」中，看見第三世界國家與知識分子，在「傳統」的生活情境中追求「現代化」，而產生出來的「過渡性」與「交混」（hybridity）狀態。全文共 5 章：1.緒論；2.城鄉交流與衝突；3.傳統信念與現代理性、自由觀的交鋒；4.變形扭曲與騷動不安的青春夢；5.結論。

27. 李　斌　　黃春明創作的文化透視　蘇州大學中國現當代文學研究所　碩士論
　　　　文　曹惠民教導　2007 年 4 月　43 頁

本論文先從分析黃春明的文化心理與創作歷程開始，進而分析其作品產生的社會文化背景、小說中人物的文化心態、作品中描述的文化現象以及語言背後的文化制約因素。全文共 5 章：1.有良心的藝術工作者；2.社會變遷中鄉土人物的文化心態；3.對民俗文化的描寫；4.對民族文化的強烈批判；5.語言交響背後的文化因素。

28. 張書群　　根植故土‧情繫家園——論黃春明小說中的憂患意識與鄉戀情結
　　　　鄭州大學中國現當代文學研究所　碩士論文　樊洛平教授指導
　　　　2007 年 5 月　50 頁

本論文以鄉戀情結與憂患意識爲視角，對黃春明小說進行深入的探討和研究。全文共 4 章：1.黃春明創作的心理溯源；2.心靈懷鄉與鄉土愁思；3.命運悲歌與人生憂患；4.鄉土認同背景下的民族憂患。

29. 李坤璋　　《黃春明電影小說集》之研究　高雄師範大學國文學系回流中文碩士班　碩士論文　蔡崇名教授指導　2007 年 6 月　145 頁

本論文分析黃春明 7 篇被改編爲電影的小說結構、情感類型和悲劇呈現進行論述，了解黃春明作品中人物的社群關係與其所展現出的角色價值，而藉由悲劇分析以呈現黃春明在作品中期待被發掘出來，繼而關心一起生活在這塊土地的臺灣人。全文共 5 章：1.緒論；2.黃春明的生平；3.《黃春明電影小說集》結構與情感類型的分析；4.《黃春明電影小說集》的悲劇呈現；5.結論。

30. 許芳玉　　黃春明小說社會意識研究　高雄師範大學國文學系國文教學碩士班　碩士論文　龔顯宗教授指導　2007 年 6 月　162 頁

本論文從黃春明的人生歷程開始探討，並從時代潮流、自然環境與當代文學思潮論述其創作意識，以及從生態環境、高齡化社會、教育問題、弱勢族群和經濟結構論述其小說主題所呈現的社會意識。全文共 6 章：1.緒論；2.黃春明的人生歷程；3.作家創作意識的形成；4.黃春明小說主題所呈現的社會意識；5.黃春明小說人物所呈現的社會意識；6.結論。

31. 李雅鈴　　《黃春明童話》研究　彰化師範大學國文學系　碩士論文　林素珍教授指導　2007 年　162 頁

本論文以《我是貓也》、《短鼻象》、《小駝背》、《愛吃糖的皇帝》、《小麻雀‧稻草人》5 本作品爲研究對象。以文學理論爲根基，剖析作品所呈現的風貌，並從創作背景、主題思想、寫作技巧，以及結合圖畫書理論探討其圖像傳達藝術。全文共 6 章：1.緒論；2.黃春明童話的創作背景；3.黃春明童話的主題探討；4.黃春明童話的寫作技巧分析；5.黃春明童話的圖像分析；6.結論。正文後附錄〈《黃春明童話》目錄〉、〈黃春明的求學歷程〉、〈黃春明大事年表〉、〈《黃春明童話》的情節結構設計〉、〈《黃春明童話》的媒材使用〉。

32. 李　娟　　底層寫作的兩種類型——論臺灣作家黃春明的小說創作　陝西師範大學中國現當代文學研究所　碩士論文　程國君教授指導　2008 年 4 月　49 頁

本論文從底層寫作這一論點出發，從黃春明的底層寫作裡包含的鄉村底層和都市底

層兩種類型，分析和解讀他的小說創作，考察黃春明在鄉村底層寫作中流露出來的輓歌情懷和對都市底層的「寫真」。全文共 3 章：1.黃春明與底層寫作傳統；2.鄉村文明的挽歌——論黃春明的鄉土小說；3.都市底層寫真——論黃春明的都市小說。

33. 林丹芸　　論黃春明的底層敘事　福建師範大學中國現當代文學研究所　碩士論文　朱立立教授指導　2008 年 5 月　62 頁

本論文結合相關的底層理論，分別對黃春明早、中、後期鄉土作品中出現的底層敘事主題和底層敘事策略進行細讀分析，同時總結黃春明的底層創作經驗，探討黃春明底層敘事的思想價值和藝術價值。全文共 6 章：1.緒論；2.底層敘事值得發掘的鄉土經驗；3.農耕文明裂變下的底層敘事.；4.對經濟殖民、文化殖民歷史的反思；5.底層生命的沉默與憤怒——《放生》中的鄉居老人；6.黃春明小說底層敘事的策略。

34. 梁容菁　　兩代作家的鄉土書寫——《放生》、《秀才的手錶》比較研究　臺灣師範大學國文學系　碩士論文　張素貞教授指導　2008 年　159 頁

本論文探討《放生》和《秀才的手錶》二書之間的異同及其中所代表的意義；認為二書都對保存臺灣傳統做出了貢獻，但《放生》保留並發揚了鄉土文學固有的人文關懷精神，《秀才的手錶》則開創了鄉土小說的寫作手法與思考模式。全文共 8 章：1.緒論；2.臺灣鄉土文學的發展；3.作家的生命剪影與文學創作；4.《放生》、《秀才的手錶》的主題與風格；5.《放生》、《秀才的手錶》的敘事與語言；6.《放生》、《秀才的手錶》人物形象塑擬；7.《放生》、《秀才的手錶》的時代意義；8.結論。

35. 馬　珂　　論黃春明底層寫作的現代性訴求　鄭州大學中國現當代文學研究所碩士論文　樊洛平教授指導　2009 年 4 月　45 頁

本論文從底層的角度深入探討和研究黃春明的小說，在現代性這一維度對黃春明有更為深層的認知。全文共 4 章：1.有感於「根」的迷失—　黃春明底層寫作的緣起；2.關注底層人物生存命運：黃春明底層寫作路徑之一；3.現代性進程中的矛盾與困惑：黃春明底層寫作路徑之二；4.社會轉型中的應對與突圍：解決現代性悖論的思考。

36. 王慧菁　　黃春明兒童文學中的教育主題與功能研究　中正大學臺灣文學所碩士論文　戴華萱，楊智景教授指導　2009 年 6 月　117 頁

本論文以「教育主題與功能」論述黃春明的兒童文學作品，輔以西方已臻成熟的成長小說與教育小說理論進行分析探討，有助於來者更深入體會黃春明在兒童文學創作、兒童教育扎根所做的努力，以及所要傳達的正向生命觀和教育觀。全文共 6 章：1.緒論；2.黃春明的教育關懷與實踐；3.生命教育；4.情感教育；5.環境倫理教育；6.結論。正文後附錄〈黃春明生平與創作年表〉。

37. 呂禮全　黃春明小說中的「鄉土」書寫　佛光大學文學系在職專班　碩士論文　黃德偉教授指導　2009 年 6 月　265頁

本論文分別以黃春明不同居住地的時期，做爲階段劃分的依據，將小說作品分爲三個階段，即「1956—1966」、「1966—1982」以及「1983 迄今」，探討其中「鄉土」的「主體」、「客體」與「關聯」的演變，以得到作家「鄉土」書寫的面貌。全文共 7 章：1.緒論；2.「鄉土」的定義；3.黃春明的「鄉土」經驗；4.黃春明小說中的「鄉土」書寫之一（1956—1966）；5.黃春明小說中的「鄉土」書寫之二（1966—1982）；6.黃春明小說中的「鄉土」書寫之三（1983 迄今）；7.結論。

38. 李佳盈　黃春明兒童文學研究　中正大學臺灣文學所　碩士論文　崔末順教授指導　2009 年 7 月　127頁

本論文討論黃春明的童話，探究作家從事兒童文學寫作的契機與靈感來源、語言風格與類型；同時析論黃春明童詩的語言藝術，研究童詩的主題、題材、類型，說明童詩的語言特色；最後總結其文學作品的特色與價值。全文共 5 章：1.緒論；2.黃春明童話的語言藝術；3.黃春明兒童戲劇的語言藝術；4.黃春明兒童詩的語言藝術；5.結論。

39. 葉佳蓉　論黃春明的鄉土意識　臺北市立教育大學歷史與地理學系　碩士論文　秦照芬教授指導　2010 年 6 月　167頁

本論文以黃春明的小說和散文評論等文獻資料爲研究題材，採用歷史研究法和文本分析的方式和社會學的理論相對照，藉由探求其童年和青少年時期所生長的環境、鄉村和城市兩種不同異質文化的對照角度，去闡釋黃春明鄉土意識的生成和變化。全文共 5 章：1.緒論；2.黃春明的人生地圖；3.黃春明小說中鄉村、都市空間的文化現象轉變；4.黃春明對文化和鄉土的反思；5.結論。正文後附錄〈黃春明小說、散文作品發表時間整理表〉。

40. 朱玉芳　黃春明與閻連科苦難書寫之比較　中央大學中國文學系　博士論文　李瑞騰教授指導　2010 年 6 月　280頁

本論文以兩岸鄉土文學爲軸線，關注不同地域下的底層苦難書寫，以負有盛名的作

家黃春明與閻連科為例，對小說文本的地域、人物、事件與文字等主題，進行敘事策略的觀察與比較，完整呈現兩岸鄉土苦難作品的特色與發展。全文共 8 章：1.緒論；2.他「鄉」遇故知：黃春明與閻連科；3.荒「地」重生：地域感知與運用；4.小「人」時代：人物敘事與型態；5.本「事」生存：事件共構敘述圈；6.舞「文」弄墨：文字演繹的藝術；7.「苦」盡甘來：苦難書寫的影響；8.結論。正文後附錄〈訪談黃春明〉。

41. 張寅玲　　文變染乎世情──論黃春明的小說創作　河南大學中國現當代文學研究所　碩士論文　田銳生教授指導　2011 年 4 月　46 頁

本論文從臺灣社會變遷的歷史進程和作家自身成長成熟的閱歷，研究黃春明從初涉文壇直至今日的不同創作階段，對其小說做一個整體性的探討。全文共 4 章：1.「蒼白而又孤絕」──對西方現代主義的模仿；2.笑中含淚的歌──在泥土中討生活的小人物群像；3.強烈的歷史記憶和殖民地創痕──殖民批判系列；4.為這一代被留在鄉間的老年人做見證──老人系列。

42. 呂政冠　　臺灣鄉土文學中的「民間」敘事與實踐：以黃春明為例　清華大學臺灣文學研究所　碩士論文　陳建忠教授指導　2011 年 6 月　208 頁

本論文從「民間文學」之視角，以六、七〇年代「回歸鄉土」熱潮中相當活躍的黃春明為例，從不同的層次來說明民間文學如何能夠跨越學科的界線，成為另一種詮釋文本與文化思想。全文共 5 章：1.緒論；2.以民為眼：民間作為認識世界的方法；3.以民為知：民間作為思想的方法；4.以民為體：民間作為安居和抵抗的方；5.結論。

43. 張馨鐘　　穿越稻鄉的環境文學──以生態批評重詮黃春明與宋澤萊七〇年代小說中農村環境與自然變貌　東華大學華文文學系　碩士論文　吳明益教授指導　2011 年 7 月　145 頁

本論文以經濟發展為角度的「全球化」為主，去觀看全球化所帶給七〇年代臺灣社會、環境、農業的影響，同時運用「生態批評」作為分析路徑，去探索黃春明與宋澤萊小說裡所呈現的農村環境與自然變貌。全文共 5 章：1.緒論；2.沿著生態的足跡看世界潮流；3. 探尋被遺忘的水鄉田園；4.重構世代交替下的頹靡村景；5.結論。正文後附錄〈黃春明與宋澤萊作品年表〉。

44. 江欣憶　　黃春明筆下兒童形象的研究　東海大學中國文學系　碩士論文　李

金星教授指導　2012 年 7 月　177 頁

本論文從不同角度研究黃春明的人物刻畫——即由兒童形象出發。由黃春明筆下兒童的多種風貌與作家創作風格戮力於兒童形象型塑的脈絡，並確立兒童形象在黃春明作品與人生中的重要性。全文共 5 章：1.緒論；2.黃春明作品中呈現的兒童形象；3.黃春明作品兒童形象的描述藝術；4.黃春明作品型塑兒童形象的導因；5.結論。

45. 王憲吉　　民間信仰與陰陽轉換——以黃春明、李昂、吳明益九〇年代以後小說爲例　成功大學臺灣文學系在職專班　碩士論文　王右君教授指導　2012 年 7 月　99 頁

本論文分析傳統鄉土作家黃春明、李昂與吳明益的作品，並針對具「陰陽轉換」故事情節的小說作探討，以研究臺灣民間信仰最令人好奇的靈異部分，並分析民間信仰與臺灣社會的鄉土意識、地方情感的關係。全文共 4 章：1.緒論；2.臺灣民間信仰的歷史與儀式探討；3.小說中民間信仰與臺灣社會情感關係書寫；4.結論。

46. 江麗美　　黃春明小說悲劇意識研究　高雄師範大學國文學系　碩士論文　曾進豐教授指導　2012 年　225 頁

本論文以小說爲研究範圍，藉由作家成長背景與經歷之梳理，人與自我、人與自然、人與社會三大面向之悲劇審美觀照，及其悲劇審美情感之剖析，以掌握黃春明小說悲劇意識的完整面貌。全文共 7 章：1.緒論；2.悲劇與悲劇意識；3.作者的成長背景與經歷；4.「人與自我」的悲劇審美觀照；5.「人與自然」的悲劇審美觀照；6.「人與社會」的悲劇審美觀照；7.結論。

47. 黃千蕙　　臺灣文學作品在華語文教學上的運用研究——以黃春明《蘋果的滋味》爲討論範圍　高雄師範大學華語文教學研究所　碩士論文　方麗娜教授指導　2013 年　206 頁

本論文以行動研究法進行教學實驗，從黃春明的英譯選集《蘋果的滋味》中，挑選〈蘋果的滋味〉、〈兩個油漆匠〉和〈魚〉三篇小說進行華語「讀」、「寫」課程的教學設計，探討臺灣文學在華語文讀寫課程之設計、實踐與成效。全文共 5 章：1.緒論；2.文獻探討；3.研究設計與實施；4.結果與討論；5.結論與建議。

48. 黃鳳英　　黃春明小說中的家庭主題研究　中正大學臺灣文學研究所　碩士論文　江寶釵教授指導　2013 年 7 月　143 頁

本論文以黃春明小說中的家庭主題做爲論述的主軸，探究作家如何描繪祖父母、父

母／兒女，夫／妻之間，其情感糾葛與親情互動之間，反映在臺灣當代社會變遷中的人倫關係，引導讀者反思社會現象，思索臺灣社會的眾生相。全文共 5 章：1.緒論；2.父母、祖父母的造像與角色扮演；3.新世代兒女與傳統倫理的衝突與調適；4.夫妻的性別位置與情感的變衍；5.結論。正文後附錄〈黃春明小說年表暨得獎紀錄〉、〈黃春明的大事紀年表〉。

49. 李嘉佩　　運命的播弄與對治──黃春明小說的困境書寫　中興大學中國文學系　碩士論文　林淑貞教授指導　2013 年 1 月　299 頁

本論文旨在探討黃春明小說困境書寫的內容與小說人物對治困境的方式。全文共 7 章：1.緒論；2.個人困境：生存的哀調；3.社會困境：外在結構的改變；4.自然困境：生活空間的變異；5.困境的構設方式與藝術手法；6.困境的對治與困境下人物精神的展演；7.結論。正文後附錄〈黃春明年表〉。

50. 藍明章　　黃春明小說中的「童心」體現研究　屏東教育大學中國語文學系　碩士論文　林秀蓉教授指導　2013 年 6 月　228 頁

本論文結合「童心」本義與李贄〈童心說〉之引申，歸納出「真情實感，真誠無偽」、「正直淳厚，良善無邪」與「順性而為，自由無拘」三項特質，進而觀照黃春明本人及其小說中的主題思想與人物刻畫。全文共 5 章：1.緒論；2.「童心」意涵及其特質；3.黃春明小說中的主題思想與「童心」體現；4.黃春明小說中的人物刻畫與「童心」體現；5.結論。

51. 王麗雅　　黃春明小說《放生》中反映老人問題研究　臺南大學國語文學系　碩士論文　張惠貞教授指導　2012 年 6 月　136 頁

本文藉由回顧黃春明小說作品中的老人書寫，探尋老人角色在黃春明作品中的意義，再透過《放生》創作緣由、時代背景、創作目的，來呈現書中老人問題。最後結合當前老人相關政策，及現階段老人學研究，探究《放生》中反映偏鄉老人現實處境問題和老人心理之反映，以具體而深入的內容剖析老人所面臨的問題，傳達黃春明關懷老人問題的深意。全文共 6 章：1.緒論；2.黃春明的人生經歷；3.《放生》中老人問題的創作背景；4.《放生》中反映老人現實處境問題；5.《放生》中反映老人心理問題；6.結論。

作家生平資料篇目

自述

52. 黃春明　　自序　鑼　臺北　遠景出版社　1977 年 4 月　頁 3—5

53. 黃春明　　給憨欽仔的一封信——再版序　鑼　臺北　遠景出版社　1977 年 4
　　　　　　　月　頁 1—6

54. 黃春明　　給憨欽仔的一封信　大便老師　臺北　聯合文學出版社　2009 年 5
　　　　　　　月　頁 101—106

55. 黃春明　　自序　莎喲娜啦‧再見　臺北　遠景出版社　1977 年 11 月　頁 1
　　　　　　　—2

56. 黃春明　　好幾千個人的眼睛呀！——再版序　莎喲娜啦‧再見　臺北　遠景
　　　　　　　出版社　1977 年 11 月　頁 31—37

57. 黃春明　　好幾千個人的眼睛呀！　大便老師　臺北　聯合文學出版社　2009
　　　　　　　年 5 月　頁 107—113

58. 黃春明　　一個作家的卑鄙心靈　夏潮　第 4 卷第 2 期　1978 年 2 月　頁 57
　　　　　　　—62

59. 黃春明　　一個作家的卑鄙心靈　鄉土文學討論集 2　臺北　〔自行出版〕
　　　　　　　1978 年 4 月　頁 629—647

60. 黃春明　　一個作者的卑鄙心靈——六十七年元月十六應政大西語系邀請演講
　　　　　　　我愛瑪莉　臺北　遠景出版社　1979 年 3 月　頁 177—200

61. 黃春明　　一個作家的卑鄙心靈——一九七八年元月十六應政大西語系邀請演
　　　　　　　講　大便老師　臺北　聯合文學出版社　2009 年 5 月　頁 72—92

62. 黃春明　　不是後記的後記　兒子的大玩偶　臺北　大林出版社　1981 年 12
　　　　　　　月　頁 183—184

63. 黃春明講；陳素香記　　從小說到電影　婦女雜誌　第 184 期　1984 年 1 月
　　　　　　　頁 71—81

64. 黃春明　　自序　等待一朵花的名字　臺北　皇冠出版社　1989 年 7 月　頁 7
　　　　　　　—9

65. 黃春明　　自序　等待一朵花的名字　臺北　皇冠文化出版公司　2000 年 2 月
　　　　　　　頁 6—8

66. 黃春明　　自序　等待一朵花的名字　臺北　聯合文學出版社　2009 年 5 月

頁 9—11

67. 黃春明　　前言　黃春明電影小說集　臺北　皇冠出版社　1989 年 12 月　頁
　　　　　　　3—5

68. 黃春明　　序——王善壽與牛進有話要說　王善壽與牛進　臺北　皇冠出版社
　　　　　　　1990 年 3 月　頁 8—12

69. 黃春明　　後記　我是貓也　臺北　皇冠出版社　1993 年 5 月　頁 35

70. 黃春明　　後記　我是貓也　臺北　聯合文學出版社　2011 年 3 月　頁 35

71. 黃春明　　後記　小駝背　臺北　皇冠出版社　1993 年 5 月　頁 35

72. 黃春明　　後記　小駝背　臺北　聯合文學出版社　2011 年 3 月　頁 35

73. 〔黃春明〕　黃春明小傳　莎喲娜啦・再見　武漢　長江文藝出版社　1993
　　　　　　　年 10 月　頁 12

74. 黃春明　　「有話」在先　毛毛有話　臺北　皇冠文化出版公司　1993 年 10
　　　　　　　月　頁 3—4

75. 黃春明　　「有話」在先　毛毛有話　臺北　聯合文學出版社　2009 年 5 月
　　　　　　　頁 7—8

76. 黃春明　　羅東來的文學青年　中國時報　1994 年 1 月 6 日　39 版

77. 黃春明　　羅東來的文學青年　從四〇年代到九〇年代：兩岸三邊華文小說研
　　　　　　　討會論文集　臺北　時報出版社　1994 年 11 月　頁 239—245

78. 黃春明　　羅東來的文學青年　大便老師　臺北　聯合文學出版社　2009 年 5
　　　　　　　月　頁 93—100

79. 黃春明　　先做一個好讀者　中國時報　1995 年 3 月 11 日　39 版

80. 黃春明　　不感動的不寫　中國時報　1995 年 3 月 18 日　34 版

81. 黃春明　　《放生》　放生　臺北　聯合文學出版社　1999 年 1 月　頁 11—
　　　　　　　16

82. 黃春明　　用腳讀地理——我的小說札記與隨想　聯合報　1999 年 3 月 18 日
　　　　　　　37 版

83. 黃春明　　總序　莎喲娜啦・再見　臺北　皇冠文化出版公司　2000 年 2 月

頁 3—5

84. 黃春明　　總序　兒子的大玩偶　臺北　皇冠文化出版公司　2000 年 2 月　頁
　　　　　　　3—5

85. 黃春明　　總序　看海的日子　臺北　皇冠文化出版公司　2000 年 2 月　頁 3
　　　　　　　—5

86. 黃春明　　總序　等待一朵花的名字　臺北　皇冠文化出版公司　2000 年 2 月
　　　　　　　頁 3—5

87. 黃春明　　一個不良少年的成長與文學　中央日報　2000 年 5 月 30 日　25 版

88. 黃春明　　詩人近況　八十九年詩選　臺北　臺灣詩學季刊雜誌社　2001 年 4
　　　　　　　月　頁 261

89. 黃春明講；王昕記　　河川流過我的家——作家黃春明的童年　小作家月刊
　　　　　　　第 90 期　2001 年 10 月　頁 15—20

90. 黃春明　　詩人近況　九十年詩選　臺北　臺灣詩學季刊雜誌社　2002 年 5 月
　　　　　　　頁 248

91. 黃春明　　某一個駐校作家的困境　眾神的停車位　臺北　遠流出版公司
　　　　　　　2002 年 7 月　頁 13—17

92. 黃春明　　詩人近況　九十一年詩選　臺北　臺灣詩學季刊雜誌社　2003 年 4
　　　　　　　月　頁 267

93. 黃春明講；蔣慧仙記　　黃春明——中國古典小說是我們的「文化 DNA」
　　　　　　　誠品好讀　第 39 期　2003 年 12 月　頁 19

94. 黃春明講；楊佳嫻記　　小說欣賞與青少年成長——黃春明到北一女　聯合報
　　　　　　　2005 年 3 月 24 日　E7 版

95. 黃春明講；應嘉惠記　　黃春明演講——多元創作面向的思考　明道文藝　第
　　　　　　　349 期　2005 年 4 月　頁 93—101

96. 黃大魚〔黃春明〕　　再見，小駝背　九彎十八拐　第 3 期　2005 年 9 月　頁
　　　　　　　19—20

97. 黃春明　　詩人近況　2005 臺灣詩選　臺北　二魚文化公司　2006 年 2 月

　　　　　　　頁 239

98. 黃春明　　〈城仔落車〉後記　九彎十八拐　第 7 期　2006 年 5 月　頁 8

99. 黃春明　　心裡的桃花源　九彎十八拐　第 10 期　2006 年 11 月　頁 2—3

100. 黃春明主講；江寶釵整理　　文學回到大眾——黃春明談小說創作的目的與
　　　　　　　意義　泥土的滋味：黃春明文學論集　臺北　聯合文學出版社
　　　　　　　2009 年 3 月　頁 438—442

101. 黃春明　　孩子是可以期待的　九彎十八拐　第 19 期　2008 年 5 月　頁 2—
　　　　　　　3

102. 黃春明　　在舞臺上咳嗽的老人　九彎十八拐　第 19 期　2008 年 5 月　頁
　　　　　　　25—26

103. 黃春明主講；江寶釵整理；鄭德昌校訂　　文學路迢迢——黃春明談他的寫
　　　　　　　作歷程　聯合文學　第 285 期　2008 年 7 月　頁 30—37

104. 黃春明主講；江寶釵整理；鄭德昌校訂　　文學路迢迢——黃春明談他的寫
　　　　　　　作歷程　泥土的滋味：黃春明文學論集　臺北　聯合文學出版社
　　　　　　　2009 年 3 月　頁 16—25

105. 黃春明　　從小兒科談兒童文學　資深作家黃春明、鄭清文童話研討會　臺
　　　　　　　北　中華民國兒童文學學會主辦　2008 年 11 月 22—23 日

106. 黃春明　　聽者有意　九彎十八拐　第 25 期　2009 年 5 月　頁 2—3

107. 黃春明　　總序——聽者有意　看海的日子　臺北　聯合文學出版社　2009
　　　　　　　年 5 月　頁 6—8

108. 黃春明　　總序——聽者有意　兒子的大玩偶　臺北　聯合文學出版社
　　　　　　　2009 年 5 月　頁 6—8

109. 黃春明　　總序——聽者有意　莎喲娜拉・再見　臺北　聯合文學出版社
　　　　　　　2009 年 5 月　頁 6—8

110. 黃春明　　總序——聽者有意　放生　臺北　聯合文學出版社　2009 年 5 月
　　　　　　　頁 6—8

111. 黃春明　　總序——聽者有意　沒有時刻的月臺　臺北　聯合文學出版社

2009 年 5 月　頁 6—8

112. 黃春明　　總序——聽者有意　等待一朵花的名字　臺北　聯合文學出版社
　　　2009 年 5 月　頁 6—8

113. 黃春明　　總序——聽者有意　九彎十八拐　臺北　聯合文學出版社　2009
　　　年 5 月　頁 10—12

114. 黃春明　　總序——聽者有意　大便老師　臺北　聯合文學出版社　2009 年
　　　5 月　頁 8—10

115. 黃春明　　自序　放生　臺北　聯合文學出版社　2009 年 5 月　頁 15—19

116. 黃春明講；李賴，楊昇儒整理　　清貧，卑微，掙扎著長大——黃春明談臺
　　　灣的城鄉成長　印刻文學生活誌　第 71 期　2009 年 7 月　頁 98
　　　—105，134

117. 黃春明講；張俐璇記錄整理　　臺語文書寫與教育的商榷　文訊雜誌　第 309
　　　期　2011 年 7 月　頁 70—73

118. 黃春明講；陳怡君記錄整理　　生活與創作　人文心靈的跨越與回歸——府
　　　城講壇 2010　臺南　國立臺灣文學館　2011 年 7 月　頁 223—252

119. 黃春明　　「可恥」事件　中國時報　2011 年 7 月 19 日　E4 版

120. 黃春明　　「可恥」事件　九彎十八拐　第 38 期　2011 年 7 月　頁 2—3

121. 黃春明　　《石羅漢日記》之發想　九彎十八拐　第 39 期　2011 年 9 月　頁
　　　34

122. 黃春明　　綠色閱讀　九彎十八拐　第 42 期　2012 年 3 月　頁 2—3

123. 黃春明　　編後記　九彎十八拐　第 47 期　2013 年 1 月　頁 36

他述

124.〔鍾肇政編〕　　黃春明　本省籍作家作品選集 5　臺北　文壇社　1965 年
　　　10 月　頁 54

125. 孫瑋芒　　最富鄉土風的黃春明側影　中華文藝　第 56 期　1975 年 1 月　頁
　　　63—64

126. 林海音　　這篇「自暴自棄」的黃春明　小寡婦　臺北　遠景出版社　1975

年 2 月　頁 1—4

127. 林海音　這箇「自暴自棄」的黃春明　芸窗夜讀　臺北　純文學出版社　1975 年 2 月　頁 148—151

128. 林海音　這箇「自暴自棄」的黃春明　小寡婦　臺北　遠景出版社　1976 年 6 月　頁 1—4

129. 林海音　這個「自暴自棄」的黃春明　林海音作品集・芸窗夜讀　臺北　遊目族文化公司　2000 年 5 月　頁 58—61

130. 林海音　這個「自暴自棄」的黃春明　九彎十八拐　第 14 期　2007 年 7 月　頁 12—13

131. 畢　絪　敲響那面鑼的人　東吳青年　第 65 期　1976 年 5 月　頁 66—69

132. 李瑞騰　黃春明說了些什麼？　書評書目　第 50 期　1977 年 6 月　頁 61—63

133. 吳壒坦　生活在群眾中的黃春明　臺灣時報　1978 年 6 月 7 日　9 版

134. 洪醒夫　黃春明印象記　臺灣文藝　第 60 期　1978 年 10 月　頁 83—88

135. 洪醒夫　黃春明印象記　洪醒夫全集・散文卷　彰化　彰化縣文化局　2001 年 6 月　頁 83—90

136. 古蒙仁　重尋蘭陽的鑼聲——和黃春明去看海的日子[1]　時報週刊　第 133 期　1980 年 9 月 14 日　頁 14—18

137. 古蒙仁　黃春明　作家之旅　臺北　爾雅出版社　1984 年 7 月　頁 144—181

138. 杜文靖　熱愛吾土吾民的黃春明　自立晚報　1980 年 11 月 4 日　10 版

139. 杜文靖　熱愛吾土吾民的黃春明　人物特寫　臺南　鳳凰城圖書公司　1982 年 12 月　頁 17—22

140. 許建崑　黃春明講方言　臺灣日報　1981 年 10 月 29 日　8 版

141. 許建崑　黃春明講方言　牛車上的舞臺　臺中　臺中市立文化中心　1994 年 6 月　頁 188—190

---

[1]本文後改篇名為〈黃春明〉。

142. 齊邦媛　　黃春明　中國現代文學選集（小說卷）　臺北　爾雅出版社
　　　1983 年 7 月　頁 345

143. 王晉民，鄺白曼　　黃春明　臺灣與海外華人作家小傳　福州　福建人民出
　　　版社　1983 年 9 月　頁 50—52

144. 林海音　　宜蘭街上一少年　聯合報　1983 年 9 月 9 日　8 版

145. 林海音　　宜蘭街上一少年　剪影話文壇　臺北　純文學出版社　1984 年 8
　　　月　頁 137—140

146. 林海音　　黃春明／宜蘭街上一少年　林海音作品集・剪影話文壇　臺北
　　　遊目族文化公司　2000 年 5 月　頁 140—143

147. 林明德　　黃春明　中國現代短篇小說選析 2　臺北　長安出版社　1984 年 2
　　　月　頁 633—634

148. 齊邦媛　　江河匯集成海的六十年代小說〔黃春明部分〕　文訊雜誌　第 13
　　　期　1984 年 8 月　頁 58—59

149. 齊邦媛　　江河匯集成海的六〇年代小說〔黃春明部分〕　霧漸漸散的時候
　　　臺北　九歌出版社　1998 年 10 月　頁 74—75

150. 山根伸一　　作家の個性——黃春明と王拓の場合　臺灣文學研究會會報
　　　第 8、9 期合併　1984 年 12 月　頁 97—98

151. 劉春城　　愛土地的人——黃春明寫作的故事（1—8）　新書月刊　第 15—
　　　17，19—23 期　1984 年 12，1985 年 1—2，4—8 月　頁 14—25，
　　　66—73，84—90，86—90，86—90，86—90，84—92，88—93

152. 劉春城　　愛土地的人——黃春明寫作的故事　當代作家對話錄　臺北　傳
　　　記文學雜誌社　1986 年 10 月　頁 178—206

153. 高天生　　朝向更開闊的路——新生代作家的兩難僵局及解脫——黃春明留
　　　下的期待與困惑　臺灣小說與小說家　臺北　前衛出版社　1985
　　　年 5 月　頁 238—240

154. 錢嘉琪　　他說他是個害羞的人——黃春明印象記　皇冠　第 378 期　1985
　　　年 8 月　頁 36—47

155. 錢嘉琪　　他說，他是個害羞的人——黃春明印象記　四海——港臺海外華
　　　　　　　文文學　第 5 期　1990 年 9 月　頁 196—200

156. 平鑫濤　　出版序　青番公的故事　臺北　皇冠出版社　1985 年 8 月　頁 5
　　　　　　　—7

157. 平鑫濤　　出版序　莎喲娜啦・再見　臺北　皇冠出版社　1985 年 8 月　頁
　　　　　　　5—7

158. 平鑫濤　　出版序　鑼　臺北　皇冠出版社　1985 年 8 月　頁 5—7

159. 黃美惠　　黃春明說來說去就是想回「故鄉」　民生報　1985 年 9 月 1 日　9
　　　　　　　版

160. 錢嘉琪　　黃春明的憤怒！——《兒子的大玩偶》被長期逕行出版，黃春明
　　　　　　　權益受損決提告訴　皇冠　第 387 期　1986 年 5 月　頁 305—308

161. 黃美惠，陳幼君　　在現實中謀生・為理想而創作，拉鋸戰中忠於自我，黃
　　　　　　　春明、金士傑怎麼過來的？　民生報　1986 年 11 月 13 日　9 版

162. 夏志清　　時代與真實——雜談臺灣小說〔黃春明部分〕　夏志清文學評論
　　　　　　　集　臺北　聯合文學雜誌社　1987 年 6 月　頁 243

163. 夏志清　　時代與真實——雜談臺灣小說〔黃春明部分〕　夏志清文學評論
　　　　　　　集　臺北　聯合文學雜誌社　2006 年 10 月　頁 267

164. 姜玉鳳　　既能創作又能思考批判　民生報　1987 年 7 月 29 日　9 版

165. 阮義忠　　黃春明・說不出口的感謝　中國時報　1988 年 2 月 5 日　18 版

166. 陳　白　　黃春明有多重角色　聯合晚報　1988 年 4 月 17 日　8 版

167. 尉天驄　　黃春明這個人　中央日報　1988 年 6 月 8 日　16 版

168. 江淳德　　黃春明筆耕成名非偶然，不卑不亢深富民族意識　中華日報
　　　　　　　1988 年 11 月 21 日　7 版

169. 葉振富　　銀幕上的倫理——黃春明、吳念真對談電影文化　中國時報
　　　　　　　1990 年 3 月 7 日　31 版

170. 吳嘉苓　　黃春明要作孩子王　中國時報　1992 年 6 月 26 日　31 版

171. 楊莉玲　　黃春明——孩子王挖掘冰山的原貌　自由時報　1996 年 3 月 9 日

32 版

172. 楊莉玲　　生活大師黃春明　自由時報　1996 年 3 月 9 日　32 版

173. 林美秀　　黃春明投入兒童劇身體力行關心未來主人翁　民眾日報　1996 年
　　　　　　　4 月 18 日　24 版

174. 林馨琴　　黃春明──憨猴精神建桃花源　中時晚報　1997 年 4 月 7 日　7
　　　　　　　版

175. 賴素鈴　　黃春明返鄉在監獄演講　民生報　1997 年 11 月 27 日　29 版

176. 蕭錦綿　　家住吉祥巷 13 號──黃春明　天下雜誌　第 200 期　1998 年 1 月
　　　　　　　頁 330

177. 邱阿塗　　一顆昇自蘭陽平原的巨星──認識名小說家黃春明　談文說藝・
　　　　　　　話蘭陽　宜蘭　宜蘭縣立文化中心　1998 年 4 月　頁 2─11

178. 邱阿塗　　我不想下地獄！──漫談黃春明的倔強個性和赤子之心　談文說
　　　　　　　藝・話蘭陽　宜蘭　宜蘭縣立文化中心　1998 年 4 月　頁 27─30

179. 陳文芬　　黃春明堅持和小說白頭偕老　中國時報　1998 年 8 月 17 日　11
　　　　　　　版

180. 李瑞騰　　黃春明之得獎與我何干　聯合報　1998 年 9 月 7 日　27 版

181. 賴素鈴　　黃春明娓娓自述坎坷成長心路　民生報　1998 年 10 月 11 日　9
　　　　　　　版

182. 陳文芬　　兩岸學者北京解讀「標準的鄉土作家」──黃春明老神在在　中
　　　　　　　國時報　1998 年 10 月 30 日　11 版

183. 黃　文記　　成大駐校作家黃春明進駐　民生報　1998 年 11 月 18 日　19 版

184. 黃　文記　　當了五天駐校作家・在成大散播文學味──黃春明抱病與學生
　　　　　　　座談　民生報　1998 年 11 月 22 日　19 版

185. 江州司馬　　黃春明和他的理念　臺灣新聞報　1998 年 11 月 23 日　13 版

186. 李玉玲　　黃春明等文藝獎得主・下周擔任駐校藝術家　聯合報　1998 年 12
　　　　　　　月 4 日　27 版

187. 江中明　　黃春明登講壇教授兒童文學　聯合報　1998 年 12 月 15 日　14 版

188. 賴素鈴　攀登新高峰——黃春明文學兩岸皆風靡　民生報　1998 年 12 月
　　　26 日　19 版

189. 江中明　黃春明昨表示，日皇民化運動，影響深遠　聯合報　1998 年 12 月
　　　27 日　14 版

190. 陳東和　我所知道的黃春明　臺灣時報　1999 年 1 月 18 日　29 版

191. 鄭新民　補述黃春明二三事　臺灣時報　1999 年 1 月 27 日　29 版

192. 潘　煊　與黃春明的童心相遇　皇冠　第 548 期　1999 年 1 月　頁 74—85

193. 李玉玲　黃春明任中大駐校藝術家　聯合報　1999 年 2 月 27 日　14 版

194. 王心怡　黃春明任中大駐校作家　中央日報　1999 年 3 月 1 日　10 版

195. 黃廣道　黃春明小說中大開講　中央日報　1999 年 3 月 2 口　10 版

196. 陳大鵬　黃春明開講‧課堂活靈活現　民生報　1999 年 3 月 3 囗　19 版

197. 曾增勳　黃春明拾教鞭‧進駐中大開講　聯合報　1999 年 3 月 3 日　14 版

198. 陶　原　黃春明推出兒童劇　聯合報　1999 年 4 月 10 日　37 版

199. 蔣慧仙　黃春明特寫——挽救人文「土石流」　臺灣文學經典研討會論文
　　　集　臺北　行政院文建會，聯經出版公司　1999 年 6 月　頁 168
　　　—169

200. 凌竹萱　黃春明對臺灣無限的依戀　臺灣日報　1999 年 7 月 9 日　12 版

201. 賴廷恆　黃春明，愛煞《小李子不是大騙子》　中國時報　1999 年 7 月 9
　　　日　11 版

202. 王蘭芬　作家父子另類觀，黃國峻哭笑情深　民生報　1999 年 10 月 13 日
　　　5 版

203. 阮義忠　黃春明　有名人物無名氏　臺北　攝影家出版社　1999 年 10 月
　　　頁 16

204. 陳文芬　黃春明自序回首打架年代　中國時報　2000 年 2 月 27 日　11 版

205. 張曉風　在小說之外，讓我小小的說一說〔黃春明部分〕　小說教室　臺
　　　北　九歌出版社　2000 年 9 月　頁 414—417

206. 夏祖麗　林海音與聯副（中）〔黃春明部分〕　聯合報　2000 年 10 月 6 日

37 版

207. 郭　楓　　笑中含淚的黃春明　臺灣時報　2000 年 12 月 11 日　29 版

208. 許宏義　　黃春明，創作思維獲共鳴　人間福報　2001 年 1 月 3 日　11 版

209. 于國華　　黃春明都馬調唱國歌，看圖憶往想起老祖母　民生報　2001 年 2 月 13 日　7 版

210. 李　瑞　　黃春明：小說不是坐下來就能寫──「新世紀再讀黃春明」研討會昨在北京召開，簡體字版「黃春明文集」日前問世　中國時報 2001 年 3 月 13 日　21 版

211. 蔡德音　　青年黃春明的剪影──是他？　聯合報　2001 年 3 月 27 日　37 版

212. 李奎忠　　當世界遊民高行健宜蘭碰上黃春明──惺惺相惜暢談創作的心靈之路　自由時報　2001 年 10 月 3 日　40 版

213. 李清貴　　高行健、黃春明惺惺相惜　青年日報　2001 年 10 月 3 日　13 版

214. 林坤瑋　　高行健宜蘭行，感受濃濃文化味──訪劉守成獲贈大銅爐模型 VS. 黃春明談心靈之路　中華日報　2001 年 10 月 3 日　8 版

215. 陳木隆　　高行健──鳥兒飛行時最自在，與黃春明對談表示不眷戀生長的地方　中國時報　2001 年 10 月 3 日　13 版

216. 游本謀　　檢視作家心靈──高行健 V・S 黃春明　中央日報　2001 年 10 月 3 日　14 版

217. 黃寶萍　　深入人性──高行健與黃春明共同點　民生報　2001 年 10 月 3 日　10 版

218. 廖雅欣　　高行健讚譽黃春明作品融入鄉土　聯合報　2001 年 10 月 3 日　14 版

219. 藍添益　　高行健與黃春明心靈對談　臺灣日報　2001 年 10 月 3 日　7 版

220. 楊宜敏　　不平黃春明被歸類為「鄉土作家」──高行健主張以方言來豐富漢語　自由時報　2001 年 10 月 4 日　40 版

221. 徐惠隆　　高行健和黃春明互訴文學心路　文訊雜誌　第 194 期　2001 年 12

月　頁 79

222. 鍾敏華　　好戲開鑼了！——記黃春明老師的兒童戲劇教學　師友月刊　第 418 期　2002 年 4 月　頁 73—75

223. 〔人間福報〕　　黃春明文學拉了他一把——從叛逆少年到知名作家，看小說是轉捩點　人間福報　2002 年 5 月 23 日　6 版

224. 邱上林　　綠色博覽・柚花飄香——黃春明詩作老少婦孺都能解　文訊雜誌　第 199 期　2002 年 5 月　頁 57

225. 顏崑陽　　黃春明來了　眾神的停車位　臺北　遠流出版公司　2002 年 7 月　頁 4—6

226. 曾珍珍　　緣起　眾神的停車位　臺北　遠流出版公司　2002 年 7 月　頁 7—12

227. 米羅・卡索　　詩的另類思考（上）〔黃春明部分〕　臺灣日報　2002 年 8 月 28 日　25 版

228. 陳大為　　作者簡介　臺灣現代文學教程：當代文學讀本　臺北　二魚文化公司　2002 年 8 月　頁 250—252

229. 陳文芬　　黃春明引歌仔戲進政大　中國時報　2002 年 11 月 20 日　14 版

230. 李令儀　　莫言、黃春明茂腔碰上歌仔戲　聯合報　2002 年 12 月 1 日　14 版

231. 陳文芬　　黃春明、莫言編寫鄉土劇，道盡故鄉情　中國時報　2002 年 12 月 1 日　14 版

232. 施英美　　驚蟄後的臺灣芳華——林海音對臺籍作家的提攜〔黃春明部分〕《聯合報》副刊時期（1953—1963）的林海音研究　靜宜大學中國文學系　碩士論文　陳芳明，胡森永教授指導　2003 年 6 月　頁 119—120

233. 〔廖玉蕙，陳義芝，周芬伶編〕　　作者簡介　繁花盛景：臺灣當代文學新選　臺北　正中書局　2003 年 8 月　頁 284—285

234. 張純瑛　　生命的純度與韌度　中華日報　2003 年 10 月 7 日　23 版

235. 張純瑛　　生命的純度與韌度　那一夜，與文學巨人對話　臺北　九歌出版社　2007年1月　頁34—38

236. 丁文玲　　我們的房間，自己的角落——黃春明、黃國峻重回書房，寫作閱讀拉近父子距離　中國時報　2003年11月9日　3版

237. 陳延宗　　黃春明、李昂抵金門「文學對話」　文訊雜誌　第220期　2004年2月　頁78

238. 董智森　　明星重開張・明星全到齊〔黃春明部分〕　聯合報　2004年7月5日　A12版

239. 〔彭瑞金編選〕　　作者　國民文選・小說卷3　臺北　玉山社出版公司　2004年7月　頁20—21

240. 宋雅姿　　黃春明——悠遊於文學與戲劇　文訊雜誌　第225期　2004年7月　頁64—65

241. 賴素鈴　　黃春明鑼響30年　民生報　2004年8月8日　7版

242. 〔許俊雅，應鳳凰，鍾宗憲編〕　　作者簡介　現代小說讀本　臺北　揚智文化公司　2004年8月　頁215—216

243. 楊年熙　　臺灣文學研討會在巴黎舉行，黃春明等四位作家受邀赴法　民生報　2004年10月31日　7版

244. 陳姿羽　　龜山島守護的蘭陽平原〔黃春明部分〕　吾土吾民：『臺灣文學地圖』報導與『故鄉的文學記憶』徵文合集　臺南　國家臺灣文學館　2004年12月　頁65—75

245. 陳建仲　　文學心鏡——黃春明　聯合文學　第243期　2005年1月　頁8—9

246. 陳建仲　　黃春明　文學心鏡　臺北　聯合文學出版社　2008年5月　頁106—107

247. 季　季　　黃春明九彎十八拐　中國時報　2005年3月16日　E7版

248. 賴素鈴　　創辦《九彎十八拐》黃春明手繪封面　民生報　2005年3月17日　13版

249. 楊淑芬　黃春明勉年輕人：多讀文學經典，可尋到動人力量　中國時報
　　　2005 年 7 月 23 日　D8 版

250. 愛　亞　羅東春明餅　中國時報　2005 年 8 月 4 日　E7 版

251. 愛　亞　羅東春明餅　九彎十八拐　第 32 期　2010 年 7 月　頁 14—15

252. 莊素卿　動人故事盡在熟悉作品中：我與黃春明老師的二次接觸　大墩文
　　　化　第 34 期　2006 年 3 月　頁 53—56

253. 〔人間福報〕　「黃大魚文化藝術基金會籌備會」成立　人間福報　2006
　　　年 4 月 8 日　11 版

254. 吳君瑩　巧遇作家黃春明　九彎十八拐　第 9 期　2006 年 9 月　頁 30—31

255. 宋雅姿　見證時代的文學交響曲——深秋，向資深作家致最敬意——黃春
　　　明，滿街行走的長篇小說　中華日報　2006 年 10 月 28 日　23 版

256. 徐惠隆　黃春明雙獎臨門　文訊雜誌　第 254 期　2006 年 12 月　頁 121

257. 林翠芬　臺灣著名鄉土文學作家黃春明：把好的文學還給大眾　香港作家
　　　2007 年第 1 期　2007 年 1 月　頁 28—29

258. 梁竣瓘　「遠慮」黃春明　聯合文學　第 267 期　2007 年 1 月　頁 93—97

259. 阮欣怡　黃春明飲食之本[2]　飲食雜誌　第 18 期　2007 年 2 月　頁 67—69

260. 阮欣怡　黃春明的烹飪美學　2007 臺灣飲食文選　臺北　二魚文化公司
　　　2008 年 4 月　頁 111—114

261. 陳芳明　寬容比愛強悍　印刻文學生活誌　第 43 期　2007 年 3 月　頁 102
　　　—107

262. 陳芳明　寬容比愛強悍　昨夜雪深幾許　臺北　印刻文學生活雜誌出版公
　　　司　2008 年 9 月　頁 76—88

263. 劉梓潔　黃春明給臺灣孩子的一席話　中國時報　2007 年 9 月 2 日　E5 版

264. 王怡心　作家瞭望臺　比整個世界還要大：散文選讀　臺北　三民書局
　　　2007 年 9 月　頁 222—223

265. 鄭樹森　最愛講故事的人——側寫黃春明　從諾貝爾到張愛玲　臺北　印

---

[2] 本文後改篇名為〈黃春明的烹飪美學〉。

　　　　　　　刻出版公司　2007 年 11 月　頁 152—153

266. 許悔之　真實不虛　聯合文學　第 278 期　2007 年 12 月　頁 5

267. 李幸娟　春鈴的秘密　九彎十八拐　第 17 期　2008 年 1 月　頁 9

268. 廖俊逞　兒童劇也有大智慧——黃春明・銀髮更見純真童心　表演藝術
　　　　　　　第 183 期　2008 年 3 月　頁 24—25

269. 江寶釵　流動的時代，不變的大師　聯合文學　第 282 期　2008 年 4 月
　　　　　　　頁 108—109

270. 黃嬿喬　到宜蘭，先讀黃春明　臺灣時報　2008 年 6 月 7 日　8 版

271. 童小南，韓漪　重返現代——白先勇、《現代文學》與現代主義國際研討
　　　　　　　會——現代文學與鄉土文學〔黃春明部分〕　聯合文學　第 284
　　　　　　　期　2008 年 6 月　頁 112—114

272. 吳敏顯　小說家與老樟樹（上、下）　聯合報　2008 年 6 月 7—8 日　E3
　　　　　　　版

273. 吳敏顯　小說家與老樟樹　九彎十八拐　第 20 期　2008 年 7 月　頁 16—
　　　　　　　20

274. 吳敏顯　小說家與老樟樹　我的平原　臺北　九歌出版社　2012 年 11 月
　　　　　　　頁 231—240

275. 〔封德屏主編〕　黃春明　2007 臺灣作家作品目錄　臺南　國立臺灣文學
　　　　　　　館　2008 年 7 月　頁 1044

276. 〔賴芳伶主編〕　作者簡介　山海書——宜花東文學選輯 1　臺北　二魚文
　　　　　　　化公司　2008 年 9 月　頁 44

277. 林黛嫚　作者簡介　散文新四書・春之華　臺北　三民書局　2008 年 9 月
　　　　　　　頁 21—22

278. 〔九彎十八拐〕　黃春明　九彎十八拐　第 22 期　2008 年 11 月　頁 21

279. 〔楊　翠編著〕　作品介紹／黃春明　青少年臺灣文庫 2——散文讀本 4：
　　　　　　　美麗的陷阱　臺北　國立編譯館　2008 年 12 月　頁 251

280. 李　賴　春明阿公初體驗　中國時報　2009 年 3 月 8 日　4 版

281. 李　賴　　春明阿公初體驗　九彎十八拐　第 24 期　2009 年 3 月　頁 29—
31

282. 江寶釵　　序——黃春明意志　泥土的滋味：黃春明文學論集　臺北　聯合
文學出版社　2009 年 3 月　頁 8—14

283. 林鎮山　　淑世英雄的原鄉旅程——《全球化下的鄉土演繹：黃春明文學論
集》　泥土的滋味：黃春明文學論集　臺北　聯合文學出版社
2009 年 3 月　頁 444—446

284. 林鎮山　　淑世英雄的原鄉旅程——《全球化的鄉土衍異與演繹：黃春明文
學論集》　原鄉、女性、現代性：論當代臺灣小說　臺北　前衛
出版社　2011 年 5 月　頁 331—334

285. 陳弈伶　　黃春明傳藝中心導讀〈放生〉　傳藝　第 81 期　2009 年 4 月　頁
44—45

286. 郭士榛　　黃春明歡喜‧一口氣出 8 本新書　人間福報　2009 年 5 月 28 日
7 版

287. 周慧珠　　九彎十八拐——黃春明就是黃春明　人間福報　2009 年 5 月 31 日
B4 版

288. 蔡詩萍　　我於年輕初期、中年之際所認識的黃春明　聯合報　2009 年 6 月
13 日　D3 版

289. 蔡詩萍　　我於年輕初期、中年之際所認識的黃春明　九彎十八拐　第 26 期
2009 年 7 月　頁 10—12

290. 尉天驄　　和姚一葦先生在一起的日子〔黃春明部分〕　歲月　上海　上海
人民出版社　2009 年 7 月　頁 85—86

291. 尉天驄　　遣懷：贈尤彌〔黃春明部分〕　歲月　上海　上海人民出版社
2009 年 7 月　頁 170—174

292. 廖玉蕙　　朗聲尋找最準確的字句——黃春明臺味‧誠懇博喝采　九彎十八
拐　第 29 期　2010 年 1 月　頁 7

293. 李　賴　　青春的記憶——有黃春明的宜蘭經驗　九彎十八拐　第 29 期

2010 年 1 月　頁 28—31

294. 陳怡蓁　　大師哥哥　人間福報　2010 年 3 月 16 日　15 版

295.〔人間福報〕　　流學生黃春明・辦撕畫展　人間福報　2010 年 4 月 8 日　7 版

296.〔林佛兒〕　　前輩作家寫真簿——黃春明　鹽分地帶文學　第 27 期　2010 年 4 月　頁 14—15

297. 黃暐勝　　黃春明獲第二十九屆文化獎　明報月刊　第 532 期　2010 年 4 月 頁 108

298. 廖雅欣　　黃春明見癌末粉絲：等我新作　聯合報　2010 年 6 月 24 日　A8 版

299. 陳怡蓁　　我心目中的大師　人間福報　2010 年 7 月 6 日　15 版

300. 汪宜儒　　黃春明兒童劇・廣徵娃娃兵　中國時報　2010 年 7 月 21 日　A15 版

301. 郭士榛　　黃春明兒童劇・招募小小兵　人間福報　2010 年 7 月 21 日　7 版

302. 郭士榛　　來一碗拾錦黃春麵　人間福報　2010 年 8 月 11 日　7 版

303. 陳宛茜　　文學展・流氓黃春明奉上黃春麵　聯合報　2010 年 8 月 11 日 A6 版

304. 吳敏顯　　黃春明——也算電腦族　中國時報　2010 年 8 月 13 日　E4 版

305. 季　季　　黃春明——三月的鰻魚飯　中國時報　2010 年 8 月 13 日　E4 版

306. 季　季　　黃春明——六月的杜鵑花　中國時報　2010 年 8 月 13 日　E4 版

307. 楊　照　　黃春明——隨時隨地都有故事的人　中國時報　2010 年 8 月 13 日 E4 版

308. 韓良露　　黃春明——不良少年的成長與文學　中國時報　2010 年 8 月 13 日 E4 版

309. 吳敏顯　　黃春明的「明星」夢　中國時報　2010 年 9 月 6 日　E4 版

310. 陳宛茜　　黃春明：不寫愛情・怕太太忌妒　聯合報　2010 年 11 月 6 日 A18 版

311. 陳宛茜　　黃春明老人劇・下月宜蘭首演　聯合報　2010 年 11 月 18 日　A8
　　　　　　　版

312. 陳慕真　　黃春明談「生活與創作」　中華日報　2010 年 12 月 18 日　B4 版

313. 梁竣瓘　　黃春明的寫作場域與文本空間　我在我不在的地方：文學現場踏
　　　　　　　查記　臺南　國立臺灣文學館　2010 年 12 月　頁 221—224

314. 曾巧雲　　「全臺灣最忙碌的老人」出版全集八冊・整理 54 年創作生涯
　　　　　　　2009 年臺灣文學年鑑　臺南　國立臺灣文學館　2010 年 12 月
　　　　　　　頁 165

315. 〔人間福報〕　黃春明畫作・宜文化局百年首展　人間福報　2011 年 1 月
　　　　　　　17 日　7 版

316. 工津平　　聽黃春明說故事　文訊雜誌　第 305 期　2011 年 3 月　頁 44—46

317. 李　賴　　警告逃公　九彎十八拐　第 36 期　2011 年 3 月　頁 26—27

318. 應鳳凰，傅月庵　黃春明——《兒子的大玩偶》　冊頁流轉——臺灣文學
　　　　　　　書入門 108　臺北　印刻文學生活雜誌出版公司　2011 年 3 月
　　　　　　　頁 92—93

319. 徐惠隆　　搭建文學的橋——訪邱阿塗老師——廣興國小時期邂逅黃春明
　　　　　　　文訊雜誌　第 305 期　2011 年 3 月　頁 29—30

320. 徐惠隆　　搭建文學的橋——訪邱阿塗老師——廣興國小時期邂逅黃春明
　　　　　　　悠悠南門河　宜蘭　宜蘭縣政府文化局　2012 年 12 月　頁 280—
　　　　　　　284

321. 詹閔旭　　暴雨七〇〔黃春明部分〕　人間福報　2011 年 5 月 6 日　15 版

322. 修瑞瑩　　白先勇：王禎和寫不倫戀・張愛玲喜歡——李昂、三毛曾投稿
　　　　　　　《現代文學》雜誌・黃春明難忘那段「沒有稿費的日子」・白先
　　　　　　　勇當年曾被倒錢・想到就嘔　聯合報　2011 年 5 月 24 日　A10 版

323. 王燕華　　黃春明：那個人不值得理　聯合報　2011 年 6 月 12 日　A2 版

324. 徐惠隆　　黃春明的文學感動　人間福報　2011 年 6 月 20 日　15 版

325. 林欣誼　　黃春明：臺語文中風・要每天復健　中國時報　2011 年 7 月 9 日

A16 版

326. 陳宛茜　成大事件過後——黃春明，收到 11 件白內衣　聯合報　2011 年 7 月 9 日　A22 版

327. 李　賴　黃大魚　九彎十八拐　第 38 期　2011 年 7 月　頁 20

328. 林皇德　黃春明——青春的大玩偶　用愛釀成篇章：臺灣文學家的故事　臺南　國立臺灣文學館　2011 年 7 月　頁 123—127

329. 簡慧珍　「內容不切實際」——黃春明：別讓孩子看偉人傳　聯合報　2011 年 8 月 11 日　A13 版

330. 洪瑞琴　握手言和・蔣為文、黃春明 12 月辯臺語文　自由時報　2011 年 9 月 26 日　A9 版

331. 王良芬　黃春明：文學好壞不是以用什麼語言來評斷　中國時報　2011 年 11 月 3 日　A10 版

332. 洪榮志，李忠一　臺文館踢館風波——蔣為文自訴・控黃春明公然侮辱　中國時報　2011 年 11 月 22 日　A11 版

333. 吳敏顯　小說家的小故事　我的平原　臺北　九歌出版社　2012 年 11 月　頁 241 —244

334. 江家華　《回首我們的時代》——尉天驄細數六○年代臺灣文學風景——書寫自己與臺靜農、陳映真等作家動人情誼・黃春明等人聚集明星咖啡館・重溫當年創作歲月　中國時報　2011 年 12 月 16 日　A16 版

335. 陳宛茜　重聚明星咖啡館・30 作家憶當年——黃春明：為〈看海的日子〉丟工作　聯合報　2011 年 12 月 16 日　A16 版

336. 羅建旺　黃春明放砲：國家文藝獎，呷老就有　聯合報　2011 年 12 月 22 日　A11 版

337. 陳怡蓁　拾錦黃春麵　不一樣的旅程：我的雲端築夢與文創人生　臺北　香海文化事業公司　2012 年 1 月　頁 97—100

338. 黃亦漅　黃春明深耕宜蘭土地認同——蘭陽平原上的生命課，從辦兒童劇

團、說故事、紮稻草人一路接力‧‧‧　中國時報　2012 年 3 月
4 日　A11 版

339. 吳淑君，鄭惠仁，修瑞瑩　　各界聲援──黃春明：自己很富有，法官：已
輕判　聯合報　2012 年 4 月 4 日　A12 版

340.〔人間福報〕　　百年樟樹枯死‧黃春明賦詩紀念　人間福報　2012 年 4 月
12 日　7 版

341. 林坤瑋　　百年樟樹枯死‧黃春明寫詩紀念　中華日報　2012 年 4 月 12 日
A4 版

342. 賴秉鈞　　悼念老樟樹──黃春明：我講國語很臺，不可恥啦！　中國時報
2012 年 4 月 12 日　A19 版

343. 丘　引　　國寶作家黃春明「火紅」美國　全國新書資訊月刊　第 160 期
2012 年 4 月　頁 52─56

344. 鄭樹森口述；熊志琴訪問整理　　追憶《文學季刊》點滴──另一種臺港交
流之二──最愛講故事的黃春明　文訊雜誌　第 318 期　2012 年
4 月　頁 34─35

345. 鄭樹森口述；熊志琴訪問整理　　《文學季刊》點滴──最愛講故事的黃春
明　結緣兩地：臺港文壇瑣憶　臺北　洪範書店　2013 年 2 月
頁 50─52

346. 李　賴　　百果樹紅磚屋的故事　九彎十八拐　第 45 期　2012 年 9 月　頁
26─28

347. 邱阿塗　　我們一起在蘭陽種下文學之樹〔黃春明部分〕　悠悠南門河　宜
蘭　宜蘭縣政府文化局　2012 年 12 月　頁 88─95

348. 王坤煌　　聽黃爺爺說故事　九彎十八拐　第 47 期　2013 年 1 月　頁 26─
28

349. 古蒙仁　　追逐「文」學花「季」的小文青──我與黃春明、陳映真的忘年
之交　文訊雜誌　第 327 期　2013 年 1 月　頁 142─145

350. 康錦卿　　黃春明憶母／在龍眼樹上哭泣的小孩　聯合報‧元氣周報　2012

年 3 月 25 日　2 版

351. 小　野　聆聽黃春明說故事　九彎十八拐　第 48 期　2013 年 3 月　頁 32
　　　—33

352. 焦　桐主編　　黃春明　當你失去親愛的人：走過悲傷的幽谷散文選　臺北
　　　二魚文化公司　2013 年 7 月　頁 246

訪談、對談

353. 葉特生　黃春明訪問記　新聞學人　第 2 卷第 4 期　1973 年 1 月　頁 71—
　　　72

354. 林明德，黃春明；陳正樑記　　來自故鄉的歌手——黃春明小說座談會　幼
　　　獅文藝　第 297 期　1978 年 9 月　頁 129—140

355. 黃春明等[3]　　從生命的悲憫到社會的關切　臺灣文藝　第 60 期　1978 年 10
　　　月　頁 7—32

356. 黃春明等　　從生命的悲憫到社會的關切　不滅的詩魂　臺北　臺灣文藝出
　　　版社　1981 年 1 月　頁 139—174

357. 黃春明等　　從生命的悲憫到社會的關切——黃春明訪問記　洪醒夫全集・
　　　散文卷　彰化　彰化縣文化局　2001 年 6 月　頁 242—281

358. 楊淑慧　訪「鄉下人」黃春明談寫作心願　自立晚報　1979 年 8 月 19 日
　　　3 版

359. 吳瓊坦　訪黃春明談報導文學　現實的探索　臺北　東大書局　1980 年 4
　　　月　頁 157—164

360. 丘彥明　泥土中奔流的愛：虔敬的奉獻——訪黃春明　聯合報　1980 年 11
　　　月 4 日　12 版

361. 李　瑞　訪黃春明　中國時報　1980 年 11 月 4 日　8 版

362. 黃春明等[4]　臺灣文學往哪裡走？　臺灣時報　1982 年 3 月 28 日　12 版

---

[3] 主持人：鄭清文；與會者：黃春明、鄭清文、洪醒夫；紀錄：鄭清文。
[4] 與會者：葉石濤、彭瑞金、鍾肇政、高天生、鍾鐵民、洪銘水、林素芬、廖仁義、陳坤崙、鄭泰安、楊文彬、鄭烱明、宋澤萊、吳福成、潘榮禮、黃春明、潘立夫、陳映真；列席：吳基福、陳陽德、陳若曦、陌上桑、吳錦發；紀錄整理：林清強、蔡翠英。

363. 謝福生　黃春明的日本震盪——訪黃春明談第三世界文化的危機　暖流
　　　第 1 卷第 3 期　1982 年 3 月　頁 12—16

364. Linda Javin 著；陳川流譯　文學不能脫離現實——訪問黃春明　暖流　第 1
　　　卷第 3 期　1982 年 3 月　頁 18—19

365. 黃春明等[5]　「一個開始，一個期待」——《兒子的大玩偶》大家看　臺灣
　　　日報　1983 年 8 月 22 日　8 版

366. 阮義忠　攝影與人文——與黃春明對談影象語言的領域（上、中、下）
　　　雄獅美術　第 193—195 期　1987 年 3—5 月　頁 134—141，122
　　　—127，72—76

367. 郭清華　也是《等待一朵花的名字》——黃春明訪問記　皇冠　第 425 期
　　　1989 年 7 月　頁 70—73

368. 黃春明，楊照；魏可風整理　作家、時代、本土——黃春明 VS・楊照　聯
　　　合文學　第 113 期　1994 年 3 月　頁 171—181

369. 魏可風　黃春明答客問[6]　聯合文學　第 118 期　1994 年 8 月　頁 82—87

370. 魏可風　黃春明談〈戰士・乾杯〉　九彎十八拐　第 44 期　2012 年 7 月
　　　頁 25—29

371. 黃春明等[7]　文學的交響——「黃春明文學與宜蘭風土」座談會紀錄　宜蘭
　　　文獻雜誌　第 11 期　1994 年 9 月　頁 28—76

372. 黃春明等[8]　會議現場討論紀實（三）　從四〇年代到九〇年代：兩岸三邊
　　　華文小說研討會論文集　臺北　時報文化出版公司　1994 年 11 月
　　　頁 191—210

373. 黃春明等[9]　會議現場討論紀實（四）　從四〇年代到九〇年代：兩岸三邊

---

[5]與會者：黃春明、吳念真、王津平、侯孝賢、萬仁、尉天驄、唐文標、陳純真、蔡國榮、曾西
霸、段鍾沂；紀錄：黃培根、李保良；攝影：胡國威。
[6]本文後改篇名為〈黃春明談〈戰士・乾杯〉〉。
[7]主持人：陳芳明；與會者：黃春明、邱阿塗、陳萬益、梁景峰、楊照、張炎憲、李瑞騰、彭秀
貞、廖咸浩；紀錄：褚錦婷、曾雨潤。
[8]與會者：陳映真、廖咸浩、李昂、黃春明、尉天驄、陳萬益、施叔青、王浩威；紀錄：鍾靈。
[9]與會者：王文興、廖炳惠、劉心武、陳信元、黃春明、李瑞騰、施叔、呂興昌、汪曾祺、王浩
威、吳潛誠；紀錄：方雲。

華文小說研討會論文集　臺北　時報文化出版公司　1994 年 11 月　頁 261—282

374. 吳婉茹　用溫柔的眼睛觀看紅塵——奮力淑世的小說家黃春明　中央日報　1995 年 7 月 14 日　18 版

375. 吳婉茹　用溫柔的眼睛觀看紅塵——奮力淑世的小說家黃春明　中副下午茶　臺北　中央日報出版部　1995 年 11 月　頁 47—65

376. 隱地，黃春明講；王妙如記　生活，對醜的一種抵抗　縱浪談　臺北　時報文化出版公司　1996 年 11 月　頁 439—456

377. 隱地，黃春明講；王妙如記　生活，對醜的一種抵抗——和黃春明的對話　盪著鞦韆喝咖啡　臺北　爾雅出版社　1998 年 7 月　頁 113—130

378. 鄭　容　風格是忠於自己——侯文詠 VS・黃春明　自由時報　1997 年 4 月 6 日　33 版

379. 黃春明等[10]　小說家的挑戰（上、下）　聯合報　1998 年 1 月 19—20 日　41 版

380. 黃春明等　小說家的挑戰——座談會紀要　臺灣現代小說史綜論　臺北　行政院文建會，聯經出版公司　1998 年 12 月　頁 606—616

381. 賴素鈴　黃春明的宜蘭處處有情　民生報　1998 年 5 月 16 日　19 版

382. 徐秀慧　1997・4・18 黃春明訪談　黃春明小說研究　淡江大學中國文學系碩士論文　施淑女教授指導　1998 年 6 月　頁 157—166

383. 賴素鈴　我們來做桃花源　民生報　1998 年 9 月 1 日　19 版

384. 黃春明等[11]　情義和文學把一代作家凝聚到一起……　清理與批判：臺灣鄉土文學・皇民文學的　臺北　人間出版社　1998 年 12 月　頁 216—233

385. 邱阿塗，黃春明，李潼　鄉土小說的文化背景　文學對話錄——與蘭陽作家有約（下）　宜蘭　宜蘭縣立文化中心　1999 年 6 月　頁 371

---

[10]主持人：瘂弦；與會者：王文興、黃春明、李喬、李昂、張啓疆、黃錦樹；紀錄：吳明益。
[11]與會者：黃春明、陳鼓應、尉天驄、陳映真、施善繼、王曉波。

---

[12]與會者：邱貴芬、曾珍珍、黃春明、郭強生、陳黎、劉毓秀。

398. 黃春明等[13]　　「影像與文學」座談　文學臺東：後山文化工作協會十年紀念
　　　專輯　臺東　臺東縣後山文化工作協會　2003 年 8 月　頁 207—
　　　227

399. 陳文芬　黃春明在宜蘭　印刻文學生活誌　第 1 期　2003 年 9 月　頁 150
　　　—163

400. 陳嬿文　戲比人生更精采——白先勇訪黃春明的午後對談　聯合文學　第
　　　230 期　2003 年 12 月　頁 26—33

401. 王任君　腳下的地理有情的人生——黃春明先生訪談錄（上、下）　國文
　　　天地　第 224—225 期　2004 年 1—2 月　頁 65—70，107—112

402. 呂方平　用生活劇場形塑文化公民——陳其南主委與黃春明暢談生活劇場
　　　運動理念　文化視窗　第 65 期　2004 年 7 月　頁 6—7

403. 宋雅姿　生活就是小說——專訪黃春明先生[14]　文訊雜誌　第 226 期　2004
　　　年 8 月　頁 130—135

404. 宋雅姿　生活就是小說——小說家黃春明　作家身影：12 位作家的故事
　　　臺北　麥田出版・城邦文化事業公司　2005 年 6 月　頁 192—209

405. 宋雅姿　黃春明，生活就是小說　書香遠傳　第 33 期　2006 年 2 月　頁
　　　45—47

406. 馬蕙芳　訪問稿　黃春明兒童文學研究　彰化師範大學國文學系　碩士論
　　　文　林素珍教授指導　2005 年 6 月　頁 108—110

407. 蔡依珊　黃春明——沿著九彎十八拐，找回遺失的種種　野葡萄文學誌
　　　第 22 期　2005 年 6 月　頁 10—11

408. 林詩音　農業不應只被當作一種產業來對待——知名作家黃春明先生專訪
　　　農訓雜誌　第 200 期　2006 年 10 月　頁 23—26

409. 李上儀　刀口般銳利、專注的文化先行者——黃春明　新臺風　第 3 期
　　　2006 年 10 月　頁 58—63

---

[13]主持人：林韻梅；主講人：黃春明、林正盛；與會者：柯淑卿；紀錄：陳奐宇。
[14]本文後節錄為〈黃春明，生活就是小說〉。

410. 李瑞騰，黃春明講；林思甄記　　老者安之，少者懷之——黃春明的人生關
　　　懷　臺灣文學館通訊　第 15 期　2007 年 5 月　頁 14—21

411. 黃春明等[15]　　老者安之，少者懷之——黃春明的人生關懷　徬徨的戰鬥／十
　　　場臺灣當代小說的心靈饗宴：國立臺灣文學館・第三季週末文學
　　　對談　臺南　國立臺灣文學館　2007 年 12 月　頁 218—251

412. 黃春明等[16]　　文學的軌跡，時代的重逢——白先勇、黃春明對談（上、下）
　　　中國時報　2008 年 10 月 6—7 日　E4 版

413. 黃春明等　　文學的軌跡，時代的重逢——白先勇 VS・黃春明　印刻文學生
　　　活誌　第 62 期　2008 年 10 月　頁 77—84

414. 趙瑜婷整理　　黃春明談兒童文學　中華民國兒童文學學會會訊　第 24 卷第
　　　6 期　2008 年 11 月　頁 3—5

415. 彭蕙仙　　老頑童玩什麼都行——黃春明寫小說、編戲劇還愛撕畫　新活水
　　　第 24 期　2009 年 6 月　頁 94—96

416. 朱玉芳　　訪談黃春明　黃春明與閻連科苦難書寫之比較　中央大學中國文
　　　學系　碩士論文　李瑞騰教授指導　2010 年　頁 259—268

417. 李宗憲，張彧採訪；張彧整理　　原鄉記憶最美好　九彎十八拐　第 35 期
　　　2011 年 1 月　頁 8—10

418. 　Gina　　黃春明的故事人生　書香兩岸　第 43 期　2012 年 5 月　頁 8　14

419. 黃瀚瑩採訪　　讀者 10 問黃春明　講義雜誌　第 51 卷第 6 期　2012 年 9 月
　　　頁 45—48

420. 黃春明，吳念真；黃弈瀠記錄　　桃花源，就在腳下　TAIWAN368 新故鄉動
　　　員令——小野&吳念真帶路，看見最在地的生命力 2，海線・平原
　　　臺北　遠流出版公司　2013 年 6 月　頁 146—155

年表

421. 徐秀慧　　黃春明大事年表（上、中、下）　中國時報　1999 年 8 月 28—30

---

[15]主講人：黃春明、李瑞騰；紀錄整理：陳南宏、趙慶華。
[16]主持人：張誦聖；與會者：白先勇、黃春明；紀錄：劉思坊。

日　37 版

422.〔黃春明〕　　黃春明的創作年表　莎喲娜啦・再見　臺北　皇冠文化出版
公司　2000 年 2 月　〔5〕頁

423.〔黃春明〕　　黃春明的創作年表　兒子的大玩偶　臺北　皇冠文化出版公
司　2000 年 2 月　〔5〕頁

424.〔黃春明〕　　黃春明的創作年表　看海的日子　臺北　皇冠文化出版公司
2000 年 2 月　〔5〕頁

425.〔黃春明〕　　黃春明的創作年表　等待一朵花的名字　臺北　皇冠文化出
版公司　2000 年 2 月　〔5〕頁

426. 戴景尼　黃春明大事暨作品年表　黃春明小說藝術研究　高雄師範大學國
文學系　碩士論文　林文欽教授指導　2002 年 5 月　頁 263—266

427. 張瓊文　黃春明作品年表（1956—2005）　黃春明與臺灣鄉土文學運動
政治大學中等學校教師在職進修班　碩士論文　陳芳明教授指導
2005 年 6 月　頁 195—199

428. 許俊雅　黃春明創作大事記　銀鬚上的春天　臺北　遠流出版社　2006 年
2 月　頁 54—58

429. 歐崇敬　黃春明小說年表　臺灣小說史導論卷　臺北　洪葉文化公司
2007 年 9 月　頁 269—271

430.〔編輯部〕　　黃春明生平　泥土的滋味：黃春明文學論集　臺北　聯合文
學出版社　2009 年 3 月　頁 448—457

431. 王慧菁　黃春明生平與創作年表　黃春明兒童文學中的教育主題與功能研
究　中正大學臺灣文學所　碩士論文　戴華萱，楊智景教授指導
2009 年 6 月　頁 109—115

432. 葉佳蓉　黃春明小說、散文作品發表時間整理表　論黃春明的鄉土意識
臺北市立教育大學歷史與地理學系　碩士論文　秦照芬教授指導
2009 年　頁 154—167

433. 張譽鐘　黃春明與宋澤萊作品年表　穿越稻鄉的環境文學——以生態批評

重詮黃春明與宋澤萊七〇年代小說中農村環境與自然變貌　東華大學華文文學系　碩士論文　吳明益教授指導　2011 年 7 月　頁 124—133

434. 李嘉佩　黃春明年表　運命的播弄與對治——黃春明小說的困境書寫　中興大學中國文學系　碩士論文　林淑貞教授指導　2013 年 1 月　頁 291—299

435. 黃鳳英　黃春明小說年表暨得獎紀錄　黃春明小說中的家庭主題研究　中正大學臺灣文學研究所　碩士論文　江寶釵教授指導　2013 年 7 月　頁 116—119

436. 黃鳳英　黃春明的大事紀年表　黃春明小說中的家庭主題研究　中正大學臺灣文學研究所　碩士論文　江寶釵教授指導　2013 年 7 月　頁 120—127

其他

437. 李玉玲　第 2 屆文藝獎五人獲桂冠——文學類／黃春明，美術類／廖修平，音樂類／盧炎，舞蹈類／劉紹爐，戲劇類／廖瓊枝　聯合報　1998 年 8 月 16 日　14 版

438. 紀慧玲　第 2 屆文藝獎得主揭曉，得獎人個個不忘根與本〔黃春明部分〕　民生報　1998 年 8 月 16 日　19 版

439. 陳希林　國家文藝基金會第 2 屆文藝獎揭曉〔黃春明部分〕　中國時報　1998 年 8 月 16 日　11 版

440. 唐中寅　國家文藝獎五人獲頒殊榮〔黃春明部分〕　自由時報　1998 年 9 月 30 日　7 版

441. 王蘭芬　文藝獎得主個個顯本色〔黃春明部分〕　民生報　1998 年 9 月 30 日　19 版

442. 李玉玲　文藝獎頒獎典禮巧心安排——昨天的文藝人聚會，擺脫制式儀式，黃春明等五得獎人，分從恩師、家人及友人手中，接獲獎座　聯合報　1998 年 9 月 30 日　14 版

443. 徐惠隆　黃春明獲頒第 2 屆國家文藝獎文學類得主　文訊雜誌　第 156 期
　　　　　　1998 年 10 月　頁 79

444. 黃盈雰　第 2 屆文藝獎揭曉，文學類由黃春明獲獎　文訊雜誌　第 156 期
　　　　　　1998 年 10 月　頁 81

445. 王蘭芬　日德法文外譯，漸見成果，三種語文都有黃春明的作品　民生報
　　　　　　1999 年 3 月 10 日　19 版

446. 中央社　宴饗兒童，藝文界端出土洋大餐──作家黃春明呈現《愛吃糖的
　　　　　　皇帝》兒童劇，國家劇院邀請加拿大木偶劇團來演出　臺灣新生
　　　　　　報　1999 年 4 月 1 日　6 版

447. 廖淑芬　「黃春明作品研討會」（北京）觀察報告　水筆仔　第 7 期
　　　　　　1999 年 4 月　頁 47—50

448. 〔中國時報〕　第 23 屆時報文學獎得獎名單──推薦獎黃春明　中國時報
　　　　　　2000 年 9 月 29 日　36 版

449. 方念豫　入選洛杉磯時報 2001 年度好書‧黃春明英譯短篇小說集《蘋果的
　　　　　　滋味》　聯合報　2001 年 12 月 17 日　29 版

450. 張夢瑞　獲得文協榮譽文藝獎章〔黃春明部分〕　民生報　2002 年 4 月 15
　　　　　　日　6 版

451. 〔中華日報〕　映見文藝之窗──中國文藝協會公佈──91 年榮譽文藝獎
　　　　　　章獲獎人──文學類：黃春明先生　中華日報　2002 年 5 月 4 日
　　　　　　19 版

452. 中央社　東元獎頒獎，黃春明獲社會服務獎　中華日報　2006 年 10 月 15
　　　　　　日　5 版

453. 郭怡君　作家黃春明，獲頒東元人文獎　自由時報　2006 年 10 月 15 日
　　　　　　A6 版

454. 中央社　噶瑪蘭獎，黃春明獲殊榮　金門日報　2006 年 10 月 16 日　5 版

455. 〔更生日報〕　第七屆噶瑪蘭獎頒獎，黃春明獲殊榮　更生日報　2006 年
　　　　　　10 月 30 日　24 版

456.〔更生日報〕　黃春明以謝謝臺灣表達感謝　更生日報　2006 年 10 月 30
　　　　日　24 版

457. 郭士榛　行政院文化獎‧首度 3 人同獲桂冠〔黃春明部分〕　人間福報
　　　　2010 年 1 月 28 日　7 版

458. 徐惠隆　黃春明先生獲頒行政院文化獎　文訊雜誌　第 293 期　2010 年 3
　　　　月　頁 125—126

459. 阮馨儀　向大師致敬——來一碗什錦黃春麵　文訊雜誌　第 299 期　2010
　　　　年 9 月　頁 179—180

460. 徐惠隆　黃春明「春光明媚藝文展」　文訊雜誌　第 305 期　2011 年 3 月
　　　　頁 140—141

461. 徐惠隆　《九彎十八拐》第六屆悅聽文學圓滿落幕　文訊雜誌　第 309 期
　　　　2011 年 7 月　頁 154

462. 徐惠隆　《黃春明童話集》獲選為宜蘭「我的城市‧我的書」　文訊雜誌
　　　　第 325 期　2012 年 11 月　頁 141—142

作品評論篇目

綜論

463. 葉石濤　兩年來的省籍作家及其小說（上、下）〔黃春明部分〕　臺灣日
　　　　報　1967 年 10 月 25—26 日　8 版

464. 葉石濤　兩年來的省籍作家及其小說〔黃春明部分〕　臺灣文藝　第 19 期
　　　　1968 年 4 月　頁 43

465. 葉石濤　兩年來的省籍作家及其小說〔黃春明部分〕　臺灣鄉土作家論集
　　　　臺北　遠景出版公司　1981 年 2 月　頁 65—83

466. 葉石濤　兩年來的省籍作家及其小說〔黃春明部分〕　葉石濤全集‧評論
　　　　卷一　臺南，高雄　臺灣文學館，高雄市文化局　2008 年 3 月
　　　　頁 159—160

467. 張秀民　我看黃春明和林懷民的小說　臺灣文藝　第 29 期　1970 年 10 月

頁 66—68

468. 尉天驄　受屈辱的一群——對黃春明小說的印象　中國時報　1972 年 1 月
9 日　9 版

469. 尉天驄　受屈辱的一群——對黃春明小說的印象　臺灣本地作家短篇小說
選　臺北　大地出版社　1977 年 12 月　頁 220—222

470. 林清玄　黃春明・小說・黃春明　書評書目　第 14 期　1974 年 6 月　頁
84—88

471. 王安祈　被命運撥弄的人——論黃春明的小說世界　新潮　第 28 期　1974
年 6 月　頁 22—26

472. 王安祈　黃春明和他的小說　書評書目　第 15 期　1974 年 7 月　頁 100—
102

473. 王安祈　黃春明和他的小說　文藝月刊　第 69 期　1975 年 3 月　頁 18—
20

474. 雲　鶴　被命運撥弄的一群　書評書目　第 15 期　1974 年 7 月　頁 103—
108

475. 江　放　失去的桃花源　書評書目　第 15 期　1974 年 7 月　頁 110—112

476. 吳靜吉　莎喲娜啦・拜拜——黃春明寫作的根　書評書目　第 15 期　1974
年 7 月　頁 112—117

477. 林懷民　傾聽那呼喚——讀黃春明小說的隨想　書評書目　第 15 期　1974
年 7 月　頁 118—121

478. 陳芳明　黃春明論詩　龍族詩刊　第 12 期　1974 年 7 月　頁 4—5

479. 陳芳明　黃春明論詩　詩和現實　臺北　洪範出版社　1977 年 2 月　頁 97
—99

480. 〔書評書目〕　黃春明　書評書目　第 18 期　1974 年 10 月　頁 102—104

481. 永　月　超越純粹鄉土意識——從黃春明的小說聯想起　東吳青年　第 65
期　1975 年 1 月　頁 34—36

482. 唐　飆　黃春明的小說世界——談黃春明小說的風格　文藝月刊　第 70 期

　　　　　　　　1975 年 4 月　頁 6—14

483. 唐　飆　　談黃春明小說的風格　大家談　臺北　天下遠見出版公司　1975
　　　　　　　　年 10 月　頁 349—356

484. 周伯乃　　黃春明小說中的人性尊嚴　文藝月刊　第 70 期　1975 年 4 月　頁
　　　　　　　　14—19

485. 周伯乃　　黃春明小說中的人性尊嚴　大家談　臺北　天下遠見出版公司
　　　　　　　　1975 年 10 月　頁 357—363

486. 周伯乃　　黃春明小說中的人性尊嚴　情愛與文學　臺北　東大圖書公司
　　　　　　　　1984 年 8 月　頁 67—92

487. 陳克環　　黃春明是一棵樹　文藝月刊　第 70 期　1975 年 4 月　頁 20—21

488. 陳克環　　黃春明是一棵樹　大家談　臺北　天下遠見出版公司　1975 年 10
　　　　　　　　月　頁 364—365

489. 許永代　　街頭巷尾的小人物　文藝月刊　第 70 期　1975 年 4 月　頁 26—
　　　　　　　　27

490. 許永代　　街頭巷尾的小人物　大家談　臺北　天下遠見出版公司　1975 年
　　　　　　　　10 月　頁 372—373

491. 楊昌年　　黃春明　近代小說研究　臺北　蘭臺書局　1976 年 1 月　頁 554
　　　　　　　　—555

492. 高全之　　黃春明作品中人的尊嚴問題　幼獅文藝　第 269 期　1976 年 5 月
　　　　　　　　頁 68—96

493. 高全之　　黃春明小說裡人的尊嚴問題　當代中國小說論評　臺北　幼獅文
　　　　　　　　化公司　1978 年 12 月　頁 145—172

494. 高全之　　黃春明小說裡人的尊嚴問題　從張愛玲到林懷民　臺北　三民書
　　　　　　　　局　1998 年 2 月　頁 205—239

495. 江春男　　文筆清新的黃春明　自立晚報　1977 年 6 月 26 日　3 版

496. 何　欣　　三十年來的小說〔黃春明部分〕　中華文化復興月刊　第 10 卷第
　　　　　　　　9 期　1977 年 9 月　頁 30—31

497. 蔡源煌　　小人物的面具——試論黃春明小說中的表意衝突　中華文化復興
　　　　　　　　文刊　第 10 卷第 9 期　1977 年 9 月　頁 34—42

498. 蔡源煌　　小人物的面具——試論黃春明小說中的表意衝突　寂寞的結　臺
　　　　　　　　北　聯經出版公司　1978 年 8 月　頁 61—91

499. 彭瑞金　　我不愛瑪莉——試論黃春明的變調　前衛叢刊　第 2 期　1978 年
　　　　　　　　1 月　頁 114—122

500. 彭瑞金　　我不愛瑪莉——試論黃春明的變調　福爾摩沙的明天　臺北　鴻
　　　　　　　　蒙文學出版公司　1978 年 10 月　頁 114—122

501. 彭瑞金　　我不愛瑪莉——試論黃春明的變調　泥土的香味　臺北　東大圖
　　　　　　　　書公司　1980 年 4 月　頁 93—105

502. 王瑞雪　　黃春明研究及其作品分析　雙溪文穗　第 6 期　1978 年 5 月　頁
　　　　　　　　47—49

503. 高天生　　性情與沈思——讀黃春明小說有感　中興文苑　第 9 期　1978 年
　　　　　　　　6 月　頁 2—9

504. 樂蘅軍　　從黃春明小說藝術論其作品的浪漫精神[17]　臺灣文藝　第 60 期
　　　　　　　　1978 年 10 月　頁 33—62

505. 樂蘅軍　　從黃春明小說藝術論其作品的浪漫精神　中華現代文學大系（臺
　　　　　　　　灣 1970—1989）評論卷（壹）　臺北　九歌出版社　1989 年 5 月
　　　　　　　　頁 392—427

506. 樂蘅軍　　從黃春明小說藝術論其作品的浪漫精神　意志與命運——中國古
　　　　　　　　典小說世界觀綜論　臺北　大安出版社　1992 年 4 月　頁 451—
　　　　　　　　490

507. 方　瑜　　面具之後——試論黃春明小說的世界　臺灣文藝　第 60 期　1978
　　　　　　　　年 10 月　頁 63—71

508. 楚　蜺　　論黃春明的轉變　自立晚報　1978 年 11 月 12 日　3 版

509. 王法耶　　黃春明忠於文學　臺灣時報　1979 年 10 月 24 日　12 版

---

[17] 本文以黃春明個人氣質角度，探討黃春小說人物與情節。

510. 吳宏一，林耀福，黃得時　　文化十人——黃春明　中國時報　1980 年 2 月
　　　23 日　8 版

511. 武治純　　「小人物」的代言人——臺灣作家黃春明　書林　第 5 期　1980
　　　年 5 月　頁 48

512. 黃武忠　　鄉間的小角色——黃春明與宋澤萊小說人物之比較[18]　民眾日報
　　　1980 年 10 月 18 日　12 版

513. 黃武忠　　鄉間的小角色——黃春明與宋澤萊小說人物之比較　文藝的滋味
　　　臺北　自立晚報社　1983 年 10 月　頁 29—42

514. 黃武忠　　鄉間的小角色——黃春明與宋澤萊小說人物之比較　文學動念轉
　　　不停　臺南　臺南縣立文化中心　1999 年 5 月　頁 155—172

515. Goldblatt，Howard　　The Rural Stories of Hwang-chun-ming　Chinese fiction
　　　from Taiwan——Critical Perspectives　Bloomington　Indiana
　　　University Press　1980 年　頁 110—133

516. 林毓生　　黃春明底小說在思想上的意義（上、下）　聯合報　1980 年 12 月
　　　5、6 日　8 版

517. 林毓生　　黃春明底小說在思想上的意義　現代文學論（聯副三十年文學大
　　　系‧評論卷 3）　臺北　聯經出版公司　1981 年 12 月　頁 187—
　　　197

518. 林毓生　　黃春明底小說在思想上的意義　思想與人物　臺北　聯經出版公
　　　司　1983 年 8 月　頁 385—396

519. 高天生　　藝術的岐路——論黃春明的創與變（上、下）　自立晚報　1981
　　　年 2 月 6—7 日　10 版

520. 李　昂等[19]　　聽！那一聲「鑼」——對談實錄　文壇　第 252 期　1981 年 6
　　　月　頁 192—201

521. 李　昂等　　聽！那一聲「鑼」——黃春明的小說與生活　臺灣作家印象記

---

[18]本文探討鄉土文學作家黃春明與宋澤萊所描寫之鄉間小人物之比較。全文共 5 小節：1.社會背
　　景；2.生活困境；3.人際關係；4.寫作技巧；5.結語。
[19]與會者：李昂、黃武忠、林文義；紀錄：李伊玲。

臺北　眾文圖書公司　1984 年 5 月　頁 225—240

522.〔大林出版社〕　關於黃春明　兒子的大玩偶　臺北　大林出版社　1981
　　　年 12 月　頁 1—2

523. 葛浩文　臺灣鄉土作家黃春明的創作　海峽　第 1 期　1982 年 2 月　頁
　　　178

524. 王晉民　論臺灣作家黃春明的小說[20]　新文學論叢　1982 年第 1 期　1982
　　　年 3 月　頁 82—90

525. 王晉民　論臺灣作家黃春明的小說　臺灣香港文學論文選　福州　福建人
　　　民出版社　1983 年 10 月　頁 207—221

526. 翁光宇　試論黃春明小說藝術特色　新文學論叢　1982 年第 2 期　1982 年
　　　6 月　頁 168—176

527. 高天生　開創鄉土文學新紀元的黃春明　暖流　第 2 卷第 2 期　1982 年 8
　　　月　頁 66—70

528. 高天生　開創鄉土文學新紀元的黃春明　臺灣小說與小說家　臺北　前衛
　　　出版社　1985 年 5 月　頁 65—78

529. 殷張蘭熙　導言〔黃春明部分〕　寒梅　臺北　爾雅出版社　1983 年 1 月
　　　頁 7—8

530. 葛浩文　論黃春明的小說（1—4）　臺灣日報　1983 年 4 月 11—14 日　8
　　　版

531. 翁光宇　試論黃春明小說思想內容的轉變　暨南學報　第 3 期　1983 年 7
　　　月　頁 80—87

532. 封祖盛　近 20 多年來鄉土小說的發展——黃春明、王禎和、陳映真、王
　　　拓、楊青矗等的創作　臺灣小說主要流派初探　福州　福建人民
　　　出版社　1983 年 10 月　頁 83—104

533. 吳文輝　向著反映現實的深度突進——臺灣省作家黃春明的小說創作初探
　　　學術研究　第 1 期　1983 年 10 月　頁 93—97

---

[20]本文分析黃春明的小說，以了解其小說的社會內容、人物塑造和藝術風格。

534. 李　潼　　黃春明的再出發　明道文藝　第 92 期　1983 年 11 月　頁 32—42

535. 耘　之　　論黃春明小說的人物世界　福建論壇　1983 年第 6 期　1983 年 12
月　頁 111—117

536. 石　偉　　黃春明及其電影作品　電影之友　1984 年第 1 期　1984 年 1 月
頁 28

537. 汪景壽　　黃春明　臺灣小說作家論　北京　北京大學出版社　1984 年 3 月
頁 185—213

538. 黃重添　　簡論臺灣鄉土文學的新進展〔黃春明部分〕　臺灣研究集刊
1984 年第 2 期　1984 年 5 月　頁 16—26

539. 朱　南　　試論 30 年代臺灣小說〔黃春明部分〕　臺灣研究集刊　1984 年第
2 期　1984 年 5 月　頁 27—34

540. 周伯乃　　黃春明小說中的鄉土情懷[21]　情愛與文學　臺北　東大圖書公司
1984 年 8 月　頁 67—92

541. 黃重添　　絢爛的藝術彩光——臺灣當代鄉土小說管窺〔黃春明部分〕　臺
灣研究集刊　1985 年第 1 期　1985 年 2 月　頁 80—86

542. 黃重添　　臺灣當代鄉土小說的審美追求〔黃春明部分〕　臺灣研究集刊
1985 年第 2 期　1985 年 5 月　頁 56—63

543. 封祖盛　　黃春明的創作特色　當代文學研究叢刊　1985 年第 5 期　1985 年
5 月　260—275

544. 劉春城　　一步一步走向作家之路（上、下）　新書月刊　第 20—21 期
1985 年 5，6 月　頁 86—90

545. 葉石濤　　臺灣文學史大綱（後篇）——六十年代的臺灣文學：無根與放逐
〔黃春明部分〕　文學界　第 15 期　1985 年 8 月　頁 168—169

546. 葉石濤　　六○年代的臺灣文學——無根與放逐〔黃春明部分〕　臺灣文學
史綱　高雄　文學界雜誌社　1991 年 9 月　頁 129

547. 葉石濤　　臺灣文學史綱——六○年代的臺灣文學——無根與放逐〔黃春明

---

[21]本文藉由黃春明小說，探討其對於鄉土小人物關懷。

部分〕 葉石濤全集・評論卷五 臺南，高雄 國立臺灣文學
館，高雄市文化局 2008 年 3 月 頁 144—145

548. 黃重添 臺灣當代鄉土小說發展縱橫觀〔黃春明部分〕 臺灣香港文學論
文選 福州 海峽文藝出版社 1985 年 9 月 頁 34—35

549. 呂正惠 黃春明的困境——鄉下人到城市以後怎麼辦？[22] 文星 第 100 期
1986 年 10 月 頁 133—138

550. 呂正惠 黃春明的困境——鄉下人到城市以後怎麼辦？ 七十五年文學批
評選 臺北 爾雅出版社 1987 年 3 月 頁 177—196

551. 呂正惠 黃春明的困境——鄉下人到城市以後怎麼辦？ 小說與社會 臺
北 聯經出版公司 1988 年 5 月 頁 3—18

552. 蔡源煌 從《臺北人》到《撒哈拉的故事》（上、下）〔黃春明部分〕
中國時報 1987 年 1 月 13—14 日 8 版

553. 蔡源煌 從《臺北人》到《撒哈拉的故事》〔黃春明部分〕 海峽兩岸小
說的風貌 臺北 雅典出版社 1989 年 4 月 頁 65—79

554. 蔡源煌 從《臺北人》到《撒哈拉的故事》〔黃春明部分〕 當代臺灣文
學評論大系・文學現象卷 臺北 正中書局 1993 年 5 月 頁
485—486

555. 宋田水 要死不活的臺灣文學——透視臺灣作家的良心——黃春明、吳晟
臺灣新文化 第 14 期 1987 年 11 月 頁 44—45

556. 張英偉 黃春明 現代臺灣文學史 瀋陽 遼寧大學出版社 1987 年 12 月
頁 636—655

557. 范文芳 我們有喜劇嗎？〔黃春明部分〕 國文天地 第 32 期 1988 年 1
月 頁 32—33

558. 黃克全 黃春明小說的人文精神 文訊雜誌 第 34 期 1988 年 2 月 頁
193—197

559. 張英偉 略論黃春明小說創作特色 錦州師院學報 第 3 期 1988 年 6 月

---

[22]本文探討黃春明小說中的人物在現代文明下的處境，及其書寫對於鄉土的感情。

　　　　　　頁 74—79

560. 呂正惠　　夏日炎炎書解悶——好書推薦——現代小說書單——黃春明中、
　　　　　　短篇小說　國文天地　第 39 期　1988 年 8 月　頁 26

561. 邱亞才　　黃春明作品中成人世界的渣滓　臺北評論　第 6 期　1988 年 8 月
　　　　　　頁 78—84

562. 鄭清文　　臺灣當代小說精選序〔黃春明部分〕　臺灣當代小說精選（1945
　　　　　　—1988）〔全 4 冊〕　臺北　新地文學出版社　1989 年 1 月　頁
　　　　　　14—15

563. 宋田水　　美麗島年代的文學道路〔黃春明部分〕　新文化　第 5 期　1989
　　　　　　年 5 月　頁 76

564. 古繼堂　　小人物的代言人黃春明　臺灣小說發展史　臺北　文史哲出版社
　　　　　　1989 年 7 月　頁 511—527

565. 應鳳凰　　黃春明　中國時報　1989 年 8 月 14 日　18 版

566. 公仲，汪義生　　60 年代後期和 70 年代臺灣文學〔黃春明部分〕　臺灣新文
　　　　　　學史初編　南昌　江西人民出版社　1989 年 8 月　頁 209—218

567. 黨鴻樞　　論黃春明小說的抗挫折意識　西北師大學報　1990 年第 2 期
　　　　　　1990 年 2 月　頁 52—57

568. 彭瑞金　　埋頭深耕的年代（一九六〇－　九六九）——本土文學的理論與
　　　　　　實踐〔黃春明部分〕　臺灣新文學運動 40 年　臺北　自立晚報社
　　　　　　1991 年 3 月　頁 131

569. 黃添重，莊明萱，闕豐齡　　「標準鄉土作家」黃春明　臺灣新文學概觀
　　　　　　（上）　廈門　鷺江出版社　1991 年 6 月　頁 220—230

570. 黃添重，莊明萱，闕豐齡　　「標準鄉土作家」黃春明　臺灣新文學概觀
　　　　　　臺北　稻禾出版社　1992 年 3 月　頁 231—241

571. 高大鵬　　憨而可欽的素心人——論黃春明的鄉土小說　青年日報　1992 年
　　　　　　5 月 29 日　17 版

572. 高大鵬　　憨而可欽的素心人——論黃春明的鄉土小說　吹不散的人影　臺

北　三民書局　1995 年 3 月　頁 183—186

573. 周永芳　七十年代臺灣鄉土文學作家介紹——黃春明　七十年代臺灣鄉土
文學研究　中國文化大學中國文學系　碩士論文　尉天驄教授指
導　1992 年 6 月　頁 98—104

574. 劉春城　我爲什麼和怎麼寫《黃春明前傳》[23]　臺灣文學的兩個世界　高雄
派色文化出版社　1992 年 7 月　頁 131—149

575. 黃旭初　作家——黃春明　自立晚報　1992 年 11 月 30 日　13 版

576. 金漢，馮雲青，李新宇　　黃春明　新編中國當代文學發展史　杭州　杭州
大學出版社　1993 年 1 月　頁 704—705

577. 黃重添　黃春明的小說創作　臺灣文學史（下）　福州　海峽文藝出版社
1993 年 1 月　頁 309—317

578. 梁明雄　論黃春明的鄉土小說[24]　中國文化大學中文學報　第 1 期　1993
年 2 月　頁 361—374

579. 梁明雄　論黃春明的鄉土小說　臺灣文學與文化論集　屏東　屏東縣文化
局　2002 年 9 月　頁 264—277

580. 王淑秧　黃春明及其諷刺性小說　小說評論　1993 年第 2 期　1993 年 3 月
頁 78—81

581. 王景山　魯迅和臺灣新文學〔黃春明部分〕　臺灣香港澳門暨海外華文文
學論文選　福州　海峽文藝出版社　1993 年 3 月　頁 106

582. 羅　蘭　系統內容分析法的應用——試以黃春明小說爲例　全國各大學中
文系學生學術研討會　臺北　政治大學中國文學研究所主辦
1993 年 4 月 22—23 日

583. 李　潼　黃春明的童話世界　誠品閱讀　第 9 期　1993 年 4 月　頁 32—35

584. 彭樹君　童話黃春明　皇冠　第 470 期　1993 年 4 月　頁 99—112

---

[23]本文爲回應讀者對於《黃春明前傳》問題，通篇以問答方式呈現。全文共 6 小節：1.理想的傳
主；2.三線式的傳記寫法；3.當代人物傳的禁忌；4.參酌東西方的傳記技巧；5.黃春明作品的意
義；6.大家都來寫作家傳。
[24]本文探討黃春明鄉土小說風格及其評價。全文共 5 小節：1.前言；2.身世背景；3.作品分期；4.小
說風格。

585. 陸士清　　臺灣小說拾萃——擁抱小人物的黃春明　臺灣文學新論　上海　復旦大學出版社　1993 年 6 月　頁 312—316

586. 計　蕾　　序　莎喲娜啦‧再見　武漢　長江文藝出版社　1993 年 10 月　頁 1—11

587. 李瑞騰　　黃春明小說中的「廣告」分析[25]　第二屆臺灣經驗研討會　嘉義　中正大學主辦　1993 年 11 月 5—6 日　〔10〕頁

588. 李瑞騰　　黃春明小說中的「廣告」分析　文學的出路　臺北　九歌出版社　1994 年 9 月　頁 245—264

589. 李瑞騰　　黃春明小說中的「廣告」分析　臺灣的社會與文學　臺北　東大圖書公司　1995 年 11 月　頁 257—268

590. 李瑞騰　　黃春明小說中的「廣告」分析　文藝理論與批評　1999 年第 5 期　1999 年 9 月　頁 115—120

591. 李瑞騰　　筆尖所及正在社會的脈動上——我看黃春明的小說　中國時報　1994 年 1 月 6 日　39 版

592. 李瑞騰　　筆尖所及正在社會的脈動上——我看黃春明的小說　文學的出路　臺北　九歌出版社　1994 年 9 月　頁 239—244

593. 李瑞騰　　筆尖所及正在社會的脈動上——我看黃春明的小說　從四〇年代到九〇年代：兩岸三邊華文小說研討會論文集　臺北　時報文化出版公司　1994 年 11 月　頁 247—251

594. 王晉民　　黃春明的小說　臺灣當代文學史　南寧　廣西人民教育出版社　1994 年 2 月　頁 350—373

595. 徐惠隆　　蘭地文學的特質與開展——蘭地文學的特質分析——黃春明與鄉土文學的世界　鄉土與文學：臺灣地區區域文學會議實錄　臺北　文訊雜誌社　1994 年 3 月　頁 434—436

596. 楊　照　　吹到臺北的一陣蘭陽風——札記黃春明的作品　聯合文學　第 118

---

[25]本文藉由黃春明小說中描述廣告情小節，以考察臺灣廣告型態之變遷。全文共 6 小節：1.廣告人黃春明；2.坤樹：一個 Sandwich-man；3.憨欽仔打鑼：非商業性廣告；4.吉事可樂女郎半裸的巨牆廣告；5.「小寡婦」的跨國色情廣告。

期　1994 年 8 月　頁 88—92

597. 徐國綸，王春榮　　黃春明的小說　20 世紀中國兩岸文學史　瀋陽　遼寧大
　　　　學出版社　1994 年 9 月　頁 255—259

598. 王宗法　　當代臺灣小說發展的一個輪廓〔黃春明部分〕　臺港文學觀察
　　　　合肥　安徽教育出版社　1994 年 11 月　頁 252—254

599. 劉登翰　　臺灣經濟轉型期的鄉土眷戀和都市批判——黃春明小說創作一面
　　　　觀　臺灣文學隔海觀：文學香火的傳承與變異　臺北　風雲時代
　　　　出版公司　1995 年 3 月　頁 113—124

600. 劉登翰　　臺灣經濟轉型期的鄉土眷戀和都市批判　黃春明作品研討會　北
　　　　京　北京作家協會主辦　1998 年 10 月 29—31 日

601. 劉登翰　　臺灣經濟轉型期的鄉土眷戀和都市批判——黃春明小說創作一面
　　　　觀　世界華文文學論壇　1998 年第 4 期　1998 年 12 月　頁 13—
　　　　16

602. 梁景峰　　鄉土與現實——談黃春明　鄉土與現代・臺灣文學的片段　臺北
　　　　臺北縣立文化中心　1995 年 6 月　頁 113—118

603. 郝廣才主編　　黃春明　兒子的大玩偶　臺北　臺灣麥克公司　1995 年 11 月
　　　　〔1〕頁

604. 李豐楙　　臺灣鄉土小說中的社會變遷意識——60、70 年代鄉土小說的主
　　　　題：貧窮、命運和人性〔黃春明部分〕　臺灣的社會與文學　臺
　　　　北　東大圖書公司　1995 年 11 月　頁 177—179

605. 趙　園　　五四新文學與兩岸文學之緣〔黃春明部分〕　揚子江與阿里山的
　　　　對話——海峽兩岸文學比較　上海　上海文藝出版社　1995 年 12
　　　　月　頁 31，37，52—53

606. 李瑞騰　　老者安之？——黃春明小說中的老人處境[26]　第二屆臺灣本土文化
　　　　國際學術研討會　臺北　臺灣師範大學文學院國文學系，人文教

---

[26]本文著重在家庭關係、農鄉與土地關係，以及面對環境變遷的因應問題，探討黃春明筆下的老人
處境。全文共 6 小節：1.前言；2.祖孫關係；3.老人與子女的關係；4.老夫老妻之間；5.老人與社
會之變；6.結語。

　　　　　　育研究中心主辦　1996 年 4 月 20—21 日　頁 281—292

607. 李瑞騰　Comfort the Old? On the Condition of the Aged in Huang Ch'un-
　　　　　　ming's Fiction　Taiwan Literature: English translation series　第 5 期
　　　　　　1999 年 6 月　頁 81—99

608. 李瑞騰　老者安之？——黃春明小說中的老人處境　中華現代文學大系
　　　　　　（貳）‧臺灣一九八九—二○○三評論卷（一）　臺北　九歌出
　　　　　　版公司　2003 年 10 月　頁 563—582

609. 黎湘萍　被拋入歷史的人們——重讀陳映真、黃春明、王禎和的小說　臺
　　　　　　灣研究　1996 年第 2 期　1996 年 6 月　頁 80—85

610. 古繼堂　總序〔黃春明部分〕　兒子的大玩偶　北京　時事出版社　1996
　　　　　　年 6 月　頁 4—6

611. 李豐楙　命與罪：六十年代臺灣小說中的宗教意識〔黃春明部分〕　臺灣
　　　　　　文學中的社會：五十年來臺灣文學研討會論文集（一）　臺北
　　　　　　行政院文建會　1996 年 6 月　頁 250—275

612. 李豐楙　命與罪：六十年代臺灣小說中的宗教意識〔黃春明部分〕　認
　　　　　　同、情慾與語言　臺北　中研院文哲所　2004 年 12 月　頁 87—
　　　　　　121

613. 公　仲　社會轉型期的一個明鏡——評黃春明 6、70 年代小說　世紀之交
　　　　　　的世界華文文學——第八屆世界華文文學國際研討會論文選　南
　　　　　　京　臺港與海外華文文學評論和研究編輯部　1996 年 9 月　頁 75
　　　　　　—77

614. 高芷琳　黃春明小說中的女人　85 學年度彰化師範大學國文教育研究所研
　　　　　　究生第一次論文發表會　彰化　彰化師範大學國文教育研究所主
　　　　　　辦　1997 年 4 月 30 日

615. 古繼堂　臺灣當代小說創作——陳映真和黃春明　中華文學通史‧當代文
　　　　　　學編（9）　北京　華藝出版社　1997 年 9 月　頁 481—483

616. 李國慶　Roots in the Same Land: On Hwang Ch'un-ming and Kao Hsiao-

sheng's Short Stories　Chinese Culture Quarterly　第 38 卷第 3 期 1997 年 9 月　頁 117—135

617. 皮述民　從反共小說到現代小說〔黃春明部分〕　二十世紀中國新文學史 臺北　駱駝出版社　1997 年 10 月　頁 327—328

618. 邱阿塗　走進一位作者的心靈裡——泛論黃春明小說中的人性尊嚴　談文 說藝‧話蘭陽　宜蘭　宜蘭縣立文化中心　1998 年 4 月　頁 12— 16

619. 邱阿塗　「廣興時期」的黃春明——寫一個四處漂泊自我追尋的心靈　談 文說藝‧話蘭陽　宜蘭　宜蘭縣立文化中心　1998 年 4 月　頁 17 —22

620. 翁銘鴻　筆寄臺灣的鄉下人——評黃春明小說特質　傳習　第 16 期　1998 年 4 月　頁 109—115

621. 古碧玲　文學武陵人——黃春明（上、中、下）　聯合報　1998 年 9 月 29 日—10 月 1 日　37 版

622. 王宗法　黃春明小說的時代特徵　黃春明作品研討會　北京　北京作家協 會主辦　1998 年 10 月 29—31 日

623. 王宗法　黃春明小說的時代特徵　臺灣研究集刊　1999 年第 1 期　1999 年 3 月　頁 86—92

624. 古遠清　黃春明的文學概念　黃春明作品研討會　北京　北京作家協會主 辦　1998 年 10 月 29—31 日

625. 古遠清　黃春明的文學觀念　理論與創作　2000 年第 2 期　2000 年 3 月 頁 63—64

626. 古繼堂　論黃春明小說的諷刺藝術　黃春明作品研討會　北京　北京作家 協會主辦　1998 年 10 月 29—31 日

627. 朱　實　在臺灣土地上生根開花——黃春明小說和臺灣鄉土文學的發展 黃春明作品研討會　北京　北京作家協會主辦　1998 年 10 月 29 —31 日

628. 朱雙一　黃春明對現代中國鄉土文學傳統的承繼與發展　黃春明作品研討會　北京　北京作家協會主辦　1998 年 10 月 29—31 日

629. 朱雙一　黃春明對中國現代鄉土文學傳統的承繼與發展　臺灣研究集刊　1998 年第 4 期　1998 年 12 月　頁 84—93

630. 何寄澎　一本正經——簡論黃春明小說的現實主義　黃春明作品研討會　北京　北京作家協會主辦　1998 年 10 月 29—31 日

631. 何標〔張光正〕　黃春明小說的時代特色　黃春明作品研討會　北京　北京作家協會主辦　1998 年 10 月 29—31 日

632. 何　標　黃春明小說的時代特色　臺聲　1999 年第 3 期　1999 年 3 月　頁 34—36

633. 何　標　黃春明小說的時代特色　番薯藤繫兩岸情　北京　臺海出版社　2003 年 1 月　頁 296—303

634. 張光正　黃春明小說的時代特色　番薯藤繫兩岸情　臺北　海峽學術出版社　2003 年 9 月　頁 282—289

635. 呂正惠　魯迅、沈從文、黃春明鄉土經驗之比較　黃春明作品研討會　北京　北京作家協會主辦　1998 年 10 月 29—31 日

636. 李獻文　論黃春明小說的文化品格　黃春明作品研討會　北京　北京作家協會主辦　1998 年 10 月 29—31 日

637. 李獻文　黃春明小說的文化品格　衡陽師專學報　1999 年第 5 期　1999 年 10 月　頁 68—72

638. 李獻文　論黃春明小說的文化品格　中州大學學報　第 1 期　2000 年 3 月　頁 38—40

639. 杜元明　從鄉土寫實到社會諷刺——論黃春明現實主義小說的發展和成就　黃春明作品研討會　北京　北京作家協會主辦　1998 年 10 月 29—31 日

640. 周良沛　從臺灣目前皇民文學之爭看黃春明作品的鄉土之情　黃春明作品研討會　北京　北京作家協會主辦　1998 年 10 月 29—31 日

641. 周良沛　從臺灣目前「皇民文學」之爭看黃春明作品的鄉土之情　香港文學　1999 年第 2 期　1999 年 2 月　頁 50—53

642. 林瑞明　試論黃春明與陳映真[27]　黃春明作品研討會　北京　北京作家協會主辦　1998 年 10 月 29—31 日

643. 林瑞明　試論黃春明與陳映真　文藝理論與批評　1999 年第 4 期　1999 年 10 月　頁 94—102

644. 林瑞明　目的與手段之別——試論黃春明與陳映真　成功大學歷史學系歷史學報　第 25 期　1999 年 12 月　頁 321—336

645. 林瑞明　目的與手段之別——試論黃春明與陳映真　評論 30 家：臺灣文學三十年菁英選 1978—2008（上）　臺北　九歌出版社　2008 年 6 月　頁 186—210

646. 洪銘水　黃春明小說中的生存智慧　黃春明作品研討會　北京　北京作家協會主辦　1998 年 10 月 29—31 日

647. 計璧瑞　鄉土小說的浪漫氣質　黃春明作品研討會　北京　北京作家協會主辦　1998 年 10 月 29—31 日

648. 徐秀慧　說故事的黃春明　黃春明作品研討會　北京　北京作家協會主辦　1998 年 10 月 29—31 日

649. 尉天驄　小市鎮人物的困境與救贖——黃春明小說簡論　黃春明作品研討會　北京　北京作家協會主辦　1998 年 10 月 29—31 日

650. 尉天驄　小市鎮人物的困境與救贖——黃春明小說簡論　世界華文文學論壇　1998 年第 4 期　1998 年 12 月　頁 9—12

651. 尉天驄　小市鎮人物的困境與救贖——黃春明小說簡論　文藝理論與批評　1999 年第 1 期　1999 年 1 月　頁 56—59

652. 尉天驄　黃春明筆下的鄉土小人物生與死的意義　黃春明作品研討會　北京　北京作家協會主辦　1998 年 10 月 29—31 日

---

[27]本文比較兩位作家共同關懷主題中，異質的作品特性，並探討其中所代表的意義。全文共 3 小節：1.前言：不同類型的作家；2.寫作史與創作曲線；3.結論：因爲真實，所以也有力。

653. 尉天驄　黃春明筆下的鄉土小人物生與死的意義　河海大學學報　第 1 卷　第 1 期　1999 年 3 月　頁 12—22

654. 陳公仲　社會轉型期的一面明鏡──評黃春明六○、七○年代小說　黃春明作品研討會　北京　北京作家協會主辦　1998 年 10 月 29—31 日

655. 陳　遼　國民性的探索和表現──黃春明創作論　黃春明作品研討會　北京　北京作家協會主辦　1998 年 10 月 29—31 日

656. 陳　遼　國民性的探索和表現──黃春明創作論　福建論壇　1998 年第 5 期　1998 年 9 月　頁 66—70

657. 陸貴山　黃春明小說創作的思想藝術特色　黃春明作品研討會　北京　北京作家協會主辦　1998 年 10 月 29—31 日

658. 彭小妍　黃春明與臺灣鄉土文學　黃春明作品研討會　北京　北京作家協會主辦　1998 年 10 月 29—31 日

659. 曾健民　從臺灣社會的現實中一路走來──論黃春明小說的時代開創性、啓蒙性和藝術性　黃春明作品研討會　北京　北京作家協會主辦　1998 年 10 月 29—31 日

660. 曾健民　從臺灣社會的現實中一路走來──論黃春明小說的時代開創性、啓蒙性和藝術性　文藝理論與批評　1999 年第 2 期　1999 年 3 月　頁 102—106

661. 曾慶瑞　文變染乎世情，興廢繫乎時序──黃春明的小說和他的時代　黃春明作品研討會　北京　北京作家協會主辦　1998 年 10 月 29—31 日

662. 粟多貴　論黃春明小說的多元審美特徵與拓展意蘊　黃春明作品研討會　北京　北京作家協會主辦　1998 年 10 月 29—31 日

663. 廖淑芳　黃春明與臺灣小說的平民諧謔風　黃春明作品研討會　北京　北京作家協會主辦　1998 年 10 月 29—31 日

664. 趙遐秋　黃春明的小說和五四文學傳統　黃春明作品研討會　北京　北京

作家協會主辦　1998 年 10 月 29—31 日

665. 樊洛平　黃春明鄉土小說論　黃春明作品研討會　北京　北京作家協會主
辦　1998 年 10 月 29—31 日

666. 樊洛平　黃春明鄉土小說論　世界華文文學論壇　1998 年第 4 期　1998 年
12 月　頁 19—23

667. 黎湘萍　六〇年代的敘事與現代消費社會的困境——試論黃春明小說的現
實主義價值[28]　黃春明作品研討會　北京　北京作家協會主辦
1998 年 10 月 29—31 日

668. 黎湘萍　現代消費社會的另類敘事　文學臺灣——臺灣知識者的文學敘事
與理論想像　北京　人民文學出版社　2003 年 3 月　頁 167—187

669. 黎湘萍　現代消費社會的另類敘事——論黃春明小說的現實主義價值　文
學評論　1999 年第 3 期　1999 年 6 月　頁 114—112

670. 李瑞騰　白梅生下孩子以後又怎樣——寫在「黃春明作品研討會」之後
聯合報　1998 年 11 月 9 日　14 版

671. 余　禺　走近黃春明——黃春明作品研討會綜述　臺港文學選刊　1998 年
第 12 期　1998 年 12 月　頁 34—35

672. 尉天驄　為著共同的民族、鄉土之愛——黃春明作品研討會概述　世界華
文文學論壇　1998 年第 4 期　1998 年 12 月　頁 27—28

673. 江寶釵　民間文學在臺灣當代小說中的呈現：以白先勇、李昂與黃春明為
例[29]　民間文學與作家文學研討會論文集　新竹　清華大學中國文
學系　1998 年 12 月　頁 247—259

674. 江寶釵　民間文學在臺灣當代小說中的呈現——白先勇、李昂與黃春明
白先勇與當代臺灣文學史的構成　高雄　駱駝出版社　2004 年 3
月　頁 127—145

---

[28]本文探討黃春明小說作品，以呈現在社會經濟繁榮下小人物的生活樣貌。全文共 3 小節：1.坤樹
仔的尷尬；2.青番公的想像；3.猴子的絕望。
[29]本文探討民間文學在白先勇、李昂、黃春明小說中所產生的有機作用，了解其跨文類的意義。全
文共 3 小節：1.白先勇、李昂；2.黃春明；3.結論。

675. 周良沛　　在黃春明、陳映真作品研討會上之隨想隨說　文藝理論與批評
　　　　　　　1999 年第 1 期　1999 年 1 月　頁 60—65

676. 計璧瑞，宋剛　　黃春明　中國文學通典・小說通典　北京　解放軍文藝出
　　　　　　　版社　1999 年 1 月　頁 1102

677. 趙稀方　　鄉土的姿態——關於黃春明、海辛鄉土小說的文本分析　小說評
　　　　　　　論　1999 年第 1 期　1999 年 1 月　頁 47—52

678. 蔣慧仙　　臺灣文學經典名家特寫——黃春明　聯合報　1999 年 2 月 26 日
　　　　　　　37 版

679. 楊　照　　同情與嘲諷間的恰好分寸——黃春明的《鑼》　中國時報　1999
　　　　　　　年 3 月 16 日　37 版

680. 梁竣瓘　　黃春明小說之流傳——從文學傳播的觀點考察　第二屆文學社會
　　　　　　　學研討會　桃園　中央大學中國文學研究所主辦　1999 年 4 月 30
　　　　　　　日

681. 胡衍南　　黃春明——臺灣孩子的大玩偶　1998 臺灣文學年鑑　臺北　行政
　　　　　　　院文建會　1999 年 6 月　頁 208—209

682. 古遠清　　談臺灣作家黃春明　武漢文史資料　1999 年第 7 期　1999 年 7 月
　　　　　　　頁 33—34

683. 楊　照　　試圖與悲劇周旋的小人物們——論黃春明的小說　中國時報
　　　　　　　1999 年 8 月 29 日　37 版

684. 李欣倫　　開啟孩子王的故事百寶箱　中國時報　1999 年 9 月 17 日　37 版

685. 方　忠　　百年臺灣文學發展論——小說文體的自覺與更新〔黃春明部分〕
　　　　　　　百年中華文學史論：1898—1999　上海　華東師範大學出版社
　　　　　　　1999 年 9 月　頁 54

686. 李瑞騰　　黃春明，用腳讀地理——說動聽的老人故事　聯合報　1999 年 10
　　　　　　　月 11 日　48 版

687. 董成瑜　　黃春明鑼聲再響　中國時報　1999 年 10 月 21 日　41 版

688. 汪淑珍　　小人物的代言者——黃春明[30]　全國新書資訊月刊　第 10 期
　　　　1999 年 10 月　頁 19—20

689. Rosemary Haddon　　拉皮條與順從——黃春明小說中被出賣的身體[31]　文化、
　　　　認同、社會變遷：戰後五十年臺灣文學國際學術研討會　臺北
　　　　行政院文建會　2000 年 6 月　頁 423—462

690. 趙遐秋　　黃春明——他在回眸鄉土中審視歷史　臺灣鄉土文學八大家：鄉
　　　　土意識與愛國主義　北京　臺海出版社　1999 年 11 月　頁 205—
　　　　234

691. 林聆慈　　人格的尊嚴與追求——談黃春明小說中的社會意識　國文天地
　　　　第 179 期　2000 年 4 月　頁 110—111

692. 連純慧　　黃春明小說中的哭泣意象　第五屆近代中國文學論文發表會　臺
　　　　北　中央大學中國文學研究所　2000 年 5 月 27 日

693. 劉早琴　　用腳讀小說——黃春明「原鄉時期」小說場景探討　東吳大學中
　　　　國文學系第六屆研究生論文發表會　臺北　東吳大學中國文學系
　　　　主辦　2000 年 6 月 3 日

694. 胡慈容　　臺灣當代愛情婚姻小說的女性描寫——男作家——黃春明　臺灣
　　　　八十年代愛情小說中的女性語言　彰化師範大學國文學系　碩士
　　　　論文　羅肇錦教授指導　2000 年 6 月　頁 24—28

695. 胡慈容　　當代女作家描寫女性時的語言與兩性觀——女作家的兩性觀〔黃
　　　　春明部分〕　臺灣八十年代愛情小說中的女性語言　彰化師範大
　　　　學國文學系　碩士論文　羅肇錦教授指導　2000 年 6 月　頁 157
　　　　—158

696. 朱棟霖，丁帆，朱曉進　　黃春明　20 世紀中國文學史（下）　臺北　文史
　　　　哲出版社　2000 年 9 月　頁 879—883

---

[30]文後附錄黃春明作品書目、黃春明評論文獻選目、黃春明生平傳記文獻選目。
[31]本文藉由〈看海的日子〉、〈莎喲娜啦・再見〉以及〈兒子的大玩偶〉，探討黃春明小說中國族主
　義，以呈現臺灣轉變為一個現代亞洲國族的過程。全文共 2 小節：1.從性工作者到聖人；2.被出
　賣的身體：關乎性別與跨越性別。

697. 司曉輝　「小人物」的悲歌——兩岸鄉土小說作家黃春明與高曉聲創作的
　　　　　　交融　聊城師範學院學報　2000 年第 5 期　2000 年 10 月　頁 66
　　　　　　—69

698. 計紅芳　黃春明——鄉土小人物的代言者　臺港澳文學教程　上海　漢語
　　　　　　大辭典出版社　2000 年 10 月　頁 47—51

699. 韓　元　黃春明小說人物論　齊魯學刊　第 159 期　2000 年 11 月　頁 123
　　　　　　—126

700. 朱孟庭　掙扎於卑微與高尚間——論黃春明 60 年代鄉土小說人物的表與意
　　　　　　臺灣人文　第 5 期　2000 年 12 月　頁 65—86

701. 陸貴山　走民族化和現代化相結合的路——黃春明鄉土文學創作的現代闡
　　　　　　釋　文藝報　2001 年 4 月 3 日　4 版

702. 陳　遼　黃春明的「臺灣情結」與「中國情結」　文藝報　2001 年 5 月 15
　　　　　　日　4 版

703. 梁竣瓘　他不只是一個鄉土作家——「新世紀再讀黃春明」研討會側記
　　　　　　文訊雜誌　第 187 期　2001 年 5 月　頁 61—64

704. 翁菁穗　黃春明小說人物研究　學海首航勤作舟——畢業生研究論文優選
　　　　　　集（一）　臺北　真理大學　2001 年 7 月　頁 1—38

705. 陳玉玲　黃春明的小說介紹與評析　重中論集　第 1 期　2001 年 6 月　頁
　　　　　　182—186

706. 張　炯　黃春明創作的意義和歷史地位　世界華文文學論壇　2001 年第 2
　　　　　　期　2001 年 6 月　頁 8—10

707. 劉紅林　試論黃春明小說中的民族魂　世界華文文學論壇　2001 年第 2 期
　　　　　　2001 年 6 月　頁 11—16

708. 樊洛平　老人與社會：黃春明小說的關懷視點　世界華文文學論壇　2001
　　　　　　年第 2 期　2001 年 6 月　頁 17—20

709. 林文華　殖民與反殖民——論黃春明小說　臺灣文藝　第 177 期　2001 年
　　　　　　8 月　頁 62—71

710. 彭蕙仙　荒謬裡的兩種面貌——簡論哈金與黃春明的小說　中央日報
　　　2001 年 9 月 24 日　18 版

711. 陳芳明　六〇年代現代小說的藝術成就——現代小說的轉型：黃春明與王
　　　禎和　聯合文學　第 208 期　2002 年 2 月　頁 160—161

712. 陳芳明　一九六〇年代臺灣現代小說的藝術成就——現代小說的轉型〔黃
　　　春明部分〕　臺灣新文學史　臺北　聯經出版社　2011 年 10 月
　　　頁 400—402

713. 白先勇　六〇年代臺灣文學——「現代」與「鄉土」〔黃春明部分〕　樹
　　　猶如此　臺北　聯合文學出版社　2002 年 2 月　頁 191

714. 白先勇　六〇年代臺灣文學的「現代」與「鄉土」——六〇年代臺灣文學
　　　中的「現代」與「鄉土」——黃春明　白先勇作品集・第六隻手
　　　指　臺北　天下遠見出版公司　2008 年 9 月　頁 450—451

715. 戴景尼　黃春明小說中鄉土人物的世界　國文天地　第 202 期　2002 年 3
　　　月　頁 70—76

716. 梅家玲　戰後臺灣鄉土小說（家）的孩童論述——以黃春明為中心　第一
　　　屆中國現代文學亞洲學者國際學術會議——越界與跨國：中國現
　　　代文學研究的區域視角與多元探索　新加坡　新加坡國立大學中
　　　文系，日本東京大學文學部中文科主辦　2002 年 4 月 20—21 日

717. 張錦德　黃春明的側寫——散文研究　中國文化大學中國文學研究所第 24
　　　次研究生論文發表會　臺北　中國文化大學中國文學研究所主辦
　　　2002 年 5 月 30 日

718. 李奭學　黃昏的故鄉　自由時報　2002 年 5 月 30 日　39 版

719. 李奭學　黃昏的故鄉　經史子集　臺北　聯合文學出版社　2005 年 3 月
　　　頁 388—390

720. 彭燕彬　傑出的現實主義小說家黃春明　簡明臺灣文學史　北京　時事出
　　　版社　2002 年 6 月　頁 452—461

721. 謝婉貞　臺灣社會中的一雙銳眼——黃春明的小說及其改編電影　東吳大

學中國文學系系刊　第 28 期　2002 年 6 月　頁 5—8

722. 梁竣瓘　　鄉下人進城——析論黃春明小說反映之城市經驗　中央大學中國
文學研究所論文集刊　第 8 期　2002 年 6 月　頁 25—40

723. 黃秋芳　　拓展少年小說的臺灣風情——少年小說原型：黃春明　臺灣少年
小說學術研討會　臺東　臺東師範學院兒童文學研究所　2002 年
6 月 8—9 日

724. 黃秋芳　　拓展少年小說的臺灣風情——少年小說原型：黃春明　少兒文學
天地寬——臺灣少年小說學術研討會論文集　臺北　九歌出版社
2002 年 6 月　頁 201—203

725. 蘇風玲　　淺探黃春明鄉土小說創作　河南師範大學學報　第 29 卷第 4 期
2002 年 7 月　頁 126

726. 戴景尼　　黃春明小說中的臺灣俚語　國文天地　第 207 期　2002 年 8 月
頁 67—73

727. 古繼堂　　濃郁的鄉土性和鮮明的民族性相結合的黃春明　臺灣文學的母體
依戀　北京　九州出版社　2002 年 9 月　頁 359—372

728. 韓春萌　　關注弱勢團體，同鑄藝術情結——臺灣鄉土作家王禎和與黃春明
創作比較　江西教育學院學報　第 24 卷第 1 期　2003 年 2 月　頁
100—104

729. 許悔之　　索因卡和黃春明　聯合文學　第 221 期　2003 年 3 月　頁 5

730. 梅家玲　　黃春明小說中的孩童論述　20 世紀臺灣男性書寫的再閱讀——完
全女性觀點學術研討會　臺北　政治大學中國文學系主辦　2003
年 5 月 31 日—6 月 1 日

731. 王震亞　　關心人，關心社會——試論黃春明小說的獨特價值　廣播電視大
學學報　2003 年第 2 期　2003 年 6 月　頁 6—9

732. 施英美　　鄉土文學作家的現代性追求〔黃春明部分〕　《聯合報》副刊時
期（1953—1963）的林海音研究　靜宜大學中國文學系　碩士論
文　陳芳明，胡森永教授指導　2003 年 6 月　頁 150—153

733. 梁竣瓘　試論黃春明及其作品在中國大陸的接受　島語　第 2 期　2003 年
　　　6 月　頁 46—54

734. 王景山　黃春明　臺港澳暨海外華文作家辭典　北京　人民文學出版社
　　　2003 年 7 月　頁 200—201

735. 梁敏兒　黃春明的童話世界——影子原型的拼貼空見　臺灣兒童圖畫書學
　　　術研討會　臺東　臺東師院兒童文學研究所主辦　2003 年 7 月 10
　　　—11 日

736. 梁敏兒　黃春明的童話世界——影子原型的拼貼空見　兒童文學學刊　第
　　　10 期　2003 年 11 月　頁 71—95

737. 趙稀方　臺港鄉土文學與殖民性問題——從黃春明與海辛的小說談起　回
　　　顧兩岸五十年文學學術研討會　臺北　中國文化大學中文系，財
　　　團法人善同文教基金會主辦　2003 年 11 月 28—29 日

738. 趙稀方　臺港鄉土文學與殖民性問題——從黃春明與海辛的小說談起　回
　　　顧兩岸五十年文學學術研討會論文集　臺北　中國文化大學中國
　　　文學系所　2004 年 3 月　頁 127—145

739. 徐志平　　臺灣鄉土文學三大家述評——真實的鄉土作家——黃春明及其
　　　作品　人文藝術學報　第 3 期　2004 年 4 月　頁 39—48

740. 陳建忠　戰後臺灣文學（1945—迄今）——六〇年代的現代主義文學〔黃
　　　春明部分〕　臺灣的文學　臺北　群策會李登輝學校　2004 年 5
　　　月　頁 77—78

741. 孫藝泉　黃春明童詩賞析　中華民國兒童文學學會會訊　第 20 卷第 4 期
　　　2004 年 7 月　頁 8—9

742. 許俊雅　臺灣現代小說導讀〔黃春明部分〕　現代小說讀本　臺北　揚智
　　　文化公司　2004 年 8 月　頁 30

743. 陳慶浩　從現代幾個文學作品看臺灣社會的演變：以黃春明、王禎和、陳
　　　映真為例　2004 年臺灣文學國際研討會：臺灣文學正典的形成
　　　法國　中研院中國文哲研究所，法國波爾多第三大學主辦　2004

年 11 月 2—4 日

744. Christopher Lupke　　自然國度：黃春明鄉土想像的政治和美學向度　臺灣文
　　　　學研究新途徑國際研討會　德國　中央研究院中國文哲研究所，
　　　　德國波鴻魯爾大學中國語文學系主辦　2004 年 11 月 8—9 日

745. 〔鍾怡雯，陳大為主編〕　　黃春明和他的小說　天下小說選 1：1970—2004
　　　　世界中文小說（臺灣及海外卷）　臺北　天下遠見出版公司
　　　　2005 年 1 月　頁 367—369

746. 江少川　　臺灣鄉土小人物的代言人——黃春明小說漫評　臺港澳文學論稿
　　　　北京　北京大學出版社　2005 年 4 月　頁 54—60

747. 鄭千慈　　畸零人到媽祖婆——論黃春明小說的現代性意識　崩解的自我—
　　　　—現代主義、畸零人與戰後臺灣鄉土小說　淡江大學中國文學系
　　　　碩士論文　范銘如教授指導　2005 年 6 月　頁 23—41

748. 廖淑芳　　童話的追尋與失落——七等生與《文學季刊》　朝向現實的追
　　　　尋——《文學季刊》前五期與陳映真、黃春明、王禎和　國家想
　　　　像、現代主義文學與文學現代性——以七等生文學現象為核心
　　　　清華大學中國文學系　博士論文　呂正惠教授指導　2005 年 7 月
　　　　頁 128—143

749. 尉天驄　　從鄉土文學運動看黃春明等人的小說　沿波討源，雖幽必顯——
　　　　認識臺灣作家的十二堂課　桃園　中央大學　2005 年 8 月　頁
　　　　155—161

750. 陳昭儀　　傑出作家創作歷程之探析〔黃春明部分〕　特殊教育研究學刊
　　　　第 29 期　2005 年 9 月　頁 295—312

751. 陳建忠　　鄉野傳奇與道德理想主義——黃春明與張煒的鄉土小說比較研究[32]
　　　　第二屆兩岸現代文學發展與思潮學術研討會論文集　臺北　中華
　　　　發展基金管理委員會主辦；佛光人文社會學院文學系承辦　2005

---

[32]本文藉由美學探討黃春明與張煒小說，以呈現鄉土小說賦予鄉土救贖目的，以及小說家與現代
　性、鄉土文化間的關係。全文共 4 節：1.前言：轉型社會與文學道義；2.小市鎮與葡萄園：鄉
　土空間的想像及危機；3.傳奇話與道德理想主義：鄉土世界的救贖意涵；4.結語：艱難的敘述。

年 10 月 28—29 日　頁 357—391

752. 陳建忠　鄉野傳奇與道德理想主義——黃春明與張煒的鄉土小說比較研究
　　　臺灣文學研究集刊　第 1 期　2006 年 2 月　頁 161—188

753. 胡多智　論黃春明小說中的國民性批判　語文學刊　2006 年第 5 期　2006
　　　年 5 月　頁 26—28

754. 蔡秀菊　成名的滋味　笠　第 253 期　2006 年 6 月　頁 99—109

755. 王士瓊　在卑弱的暗影中——試析黃春明小說中的知識者形象　華文文學
　　　2006 年第 3 期　2006 年 6 月　頁 92—95

756. 高禎臨　黃春明小說中的場域變遷[33]　東海中文學報　第 18 期　2006 年 7
　　　月　頁 217—228

757. 丁世傑　黃春明鄉土小說的歷史性　臺灣史料研究　第 27 期　2006 年 8 月
　　　頁 87—109

758. 王東興　論黃春明小說的中國人文精神　廈門教育學院學報　第 8 卷第 3
　　　期　2006 年 9 月　頁 40—42

759. 張書群　價值的缺失和追問——黃春明小說中的邊緣人物論　語文學刊
　　　2006 年第 9 期　2006 年 9 月　頁 58—60

760. 戴淑芳　臺灣童話的「在地化」省思——黃春明及鄭清文作品研究　兒童
　　　文學學刊　第 16 期　2006 年 11 月　頁 213—243

761. 李金龍　文明的衝突和自我的重構——論黃春明小說的現實意義　汕頭大
　　　學學報　第 22 卷第 6 期　2006 年 12 月　頁 76—80

762. 周芬伶　滑稽與諷刺——鄉土小說的道德兩難——黃春明小說中的悲憫與
　　　「卑鄙」　聖與魔——臺灣戰後小說的心靈圖像（1945—2006）
　　　臺北　印刻出版公司　2007 年 3 月　頁 101—106

763. 張書群　宜蘭文化景觀的民間書寫——論黃春明小說中的鄉間情調和鄉野
　　　色彩　世界華文文學論壇　2007 年第 2 期　2007 年 6 月　頁 15—

---

[33]本文以布爾迪厄的生存心態與社會場域相互影響的理論，分析黃春明的作品。全文共 3 小節：1. 前言；2.黃春明小說作品的場域變遷情形；3.結論。

17

764. 陳雅琪　往事只能回味——談黃春明散文中消失的小鎮[34]　臺灣文學評論
　　　第 7 卷第 3 期　2007 年 7 月　頁 5—24

765. 張純櫻　諺語 VS.火星文——黃春明老師「文學與社會」演講心得分享　藝
　　　術欣賞　第 3 卷第 4 期　2007 年 8 月　頁 25—29

766. 歐崇敬　黃春明的「原鄉異鄉人」[35]　臺灣小說史導論卷　臺北　洪葉文化
　　　公司　2007 年 9 月　頁 101—129

767. 歐崇敬　黃春明小說世界的後現代與解構閱讀——從知覺體系、欲望結
　　　構、道德信仰、批判意識、生存策略來觀看[36]　臺灣小說史導論卷
　　　臺北　洪葉文化公司　2007 年 9 月　頁 131—152

768. 陳恆嘉　70 年帶 e5 文學電影——ui3 黃春明 e5 小說改編作電影講起　當小
　　　說找到舞臺——第 2 屆臺灣語文暨文化研討會　高雄　中山醫學
　　　大學臺灣語文學系，社團法人臺灣羅馬字協會主辦　2007 年 10 月
　　　6—7 日

769. 莊父福　現代文學課程之情意教學設計與檢討——以黃春明小說為例[37]　朝
　　　陽人文社會學刊　第 5 卷第 2 期　2007 年 12 月　頁 119—142

770. 黃秋玉　七〇年代臺灣鄉土文學作家及其作品特質——代表作家——黃春
　　　明　七〇年代臺灣鄉土文學及其教學研究——以高中教材為例
　　　彰化師範大學國文學系　碩士論文　蔣美華教授指導　2007 年
　　　頁 55—57

---

[34] 本文整理黃春明的散文作品，從中感受作家對於家鄉小鎮的眷戀記憶，與面對轉型社會的無奈與憶舊。全文共 5 小節：1.前言；2.小鎮的記憶：羅東來的文學青年；3.小鎮的瓦解：「心」的鄉愁；4.城市的反思：明天會更好？；5.結語。

[35] 本文以「異鄉」角度探討黃春明筆下小人物，以呈現出「異鄉感」。全文共 6 小節：1.黃氏筆下刻劃的小人物特色；2.愛情世界的社會結構；3.黃春明對時代的觀察與悲觀；4.與白先勇不同的異鄉情境；5.黃春明的文字敘述與存在主義表現；6.各篇作品文本解析。

[36] 本文從知覺體系、欲望結構、道德信仰、批判意識、生存策略，探討黃春明小說以呈現出其新的小說世界。全文共 3 小節：1.從後現代觀點切入的五項觀察；2.黃春明作品中愛情觀的後現代閱讀；3.黃春明筆下人物性格之後現代解析。

[37] 本文透過黃春明的小說，引導學生情意思考，建立人文關懷。全文共 5 小節：1.前言；2.課程設計內容、理念與方式；3.情意目標；4.課程設計之呈現與檢討；5.結語。

771. 梁竣瓘　　經驗傳承與純真的回饋——黃春明與兒童之間　聯合文學　第 280
　　　　　　　　期　2008 年 2 月　頁 56—60

772. 簡貴雀　　臺灣鄉土小說母語之運用及其文化意涵——以黃春明八〇年代後
　　　　　　　　期作品爲例[38]　「臺灣文學與電影中的母語」學術研討會　屏東
　　　　　　　　屏東教育大學中國語文學系主辦　2008 年 2 月 22 日

773. 葉石濤　　七〇年代臺灣文學的回顧〔黃春明部分〕　葉石濤全集・隨筆卷
　　　　　　　　二　臺南，高雄　國立臺灣文學館，高雄市文化局　2008 年 3 月
　　　　　　　　頁 60—61

774. 余順琪　　論黃春明小說中的反殖民主題[39]　臺灣文學評論　第 8 卷第 2 期
　　　　　　　　2008 年 4 月　頁 96—111

775. 江寶釵　　文學經典化與生活記憶的傳承——爲「黃春明國際學術研討會」
　　　　　　　　的舉辦而寫　聯合文學　第 282 期　2008 年 4 月　頁 110—113

776. 江寶釵　　文學經典化與生活記憶的傳承——爲「黃春明國際學術研討會」
　　　　　　　　的舉辦而寫　九彎十八拐　第 19 期　2008 年 5 月　頁 32—34

777. 江寶釵　　文學經典化與生活記憶的傳承——爲「黃春明國際學術研討會」
　　　　　　　　的舉辦而寫　泥土的滋味：黃春明文學論集　臺北　聯合文學出
　　　　　　　　版社　2009 年 3 月　頁 37—44

778. 陳國偉　　民族主義的移位與轉進——七〇年代的黃春明小說　聯合文學
　　　　　　　　第 282 期　2008 年 4 月　頁 114—115

779. 田中宏著；楊智景譯　　回憶和臺灣鄉土文學——黃春明作品遇合時的種種
　　　　　　　　黃春明跨領域國際學術研討會　嘉義　中正大學臺灣文學研究所
　　　　　　　　主辦　2008 年 5 月 31 日，6 月 1 日

780. 田中宏著；楊智景譯　　回憶和臺灣鄉土文學——黃春明作品遇合時的種種

---

[38]本文以黃春明〈現此時先生〉、〈瞎子阿木〉、〈打蒼蠅〉、〈放生〉爲例，說明鄉土小說如何融合母
語並解讀其文化意涵。全文共 5 小節：1.前言；2.母語與鄉土小說；3.鄉土小說中母語之運用；4.
鄉土小說中母語之文化意涵；5.結語。

[39]本文探討黃春明反殖民小說，以了解其小說中反對美、日新帝國主義、以及對臺灣知識份子崇洋
媚外的諷刺。全文共小節：1.前言；2.外國的月亮比較圓；3.蘋果到底啥滋味？；4.說莎喲娜啦就
真的再見了嗎？5.結語。

　　　　　　　　泥土的滋味：黃春明文學論集　臺北　聯合文學出版社　2009 年
　　　　　　　　3 月　頁 392—394

781. 全炯俊　　由兩個女性的歸鄉所考察的故鄉含義——黃春明的白梅和黃皙暎
　　　　　　　　的白花　「黃春明跨領域」國際學術研討會　嘉義　中正大學臺
　　　　　　　　灣文學研究所主辦　2008 年 5 月 31 日，6 月 1 日

782. 全炯俊　　由兩個女性的歸鄉所考察的故鄉含義——黃春明的白梅和黃皙暎
　　　　　　　　的白花　泥土的滋味：黃春明文學論集　臺北　聯合文學出版社
　　　　　　　　2009 年 3 月　頁 386— 390

783. 朱玉芳　　非「童」兒戲——以敘述學觀點看「黃春明童話」　「黃春明跨
　　　　　　　　領域」國際學術研討會　嘉義　中正大學臺灣文學研究所主辦
　　　　　　　　2008 年 5 月 31 日—6 月 1 日

784. 江寶釵，李佳盈　　色，不戒——從後殖民的角度探討黃春明小說中風塵女
　　　　　　　　性形象的轉變　「黃春明跨領域」國際學術研討會　嘉義　中正
　　　　　　　　大學臺灣文學研究所主辦　2008 年 5 月 31 日，6 月 1 日

785. 西端彩　　モダニズム vs.鄉土文学？——黃春明のモダニズム実践を通して
　　　　　　　　日本台灣学会設立 10 周年記念学術大会　東京　日本臺灣學會主
　　　　　　　　辦；東京大學大學院綜合文化研究科地域文化研究專攻協辦
　　　　　　　　2008 年 5 月 31，6 月 1 日

786. 西端彩　　黃春明的現代主義實踐——從現代到鄉土的變遷　「黃春明跨領
　　　　　　　　域」國際學術研討會　嘉義　中正大學臺灣文學研究所主辦
　　　　　　　　2008 年 5 月 31 日，6 月 1 日

787. 吳　敏　　從小說到電影——韓、臺現代化進程中的小人物敘事　「黃春明
　　　　　　　　跨領域」國際學術研討會　嘉義　中正大學臺灣文學研究所主辦
　　　　　　　　2008 年 5 月 31 日，6 月 1 日

788. 李佳盈　　從後殖民的角度探討黃春明小說中的風塵女性形象　黃春明跨領
　　　　　　　　域國際學術座談會暨研討會　嘉義　中正大學臺灣文學研究所
　　　　　　　　2008 年 5 月 31 日，6 月 1 日

789. 杜國清　突破「價值」的藩籬——從黃春明「英譯小說」的閱讀談起臺灣
　　　　　　　文學外譯再思　「黃春明跨領域」國際學術研討會　嘉義　中正
　　　　　　　大學臺灣文學研究所主辦　2008 年 5 月 31 日，6 月 1 日

790. 邱子修　庶民的兩難與抉擇——黃春明小說中的女性／後殖民意識[40]　「黃
　　　　　　　春明跨領域」國際學術研討會　嘉義　中正大學臺灣文學研究所
　　　　　　　2008 年 5 月 31 日，6 月 1 日

791. 邱子修　庶民的兩難與抉擇——黃春明小說中的女性／後殖民意識　泥土
　　　　　　　的滋味：黃春明文學論集　臺北　聯合文學出版社　2009 年 3 月
　　　　　　　頁 352—384

792. 徐秀慧　鄉土文學與現實主義的天方夜譚——漸行漸遠的說書人黃春明[41]
　　　　　　　「黃春明跨領域」國際學術研討會　嘉義　中正大學臺灣文學研
　　　　　　　究所主辦　2008 年 5 月 31 日，6 月 1 日

793. 徐秀慧　鄉土文學與現實主義的天方夜譚——形影孤單、漸行漸遠的說書
　　　　　　　人黃春明　「臺灣文學現代性」學術會議　廈門　廈門大學臺灣
　　　　　　　研究中心，廈門大學臺灣研究院，福建省臺灣香港澳門暨海外華
　　　　　　　文文學研究會合辦　2008 年 7 月 4—8 日

794. 徐秀慧　第三世界鄉土故事的天方夜譚——形影孤單、漸行漸遠的說書人
　　　　　　　黃春明　泥土的滋味：黃春明文學論集　臺北　聯合文學　2009
　　　　　　　年 3 月　頁 184—212

795. 張東天　黃春明小說和改編電影的空間描繪比較[42]　「黃春明跨領域」國際
　　　　　　　學術研討會　嘉義　中正大學臺灣文學研究所主辦　2008 年 5 月
　　　　　　　31 日，6 月 1 日

---

[40]本文探討黃春明小說中女性自主意識和後殖民意識的呈現。全文共 5 小節：1.前言；2.《看海的日子》裡的女性自主意識；3.《莎喲娜啦‧再見》的後殖民意識；4.《我愛瑪麗》（1977）一文中後殖民性書寫；5.結論。

[41]本文從黃春明小說的創作史、世界觀，思考「小說」此一文類與鄉土文化的關係。全文共 4 小節：1.前言；2.現代小說與鄉土故事；3.期待被「放生」的人倫、自然與政治；4.結語。

[42]本文討論八〇年代初黃春明小說改編前後空間描繪上的變化。全文共 5 小節：1.前言；2.黃春明小說的空間認同：城鄉之間的變奏；3.改編電影：加強空間的審美性；4.電影《七洙和萬洙》：到首爾的〈兩個油漆匠〉；5.代結。

---

[43]本文探討黃春明小說作品，以了解鄉土倫理學的場域，以及藉由帶有神祕經驗色彩的情節構設，
以呈現當代臺灣社會心靈的災難與救贖。全文共 4 小節：1.前言：尋根式的鄉土小說與鄉土倫理
學；2.什麼都不缺的小市鎮：鄉土世界的想像及危機；3.神秘經驗啟示下的鄉土倫理問題：鄉土
世界的救贖意涵；4.結語：艱難的敘述。

[44]本文分析黃春明六、七〇年代的小說，釐清他以意識型態救贖／對抗意識形態的書寫策略。全文
共 4 小節：1.前言：移動作為一種隱喻；2.借火的翻譯學：後「現代主義」時期的現代抵抗；3.借
火攻火：民族主義位置的召喚；4.結語：向左走，向右走？。

日

804. 黃儀冠 　想像國族與原鄉圖像——黃春明小說與臺灣新電影之改編與再現[45]　「黃春明跨領域」國際學術研討會　嘉義　中正大學臺灣文學研究所主辦　2008 年 5 月 31 日，6 月 1 日

805. 黃儀冠 　想像國族與原鄉圖像——黃春明小說與臺灣新電影之改編與再現　泥土的滋味：黃春明文學論集　臺北　聯合文學　2009 年 3 月　頁 73—112

806. 廖淑芳 　鬼魅、消費與往來——試析黃春明小說中的鬼敘事[46]　「黃春明跨領域」國際學術研討會　嘉義　中正大學臺灣文學研究所主辦　2008 年 5 月 31 日，6 月 1 日

807. 廖淑芳 　鬼魅、消費與往來——試析黃春明小說中的鬼敘事　泥土的滋味：黃春明文學論集　臺北　聯合文學出版社　2009 年 3 月　頁 285—318

808. 劉　俊 　九彎十八拐——黃春明文學中「鄉土」的文化演繹　「黃春明跨領域」國際學術研討會　嘉義　中正大學臺灣文學研究所主辦主辦　2008 年 5 月 31 日，6 月 1 日

809. 蔡振念 　黃春明小說中的象徵[47]　「黃春明跨領域」國際學術研討會　嘉義　中正大學臺灣文學研究所主辦　2008 年 5 月 31 日，6 月 1 日 810. 蔡振念　黃春明小說中的象徵　泥土的滋味：黃春明文學論集　臺北　聯合文學　2009 年 3 月　頁 154—183

811. 戴華萱 　黃春明跨文類的成長主題研究[48]　「黃春明跨領域」國際學術研討

---

[45]本文分析黃春明小說中的鄉土意涵，如何被轉換成臺灣新電影再現的「原鄉」。全文共 6 小節：1.前言；2.鄉土文學改編與臺灣新電影典律化；3.傳統鄉土與美日經濟支配；4.女性受難與原鄉圖像之互文轉喻；5.複數族裔與雜混文化；6.結論。

[46]本文針對黃春明鬼魅故事偏向敘事而不解釋的特質，提出解釋。全文共 6 小節：1.前言；2.鬼魅敘事與神聖空間——由空間神聖感到神聖空間；3.神聖空間與歷史替罪羊；4.神聖空間與象徵消費的經驗凡俗化；5.故事與解釋；6.代結——消費與人我往來。

[47]本文以「接受美學」及「讀者反應論」論述黃春明的小說象徵。全文共 3 小節：1.緒論；2.象徵的多重意涵；3.結論。

[48]本文從黃春明的小說、散文、兒童繪本，探討作家跨文類的成長主題。全文共 5 小節：1.前言；2.另一種閱讀黃春明的可能；3.黃春明小說、散文的成長主題；4.黃春明童話的成長主題；5.結論。

會　嘉義　中正大學臺灣文學研究所　2008 年 5 月 31 日，6 月 1
日

812. 戴華萱　黃春明跨文類的成長主題研究　泥土的滋味：黃春明文學論集
臺北　聯合文學　2009 年 3 月　頁 255—284

813. 張書群　根植故土，情繫家園——論黃春明小說中的地理書寫與文學體驗
河石子大學學報　第 22 卷第 3 期　2008 年 6 月　頁 59—62

814. 黃美滿　黃春明兒童劇本的生態意識初探　國語日報　2008 年 7 月 13 日
4 版

815. 黃美滿　黃春明兒童劇本的生態意識初探　第九屆亞洲兒童文學大會　臺
東　亞洲兒童文學學會臺北分會主辦　2008 年 7 月 27—31 日

816. 曾萍萍　太陽兀自照耀著：《文學季刊》內容分析——第一件差事：大放
異彩的小說創作〔黃春明部分〕　「文季」文學集團研究——以
系列刊物為觀察對象　中央大學中國文學系　博士論文　李瑞騰
教授指導　2008 年 7 月　頁 104—106

817. 曾萍萍　Made in Taiwan：《文季》雙月刊內容分析——臺灣製造的一條山
路：「文季」老同人文學表現〔黃春明部分〕　「文季」文學集
團研究——以系列刊物為觀察對象　中央大學中國文學系　博士
論文　李瑞騰教授指導　2008 年 7 月　頁 236—237

818. 張書群，李賦　宜蘭文化的價值偏愛與理性觀照——論黃春明小說的民間
文化底蘊　懷化學院學報　第 27 卷第 8 期　2008 年 8 月　頁 82
—83，93

819. 朱雙一　從遷移到扎根：海與山的交會〔黃春明部分〕　臺灣文學與中華
地域文化　廈門　鷺江出版社　2008 年 9 月　頁 96—97，130—
132，150

820. 郝瑞芳　鄉土烏托邦的追尋——比較沈從文與黃春明的「鄉土世界」　世
界華文文學論壇　2008 年第 3 期　2008 年 9 月　頁 71—75

821. 張書群　鄉間老人問題的凸顯與思索——論黃春明小說的憂患意識與關懷

　　　　　　　視角　語文學刊　2008 年第 9 期　2008 年 9 月　頁 125—126

822. 林珮熒　　黃春明童話中的異類　資深作家黃春明、鄭清文童話研討會　臺
　　　　　　　北　中華民國兒童文學學會主辦　2008 年 11 月 22—23 日

823. 蔡麗雲　　象不像有關係——探析黃春明童話中的「認同」　資深作家黃春
　　　　　　　明、鄭清文童話研討會　臺北　中華民國兒童文學學會主辦
　　　　　　　2008 年 11 月 22—23 日

824. 顏志豪　　試論黃春明童話中的滑稽概念　資深作家黃春明、鄭清文童話研
　　　　　　　討會　臺北　中華民國兒童文學學會主辦　2008 年 11 月 22—23
　　　　　　　日

825. 蕭家秝　　黃春明小說中的廣告行銷特質與書寫策略　第三屆中國語文研究
　　　　　　　生論文發表會　屏東　屏東教育大學中國語文學系，臺東大學語
　　　　　　　文教育學研究所主辦　2008 年 11 月 28 日

826. 翟憶平　　黃春明描寫的老人生活　九○年代以降後鄉土小說發展研究　南
　　　　　　　華大學文學系　碩士論文　侯作珍教授指導　2008 年 12 月　頁
　　　　　　　88—101

827. 詹雅晴　　心靈的清泉　九彎十八拐　第 23 期　2009 年 1 月　頁 31—32

828. 陳芳明主講；江寶釵整理　　生命與時代的照明——黃春明、黃春明小說與
　　　　　　　我　泥土的滋味：黃春明文學論集　臺北　聯合文學出版社
　　　　　　　2009 年 3 月　頁 27—35

829. 柯慶明等[49]　　流動的時代，不朽的大師——黃春明的文學與電影座談會　泥
　　　　　　　土的滋味：黃春明文學論集　臺北　聯合文學出版社　2009 年 3
　　　　　　　月　頁 396—436

830. 王慧菁　　童路歷程：試論黃春明童話成長主題　「走！到民間去！」庶民
　　　　　　　生活與文化學術研討會　嘉義　中正大學臺灣文學研究所　2009
　　　　　　　年 4 月 25 日

831. 李瑞騰　　序　放生　臺北　聯合文學出版社　2009 年 5 月　頁 9—14

[49]主持人：柯慶明；與會者：萬仁、王童、聞天祥、黃建業、許悔之、林鎮山；整理：江寶釵。

832. 林翠芬　　為人生而藝術——黃春明：多寫讓人心靈感動的作品　香港作家
　　　　　　　2009 年第 3 期　2009 年 5 月　頁 29—30

833. 許菁娟　　1980 における台湾郷土文学の発展——黃春明の作品の映画化現
　　　　　　　象からの考察　日本台湾協会学術大会(第 11 屆)　東京　日本臺
　　　　　　　灣學會主辦　2009 年 6 月 6 日

834. 蔡振念　　陳映真與黃春明小說中的後殖民書寫　「測繪世界：旅行、移居
　　　　　　　與疆界跨越」國際研討會　高雄　中山大學人文社會科學研究中
　　　　　　　心主辦　2009 年 10 月 31 日，11 月 1 日

835. 李娟，馬臣　論黃春明底層寫作的特點　時代文學　2009 年第 5 期　2009
　　　　　　　年　頁 39—40

836. 李國磊　　品嘗〈蘋果的滋味〉的前後——析黃春明小說創作的轉變　淄博
　　　　　　　師專學報　2009 年第 1 期　2009 年　頁 68—71

837. 陳家洋　　1970 年代臺灣鄉土小說的反殖民敘事〔黃春明部分〕　貴州社會
　　　　　　　科學　2010 年第 2 期　2010 年 2 月　頁 60—61

838. 吳敏顯　　鄉愁揪心・黃春明書寫不盡　書香遠傳　第 82 期　2010 年 3 月
　　　　　　　頁 54—57

839. 萬胥亭　　小說做為一種「美學方法」：「感覺體」的「組構」與「疆域
　　　　　　　性」的「表現」——司馬中原與黃春明的鄉土小說[50]　感官素材與
　　　　　　　人性辯證國際學術研討會　臺南　國立臺灣文學館主辦　2010 年
　　　　　　　3 月 6—7 日

840. 萬胥亭　　小說作為一種「美學方法」：「感覺體」的「組織」與「疆域
　　　　　　　性」的「表現」——司馬中原與黃春明的鄉土小說　感官素材與
　　　　　　　人性辯證國際學術研討會論文集　臺南　國立臺灣文學館　2010
　　　　　　　年 8 月　頁 197—214

841. 張以昕　　鄉村的「神聖」與城市的「魅影」——黃春明小說神鬼敘事的生

---

[50]本文運用德勒茲與瓜達利「疆域性」概念談司馬中原與黃春明所展現的「鄉土感覺體」，以及
文學史上的系譜。全文共 4 節：1.導言；2.「感覺體」的「組構」與「疆域性」的「表現」；3.從
「江北荒原」到「蘭陽平原」；4.鄉土書寫系譜與「祖國」之弔詭。

產與傳播現象　第五屆全國研究生文學社會學學術研討會　嘉義
南華大學文學系主辦　2010 年 5 月 8 日

842. 廖瑛瑛　《文學季刊》的成立背景與風格——《文學季刊》的風格特色——
代表人物——黃春明　反抗權威——七等生與《文學季刊》人
文集團的交往及決裂　南華大學文學系　碩士論文　張錫輝教授
指導　2010 年 7 月　頁 121—125

843. 史青松　試論黃春明小說中的祖孫形象書寫　宿州教育學院學報　第 13 卷
第 4 期　2010 年 8 月　頁 26—27，101

844. 苗　軍　「關心人」、「關心社會」——黃春明的創作及意義　20 世紀臺
灣文學史略　北京　民族出版社　2010 年 10 月　頁 223—231

845. 谷學良　賈平凹、黃春明社會轉型題材鄉土小說比較論　華北水利水電學
院學報　第 25 卷第 5 期　2010 年 10 月　頁 68—70，89

846. 谷學良　迷幻的家園——賈平凹、黃春明社會轉型題材鄉土小說比較論
世界華文文學研究（七）　合肥　安徽文藝出版社　2011 年 6 月
頁 42—49

847. Evelyn Shih　Bei la ba la bei la:Modernist Nonsense in Huang Chunming's
Fiction　Graduate Student Conference on　Taiwan Literature and
Culture（臺灣文學與文化國際研究生會議）　Canada　UC Davis
2010 年 11 月 11 日

848. 梁竣瓘　認同‧出走‧回歸——黃春明與宜蘭　文訊雜誌　第 302 期
2010 年 12 月　頁 74—78

849. 梁竣瓘　認同‧出走‧回歸——黃春明與宜蘭　我在我不在的地方：文學
現場踏查記　臺南　國立臺灣文學館　2010 年 12 月　頁 212—
220

850. 黃信強　從「愛家鄉」角度試論黃春明小說的人格觀　中國語文　第 107
卷第 6 期　2010 年 12 月　頁 79—85

851. 尉天驄　黃春明的鄉土世界　臺港文學選刊　2011 年第 1 期　2011 年 2 月

頁 41

852. 黃信強　從文學社會學角度看黃春明小說美日人物性格之書寫　中國語文　第 108 卷第 3 期　2011 年 3 月　頁 86—92

853. 朱雙一　回歸傳統和關切現實：鄉土文學再出發〔黃春明部分〕　臺灣文學創作思潮簡史　臺北　人間出版社　2011 年 5 月　頁 311—313，325—328

854. 陳學祈　黃春明：關懷小人物的處境與尊嚴　文訊雜誌　第 307 期　2011年 5 月　頁 105

855. 李友煌　臺灣主體性的再出發：海洋的現代抒情與鄉土寫實（1960—70 年代）——海洋性鄉土文學：黃春明與工拓之海　主體浮現：臺灣現代海洋文學的發展　成功大學臺灣文學系　博士論文　呂興昌教授指導　2011 年 6 月　頁 205—237

856. 施炳華　黃春明的臺語文觀點商榷　海翁臺語文學　第 115 期　2011 年 7月　頁 126—133

857. 洪惟仁　四問黃春明——有關「臺語文書寫與教育的商榷」（臺語版）　海翁臺語文學　第 115 期　2011 年 7 月　頁 134—138

858. 洪惟仁　給春明大師談臺語文學　海翁臺語文學　第 116 期　2011 年 8 月頁 134—139

859. 葉臻（June Yip）著；黃宛瑜譯　面對他者，定義自我：鄉土文學與臺灣國族主義的出現——黃春明和鄉土文學論戰　想望臺灣：小說、電影、國家中的文化想像　臺北　書林出版社　2011 年 8 月　頁 64—67

860. 葉臻（June Yip）著；黃宛瑜譯　語言與民族主義：作為社會競逐的文化〔黃春明部分〕　想望臺灣：小說、電影、國家中的文化想像　臺北　書林出版社　2011 年 8 月　頁 169—197

861. 葉臻（June Yip）著；黃宛瑜譯　鄉村與城市：現代化與變遷中的時空觀念〔黃春明部分〕　想望臺灣：小說、電影、國家中的文化想像

臺北　書林出版社　2011 年 8 月　頁 221—228

862. 葉蓁（June Yip）著；黃宛瑜譯　流亡、移動和轉變的認同：全球化和文化
混雜的新領域〔黃春明部分〕　想望臺灣：小說、電影、國家中
的文化想像　臺北　書林出版社　2011 年 8 月　頁 254—257

863. 陳憲仁編　黃春明　Contemporary Taiwanese Literature and Art Series——
Essays 當代臺灣文學藝術系列——散文卷　臺北　中華民國筆會
2011 年 9 月　頁 52

864. 尉天驄　寂寞的打鑼人——黃春明的鄉土歷程　文訊雜誌　第 311 期
2011 年 9 月　頁 29—37

865. 尉天驄　寂寞的打鑼人——黃春明的鄉土歷程　回首我們的時代　臺北
印刻文學生活雜誌出版公司　2011 年 11 月　頁 197—215

866. 吳敏顯　一直在尋找的地方　我的平原　臺北　九歌出版社　2012 年 11 月
頁 245 —250

867. 洪惟仁　臺語文中風了有什麼好笑？——評春明大師在淡江大學「全國臺
灣文藝營」的演講　海翁臺語文學　第 119 期　2011 年 11 月　頁
138—140

868. 洪惟仁　臺語文中風了有啥 mih 好笑？——評春明大師 tī 淡江大學「全國
臺灣文藝營」ê 演講　臺文通訊　第 212 期　2011 年 11 月　頁 6
—7

869. 曾巧雲　黃春明：來一碗拾錦黃春麵，將文學還給大眾　2010 年臺灣文學
年鑑　臺南　國立臺灣文學館　2011 年 11 月　頁 146—147

870. 周俊偉　後殖民文化與臺灣當代文學〔黃春明部分〕　多元文化與臺灣當
代文學　北京　文化藝術出版社　2011 年 12 月　頁 277—278，
283—296

871. 張曉風編　黃春明　Contemporary Taiwanese Literature and Art Series——
Short Stories（當代臺灣文學藝術系列——小說卷）　臺北　中華
民國筆會　2011 年 12 月　頁 136

872. 彭鏡禧編　黃春明　回首塵寰──二十世紀臺灣短篇小說精選（Grand Impressions：A Selection of 20th-century Taiwan Short Stories）　臺北　國家教育研究院　2011 年 12 月　頁 243─244

873. 劉曉蓮　20 世紀 70 年代臺灣鄉土文學中的五四新文化精神──五四新文化精神的嫡系傳人〔黃春明部分〕　多元文化與臺灣當代文學　北京　文化藝術出版社　2011 年 12 月　頁 121─122

874. 郭美玲　文明？不文明？──黃春明小說中有關「文明」現象之探討　景文學報　第 22 卷第 1 期　2012 年 1 月　頁 1─23

875. 戴華萱　回歸鄉土的搖籃：文學雜誌──我在臺北明星咖啡館：《文學季刊》──孕育鄉土文學作家的搖籃〔黃春明部分〕　鄉土的回歸──六、七〇年代臺灣文學走向　臺南　國立臺灣文學館　2012 年 11 月　頁 52─54

876. 戴華萱　進入鄉土的寫實小說──故鄉草根人物的回眸與帝國主義的批判──黃春明　鄉土的回歸──六、七〇年代臺灣文學走向　臺南　國立臺灣文學館　2012 年 11 月　頁 216─224

877. 邱阿塗　談黃春明小說中的人道關懷與鄉土情懷　悠悠南門河　宜蘭　宜蘭縣政府文化局　2012 年 12 月　頁 156─167

878. 施俊州　臺語文學的未來──黃春明事件的文學史反思　新地文學　第 22 期　2012 年 12 月　頁 70─74

879. 陳正芳　文化交流下的歷史印記：論陳映真和黃春明小說中的美國人形象建構　臺灣文學學報　第 21 期　2012 年 12 月　頁 137─170

880. 吳　迪　品評黃春明的小說與散文　書屋　2011 年第 12 期　2012 年　頁 34─37

881. 李　勇　海峽兩岸鄉村敘事比較──以賈平凹和黃春明、陳映真為例　文學評論　2012 年第 1 期　2012 年　頁 165─172

882. 李瑞騰　黃春明小說中的車聲輪影　臺灣文學館通訊　第 39 期　2013 年 6 月　頁 18─23

分論
◆單行本作品
散文
《等待一朵花的名字》

883. 何春蕤　　　不要被書名騙了——讀黃春明散文集《等待一朵花的名字》　中
　　　　　　　　國時報　1989 年 9 月 11 日　18 版

884. 林冠妏　　　《等待一朵花的名字》　「閱讀作家‧作家閱讀」文學創作班成
　　　　　　　　果專輯　南投　南投縣文化局　2002 年 12 月　頁 107—118

885. 解昆樺　　　誠實‧作為一種再現世界的語言技術——賞析《等待一朵花的名
　　　　　　　　字》　聯合文學　第 282 期　2008 年 4 月　頁 116—118

小說
《兒子的大玩偶》

886. 張德本　　　我看黃春明的作品　臺灣文藝　第 35 期　1972 年 4 月　頁 81—
　　　　　　　　82

887. 何　欣　　　論黃春明的小說中的人物（上、下）[51]　書評書目　第 8—9 期
　　　　　　　　1973 年 11 月，1974 年 1 月　頁 106—118，35—86

888. 何　欣　　　黃春明小說中的人物　從大學生到草地人　臺北　遠行出版社
　　　　　　　　1976 年 3 月　頁 117—198

889. 何　欣　　　論黃春明的小說中的人物　中國現代作家論　臺北　聯經出版公
　　　　　　　　司　1979 年 7 月　頁 461—493

890. 何　欣　　　論黃春明　當代臺灣作家論　臺北　東大圖書公司　1981 年 7 月
　　　　　　　　頁 74—150

891. 焦屏雄　　　由《兒子的大玩偶》在日本受重視說起　聯合報　1984 年 10 月
　　　　　　　　29 日　9 版

892. 翁美紅　　　《兒子的大玩偶》　最愛一百小說　臺北　聯經出版公司　2004
　　　　　　　　年 5 月　頁 40—41

_____

[51]本文後改篇名為〈黃春明論〉。

893. 袁世忠　黃春明在「明星」創作《兒子的大玩偶》　聯合晚報　2004 年 7 月 4 日　4 版

894. 黃柔溱　《兒子的大玩偶》中色彩詞運用與情感的連結　第二屆臺中教育大學語文教育學系研究生論文研討會　臺中　臺中教育大學語文教育學系研究生學會主辦　2011 年 5 月 21 日

《鑼》

895. 王幼華　《鑼》　明道文藝　第 198 期　1992 年 9 月　頁 168—169

896. 王幼華　《鑼》　文學星空　臺北　國家文藝基金管理委員會　1992 年 9 月　頁 104—106

897. 周　青　《鑼》與阿 Q　黃春明作品研討會　北京　北京作家協會主辦　1998 年 10 月 29—31 日

898. 周　青　《鑼》與阿 Q　文史論集　臺北　海峽學術出版社　2004 年 12 月　頁 231—234

899. 尉天聰　《鑼》的現實和《鑼》的道路——論黃春明《鑼》　臺灣文學經典研討會　臺北　行政院文建會主辦　1999 年 3 月 19—21 日

900. 尉天聰　《鑼》的現實和《鑼》的道路——論黃春明《鑼》　臺灣文學經典研討會論文集　臺北　行政院文建會，聯經出版公司　1999 年 6 月　頁 155—166

901. 應鳳凰　黃春明的《鑼》　臺灣文學花園　臺北　玉山社出版公司　2003 年 1 月　頁 106—110

902. 藍建春　黃春明《鑼》　新活水　第 17 期　2008 年 3 月　頁 60—66

《莎喲娜啦·再見》

903. 唐吉松　談黃春明《莎喲娜啦·再見》（上、下）　中華日報　1973 年 12 月 25—26 日　9 版

904. 林柏燕　評《莎喲娜啦·再見》（上、下）　中華日報　1974 年 1 月 19—20 日　9 版

905. 余　素　又是一句好響的鑼聲——讀黃春明的《莎喲娜啦·再見》　中華

文藝　第 45 期　1974 年 11 月　頁 128—136

906. 賴瑞鼎　《莎喲娜啦‧再見》讀後　文壇　第 180 期　1975 年 6 月　頁 24
　　　—31

907. 黃武忠　小說的方言使用——兼談楊青矗《工廠人》、王禎和《嫁粧一牛
　　　車》、黃春明《莎喲娜啦‧再見》用語之比較　書評書目　第 72
　　　期　1979 年 4 月　頁 56—65

908. 黃武忠　小說的方言使用——兼談：楊青矗《工廠人》、王禎和《嫁粧一
　　　牛車》、黃春明《莎喲娜啦‧再見》用語之比較　鹽分地帶文學
　　　選　臺北　林白出版社　1979 年 8 月　頁 530—544

909. 黃武忠　小說的方言使用——兼談楊青矗《工廠人》、王禎和《嫁粧一牛
　　　車》、黃春明《莎喲娜啦，再見》用語之比較　文藝的滋味　臺
　　　北　自立晚報社　1983 年 10 月　頁 13—28

910. 黃武忠　小說的方言使用——兼談楊青矗《工廠人》、王禎和《嫁粧一牛
　　　車》、黃春明《莎喲娜啦‧再見》用語之比較　南瀛文學選：評
　　　論卷（二）　臺南　臺南縣文化中心　1992 年 6 月　頁 524—539

911. 黃武忠　小說的方言使用——兼談楊青矗《工廠人》、王禎和《嫁粧一牛
　　　車》、黃春明《莎喲娜啦‧再見》用語之比較　文學動念轉不停
　　　臺南　臺南縣立文化中心　1999 年 5 月　頁 135—154

912. 〔朝日新聞〕　黃春明著《さよなう‧再見》日本人には苦い読後感　朝
　　　日新聞　1979 年 10 月 28 日　11 版

913. 葉石濤　關於《莎喲娜啦‧再見》的日文譯本　民眾日報　1979 年 12 月 3
　　　日　12 版

914. 葉石濤　關於《莎喲娜啦‧再見》的日文譯本　作家的條件　臺北　遠景
　　　出版社　1981 年 6 月　頁 41—46

915. 葉石濤　關於《莎喲娜啦‧再見》的日文譯本　葉石濤全集‧評論卷二
　　　臺南，高雄　國立臺灣文學館，高雄市文化局　2008 年 3 月　頁
　　　155—161

916. 田中宏著；葉石濤譯 《莎喲娜啦・再見》 小說筆記 臺北 前衛出版社 1983 年 9 月 頁 2—14

917. 上里賢一 現実を直視する文学——黃春明《さよなう・再見》の背景 新沖縄文学 第 60 期 1984 年 6 月 頁 101—109

918. 〔大學研讀社編〕 臺灣鄉土文學的大師——黃春明——現實意識衝擊出來的《莎喲娜啦・再見》 改變大學生的書 臺北 前衛出版社 1984 年 8 月 頁 15—31

919. 蔡源煌 黃春明的《莎喲娜啦・再見》 中國時報 1986 年 12 月 21 日 8 版

920. 王幼華 《莎喲娜啦・再見》 錦囊開卷 臺北 國家文藝基金管理委員會 1993 年 6 月 頁 176—178

921. 計 蕾 樸素寫實的鄉土文學——從黃春明《莎喲娜啦・再見》說起 中華日報 1994 年 1 月 16 日 11 版

922. 下村作次郎著；葉石濤譯 臺灣文學在臺灣〔《莎喲娜啦・再見》部分〕 中華日報 1995 年 10 月 31 14 版

923. 曾仕良 《莎喲娜啦・再見》 翰海觀潮 臺北 行政院文建會 1997 年 5 月 頁 32—34

924. 吳儀鳳 黃春明小說藝術的言語風格——以《莎喲娜啦・再見》爲例 中國文化月刊 第 222 期 1998 年 9 月 頁 47—60

925. 鄭淑芬 當身體化爲國族的象徵——紐國學者發表論文從黃春明談到李昂的順從與政治分離主義 自立晚報 1999 年 11 月 14 日 3 版

926. 何 標 重讀《莎喲娜啦・再見》 番薯藤繫兩岸情 北京 臺海出版社 2003 年 1 月 頁 304—306

927. 張光正 重讀《莎喲娜啦・再見》 番薯藤繫兩岸情 臺北 海峽學術出版社 2003 年 9 月 頁 290—293

928. 楊馥菱 黃春明及其小說《莎喲娜啦・再見》 北市師院語文學刊 第 7 期 2003 年 6 月 頁 241—263

929. 藤井省三著；張文薰譯　日本的臺灣文學翻譯現況（上）〔《莎喲娜啦・再見》部分〕　臺灣日報　2003 年 12 月 19 日　25 版

930. 李錫奇　畫家最喜歡的小說　最愛一百小說　臺北　聯經出版公司　2004 年 5 月　頁 49

931. 張靜茹　評介《莎喲娜啦・再見》　臺灣時報　2007 年 3 月 4 日　21 版

932. 田中宏　《莎喲娜啦・再見》中的臺／日人　「黃春明跨領域」國際學術研討會　嘉義　中正大學臺灣文學研究所主辦主辦　2008 年 5 月 31 日，6 月 1 日

《小寡婦》

933. 艾知申　懷念那聲鑼——看黃春明著《小寡婦》　書評書目　第 24 期 1975 年 4 月　頁 111—112

934. 〔許燕，李敬選編〕　《小寡婦》　感人的書　臺北　希代書版公司 1984 年 12 月　頁 305—313

935. 黃重添　多刺的「玫瑰」與冰冷的「小寡婦」——《玫瑰玫瑰我愛你》與《小寡婦》比較隨想　臺灣研究集刊　1986 年第 4 期　1986 年 11 月　頁 91—96

936. 何依霖著；張裕敏，杜欣欣，鄭惠雯譯　重審美國霸權——大江健三郎・野坂昭如・黃春明・王禎和——黃春明《小寡婦》：越南、休閒中心與娛樂工業的蓬勃發展　異地繁花——海外臺灣文論選譯（下）　臺北　臺灣大學出版中心　2012 年 8 月　頁 295—306

《我愛瑪莉》

937. 齊益壽　一把辛酸淚——試評《我愛瑪莉》　書評書目　第 71 期　1979 年 3 月　頁 18—27

938. 齊益壽　一把辛酸淚——試評《我愛瑪莉》　當代中國新文學大系・文學論評集　臺北　天視出版公司　1980 年 2 月　頁 470—480

939. 齊益壽　黃春明著《我愛瑪莉》序　自立晚報　1979 年 4 月 15 日　3 版

《青番公的故事》

940. 邱阿塗　　從人性尊嚴的觀點看黃春明《青番公的故事》　悠悠南門河　宜
　　　　　　　蘭　宜蘭縣政府文化局　2012 年 12 月　頁 168—177

《黃春明電影小說集》

941. 李漢偉　　臺灣小說的「窮困之悲」──試以黃春明電影小說爲例　臺灣小
　　　　　　　說的三種悲情　臺北　駱駝出版社　1997 年 10 月　頁 43—77

《放生》

942. 李瑞騰　　序　放生　臺北　聯合文學出版社　1999 年 1 月　頁 5—10

943. 彭世珍　　黃春明《放生》　金石文化廣場出版情報　第 138 期　1999 年 1
　　　　　　　月　頁 2—3

944. 江中明　　黃春明新書《放生》下月面世　聯合報　1999 年 8 月 31 日　14
　　　　　　　版

945. 江中明　　黃春明新作《放生》省思高齡化社會　聯合報　1999 年 10 月 13
　　　　　　　日　14 版

946. 康俐雯　　黃春明《放生》關懷臺灣老人　中國時報　1999 年 10 月 13 日　6
　　　　　　　版

947. 陳文芬　　暌違 16 年黃春明小說《放生》了　中國時報　1999 年 10 月 13 日
　　　　　　　11 版

948. 王蘭芬　　新書《放生》，黃春明惜老人動人心　民生報　1999 年 10 月 13
　　　　　　　日　5 版

949. 施　淑　　艱難的敘述　聯合報　1999 年 11 月 8 日　48 版

950. 劉秋枝　　《放生》　中央日報　1999 年 11 月 9 日　22 版

951. 施懿琳　　《放生》　中國時報　1999 年 11 月 11 日　42 版

952. 徐秀慧　　現代鄉野「奇」譚──黃春明新書《放生》面世　中央日報
　　　　　　　1999 年 11 月 29 日　26 版

953. 顧　盼　　《放生》　臺灣日報　1999 年 12 月 9 日　35 版

954. 徐惠隆　　黃春明小說《放生》出版　文訊雜誌　第 170 期　1999 年 12 月
　　　　　　　頁 73—74

955. 李瑞騰　　老幼生死之際的人生課題　中央日報　2000 年 1 月 17 日　12 版

956. 林黛嫚等[52]　　看得見的情感力量與思想火光——中央閱讀 1999 十大好書榜

　　　　　　　揭曉〔《放生》部分〕　中央日報　2000 年 1 月 17 日　22 版

957. 杜　英　　能忙最好——黃春明談《放生》　中央日報　2000 年 1 月 31 日

　　　　　　12 版

958. 陳建忠　　最後的鄉土傳奇——評黃春明小說集《放生》（上、下）　中央

　　　　　　日報　2000 年 2 月 12—13 日　22 版

959. 馬儷菁　　細聽老人的聲音　中國時報　2000 年 2 月 24 日　47 版

960. 李瑞騰　　他們以殘軀抵擋殘酷的風雨　中央日報　2000 年 3 月 24 日　22

　　　　　　版

961. 張素貞　　沉凝之筆寫鄉土　中央日報　2000 年 3 月 24 日　22 版

962. 張素貞　　沉凝之筆寫鄉土——黃春明的《放生》　現代小說啓事　臺北

　　　　　　九歌出版社　2001 年 8 月　頁 216—221

963. 歐宗智　　爲老人做見證——談黃春明短篇小說集《放生》　民眾日報

　　　　　　2000 年 9 月 12 日　17 版

964. 歐宗智　　爲老人做見證——談黃春明短篇小說集《放生》　書評　第 50 期

　　　　　　2001 年 2 月　頁 6—9

965. 歐宗智　　爲老人做見證——談黃春明短篇小說集《放生》　爲有源頭活水

　　　　　　來　臺北　清傳商職文教基金會　2001 年 2 月　頁 78—81

966. 歐宗智　　爲老人做見證——談黃春明短篇小說集《放生》　走出歷史的悲

　　　　　　情：臺灣小說評論集　臺北　臺北縣文化局　2002 年 12 月　頁

　　　　　　166—170

967. 焦　桐　　笑聲中的淚水——黃春明《放生》　中央日報　2000 年 10 月 16

　　　　　　日　21 版

968. 秋　樵　　《放生》導讀　書評　第 48 期　2000 年 10 月　頁 37—42

---

[52]主持人：林黛嫚；與會者：平路、李魁賢、李奭學、林水福、黃金鳳、施淑青、楊雅雯；紀錄：
　張瀛太。

969. 梁竣瓘　　黃春明《放生》　文訊雜誌　第 180 期　2000 年 10 月　頁 35—
36

970. 梁竣瓘　　黃春明《放生》　1999 臺灣文學年鑑　臺北　行政院文建會
2000 年 10 月　頁 301

971. 徐惠隆　　天堂何處尋——《放生》讀後感　盈科齋隨筆　宜蘭　宜蘭縣文
化局　2000 年 12 月　頁 141—143

972. 柯喬文　　老人顯影：黃春明小說集《放生》的老人群像　生死學通訊　第 8
期　2002 年夏—秋季號　頁 57—60

973. 范銘如　　文壇挑夫・志在千里〔《放生》部分〕　中國時報　2002 年 9 月
8 日　22 版

974. 范銘如　　文壇挑夫・志在千里〔《放生》部分〕　像一盒巧克力：當代文
學文化評論　臺北　印刻出版公司　2005 年 10 月　頁 170—171

975. 吳青霞　　老者安之？——試析黃春明《放生》中的老人[53]　臺灣文學評論
第 2 卷第 4 期　2002 年 10 月　頁 68—84

976. 戴景尼　　黃春明小說中的象徵意義——以《放生》為例　國文天地　第 209
期　2002 年 10 月　頁 23—29

977. 王良友　　論黃春明小說《放生》的語言風格　東方人文學誌　第 1 卷第 4
期　2002 年 12 月　頁 197—217

978. 蒲彥光　　黃春明小說《放生》研究　中國海事商業專科學校學報　2003 年
12 月　頁 211—242

979. 劉依潔　　黃春明《放生》　離心的辯證：世華小說評析　臺北　唐山出版
社　2004 年 5 月　頁 19—25

980. 尉芹溪　　鄉間孤獨老邁的身影——黃春明小說集《放生》中的老人形象
世界華文文學論壇　2004 年第 3 期　2004 年 9 月　頁 28—31

---

[53]本文挖掘黃春明筆下的老人形象及處境，進而剖析倫理觀念如何遞嬗。全文共 5 小節：1.前言；2.
老人形象；3.老人處境；4.倫理價值觀念的遞嬗；5.結論。

981. 閔宇經　　通識教育與課外閱讀：以黃春明的《放生》爲例[54]　通識研究集刊
　　　　　　　　第 6 期　2004 年 12 月　頁 1—16

982. 陳碧月　　認識小說〔《放生》部分〕　小說欣賞入門　臺北　五南圖書出
　　　　　　　　版公司　2005 年 9 月　頁 10

983. 簡銘宏　　從黃春明的小說《放生》探討鄉村老人的社會問題[55]　屏東教育大
　　　　　　　　學學報（人文社會類）　第 30 期　2008 年 3 月　頁 85—96

984. 陳惠齡　　對鄉土小說焦距的校準——論黃春明《放生》與鄭清文《天燈・
　　　　　　　　母親》的後農村書寫[56]　「黃春明跨領域」國際學術研討會　嘉義
　　　　　　　　中正大學臺灣文學研究所主辦　2008 年 5 月 31 日，6 月 1 日

985. 陳惠齡　　對鄉土小說焦距的校準——論黃春明《放生》與鄭清文《天燈・
　　　　　　　　母親》的後農村書寫　東華人文學報　第 14 期　2009 年 1 月　頁
　　　　　　　　195—225

986. 陳惠齡　　對鄉土小說焦距的微調與校準：論黃春明《放生》與鄭清文《天
　　　　　　　　燈・母親》的後農村書寫　鄉土性・本土化・在地感——臺灣新
　　　　　　　　鄉土小說書寫風貌　臺北　萬卷樓圖書公司　2010 年 4 月　頁
　　　　　　　　107—141

987. 陳惠齡　　空間圖式化的隱喻性——臺灣「新鄉土」小說中的地域書寫美學
　　　　　　　　〔《放生》部分〕　臺灣文學研究學報　第 9 期　2009 年 10 月
　　　　　　　　頁 142—147

988. 陳惠齡　　新鄉土空間圖式化的隱喻性：臺灣新鄉土小說的三種敘述模態—
　　　　　　　　—地域鄉情中的時間意識——黃春明《放生》與童偉格《王考》

[54]本文以高達瑪的詮釋哲學說明從課外閱讀如何達成歷史、視域的理解研究黃春明的《放生》。全
文共 7 小結：1.前言：一個臺灣、兩個世界；2.布爾迪厄對當代資本的看法；3.資本、階層、流動
與社會不平等；4.通識教育與課外閱讀；5.放生乎？放死乎？談黃春明的《放生》；6.高達瑪的詮
釋哲學；7.代結論：資本、閱讀、差異與平等。
[55]本文從黃春明《放生》小說集出發，討論當今逐漸高齡化的社會中的老人問題，以及其中形成的
內在意涵。全文共 5 小節：1.前言；2.建構《放生》的地理背景——宜蘭；3.《放生》的老人問
題；4.《放生》的老人問題形成因素與內在意涵；5.結語。
[56]本文比勘二位作家作品的對應關係，把握其鄉土文學的共性與演規律後的書寫新貌。全文共 3 小
節：1.前言：朝向一個小說世界；2.詮釋與解說——後農村書寫的細讀；3.結論：關於「後」之意
義的註記。

鄉土性‧本土化‧在地感——臺灣新鄉土小說書寫風貌 臺北 萬卷樓圖書公司 2010 年 4 月 頁 87—94

989. 曾仕良，鄭昱蘋 閱讀小說簡案設計——以黃春明小說《放生》為例 南 開學報 第 8 卷第 2 期 2011 年 12 月 頁 65—74

990. 吳　當 放生與照護——黃春明《放生》 芬芳書香 臺東 長虹文化 2013 年 3 月 頁 113—118

《看海的日子》

991. 曾萍萍 中期「文季」在文學史上的定位與意義 ——生活逼迫而覺醒： 《文學季刊》定位與意義〔《看海的日子》部分〕 「文季」文 學集團研究——以系列刊物為觀察對象 中央大學中國文學系 博士論文 李瑞騰教授指導 2008 年 7 月 頁 210—213

992. 藍祖蔚 從翻譯、重建到新生：《看海的日子》中的宜蘭地景 明道文藝 第 415 期 2010 年 10 月 頁 35—42

993. 藍祖蔚 從翻譯、重建到新生——《看海的日子》中的宜蘭地景 愛、理 想與淚光：文學電影與土地的故事（上） 臺南 國立臺灣文學 館 2010 年 12 月 頁 246—267

《黃春明作品集》

994. 王　山 熱愛祖國和鄉土與人民，喚醒民族的自尊和自強——《黃春明作 品集》出版座談會在北京舉行 文藝報 2001 年 3 月 20 日 1 版

戲劇

《稻草人和小麻雀》

995. 林宜芳 一個豐收又熱鬧的「夏」，黃春明的兒童舞臺劇《稻草人和小麻 雀》 皇冠 第 475 期 1993 年 9 月 頁 178—180

996. 之　之 看宜蘭的孩子演戲 九彎十八拐 第 19 期 2008 年 5 月 頁 24 —25

997. 李　賴 等待豐收的季節 九彎十八拐 第 19 期 2008 年 5 月 頁 29— 31

998. 謝鴻文　　思考兒童劇團簡約的意境　九彎十八拐　第 21 期　2008 年 9 月　頁 30—31

999. 李賴　　在佛前又唱又跳　九彎十八拐　第 41 期　2012 年 1 月　頁 30—33

1000. 蔡佩玲　　黃春明的兒童文學劇場——《稻草人和小麻雀》　臺灣文學館通訊　第 39 期　2013 年 6 月　頁 80—81

《小李子不是大騙子》

1001. 楊莉玲　　黃春明的烏托邦離我們不遠　自由時報　1996 年 3 月 23 日　28 版

1002. 陳玲芳　　黃春明對臺灣無限的依戀　臺灣日報　1999 年 7 月 9 日　12 版

1003. 陳玲芳　　黃春明永遠的桃花夢——《小李子不是大騙子》　臺灣日報　1999 年 9 月 13 日　12 版

1004. 湯芝萱　　《小李子不是大騙子》——黃春明跟他的兒童劇　國語日報　1999 年 10 月 6 日　6 版

1005. 許悔之　　來去宜蘭看戲　聯合文學　第 264 期　2006 年 10 月　頁 2

1006. 許悔之　　來去宜蘭看戲　九彎十八拐　第 10 期　2006 年 11 月　頁 19

1007. 鄭聰順　　尋找桃花源——觀「黃大魚兒童劇團」演出紀行[57]　聯合文學　第 264 期　2006 年 10 月　頁 103—106

1008. 鄭聰順　　尋找桃花源——觀《小李子不是大騙子》演出紀行　九彎十八拐　第 10 期　2006 年 11 月　頁 20—22

1009. 陳維鸚　　我們的桃花源　九彎十八拐　第 10 期　2006 年 11 月　頁 22

1010. 王緒昂　　關於《小李子》在花蓮的演出　九彎十八拐　第 11 期　2007 年 1 月　頁 34

1011. 謝鴻文　　《小李子不是大騙子》在兩種文化象徵中構築的雙重現實　國語日報　2008 年 8 月 10 日　5 版

《杜子春》

1012. 王凌莉　　藉由繁忙藝術工作走出喪子之痛——黃春明首次新編歌仔戲劇本

---

[57]本文後改篇名為〈尋找桃花源——觀《小李子不是大騙子》演出紀行〉。

　　　　　　　　《杜子春》　自由時報　2003 年 12 月 6 日　45 版

1013. 賴素鈴　　地方戲牽引黃春明和莫言的鄉愁《杜子春》　民生報　2002 年

　　　　　　　　12 月 1 日　6 版

《我不要當國王了》

1014. 黃明峋　　好國王、壞國王　九彎十八拐　第 16 期　2007 年 11 月　頁 29

1015. 凡　斯　　我也不想當國王了　九彎十八拐　第 16 期　2007 年 11 月　頁

　　　　　　　　30—31

1016. 婆　婆　　《小國王》幕後花絮　九彎十八拐　第 16 期　2007 年 11 月　頁

　　　　　　　　31—34

《小駝背》

1017. 周方圓　　《小駝背》巡演札記　九彎十八拐　第 5 期　2006 年 1 月　頁

　　　　　　　　19—21

1018. 婆　婆　　宜蘭來的　九彎十八拐　第 5 期　2006 年 1 月　頁 21

《毛毛有話》

1019. 黃錦珠　　說話之外——讀黃春明《毛毛有話》　文訊雜誌　第 299 期

　　　　　　　　2010 年 9 月　頁 134—135

兒童文學

《我是貓也》

1020. 林惠娥　　《我是貓也》說法語　聯合報　2006 年 9 月 24 日　E5 版

《銀鬚上的春天》

1021. 許俊雅　　被「放生」的老人　銀鬚上的春天　臺北　遠流出版社　2006 年

　　　　　　　　2 月　頁 59—61

◆多部作品

《兒子的大玩偶》、《鑼》、《莎喲娜啦‧再見》

1022. 微　　　推介黃春明具有鄉土味的三本書　青年戰士報　1974 年 10 月 18

　　　　　　　　日　8 版

《青番公的故事》、《莎喲娜啦‧再見》、《鑼》

1023. 李瑞騰　　文學類——「黃春明小說集」推薦理由　百人百書百緣——百位
　　　　　　　　名家推薦百本好書　臺北　賴國洲書房　1997 年 9 月　頁 45

《莎喲娜啦‧再見》、〈鑼〉

1024. 王幼華　　臺灣當代名著短評十四篇〔《莎喲娜啦‧再見》、〈鑼〉部分〕
　　　　　　　　當代文學評論集　苗栗　苗栗縣立文化中心　1997 年 12 月　頁
　　　　　　　　99—101，110—112

《我是貓也》、《短鼻象》

1025. 〔更生日報〕　黃春明撕畫童書有了法文版　更生日報　2006 年 9 月 26
　　　　　　　　日　23 版

1026. 中央社　　黃春明童書首度印行法文版　金門日報　2006 年 9 月 29 日　7
　　　　　　　　版

1027. 王琬婷　　「黃春明童話」中的敘述模式及其透顯的人生況味——以《我是
　　　　　　　　貓也》與《短鼻象》為例　資深作家黃春明、鄭清文童話研討會
　　　　　　　　臺北　中華民國兒童文學學會主辦　2008 年 11 月 22—23 日

《短鼻象》、《小駝背》

1028. 謝鴻文　　身體的認同與差異——黃春明童話《短鼻象》和《小駝背》之比
　　　　　　　　較　資深作家黃春明、鄭清文童話研討會　臺北　中華民國兒童
　　　　　　　　文學學會主辦　2008 年 11 月 22—23 日

《放生》、〈溺死一隻老貓〉

1029. 陳惠齡　　「鄉土」語境的衍異與增生——九○年代以降臺灣鄉土小說的書
　　　　　　　　寫新貌〔《放生》、〈溺死一隻老貓〉部分〕　中外文學　第 39
　　　　　　　　卷第 1 期　2010 年 3 月　頁 101—128

《我是貓也》、《短鼻象》、《小駝背》、《愛吃糖的皇帝》、《小麻雀‧稻草人》

1030. 楊茹美　　黃春明童話中之生命教育研究[58]　大葉大學通識教育學報　第 5
　　　　　　　　期　2010 年 5 月　頁 24—46

---

[58] 本文以黃春明五本童話《我是貓也》、《短鼻象》、《小駝背》、《愛吃糖的皇帝》、《小麻雀‧稻草
　　人》為主，探討其中的生命教育。全文共 6 小節：1.前言；2.看見自己；3.不可怕的「死」；4.複
　　雜的人際關係；5.須受尊重的大自然；6.結論：由生命教育擴大圖畫書讀者的年齡。

1031. 郝譽翔　　生命的豐美與殘缺——黃春明經典童話　聯合報　2011 年 6 月 5
　　　　　　　號　D3 版

1032. 徐惠隆　　《黃春明童話集》經典再現　文訊雜誌　第 308 期　2011 年 6 月
　　　　　　　頁 133—134

單篇作品

1033. 陳一山　　評介〈溺死一隻老貓〉　幼獅文藝　第 166 期　1967 年 1 月　頁
　　　　　　　152—156

1034. 林明德　　簡析〈溺死一隻老貓〉　中國現代短篇小說選析 2　臺北　長安
　　　　　　　出版社　1984 年 2 月　頁 682—683

1035. 馬　森　　在社會變遷中小人物的悲喜劇——黃春明的〈溺死一隻老貓〉
　　　　　　　燦爛的星空：現當代小說主潮　臺北　聯合文學出版社　1997 年
　　　　　　　11 月　頁 149—151

1036. 劉早琴　　黃春明〈溺死一隻老貓〉探析[59]　東吳中文研究集刊　第 5 期
　　　　　　　1998 年 5 月　頁 179 –194

1037. 余　禺　　試論〈溺死一隻老貓〉的敘述張力　世界華文文學論壇　2000 年
　　　　　　　第 2 期　2000 年 6 月　頁 16– 20

1038. 陳大爲　　〈溺死一隻老貓〉評析　臺灣現代文學教程：當代文學讀本　臺
　　　　　　　北　二魚文化公司　2002 年 8 月　頁 251—252

1039. 楊全瑛　　死亡因素及主題—— 對舊社會的力挽狂瀾〔〈溺死一隻貓〉部
　　　　　　　分〕　六〇年代臺灣小說死亡主題研究　南華大學文學研究所
　　　　　　　碩士論文　陳啓佑教授指導　2002 年 12 月　頁 116—117

1040. 陳玫妤　　〈溺死一隻老貓〉之結構探析　中國語文　第 92 卷第 6 期
　　　　　　　2003 年 6 月　頁 74—79

1041. 周芬伶　　〈溺死一隻老貓〉賞析　繁花盛景：臺灣當代文學新選　臺北
　　　　　　　正中書局　2003 年 8 月　頁 285—286

---

[59]本文從情節結構、主題意識、描寫藝術三大角度探討〈溺死一隻老貓〉。全文共 5 小節：1.前言；
2.〈溺死一隻老貓〉的情節結構；3.〈溺死一隻老貓〉的主題意識；4.〈溺死一隻老貓〉的描寫藝
術；5.結語。

1042. 張利娟　愛之深・捨之痛・絕望之反抗——淺析〈溺死一隻老貓〉中阿盛伯形象　安徽文學　2010 年第 7 期　2010 年　頁 40，42

1043. 李　明　黃春明小說〈溺死一隻老貓〉評析　中國語文　第 110 卷第 6 期　2012 年 6 月　頁 33—40

1044. 鄭清文　第二屆臺灣文學獎評選委員選後感——選後感〔〈男人與小刀〉部分〕　臺灣文藝　第 15 期　1967 年 4 月　頁 38

1045. 歐宗智　年輕的黃春明——談〈男人與小刀〉　文學時代叢刊　第 7 期　1982 年 5 月　頁 52—55

1046. 歐宗智　年輕的黃春明——談〈男人與小刀〉　走出歷史的悲情：臺灣小說評論集　臺北　臺北縣文化局　2002 年 12 月　頁 162—165

1047.〔丁樹南，馬各編〕　〈男人與小刀〉編者的話　五十五年短篇小說選　臺北　爾雅出版社　1984 年 12 月　頁 54—58

1048. 林柏燕　評介〈看海的日子〉　幼獅文藝　第 173 期　1968 年 5 月　頁 262—266

1049. 林柏燕　評介〈看海的日子〉　文學探索　臺北　大林出版社　1973 年 9 月　頁 71—78

1050. 葉石濤　一年來的省籍作家及其作品——兼論省籍作家的特質（1—6）〔〈看海的日子〉部分〕　臺灣日報　1968 年 12 月 28—31 日，1969 年 1 月 1—2 日　8 版

1051. 葉石濤　這一年來的省籍作家及其作品——兼論省籍作家的特質（上）〔〈看海的日子〉部分〕　臺灣文藝　第 22 期　1969 年 1 月　頁 26

1052. 葉石濤　一年來的省籍作家及其作品——兼論省籍作家的特質〔〈看海的日子〉部分〕　臺灣鄉土作家論集　臺北　遠景出版公司　1979 年 3 月　頁 92

1053. 葉石濤　一年來的省籍作家及其作品——兼論省籍作家的特質〔〈看海的日子〉部分〕　葉石濤全集・評論卷一　臺北　國立臺灣文學

館，高雄市政府文化局　2008 年 3 月　頁 267

1054. 許平和　　有人就有希望——評黃春明〈看海的日子〉　仙人掌雜誌　第 6
　　　　　　　　期　1977 年 8 月　頁 237—246

1055. 林明德　　沒有人做錯什麼——論〈看海的日子〉　愛書人　第 141 期
　　　　　　　　1980 年 4 月 21 日　3 版

1056.〔馬各，丁樹南編〕　　〈看海的日子〉編者的話　五十六年短篇小說選
　　　　　　　　臺北　爾雅出版社　1983 年 2 月　頁 185—188

1057. 馬　森　　電影與小說——評〈看海的日子〉　中國時報　1983 年 10 月 9
　　　　　　　　日　8 版

1058. 唐文標　　看〈看海的日子〉的日子　中國時報　1983 年 10 月 30 日　8 版

1059. 張系國　　理想與現實——論臺灣小說裡的理想世界〔〈看海的日子〉部
　　　　　　　　分〕　讓未來等一等吧　臺北　洪範書店　1984 年 1 月　頁 188
　　　　　　　　—190

1060. 杜元明　　「雨夜花」的悲歌——評〈看海的日子〉中白梅形象的塑造　作
　　　　　　　　品與爭鳴　1988 年第 5 期　1988 年 5 月　頁 60

1061. 翁光宇　　人格尊嚴的呼喚和追求——讀〈看海的日子〉　作品與爭鳴
　　　　　　　　1988 年第 5 期　1988 年 5 月　頁 58—59

1062. 葉　真　　出淤泥而不染，濯清漣而不妖——評臺灣作家黃春明的〈看海的
　　　　　　　　日子〉　中山大學研究生學刊　1993 年第 4 期　1993 年 4 月
　　　　　　　　頁 14—16，6

1063. 康　原　　小說的社會功能〔〈看海的日子〉部分〕　鄉土檔案　彰化　彰
　　　　　　　　化縣立文化中心　1993 年 6 月　頁 286—287

1064. 李漢偉　　臺灣小說的「女性之悲」模式探索 ——重建女性的獨立人格
　　　　　　　　〔〈看海的日子〉部分〕　臺灣小說的三種悲情　臺北　駱駝出
　　　　　　　　版社　1997 年 10 月　頁 113—114

1065. 康來新　　從「一枝花」到「雨夜花」——李娃傳奇與看海寓言〔〈看海的
　　　　　　　　日子〉〕　黃春明作品研討會　北京　北京作家協會主辦　1998

年 10 月 29—31 日

1066. 〔游喚，徐華中，張鴻聲編著〕　〈看海的日子〉賞析　現代小說精讀
　　　臺北　五南圖書出版公司　1998 年 11 月　頁 259—324

1067. 陳芳明講；魏可風記　從現代主義到後現代主義（上、下）〔〈看海的日
　　　子〉部分〕　聯合報　2000 年 6 月 27—28 日　37 版

1068. 彭瑞金　戲談「賺食」之於文學〔〈看海的日子〉部分〕　臺灣日報
　　　2000 年 8 月 27 日　31 版

1069. 蔡振念　叫母親太沉重——臺灣現代小說中的母親及母女關係〔〈看海的
　　　日子〉部分〕　中國現代文學理論季刊　第 20 期　2000 年 12 月
　　　頁 514—517

1070. 王宗法　黃春明的〈看海的日子〉　20 世紀中國文學通史　上海　東方出
　　　版中心　2003 年 9 月　頁 614—615

1071. 丁威仁　希望與未來的救贖之愛〔〈看海的日子〉〕　寫作教室　臺北
　　　麥田出版社　2004 年 3 月　頁 165—169

1072. 黃儀冠　男性凝視，影像戲仿——臺灣「文學電影」的神女敘事與性別符
　　　碼（1980s）——〈看海的日子〉　臺灣文學學報　第 5 期
　　　2004 年 6 月　頁 171—174

1073. 莊文福　黃春明〈看海的日子〉中的象徵意義探析[60]　研究與動態　第 16
　　　期　2007 年 7 月　頁 1—16

1074. 張娣明　黃春明〈看海的日子〉中的海洋文化圖像[61]　臺灣近五十年現代
　　　小說論文集　高雄　中山大學文學院，人文社會科學中心　2007
　　　年 8 月　頁 147—176

1075. 黃馨霈　〈看海的日子〉：淺談黃春明的文學電影　國文新天地　第 17
　　　期　2008 年 4 月　頁 12—17

---

[60]本文從人名、花、幻境、海、鰹魚、生產過程六個方面分析〈看海的日子〉所象徵的意義。全文
共 3 小節：1.前言；2.〈看海的日子〉中的象徵意義探析；3.結語。
[61]本文歸納〈看海的日子〉中的海洋景況，藉由歌謠的表達塑造小說人物的形象。全文共 4 小節：
1.海洋文化題材出現的社會背景；2.黃春明〈看海的日子〉所描繪的海洋；3.黃春明〈看海的日
子〉與海洋相關的人物形象；4.結語。

1076. 張惠嵐　從文本到互文：自我表述策略的另類敘事——以〈看海的日子〉
　　　　　爲例　「黃春明跨領域」國際學術研討會　嘉義　中正大學臺灣
　　　　　文學研究所主辦　2008 年 5 月 31 日，6 月 1 日

1077. 許　瑤　共同關注下的他者形象——試比較白玫、貞貞女性角色主體性的
　　　　　缺失〔〈看海的日子〉部分〕　河南社會科學　第 16 卷第 4 期
　　　　　2008 年 7 月　頁 84—85

1078. 柴高潔　朱雀橋邊的野花——金大班形象的分析比較〔〈看海的日子〉部
　　　　　分〕　世界華文文學論壇　2009 年第 2 期　2009 年 6 月　頁 46
　　　　　—47

1079. 謝　萍　A Textual Study of Huang Chun-ming's "A Flower in the Rainy
　　　　　Night"（對黃春明短篇小說〈雨夜之花〉的文本解讀）〔〈看
　　　　　海的日子〉〕　思想戰線　第 36 卷第 1 期　2010 年　頁 273—
　　　　　275

1080. 林侑仔　黃春明〈看海的日子〉的女性意識[62]　語文瞭望　第 1 期　2011
　　　　　年 5 月　頁 203—220

1081. 林倩伃　黃春明〈看海的日子〉的女性意識　臺北海洋技術學院學報　第
　　　　　4 卷第 2 期　2011 年 9 月　頁 145- 161

1082. 孫　薇　一場窮且彌堅的心靈救贖之旅——小說〈看海的日子〉中主人公
　　　　　白梅形象解析　語文知識　2012 年第 2 期　2012 年　頁 87—88

1083. 黃　仁　新臺灣電影代表作——〈看海的日子〉　新臺灣電影——臺語電
　　　　　影文化的演變與創新　臺北　臺灣商務印書館　2013 年 2 月　頁
　　　　　231

1084. 葉　笛　黃春明〈兒子的大玩偶〉分析　幼獅文藝　第 181 期　1969 年 1
　　　　　月　頁 154—162

1085. 葉　笛　黃春明〈兒子的大玩偶〉分析　葉笛全集‧評論卷三　臺南　國

---

[62]本論文以女性主義的觀點探求白梅這個角色的女性意識。全文共 5 小節：1.前言；2.自我意識的
　萌芽；3.追尋自我的行動；4.自我實現的解放；5.結語。

家臺灣文學館籌備處　2007 年 5 月　頁 12—26

1086. 姚一葦　論黃春明的〈兒子的大玩偶〉　現代文學　第 48 期　1972 年 11 月　頁 5—20

1087. 姚一葦　論黃春明的〈兒子的大玩偶〉　文學論集　臺北　書評書目出版社　1974 年 11 月　頁 223—242

1088. 姚一葦　論黃春明的〈兒子的大玩偶〉　欣賞與批評　臺北　聯經出版公司　1989 年 7 月　頁 257—281

1089. Cyril Birch 著；楊澤，童若雯摘譯　朱西甯、黃春明、王禎和三人小說中的苦難意象（上、下）〔〈兒子的大玩偶〉〕　聯合報　1979 年 2 月 27—28 日　12 版

1090. Cyril Birch 著；楊澤，童若雯摘譯　朱西甯、黃春明、王禎和三人小說中的苦難意象〔〈兒子的大玩偶〉〕　現代文學論　臺北　聯經出版公司　1981 年 12 月　頁 199—215

1091. 齊邦媛　前言——寫在爾雅版之前〔〈兒子的大玩偶〉部分〕　中國現代文學選集（小說卷）　臺北　爾雅出版社　1983 年 7 月　頁 8

1092. 齊邦媛　前言——寫在爾雅版之前〔〈兒子的大玩偶〉部分〕　中國現代文學選集（散文卷）　臺北　爾雅出版社　1983 年 7 月　頁 8

1093. 齊邦媛　前言——寫在爾雅版之前〔〈兒子的大玩偶〉部分〕　中國現代文學選集（詩卷）　臺北　爾雅出版社　1983 年 7 月　頁 8

1094. 小　民　祝福與期望——《兒子的大玩偶》——電影觀後感〔〈兒子的大玩偶〉〕　臺灣日報　1983 年 8 月 16 日　8 版

1095. 吳祥輝　〈兒子的大玩偶〉正點　臺灣時報　1983 年 8 月 19 日　12 版

1096. 鄧伯辰　看〈兒子的大玩偶〉辛酸的悲情　臺灣時報　1983 年 8 月 19 日　12 版

1097. 唐文標　〈兒子的大玩偶〉　中國時報　1983 年 8 月 21 日　8 版

1098. 余崇吉　文學、電影、面對面——從〈兒子的大玩偶〉談起　臺灣時報　1983 年 8 月 24 日　12 版

1099. 季　季　　尋求和諧新方向〔〈兒子的大玩偶〉〕　中國時報　1983 年 8 月
　　　　 28 日　9 版

1100. 詹宏志　　一個轉捩點〈兒子的大玩偶〉特輯、國產電影的新起點　中國時
　　　　 報　1983 年 8 月 28 日　9 版

1101. 林明德　　簡析〈兒子的大玩偶〉　中國現代短篇小說選析 2　臺北　長安
　　　　 出版社　1984 年 2 月　頁 659—660

1102. 張大春　　威權與挫敗——當代臺灣小說中的父親形象〔〈兒子的大玩偶〉
　　　　 部分〕　張大春的文學意見　臺北　遠流出版公司　1992 年 5 月
　　　　 頁 68

1103. 王宗法　　可憐小兒不識父——讀〈兒子的大玩偶〉　臺港文學觀察　合肥
　　　　 安徽教育出版社　1994 年 11 月　頁 147- 154

1104. 鄭彩仁　　〈兒子的大玩偶〉　翰海觀潮　臺北　行政院文建會　1997 年 5
　　　　 月　頁 35—37

1105. 潘欣蓉　　從小說到電影試論黃春明之〈兒子的大玩偶〉　臺北市立師範學
　　　　 院語文教育學系畢業論文集第二輯　臺北　臺北市立師範學院語
　　　　 文教育學系　1999 年 6 月　頁 309—339

1106. 〔向陽，林黛嫚，蕭蕭編著〕　　〈兒子的大玩偶〉作品賞析　臺灣現代文
　　　　 選　臺北　三民書局　2004 年 5 月　頁 277—278

1107. 應鳳凰　　〈兒子的大玩偶〉評析　現代小說讀本　臺北　揚智文化公司
　　　　 2004 年 8 月　頁 239—241

1108. 陳汶璇　　從社會的玩偶到兒子的玩偶——論黃春明〈兒子的大玩偶〉　金
　　　　 門文藝　第 2 期　2004 年 9 月　頁 33—37

1109. 林秀蓉　　黃春明〈兒子的大玩偶〉評析　文學與人生：文學心靈的生命地
　　　　 圖　臺北　三民書局　2005 年 8 月　頁 36—37

1110. 彭瑞金　　導讀〈兒子的大玩偶〉　二十世紀臺灣文學金典：小說卷（戰後
　　　　 時期・第一部）　臺北　聯合文學出版社　2006 年 1 月　頁 308
　　　　 —309

1111. 郭誌光　午夜船笛乍響：召喚沉睡的人性尊嚴〔〈兒子的大玩偶〉部分〕
戰後臺灣勞工題材小說的異化主題（1945—2005）　清華大學臺
灣文學研究所　碩士論文　陳萬益教授指導　2006 年 8 月　頁
164—165

1112. 許建崑　童年故事多〔〈兒子的大玩偶〉部分〕　閱讀的苗圃：我的讀書
單　臺北　幼獅文化公司　2007 年 10 月　頁 89

1113. 陳薏如　〈兒子的大玩偶〉電影改編的文本互涉[63]　育達科大學報　第 23
期　2010 年 6 月　頁 1—18

1114. 劉益州　被注視的符號：論黃春明〈兒子的大玩偶〉中「奇特裝扮」的現
象　僑光科技大學通觀洞識學報　第 13 期　2010 年 12 月　頁 9
—17

1115. 鍾文榛　臺灣現代小說前階段所透顯得孤獨與疏離——負向型孤獨與正向
型孤獨的綜合體現——孤獨於國民政府來臺時期文學中的表現
〔〈兒子的大玩偶〉部分〕　孤獨與疏離：從臺灣現代小說透視
時代心靈的變遷　臺北　秀威資訊科技　2012 年 12 月　頁 137
—142

1116. 隱　地　〈癬〉附註　五十七年短篇小說選　臺北　爾雅出版社　1969 年
3 月　頁 12—15

1117. 張惠信　黃春明的〈鑼〉　臺灣日報　1969 年 9 月 4—5 日　8 版

1118. 張惠信　黃春明的〈鑼〉　嘻笑童年　臺北　臺揚出版社　1992 年 10 月
頁 172—186

1119. 葉石濤　論臺灣小說裡的喜劇意義（上、下）〔〈鑼〉部分〕　臺灣日報
1975 年 5 月 29—30 日　9 版

1120. 葉石濤　論臺灣小說裡的喜劇意義〔〈鑼〉部分〕　葉石濤全集・評論卷
一　臺南，高雄　國立臺灣文學館，高雄市文化局　2008 年 3 月

[63]本文以互文觀點探討〈兒子的大玩偶〉的電影改編。全文共 6 小節：1.前言；2.時代變遷——外
來勢力與社會轉型；3.文學思潮——鄉土與懷舊；4.媒介之一：真實顯影；5.媒介之二：電影與廣
告；6.餘論。

頁 374—375

1121. 江妙瑩　　遠景的〈鑼〉響　自立晚報　1984 年 9 月 24 日　9 版

1122. 龔顯宗　　論《阿 Q 正傳》與〈鑼〉[64]　東師語文學刊　第 3 期　1990 年 5 月　頁 103—119

1123. 龔顯宗　　論《阿 Q 正傳》與〈鑼〉　現代文學研究論集——詩與小說　高雄　前程出版社　1992 年 8 月　頁 3—23

1124. 林承璜　　臺灣的阿 Q——黃春明的〈鑼〉讀後　唐山教育學院唐山師專學報　1991 年第 6 期　1991 年 9 月　頁 45

1125. 林承璜　　論臺灣的阿 Q——〈鑼〉中的憨欽仔（摘錄）　臺港與海外華文文學評論和研究　1991 年第 2 期　1991 年 9 月　頁 45

1126. 林承璜　　論臺灣的阿 Q——〈鑼〉中的憨欽仔　小說評論　1992 年第 2 期　1992 年 3 月　頁 92—96，56

1127. 林承璜　　論臺灣的阿 Q——〈鑼〉中的憨欽仔　臺灣香港澳門暨海外華文文學論文選　福州　海峽文藝出版社　1993 年 3 月　頁 236—241

1128. 林承璜　　論臺灣的阿 Q——〈鑼〉中的憨欽仔　臺灣香港文學評論集　福州　海峽文藝出版社　1994 年 2 月　頁 238—247

1129. 萬榮華　　〈鑼〉　中國時報　1993 年 8 月 5 日　27 版

1130. 王震亞　　小人物的代言人——黃春明與〈鑼〉　臺灣小說二十家　北京　北京出版社　1993 年 12 月　頁 166—179

1131. 林懷民講；王之樵記　　永遠在說、永遠在夢，林懷民談黃春明的〈鑼〉與鄉土文學　中國時報　1994 年 10 月 9 日　39 版

1132. 黃克全　　黃春明〈鑼〉　永恆意象：經典名作導讀　臺北　爾雅出版社　1998 年 7 月　頁 20—21

1133. 江中明　　王禎和遺孀淚談最愛，黃春明寫〈鑼〉歷程艱辛　聯合報　1999

---

[64]本文比較《阿 Q 正傳》與〈鑼〉兩篇小說之異同，並給予適當的評價。全文共 8 小節：1.前言；2.時序的影響；3.地理的因素；4.創作動機；5.作者的個性與文風；6.《阿 Q 正傳》與〈鑼〉描寫技巧的比較；7.阿 Q 與憨欽仔性格的比較；8.結論。

年 3 月 22 日　14 版

1134. 應鳳凰　黃春明——〈鑼〉　國語日報　2001 年 9 月 8 日　5 版

1135. 謝曉燕　拿什麼拯救你，我的體面——關於臺灣作家黃春明的〈鑼〉　新鄉師範高等專科學校學報　第 18 卷第 6 期　2004 年 11 月　頁24—26

1136. 龔顯宗　論〈鑼〉與《駱駝祥子》　臺灣近五十年現代小說論文集　高雄中山大學文學院，人文社會科學中心　2007 年 8 月　頁 293—303

1137. 林柏燕　〈莎喲娜啦・再見〉附註　六十二年短篇小說選　臺北　爾雅出版社　1974 年 3 月　頁 166—168

1138. 彭　歌　痛苦的自省〔〈莎喲娜啦・再見〉〕　聯合報　1974 年 5 月 18日　12 版

1139. 何　欣　簡析〈莎喲娜啦・再見〉　文藝月刊　第 70 期　1975 年 4 月　頁 21—24

1140. 何　欣　簡析〈莎喲娜啦〉　大家談　臺北　天下遠見出版公司　1975 年10 月　頁 366—369

1141. 之　華　評〈莎喲娜啦・再見〉　血緣、土地、傳統　臺北　求精出版社　1977 年 9 月　頁 177—187

1142. 銀正雄　墳地裡哪來鐘聲？〔〈莎喲娜啦・再見〉部分〕　鄉土文學討論集　臺北　〔自行出版〕　1978 年 4 月　頁 200—201

1143. 鐵　英　〈終戰の賠償〉〔〈莎喲娜啦・再見〉部分〕　鳳凰樹專欄　臺北　遠景出版社　1979 年 3 月　頁 28—29

1144. 陳映真　臺灣第一部「第三世界電影」——電影〈莎喲娜啦・再見〉的隨想　中國時報　1986 年 1 月 26 日　8 版

1145. 陳瑞玉　飄揚的兩面旗幟——〈莎喲娜啦・再見〉讀後感　臺灣文藝　第114 期　1988 年 12 月　頁 164—166

1146. 張正能　評黃春明的〈莎喲娜啦・再見〉　臺灣文學入門文選　臺北　前

衛出版社　1989 年 10 月　頁 129—141

1147. 邱貴芬　性別／權力／殖民論述：鄉土文學中的去勢男人〔〈莎喲娜啦‧
　　　　再見〉部分〕　當代臺灣女性文學史　臺北　時報文化出版公司
　　　　1993 年 5 月　頁 20—24

1148. 邱貴芬　性別／權力／殖民論述：鄉土文學中的去勢男人〔〈莎喲娜啦‧
　　　　再見〉部分〕　仲介臺灣‧女人　臺北　遠流出版公司　1997 年
　　　　9 月　頁 185—189

1149. 邱阿塗　從〈莎喲娜啦‧再見〉談起——談黃春明作品中的民族感情　談
　　　　文說藝‧話蘭陽　宜蘭　宜蘭縣立文化中心　1998 年 4 月　頁
　　　　23—26

1150. 申正浩　文本的文學想像與歷史想像——重讀黃春明作〈莎喲娜啦‧再
　　　　見〉　黃春明作品研討會　北京　北京作家協會主辦　1998 年
　　　　10 月 29—31 日

1151. 申正浩　文本的文學想像與歷史想像——重讀黃春明作〈莎喲娜啦‧再
　　　　見〉　文藝理論與批評　1999 年第 5 期　1999 年 9 月　頁 109—
　　　　114

1152. 廖咸浩　臺灣小說與後殖民論述——「秘密剋」與「明你祖」之間〔〈莎
　　　　喲娜啦‧再見〉部分〕　臺灣現代小說史綜論　臺北　行政院文
　　　　建會，聯經出版公司　1998 年 12 月　頁 491—493

1153. 藍祖蔚　臺灣小說改編電影的焦點與盲點〔〈莎喲娜啦‧再見〉部分〕
　　　　臺灣現代小說史綜論　臺北　行政院文建會，聯經出版公司
　　　　1998 年 12 月　頁 578—579

1154. 保　真　礁溪的黃樣——黃春明的〈莎喲娜啦‧再見〉　保真領航看小說
　　　　臺北　九歌出版社　1999 年 5 月　頁 216—218

1155. 劉至瑜　臺灣作家筆下的妓女形象——以呂赫若〈冬夜〉、黃春明〈莎喲
　　　　娜啦‧再見〉、王禎和《玫瑰玫瑰我愛你》和李喬《藍彩霞的春

天》爲例[65]　臺灣人文　第 4 期　2000 年 6 月　頁 1—20

1156. 張安琪　殖民經濟小說的主題探索——試論黃春明〈莎喲娜啦‧再見〉、王禎和〈小林來臺北〉[66]　第三十屆鳳凰樹文學獎　臺南　成功大學中國文學系　2002 年 6 月　頁 549—579

1157. 〔彭瑞金編選〕　〈莎喲娜啦‧再見〉賞析　國民文選‧小說卷 3　臺北　玉山社出版公司　2004 年 7 月　頁 82—83

1158. 曾萍萍　站什麼立場說什麼話：《文季》季刊內容分析——誰也不能替誰濡濕一口水：文學譯介與文學創作〔〈莎喲娜啦‧再見〉部分〕「文季」文學集團研究——以系列刊物爲觀察對象　中央大學中國文學系　博士論文　李瑞騰教授指導　2008 年 7 月　頁 192—193

1159. 陳愛麗　故事與話語之分析：以黃春明〈莎喲娜啦‧再見〉爲例　第三屆發皇華語‧涵詠文學——中國文學暨華語文教學國際學術研討會　臺北　中國文化大學中國文學系，上海華東師範大學合辦　2012 年 5 月 18 日

1160. 盧蒔伶　黃春明〈莎喲娜啦‧再見〉的後殖民書寫　國文天地　第 326 期　2012 年 7 月　頁 59—62

1161. 思　兼　〈蘋果的滋味〉附註　六十一年短篇小說選　臺北　爾雅出版社　1974 年 9 月　頁 143—144

1162. 思　兼　《六十一年短篇小說選》後記〔〈蘋果的滋味〉部分〕　六十一年短篇小說選　臺北　爾雅出版社　1974 年 9 月　頁 146

1163. 思　兼　《六十一年短篇小說選》後記〔〈蘋果的滋味〉部分〕　年度小說選資料篇　臺北　爾雅出版社　1983 年 2 月　頁 36

---

[65]本文以作家筆下的妓女形象，分析其所象徵臺灣人的苦難與諷刺殖民者迫害的創作方法。全文共 5 小節：1.前言；2.簡介〈多夜〉、〈莎喲娜啦‧再見〉、《玫瑰玫瑰我愛你》和《藍彩霞的春天》；3.〈多夜〉、〈莎喲娜啦‧再見〉、《玫瑰玫瑰我愛你》和《藍彩霞的春天》時代背景；4.臺灣作家筆下的妓女形象；5.結論。

[66]本文探討論黃春明〈莎喲娜啦‧再見〉、王禎和〈小林來臺北〉，以呈現一九七〇年代臺灣殖民經濟。全文共 3 小節：1.前言；2.正文；3 結論。

1164. 李　素　　什麼是蘋果的滋味？──談黃春明〈蘋果的滋味〉　夏潮　第 1
　　　　　　　　卷第 9 期　1976 年 12 月　頁 55─56

1165. 鄒德莉　　品嘗〈蘋果的滋味〉　蘭女學報　第 7 期　2000 年 4 月　頁 229
　　　　　　　　─240

1166. 林黛嫚　　〈蘋果的滋味〉作品賞析　臺灣現代文選小說卷　臺北　三民書
　　　　　　　　局　2005 年 5 月　頁 104─105

1167. 郭誌光　　月球背面：都是村民〔〈蘋果的滋味〉部分〕　戰後臺灣勞工題
　　　　　　　　材小說的異化主題（1945─2005）　清華大學臺灣文學研究所
　　　　　　　　碩士論文　陳萬益教授指導　2006 年 8 月　頁 181

1168. 王　衍　　解析黃春明短篇小說〈蘋果的滋味〉　現代語文　2009 年第 13
　　　　　　　　期　2009 年 5 月　頁 90─91

1169. 陳芳明　　蘋果與玫瑰的隱喻〔〈蘋果的滋味〉部分〕　文訊雜誌　第 293
　　　　　　　　期　2010 年 3 月　頁 16─17

1170. 陳芳明　　臺灣鄉土文學運動中的論戰與批判──蘋果與玫瑰：帝國主義的
　　　　　　　　批判〔〈蘋果的滋味〉部分〕　臺灣新文學史　臺北　聯經出版
　　　　　　　　社　2011 年 10 月　頁 541─543

1171. 妍　音　　因為蘋果〔〈蘋果的滋味〉〕　人間福報　2012 年 2 月 2 日　15
　　　　　　　　版

1172. 洪文郎　　象徵、結構與意義──黃春明小說〈蘋果的滋味〉的真實況味[67]
　　　　　　　　中國文化大學中文學報　第 24 期　2012 年 4 月　頁 257─274

1173. 李師鄭　　為黃春明歎息──評〈小寡婦〉這篇小說　大華晚報　1975 年
　　　　　　　　10 月 5 日　5 版

1174. 蘇敏逸　　王禎和小說精神內涵之特殊性──兼論其筆下的臺灣社會人物圖
　　　　　　　　象〔〈小寡婦〉部分〕　地方感・全球觀──第五屆花蓮文學研
　　　　　　　　討會　花蓮　花蓮縣文化局主辦；東華大學中國語文學系協辦

---

[67] 本文從黃春明所運用的多層次手法，解讀〈蘋果的滋味〉的真實意義。全文共 3 小節：1.前言；2.
〈蘋果的滋味〉的象徵、結構與意義的呈現；3.結論：小說中的預言。

2009 年 10 月 17—18 日

1175. 蘇敏逸　　王禎和小說精神內涵之特殊性——兼論其筆下的臺灣社會人物圖象〔〈小寡婦〉部分〕　地方感・全球觀：第五屆花蓮文學研討會論文集　花蓮　花蓮縣文化局　2009 年 12 月　頁 92

1176. 薇薇夫人　　我看〈小寡婦〉（上、下）　聯合報　1975 年 2 月 27—28 日　6 版

1177. 章　玲　　黃春明的〈小寡婦〉　明日世界　第 9 期　1975 年 9 月　頁 50—51

1178. 廖運偉　　從〈魚〉看黃春明的創作意識　文藝月刊　第 70 期　1975 年 4 月　頁 24—25

1179. 廖運偉　　從〈魚〉看黃春明的創作意識　大家談　臺北　天下遠見出版公司　1975 年 10 月　頁 370—371

1180. 鄭　耀　　丟掉那條〈魚〉　中華日報　1975 年 8 月 25 日　5 版

1181. 筱　玉　　不要亂丟〈魚〉——黃春明作品不能選為國中教材嗎？　大學雜誌　第 91 期　1975 年 11 月　頁 48—51

1182. 吳宏一　　析論黃春明的〈魚〉（上、下）　中國時報　1976 年 7 月 22—23 日　12 版

1183. 李筱峰　　不要亂丟〈魚〉！——黃春明作品不能選為國文教材嗎？　一個大學生的覺醒　臺中　藍燈文化公司　1978 年 5 月　頁 72—84

1184. 呂俊德　　小評黃春明的〈魚〉（上、下）　建國日報　1979 年 4 月 24 日，5 月 1 日　3 版

1185. 呂俊德　　小評黃春明的〈魚〉　民聲日報　1979 年 12 月 31 日　10 版

1186. 岩　上　　談黃春明的小說〈魚〉及其他　民聲日報　1979 年 12 月 31 日　10 版

1187. 劉春城　　憤怒的〈魚〉（上、下）　新書月刊　第 17，19 期　1985 年 2，4 月　頁 86—90

1188. 廖咸浩等[68]　　透過魚的成長方式──談黃春明〈魚〉　幼獅文藝　第 497
　　　　期　1995 年 5 月　頁 65─69

1189. 嚴紀華　　走入文學國度的充沛與從容──現代文學（小說篇）導讀示例：
　　　　黃春明〈魚〉　世界新聞傳播學院人文學報　第 5 期　1996 年 7
　　　　月　頁 101─117

1190. 黃淑瑮　　黃春明小說──〈魚〉之賞析　雄中學報　第 4 期　2001 年 5 月
　　　　頁 1─13

1191. 黃淑瑮　　黃春明〈魚〉　小說教學研究──以高中教材為例　高雄師範大
　　　　學國文學系國文教學碩士班　碩士論文　李三榮教授指導　2001
　　　　年 12 月　頁 184─194

1192. 浦基維，涂玉萍，林聆慈　　辭章創作與個人際遇──親情、愛情──親情
　　　　〔〈魚〉部分〕　散文・新詩義旨古今談　臺北　萬卷樓圖書公
　　　　司　2002 年 1 月　頁 69─70

1193. 張梓娥　　臺灣少年小說日譯狀況之研究──黃春明的〈魚〉和小野的〈封
　　　　殺〉[69]　臺灣少年小說學術研討會　臺東　臺東師範學院兒童文
　　　　學研究所　2002 年 6 月 8─9 日

1194. 張桂娥　　臺灣少年小說日譯狀況之研究──黃春明的〈魚〉和小野的〈封
　　　　殺〉　少兒文學天地寬──臺灣少年小說學術研討會論文集　臺
　　　　北　九歌出版社　2002 年 6 月　頁 118─121

1195. 李玉芬　　魚的況味──黃春明小說〈魚〉試析　臺灣文藝　第 187 期
　　　　2003 年 4 月　頁 90─96

1196. 許俊雅　　黃春明〈魚〉　我心中的歌：現代文學星空　臺北　文史哲出版
　　　　社　2006 年 6 月　頁 335─340

1197. 郭誌光　　同一屋簷下的寂寞：家人之間〔〈魚〉部分〕　戰後臺灣勞工題
　　　　材小說的異化主題（1945─2005）　清華大學臺灣文學研究所

---

[68]主持人：廖咸浩；與會者：廖炳惠、郭靜玫、柳怡如、孫逸齡、彭美琴；紀錄：李文冰。
[69]本文透過同為日譯少年小說之關係，比較黃春明的〈魚〉和小野的〈封殺〉，並論述其內容與影
　　響。

碩士論文　陳萬益教授指導　2006 年 8 月　頁 100

1198. 朱彩珠　讀黃春明的〈青番公的故事〉　臺灣新生報　1976 年 12 月 9 日
　　　12 版

1199. 江　漢　鄉土呢？還是迷舊？從〈青番公的故事〉談黃春明的鄉土意識
　　　仙人掌　第 2 期　1977 年 4 月　頁 123—130

1200. 江　漢　鄉土呢？還是迷舊？從〈青番公的故事〉談黃春明的鄉土意識
　　　民族文學的再出發　臺北　故鄉文化公司　1979 年 3 月　頁 107
　　　—114

1201. 〔洪醒夫，黃德燕編〕　〈青番公的故事〉賞析　大家文學選·小說卷
　　　臺中　梅華文化出版社　1981 年 10 月　頁 261—263

1202. 洪醒夫　黃春明〈青番公的故事〉賞析　洪醒夫全集·評論卷　彰化　彰
　　　化縣文化局　2001 年 6 月　頁 160—163

1203. 陳曉暉　你真想這一天長在——〈青番公的故事〉與巴克勒〈大兒子〉：
　　　兩個老農形象的比較　世界華文文學論壇　1998 年第 4 期　1998
　　　年 12 月　頁 24—26

1204. 陳玉玲　黃春明〈青番公的故事〉導讀　臺灣文學讀本（一）　臺北　玉
　　　山社出版公司　2000 年 11 月　頁 79—81

1205. 楊　翠　〈青番公的故事〉作品賞析　閱讀文學地景·小說卷（上）　臺
　　　北　行政院文建會　2008 年 4 月　頁 243

1206. 臧汀生　文章寫真之道貫古今——以「禮記」〈不食嗟來之食〉、唐傳奇
　　　〈馮燕傳〉與黃春明〈青番公的故事〉為例[70]　「黃春明跨領
　　　域」國際學術研討會　嘉義　中正大學臺灣文學研究所主辦主辦
　　　2008 年 5 月 31 日，6 月 1 日

1207. 臧汀生　記敘文的寫真賞析示例——以〈不食嗟來之食〉、〈馮燕傳〉、

---

[70]本文透過對〈不食嗟來之食〉、〈馮燕傳〉、〈報劉一丈書〉與〈青番公的故事〉作品用字、用詞、組句與營篇的解析，說明其寫作技巧貫穿古今的共相。全文共 7 小節：1.前言；2.寫真的定義與原理；3.〈不食嗟來之食〉的賞析；4.〈馮燕傳〉的賞析；5.〈報劉一丈書〉賞析；6.〈青番公的故事〉賞析；7.結語。

〈報劉一丈書〉與〈青番公的故事〉爲例　彰師大國文學誌　第

19 期　2009 年 12 月　頁 1—29

1208. 歐陽子　簡評幾篇臺灣近年的小說佳作——〈甘庚伯的黃昏〉　臺灣文藝

第 54 期　1977 年 3 月　頁 89

1209. 歐陽子　黃春明〈甘庚伯的黃昏〉　現代文學小說選集（第二冊）　臺北

爾雅出版社　1977 年 6 月　頁 483

1210. 許素蘭　〈甘庚伯的黃昏〉——被掩埋的血淚　臺灣文藝　第 76 期

1982 年 5 月　頁 33—35

1211. 張素貞　黃春明的〈甘庚伯的黃昏〉——瘋子的老奴　細讀現代小說　臺

北　東大圖書公司　1986 年 1 月　頁 305—313

1212. 郭玉雯　《現代文學小說選集》的現代主義特色〔〈甘庚伯的黃昏〉部

分〕　臺灣文學研究集刊　第 6 期　2009 年 8 月　頁 109

1213. 林秀蓉　反抗與真理：臺灣小說「瘋癲」之敘事意涵——臺灣戰後小說

「瘋癲」形象及其特質——受創者：揭示歷史進程的傷痕〔〈甘

庚伯的黃昏〉部分〕　眾身顯影：臺灣小說疾病敘事意涵之探究

（1929—2000）　高雄　春暉出版社　2013 年 2 月　頁 110—

111

1214. 東方既白　黃春明式的嘲諷——從〈我愛瑪莉〉說起　中國時報　1977 年

10 月 4 日　12 版

1215. 陳映真　新實辦階級的處境——說〈我愛瑪莉〉　世界華文文學論壇

1999 年第 1 期　1999 年 3 月　頁 23—24

1216. 宋澤萊　臺灣戰後諷刺文學的兩條路線——以吳濁流的〈波茨坦科長〉和

黃春明的〈我愛瑪莉〉爲例[71]　臺灣文學三百年　臺北　印刻文

學生活雜誌出版公司　2011 年 4 月　頁 272—295

1217. 張小菁　慈大東語系辦黃春明週——同學將〈我愛瑪莉〉改編成話劇・得

---

[71]本文觀察吳濁流的〈波茨坦科長〉和黃春明的〈我愛瑪莉〉，揭示戰後諷刺文學的兩種路線。全
文共 3 小節：1.〈波茨坦科長〉對黨國統治集團的諷刺路線；2.〈我愛瑪莉〉對美日資本主義的
諷刺路線；3.戰後諷刺文學的修辭風格及其必然的來臨。

到肯定　更生日報　2011 年 5 月 6 日　2 版

1218. 靜　圓　　從「人性愛的跨躍」看——黃春明的〈小琪那一頂帽子〉　蝴蝶

記　臺北　皇冠雜誌社　1977 年 11 月　頁 100—109

1219. 張國立　　黃春明的〈白飯〉理論　中華日報　1986 年 5 月 21 日　11 版

1220. 季　季　　這令人心悸的一年——《七十六年短篇小說選》序言〔〈放生〉

部分〕　七十六年短篇小說選　臺北　爾雅出版社　1988 年 7 月

頁 14

1221. 〔季　季編〕　　〈放生〉評介　七十六年短篇小說選　臺北　爾雅出版社

1988 年 7 月　頁 201—203

1222. 季　季　　〈放生〉評介　臺港文學選刊　1998 年第 10 期　1998 年 10 月

頁 22

1223. 張蕙雯　　還他一片天地——黃春明的環保小說〈放生〉[72]　朝霞集・臺灣

師範大學國文科資優保送生作品集第七集　臺北　臺灣師範大學

國文系國文科資優生輔導小組　1999 年 6 月　頁 169—188

1224. 陸又新　　黃春明短篇小說〈放生〉中的親情　臺灣文學與教育學術研討會

屏東　屏東師範學院　2000 年 4 月 29—30

1225. 張譽鐘　　被耕作、被傷害、被殖民——試以〈放生〉觀察臺灣七、八〇農

村的環境與生態變遷[73]　東華大學中文系第十二屆學生學術發表

會　花蓮　東華大學中國語文學系　2009 年 10 月 26—30 日

1226. 張譽鐘　　被耕作、被傷害、被殖民——試析黃春明〈放生〉中的生態意識

東華中國文學研究　第 9 期　2011 年 6 月　頁 64—81

1227. 吳錦發　　悲憐上帝的男兒——簡評黃春明的〈戰士，乾杯〉　1988 臺灣小

---

[72] 本文著重於〈放生〉一文所呈現的環境與政治問題，同時也分析其中的寫作技巧。全文共 5 小
節：1.前言；2.〈放生〉所呈現的環保與政治問題；3.〈放生〉的人物描寫；4.〈放生〉的寫作技
巧；5.結語。

[73] 本文以「生態批評」的角度來解讀文本，了解作者所要傳達的環境意識，再從觀察臺灣的環境史
對於農村的環境與變遷有更深一層的探究。全文共 5 小節：1.前言；2.早已意識到的農業生態變
遷與汙染；3.虛與實的環境生態變動——讓我們聚焦在「大坑罟」；4.最底層的被殖民者——毒性
殖民主義下的土地與生物；5.結語。

說選　臺北　前衛出版社　1989 年 5 月　頁 74—77

1228. 陳萬益　原住民的世界——楊牧、黃春明與陳列散文的觀點〔〈戰士，乾杯！〉〕　第一屆臺灣本土文化學術研討會論文集　臺北　臺灣師範大學文學院，人文教育研究中心　1995 年 4 月　頁 339—345

1229. 陳萬益　原住民的世界——楊牧、黃春明與陳列散文的觀點〔〈戰士，乾杯！〉〕　山海文化　第 10 期　1995 年 5 月　頁 74—77

1230. 陳萬益　原住民的世界——楊牧、黃春明與陳列散文的觀點〔〈戰士，乾杯！〉〕　于無聲處聽驚雷　臺南　臺南市立文化中心　1996 年 5 月　頁 171—178

1231. 陳萬益　原住民的世界 ——楊牧、黃春明與陳列散文的觀點〔〈戰士，乾杯！〉〕　臺灣文學二十年集 1978—1998：評論二十家　臺北　九歌出版社　1998 年 3 月　頁 35— 45

1232. 唐淑貞　談黃春明〈戰士，乾杯〉一文　中國語文　第 79 卷第 6 期　1996 年 12 月　頁 69—72

1233. 唐淑貞　談黃春明〈戰士，乾杯〉一文　國學教學論文集　臺北　萬卷樓圖書公司　2001 年 9 月　頁 325—330

1234. 浦基維，涂玉萍，林聆慈　辭章創作與時代背景——社會背景——關懷社會的弱勢〔〈戰士，乾杯！〉部分〕　散文・新詩義旨古今談　臺北　萬卷樓圖書公司　2002 年 1 月　頁 19

1235. 周慶塘　反映臺灣現實的政治小說〔〈戰士，乾杯！〉部分〕　80 年代臺灣政治小說研究　臺灣大學中國文學系　博士論文　吳宏一教授指導　2003 年 6 月　頁 147—148

1236. 許俊雅　記憶與認同——臺灣小說的二戰經驗書寫：戰爭烽火下變調的文學記憶——我們究竟為何而戰？為誰而戰？〔〈戰士，乾杯！〉部分〕　臺灣文學研究學報　第 2 期　2006 年 4 月　頁 75—76

1237. 許俊雅　記憶與認同——臺灣小說的二戰經驗書寫：戰爭烽火下變調的文

學記憶——我們究竟爲何而戰？爲誰而戰？〔〈戰士，乾杯！〉
部分〕 評論 30 家：臺灣文學三十年菁英選 1978—2008（下）
臺北 九歌出版社 2008 年 6 月 頁 498—500

1238. 許俊雅 記憶與認同——臺灣小說的二戰經驗書寫〔〈戰士，乾杯！〉部
分〕 足音集：文學記憶‧紀行‧電影 臺北 萬卷樓圖書公司
2011 年 12 月 頁 217—219

1239. Terence C‧Russell Regret Over Colonial Siins and Hope for a Multicultural
Future :Huang Hunming's "To the Warriors"〔〈戰士，乾杯！〉〕
「黃春明跨領域」國際學術研討會 嘉義 中正大學臺灣文學研
究所主辦主辦 2008 年 5 月 31 日，6 月 1 日

1240. 胡民祥 從文學視野窺探臺灣原住民族群的社會生活——戰後原住民文學
與覺醒〔〈戰士，乾杯！〉部分〕 臺灣文學評論 第 9 卷第 1
期 2009 年 1 月 頁 177—178

1241. 胡民祥 詩歌聲裡——從文學視野窺探臺灣原住民族群的社會生活——戰
後原住民文學和覺醒——平地文學作家的關懷〔〈戰士，乾
杯！〉部分〕 詩歌聲裡 臺南 臺南市政府文化局 2013 年 3
月 頁 172

1242. Chiu, Beryl Tzuhsiu The Inevitability of the Untranslatable： A Cultural
Translation of Huang Chunming's "To the Warriors!"（不可譯的
必然性：論黃春明〈戰士，乾杯！〉的文化翻譯） Tamkang
Review 第 39 卷第 2 期 2009 年 6 月 頁 131—157

1243. 林克明，黃惠禎 （給）永恆的讀者與寫者：黃春明〈戰士，乾杯！〉三
種文本的互文分析[74] 臺灣文學學報 第 17 期 2010 年 12 月
頁 99—132

1244. 徐惠隆 請聽，原住民的心聲——第七屆悅聽文學的感動——6〈戰士，

---

[74]本論文從三種文本內容的比較，分析黃春明如何透過文本的修訂深化主題的意義。全文共 7 小
節：1.前言；2.巴特的互文興與作者論；3.從照片到散文的形式轉換；4.劇本呈現「死即是生」的
特質；5.詩、詩中的眼睛與刺點；6.三種文本間的對話與延異；7.結語。

乾杯〕　九彎十八拐　第 44 期　2012 年 7 月　頁 43

1245. 廖玉蕙　　一樣心情兩般寫法〔〈等待一朵花的名字〉〕　民生報　1989 年
　　　　　　　　8 月 19 日　26 版

1246. 沈　雯　　〈兩個油漆匠〉撼人的魅力　皇冠　第 428 期　1991 年 10 月
　　　　　　　　頁 126—128

1247. 綠　風　　〈兩個油漆匠〉作品鑒賞　臺港小說鑒賞辭典　北京　中央民族
　　　　　　　　學院出版社　1994 年 1 月　頁 477—478

1248. 郭誌光　　登高後開展的地平線：向死存在〔〈兩個油漆匠〉部分〕　戰後
　　　　　　　　臺灣勞工題材小說的異化主題（1945—2005）　清華大學臺灣文
　　　　　　　　學研究所　碩士論文　陳萬益教授指導　2006 年 8 月　頁 131—
　　　　　　　　132

1249. 全炯俊著；苑英奕譯　　東亞內部的文化間翻譯：黃春明小說與韓國的話劇
　　　　　　　　和電影〔〈兩個油漆匠〉〕　臺灣文學與跨文化流動：東亞現代
　　　　　　　　中文文學國際學報　第 3 期　2007 年 4 月　頁 259—267

1250. 曾萍萍　　瞧了底下冒什麼火：《文學》雙月刊內容分析──兩個油漆匠：
　　　　　　　　小說與詩〔〈兩個油漆匠〉部分〕　「文季」文學集團研究──
　　　　　　　　以系列刊物為觀察對象　中央大學中國文學系　博士論文　李瑞
　　　　　　　　騰教授指導　2008 年 7 月　頁 161

1251. 邱瓊慧　　黃春明〈照鏡子〉一文的鏡子作用　中國語文　第 85 卷第 3 期
　　　　　　　　1999 年 9 月　頁 71—74

1252. 邱瓊慧　　黃春明〈照鏡子〉一文的鏡子作用　國學教學論文集　臺北　萬
　　　　　　　　卷樓圖書公司　2001 年 9 月　頁 331—335

1253. 蔡雲雀　　從〈死去活來〉談社會的省思　國文天地　第 179 期　2000 年 4
　　　　　　　　月　頁 111—112

1254. 王基倫等[75]　　〈死去活來〉賞析　國文 3　臺北　東大圖書公司　2008 年

---

[75]編著者：王基倫、王學玲、朱孟庭、林偉淑、林淑芬、范宜如、高嘉謙、曾守正、黃俊郎、謝佩
　芬、簡淑寬、顏瑞芳、羅凡政。

8 月　頁 100—101

1255. 蕭　蕭　〈一則無聊得要死的故事〉編者按語　八十九年詩選　臺北　臺
灣詩學季刊雜誌社　2001 年 4 月　頁 199

1256. 廖清秀　從〈沒有頭的胡蜂〉說起　臺灣日報　2002 年 1 月 17 日　25 版

1257. 向　陽　〈帶父親回家〉賞析　九十年詩選　臺北　臺灣詩學季刊雜誌社
2002 年 5 月　頁 104

1258. 須文蔚　〈帶父親回家〉作品賞析　閱讀文學地景・新詩卷　臺北　行政
院文建會　2008 年 4 月　頁 80

1259. 焦　桐　評〈進香〉　九十一年詩選　臺北　臺灣詩學季刊雜誌社　2003
年 4 月　頁 84

1260. 柯裕棻　肉身苦痛——我看〈外科整型〉　中國時報　2003 年 6 月 27 日
E7 版

1261. 黃宗慧　序論〔〈外科整形〉部分〕　臺灣動物小說選　臺北　二魚文化
事業公司　2004 年 2 月　頁 7

1262. 洪　蘭　相信我，你沒有〔〈國峻不回來吃飯〉〕　聯合報　2004 年 7 月
19 日　E7 版

1263. 洪　蘭　相信我，你沒有〔〈國峻不回來吃飯〉〕　九彎十八拐　第 7 期
2006 年 5 月　頁 21—22

1264. 洪　蘭　相信我，你沒有〔〈國峻不回來吃飯〉〕　當你失去親愛的人：
走過悲傷的幽谷散文選　臺北　二魚文化公司　2013 年 7 月　頁
248—252

1265. 陳義芝　〈國峻不回來吃飯〉賞析　2004 臺灣詩選　臺北　二魚文化公司
2005 年 3 月　頁 83

1266. 古佳峻　存在抑或逝去，永恆？——分析黃春明〈國峻不回來吃飯〉[76]
高雄師範大學國文學系第十五屆所友暨第二屆研究生學術討論會

---

[76] 文藉由呂西安・高德曼的「發生論結構主義」爬梳文本，進而了解作家生命情調滲入文本中所隱
藏的對立性。全文共 4 小節：1.前言；2.關於黃國峻與〈國峻不回來吃飯〉；3.剖析〈國峻不回來
吃飯〉；4.結語。

論文集　高雄　高雄師範大學國文學系　2008 年 5 月　頁 29—57

1267. 陳忠信　國中國文關懷特殊教育——以黃春明之〈愕然的瞬間〉為例　中國語文　第 96 卷第 1 期　2005 年 1 月　頁 72—74

1268. 孫梓評　一場潮濕的際會——黃春明與他的〈新白蛇傳〉　自由時報　2005 年 3 月 4 日　47 版

1269. 林淑媛　黃春明〈眾神，聽著！〉　臺灣宗教文選　臺北　二魚文化公司　2005 年 5 月　頁 165

1270. 蕭　蕭　〈圓與直的對話〉賞析　2005 臺灣詩選　臺北　二魚文化公司　2006 年 2 月　頁 55—56

1271. 陳國偉　臺灣中心性的建構：福佬族群書寫的後殖民演繹——語言中心的建構與顛覆〔〈瞎子阿木〉部分〕　想像臺灣當代小說中的族群書寫　臺北　五南圖書出版公司　2007 年 1 月　頁 104—105

1272. 張素貞導讀　黃春明——〈現此時先生〉　小說教室（導讀新版）　臺北　九歌出版社　2007 年 5 月　頁 463

1273. 白　靈　〈深沉的歎息——致楊儒門〉作品賞析　2006 臺灣詩選　臺北　二魚文化公司　2007 年 7 月　頁 113

1274. 王怡心　〈屋頂上的番茄樹〉密門之鑰　比整個世界還要大：散文選讀　臺北　三民書局　2007 年 9 月　頁 223—224

1275. 呂政冠　民間做為一種認識世界的方法——析論李喬〈水鬼城隍〉與黃春明〈呷鬼的來了〉中的水鬼意義　第二屆臺大、清大臺灣文學研究所研究生學術交流會　新竹　清華大學臺灣文學研究所主辦　2008 年 4 月 25—26 日

1276. 施昭儀，羅際芳　黃春明小說中的老人關懷探析——兼論〈售票口〉的意涵及省思[77]　弘光人文社會學報　第 8 期　2008 年 5 月　頁 141

---

[77]本文從臺灣人口高齡化的社會視角，縱觀黃春明小說〈售票口〉中所呈現對社會弱勢悲憫的情懷。全文共 6 小節：1.前言；2.臺灣人口高齡化下的社會觀察；3.黃春明的生活經驗與老人關懷；

　　　　　　　　—166

1277. 陳蔚瑄　　〈打蒼蠅〉導讀賞析　山海書——宜花東文學選輯 1　臺北　二
　　　　　　　　魚文化公司　2008 年 9 月　頁 44—46

1278. 林黛嫚　　〈地震〉作品導讀——地震的人文反思　散文新四書・春之華
　　　　　　　　臺北　三民書局　2008 年 9 月　頁 22—23

1279. 楊　翠　　作品導讀／〈寂寞的豐收〉　青少年臺灣文庫 2——散文讀本
　　　　　　　　4：美麗的陷阱　臺北　國立編譯館　2008 年 12 月　頁 255—
　　　　　　　　256

1280. 葉品秀　　〈用腳讀地理〉讀後心得　九彎十八拐　第 23 期　2009 年 1 月
　　　　　　　　頁 32—33

1281. 季　季　　摸索與發現，耽溺與覺醒——《九十七年小說選》編選序言
　　　　　　　　〔〈有一隻懷錶〉部分〕　九十七年小說選　臺北　九歌出版社
　　　　　　　　2009 年 3 月　頁 20

1282. 葉錦霞　　匹夫無罪，懷病為罪——黃春明〈鮮紅蝦——「下消樂仔」這個
　　　　　　　　掌故〉的疾病敘事　國文天地　第 287 期　2009 年 4 月　頁 36
　　　　　　　　—40

1283. 林秀蓉　　汙名與除名：臺灣小說「性病」之敘事意涵——陽具落難的寓言
　　　　　　　　—父權的荒腔走板〔〈鮮紅蝦——「下消樂仔」這個掌故〉〕
　　　　　　　　眾身顯影：臺灣小說疾病敘事意涵之探究（1929—2000）　高雄
　　　　　　　　春暉出版社　2013 年 2 月　頁 188—189

1284. 黃雅歆　　「獨我」與「唯我」的視角——「旅行我」與「女遊我」的位置
　　　　　　　　與書寫策略〔〈琉球的印象〉部分〕　自我、家族（國）與散文
　　　　　　　　書寫策略：臺灣當代女性散文論著　臺北　文津出版社　2013 年
　　　　　　　　3 月　頁 207

多篇作品

4.〈售票口〉的故事鋪排與老人關懷；5.〈售票口〉的理念傳達與社會省思；6.結論。

1285. 柳南城　〈莎喲娜啦・再見〉與〈鑼〉　書評書目　第 15 期　1974 年 7
月　頁 109—110

1286. 陳宇碩　黃春明〈男人與小刀〉、〈看海的日子〉意識的探討比較　雙溪
文穗　第 6 期　1978 年 5 月　頁 69—71

1287. 顏元叔　我國當前的社會寫實主義小說〔〈鑼〉、〈莎喲娜拉・再見〉部
分〕　社會寫實文學及其他　臺北　巨流圖書公司　1978 年 8 月
頁 92—96

1288. 莊白凌　黃春明早期的四篇小說——讀聯副 30 年文學大系小說卷小感
〔〈城仔落車〉、〈北門街〉、〈玩火〉、〈兩萬年的歷史〉〕
聯合報　1982 年 9 月 24 日　8 版

1289. 何祖敏　影評人的墮落〔〈兒子的大玩偶〉、〈小琪的那一頂帽了〉、
〈蘋果的滋味〉〕　文季　第 3 期　1983 年 8 月　頁 33

1290. 葉石濤　從「兒子的人玩偶」說起〔〈兒了的大玩偶〉、〈小琪的那一頂
帽子〉、〈蘋果的滋味〉部分〕　臺灣時報　1983 年 8 月 19 日
12 版

1291. 葉石濤　從「兒子的大玩偶」說起〔〈兒子的大玩偶〉、〈小琪的那一頂
帽子〉、〈蘋果的滋味〉部分〕　葉石濤全集・評論卷二　臺
南，高雄　國立臺灣文學館，高雄市文化局　2008 年 3 月　頁
401—403

1292. 石光生　成長的痕跡——我看「兒子的大玩偶」〔〈兒子的大玩偶〉、
〈小琪的那一頂帽子〉、〈蘋果的滋味〉〕　臺灣新聞報　1983
年 9 月 14 日　9 版

1293. 翁台生，楊士琪，楊憲宏　從〈搭錯車〉到〈看海的日子〉——社會寫實
影片再出發所象徵的文化意義　聯合報　1983 年 9 月 25 日　3
版

1294. 王曉波　被侮辱和被損害的人說話了〔〈搭錯車〉、〈兒子的大玩偶〉、
〈看海的日子〉〕　文季　第 4 期　1983 年 11 月　頁 75—80

1295. 王德威　尋找女主角的男作家——茅盾、朱西甯、黃春明、李喬〔〈莎喲娜啦‧再見〉、〈看海的日子〉部分〕　中外文學　第 14 卷第 10 期　1986 年 3 月　頁 34—35

1296. 王德威　尋找女主角的男作家——茅盾、朱西甯、黃春明、李喬〔〈莎喲娜啦‧再見〉、〈看海的日子〉部分〕　從劉鶚到王禎和　臺北　時報文化出版公司　1986 年 6 月　頁 183—208

1297. 李瑞騰　家的變與不變〔〈北門街〉、〈打蒼蠅〉部分〕　臺灣文學二十年集 1978—1998：評論二十家　臺北　九歌出版社　1998 年 3 月　頁 256—258

1298. 李瑞騰　家的變與不變〔〈北門街〉、〈打蒼蠅〉部分〕　涵養用敬：國立中央大學中文系專任教師論著集　桃園　中央大學中國文學系　2002 年 9 月　頁 584—585

1299. 陳映真　七〇年代黃春明小說中的新殖民主義批判意識——以〈莎喲娜啦‧再見〉、〈小寡婦〉和〈我愛瑪莉〉爲中心　黃春明作品研討會　北京　北京作家協會主辦　1998 年 10 月 29—31 日

1300. 陳映真　七〇年代黃春明小說中的新殖民主義批判意識——以〈莎喲娜啦‧再見〉、〈小寡婦〉和〈我愛瑪莉〉爲中心　文藝理論與批評　1999 年第 2 期　1999 年 3 月　頁 89—100

1301. 李瑞騰　鄉野的神祕經驗——略論黃春明最近的三個短篇〔〈死去活來〉、〈銀鬚上的春天〉、〈呷鬼的來了〉〕　黃春明作品研討會　北京　北京作家協會主辦　1998 年 10 月 29—31 日

1302. 李瑞騰　鄉野的神祕經驗——略論黃春明最近的三個短篇〔〈死去活來〉、〈銀鬚上的春天〉、〈呷鬼的來了〉〕　聯合報　1998 年 12 月 6 日　37 版

1303. 李瑞騰　鄉野的神秘經驗——略論黃春明最近的三個短篇〔〈死去活來〉、〈銀鬚上的春天〉、〈呷鬼的來了〉〕　世界華文文學論壇　1998 年第 4 期　1998 年 12 月　頁 17—18

1304. 李瑞騰　鄉野的神祕經驗——略論黃春明最近的三個短篇〔〈死去活來〉、〈銀鬚上的春天〉、〈呷鬼的來了〉〕　臺港文學選刊　1998 年第 12 期　1998 年 12 月　頁 33—34

1305. 李瑞騰　鄉野的神祕經驗——略論黃春明最近的三個短篇〔〈死去活來〉、〈銀鬚上的春天〉、〈呷鬼的來了〉〕　文藝理論與批評　1999 年第 3 期　1999 年 5 月　頁 71—73

1306. 陳啓仁　從〈青番公的故事〉和〈甘庚伯的黃昏〉論黃春明小說中的小人物情感　臺灣文藝　第 166 期　1999 年 2 月　頁 58—73

1307. 陳　遼　百年臺灣文學發展論——臺灣文學五「性」〔〈鑼〉、〈溺死一隻老貓〉、〈我愛瑪莉〉、〈小寡婦〉、〈蘋果的滋味〉部分〕　百年中華文學史論：1898—2014　上海　華東師範大學出版社　1999 年 9 月　頁 73—75

1308. 自立晚報社　透過文學創作訴說小市民的心聲〔〈莎喲娜啦·再見〉、〈看海的日子〉、〈兒子的大玩偶〉〕　自立晚報　2000 年 3 月 11 日　15 版

1309. 林瑞明　尋找真實的聲音——臺灣日日有詩嗎？（上、下）〔〈詩人把詩寫在大地上——此致詩人吳晟〉、〈那一個小孩站在那裡唱歌〉、〈黑衣〉部分〕　臺灣日報　2000 年 12 月 30—31 日　31 版

1310. 彭小妍　本土、鄉土與大鄉土：何謂鄉土文學？〔〈蘋果的滋味〉、〈莎喲娜啦·再見〉部分〕　「歷史很多漏洞」：從張我軍到李昂　臺北　中研院文哲所籌備處　2000 年 12 月　頁 92—96

1311. 李欣倫　「性」與不幸的寓言：黃春明、葉石濤、黃娟、紀大偉小說中的性病病例[78]　戰後臺灣疾病書寫研究　中央大學中國文學系　碩

---

[78]本文以黃春明、黃娟、葉石濤和紀大偉的小說論述為核心，解析性病／愛滋隱喻的面貌，及其背後的意識形態。全文共 5 小節：1.連結「性」與不幸的入口介面；2.父權／陽具神話的「不舉」：黃春明〈癬〉、〈鮮紅蝦〉；3.愛滋的沉默隱喻：黃娟《世紀的病人》；4.美學修辭的挑逗／鬥：紀大偉〈香皂〉、葉石濤〈玫瑰項圈〉；5.深探文學的敏感帶。

士論文　康來新教授指導　2003 年 1 月　頁 46—58

1312. 李欣倫　「性」與不幸的寓言：黃春明、葉石濤、黃娟、紀大偉小說中的
　　　　　　性病病例　戰後臺灣疾病書寫研究　臺北　大安出版社　2004 年
　　　　　　11 月　頁 57—72

1313. 周慶塘　黃春明近期「社會意識」作品探析——以〈放生〉、〈戰士，乾
　　　　　　杯！〉爲例[79]　光武國文學報　第 1 期　2004 年 6 月　頁 1—17

1314. 王德威　食物的旅程〔〈蘋果的滋味〉、〈屋頂上的番茄樹〉部分〕　臺
　　　　　　灣：從文學看歷史　臺北　麥田出版公司　2005 年 9 月　頁 288
　　　　　　—290

1315. 許玉慶　遷徙・衝突・漂泊——大陸與臺灣「農民進城小說」之比較
　　　　　　〔〈青番公的故事〉、〈溺死一隻老貓〉、〈兩個油漆匠〉部
　　　　　　分〕　世界華文文學論壇　2005 年第 4 期　2005 年 12 月　頁 49
　　　　　　—50

1316. 徐耀焜　鹹酸之外——檢視臺灣當代的兩種飲食書寫——虛寫飲食的討論
　　　　　　〔〈魚〉、〈蘋果的滋味〉部分〕　舌尖與筆尖的對話——臺灣
　　　　　　當代飲食書寫研究（1949—2004）　彰化師範大學國文學系　碩
　　　　　　士論文　王年雙教授指導　2006 年 1 月　頁 195—197

1317. 范銘如　七〇年代鄉土小說的「土」生土長〔〈阿屘與警察〉、〈青番公
　　　　　　的故事〉、〈看海的日子〉、〈甘庚伯的黃昏〉部分〕　跨領域
　　　　　　的臺灣文學研究學術研討會論文集　臺南　國家臺灣文學館
　　　　　　2006 年 3 月　頁 352—358

1318. 范銘如　七〇年代鄉土小說的「土」生土長〔〈阿屘與警察〉、〈青番公
　　　　　　的故事〉、〈看海的日子〉、〈甘庚伯的黃昏〉部分〕　文學地
　　　　　　理：臺灣小說的空間閱讀　臺北　麥田・城邦文化公司　2008 年
　　　　　　9 月　頁 153—178

---

[79]本文探究〈放生〉、〈戰士，乾杯！〉二文中的「社會意識」。全文共 5 小節：1.前言；2.何謂「社
會意識」；3.黃春明早期具「社會意識」作品的回顧；4.黃春明近期具「社會意識」作品的回顧；
5.結論。

1319. 詹發民　　回歸傳統——評黃春明1998年三篇短篇小說〔〈死去活來〉、
　　　　　　　〈銀鬚上的春天〉、〈呷鬼的來了〉〕　東莞理工學院學報　第
　　　　　　　13卷第5期　2006年10月　頁38—40

1320. 柯慶明　　臺灣「現代主義」小說序論〔〈兒子的大玩偶〉、〈看海的日
　　　　　　　子〉部分〕　臺灣現代文學的視野　臺北　麥田・城邦文化公司
　　　　　　　2006年12月　頁143—194

1321. 簡貴雀　　臺灣鄉土小說母語之運用及其文化意涵——以黃春明八〇年代後
　　　　　　　期作品爲例〔現此時先生、瞎子阿木、打蒼蠅、放生〕　「臺灣
　　　　　　　文學與電影中的母語」學術研討會論文集　屏東　屏東教育大學
　　　　　　　中國語文學系　2008年3月　頁30—46

1322. 葉雅玲　　塵封的黃春明文學漫畫「石羅漢日記」——以此例兼探文學媒介
　　　　　　　與作家創作的互動[80]　「黃春明跨領域」國際學術研討會　嘉義
　　　　　　　中正大學臺灣文學研究所主辦　2008年5月31日，6月1日

1323. 葉雅玲　　塵封的黃春明文學漫畫「石羅漢日記」——以此例兼探文學媒介
　　　　　　　與作家創作的互動　泥土的滋味：黃春明文學論集　臺北　聯合
　　　　　　　文學出版社　2009年3月　頁113—152

1324. 林鎮山　　榕樹與竹圍——再會黃春明的原鄉婦老〔〈溺死一隻老貓〉、
　　　　　　　〈死去活來〉〕[81]　「黃春明跨領域」國際學術研討會　嘉義
　　　　　　　中正大學臺灣文學研究所主辦　2008年5月31日，6月1日

1325. 林鎮山　　榕樹與竹圍——再會黃春明的原鄉婦老〔〈溺死一隻老貓〉、
　　　　　　　〈死去活來〉〕　泥土的滋味：黃春明文學論集　臺北　聯合文
　　　　　　　學　2009年3月　頁213—254

---

[80]本文以黃春明於1989至1990年間於《皇冠》發表，至今未收錄於其任何選集的十幅漫畫「石羅漢日記」爲對象，探討黃春明中年後的文人精神內涵，並進一步討論作家與文學媒介的互動及影響。全文共5小節：前言；2.「石羅漢日記」的誕生：跨界演出游於藝；3.「石羅漢日記」圖像特色：書藝墨戲皆動人；4.試探文學媒介與作家創作的互動：以《皇冠》與黃春明關係爲例；5.結論。

[81]本文探討〈溺死一隻老貓〉與〈死去活來〉二文，展現黃春明小說關懷生命的本質。全文共5小節：1.前言；2.爲人生而藝術：尊重生命、珍惜環境與資源；3.「折翼，委落於深淵」的原鄉使徒？〈溺死一隻老貓〉（1967）；4.竹圍外的春天：〈死去活來〉（1998）；5.結論。

1326. 林鎮山　榕樹與竹圍——再會黃春明的原鄉婦老〔〈溺死一隻老貓〉、〈死去活來〉〕　原鄉、女性、現代性：論當代臺灣小說　臺北　前衛出版社　2011 年 5 月　頁 83—128

1327. 廖素琴　黃春明七〇年代城市小說之語言與文化探析[82]　朝陽人文社會學刊　第 7 卷第 1 期　2009 年 6 月　頁 131—162

1328. 謝世宗　男性氣質與臺灣後殖民小說中的慾望經濟學〔〈莎喲娜啦・再見〉、〈小寡婦〉部分〕　臺灣文學研究學報　第 9 期　2009 年 10 月　頁 37—67

1329. 邱湘惠　民間故事的傳送與傳承——以黃春明小說〈青番公的故事〉與〈鑼〉為例[83]　臺灣文學評論　第 10 卷第 1 期　2010 年 1 月　頁 61—74

1330. 謝世宗　經濟殖民、大眾消費與進口現代性：臺灣殖民經濟小說及其性別次文本——〈莎喲娜啦・再見〉與〈小琪的那一頂帽子〉：經濟殖民、進口現代性與風險　中外文學　第 39 卷第 3 期　2010 年 9 月　頁 18—26

1331. 李志薔　臺灣新電影里程碑——論《兒子的大玩偶》三段式電影〔〈兒子的大玩偶〉、〈小琪的那一頂帽子〉、〈蘋果的滋味〉〕　聯合文學　第 314 期　2010 年 12 月　頁 100—103

1332. 李志薔　臺灣新電影里程碑——論《兒子的大玩偶》三段式電影〔〈兒子的大玩偶〉、〈小琪的那一頂帽子〉、〈蘋果的滋味〉〕　愛、理想與淚光：文學電影與土地的故事（上）　臺南　國立臺灣文學館　2010 年 12 月　頁 220—245

---

[82] 本文由〈兩個油漆匠〉、〈蘋果的滋味〉、〈莎喲娜啦・再見〉、〈小寡婦〉、〈我愛瑪莉〉五篇小說出發，透過語言風格探討，挖掘黃春明作品中所呈顯的社會現象與文化意涵。全文共 4 小節：1.前言；2.語言多元化；3.城市小說的文化特色；4.結語。

[83] 本文藉由探討黃春明〈青番公的故事〉和〈鑼〉以了解民間故事作為現代小說創作的素材，以何面貌呈現在讀者面前、民間文學與作家文學間的關係，以及現代文學與民間文學間的傳承。全文共 4 小節：1.前言；2.藉由青番公之口所傳授的人生經驗；3.打鑼憨欽仔小生活圈中所隱藏的民間故事；4.結語。

1333. 陳碧月　文學電影裡的「人文關懷」〔〈兒子的玩偶〉、〈蘋果的滋
味〉、〈看海的日子〉部分〕　國文天地　第 319 期　2011 年
12 月　頁 89—91

1334. 韓　琛　臺灣新電影三十年：鄉土與本土的糾結〔〈兒子的大玩偶〉、
〈小琪的那一頂帽子〉、〈蘋果的滋味〉、〈我愛瑪莉〉、〈莎
喲娜啦‧再見〉部分〕　臺灣研究集刊　2012 年第 1 期　2012
年 2 月　頁 80—81

1335. 黃　仁　新臺灣電影代表作——「兒子的大玩偶」〔〈兒子的大玩偶〉、
〈小琪的那一頂帽子〉、〈蘋果的滋味〉〕　新臺灣電影——臺
語電影文化的演變與創新　臺北　臺灣商務印書館　2013 年 2 月
頁 227—228

作品評論目錄、索引

1336. 林明德　重要評論　中國現代短篇小說選析 2　臺北　長安出版社　1984
年 2 月　頁 683

1337. 張錦郎　黃春明作品評論索引　當代文學史料研究叢刊　第 1 期　1987 年
5 月　頁 189—197

1338. 梁竣瓘　黃春明研究資料彙編　黃春明及其作品研究——文學、社會和歷
史的交互考察　中央大學中國文學系　碩士論文　李瑞騰教授指
導　2000 年 7 月　頁 226—261

1339. 張瓊文　訪談黃春明資料彙集　黃春明與臺灣鄉土文學運動　政治大學中
等學校教師在職進修班　碩士論文　陳芳明教授指導　2005 年 6
月　頁 204—206

1340. 汪延霞　黃春明小說研究綜述　青年文學家　2009 年第 2 期　2009 年
頁 211，213

1341.〔封德屏主編〕　黃春明　臺灣現當代作家評論資料目錄（五）　臺南
國立臺灣文學館　2010 年 11 月　頁 3426—3485

其他

1342. 陳希林　　黃春明辦雜誌，捨不得吃便當——《九彎十八拐》，要找回在地
　　　　　　　的感動　中國時報　2005 年 4 月 26 日　D8 版

1343. 〔人間福報〕　　《九彎十八拐》深耕宜蘭文學——黃春明創辦在地雙月
　　　　　　　刊，內容多樣化，昨創刊發表會　人間福報　2005 年 5 月 2 日
　　　　　　　6 版

1344. 伍崇韜　　黃春明辦《九彎十八拐》真趣味——文學雜誌在地開花，雙月刊
　　　　　　　黑白印刷，非常宜蘭，非常黃春明　聯合報　2005 年 5 月 29 日
　　　　　　　C6 版

1345. 九彎十八拐　　創刊的一封信〔《九彎十八拐》〕　九彎十八拐　第 1 期
　　　　　　　2005 年 5 月　頁 2—3

1346. 顧敏耀　　黃春明（1935—）創辦《九彎十八拐》　2005 臺灣文學年鑑　臺
　　　　　　　南　國家臺灣文學館籌備處　2006 年 10 月　頁 368

1347. 李　賴　　繁花盛開的一天〔《九彎十八拐》〕　九彎十八拐　第 20 期
　　　　　　　2008 年 7 月　頁 30—34

1348. 辛水泉文；李賴圖說　　心中的桃花源——黃大魚兒童劇團屏東巡演　九彎
　　　　　　　十八拐　第 31 期　2010 年 5 月　頁 26—31

1349. 周慧珠　　《九彎十八拐》——驀然回首　人間福報　2011 年 6 月 5 日
　　　　　　　B5 版

1350. 徐惠隆　　黃春明的文學感動〔《九彎十八拐》〕　人間福報　2011 年 6 月
　　　　　　　20 日　15 版

國家圖書館出版品預行編目資料

黃春明 / 李瑞騰 梁竣瓘編選. -- 初版. -- 臺南市：臺灣文學館, 2013.12
　面；　公分. -- (臺灣現當代作家研究資料彙編；42)
ISBN 978-986-03-9152-7 (平裝)

1.黃春明 2.作家 3.文學評論

783.3886　　　　　　　　　　　　　　102024135

【臺灣現當代作家研究資料彙編】42

黃春明

發 行 人／　李瑞騰
指導單位／　文化部
出版單位／　國立台灣文學館
　　　　　　地址／70041 台南市中西區中正路 1 號
　　　　　　電話／06-2217201　　　　傳真／06-2218952
　　　　　　網址／www.nmtl.gov.tw　　電子信箱／pba@nmtl.gov.tw

總 策 畫／　封德屏
顧 　 問／　林淇瀁　張恆豪　許俊雅　陳信元　陳義芝　須文蔚　應鳳凰
工作小組／　王雅嫺　杜秀卿　汪黛姈　張純昌　張傳欣　莊雅晴　陳欣怡
　　　　　　黃寁婷　練麗敏　蘇琬鈞
編 　 選／　李瑞騰　梁竣瓘
責任編輯／　張純昌
校 　 對／　王雅嫺　林英勳　陳欣怡　黃敏琪　黃寁婷　趙慶華　潘佳君　練麗敏
　　　　　　蘇琬鈞
計畫團隊／　財團法人台灣文學發展基金會
美術設計／　翁國鈞・不倒翁視覺創意
印 　 刷／　松霖彩色印刷事業有限公司

著作財產權人／國立台灣文學館
本書保留所有權利。欲利用本書全部或部分內容者，須徵求著作財產權人同意或書面授
權。請洽國立台灣文學館研典組（電話：06-2217201）

經銷展售／　國家書店松江門市（02-25180207）
　　　　　　國立台灣文學館－雪芙瑞文學咖啡坊（06-2214632）
　　　　　　南天書局（02-23620190）　　　唐山出版社（02-23633072）
　　　　　　府城舊冊店（06-2763093）　　　台灣的店（02-23625799）
　　　　　　啓發文化（02-29586713）　　　三民書局（02-23617511）
　　　　　　草祭二手書店（06-2216872）　　五南文化廣場（04-22260330）
網路書店／　國家書店網路書店 www.govbooks.com.tw
　　　　　　五南文化廣場網路書店 www.wunanbooks.com.tw
　　　　　　三民書局網路書店 www.sanmin.com.tw

初版一刷／2013 年 12 月
定 　 價／新臺幣 450 元整
　　　　　　第一階段 15 冊新臺幣 5500 元整　　第二階段 12 冊新臺幣 4500 元整
　　　　　　第三階段 23 冊新臺幣 8500 元整　　全套 50 冊新臺幣 18500 元整
　　　　　　全套 50 冊合購特惠新臺幣 16500 元整

GPN／1010202816（單本）　　ISBN／978-986-03-9152-7（單本）
　　　1010000407（套）　　　　　　　978-986-02-7266-6（套）

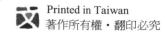